Die Reihe „Außenpolitik und Internationale Ordnung" wird herausgegeben von

Prof. Dr. Hanns W. Maull, Universität Trier

Außenpolitik und Internationale Ordnung

Harald Müller | Niklas Schörnig

Unter Mitarbeit von
Hans-Joachim Schmidt und Simone Wisotzki

Rüstungsdynamik und Rüstungskontrolle

Eine exemplarische Einführung in die Internationalen Beziehungen

Die Deutsche Bibliothek verzeichnet diese Publikation in
der Deutschen Nationalbibliografie; detaillierte bibliografische
Daten sind im Internet über http://dnb.ddb.de abrufbar.

ISBN 3-8329-1914-7

1. Auflage 2006
© Nomos Verlagsgesellschaft, Baden-Baden 2006. Printed in Germany. Alle Rechte, auch die des Nachdrucks von Auszügen, der photomechanischen Wiedergabe und der Übersetzung, vorbehalten. Gedruckt auf alterungsbeständigem Papier.

Inhalt

Vorwort 13

I. Einführung 15

These 1: Rüstungsdynamik betrifft den Kern der Wissenschaft von den
    Internationalen Beziehungen 15
These 2: Rüstungskontrolle und Abrüstung sind innovative und ungewöhnliche Instrumente nationaler Sicherheitspolitik 16
These 3: Rüstungsdynamik und Rüstungskontrolle präsentieren beispielhaft
    das Spannungsfeld zwischen Konflikt und Kooperation 18
These 4: Rüstungsdynamik und Rüstungskontrolle weisen wichtige, exemplarische globale und regionale Ordnungsstrukturen auf 19
These 5: Rüstungsdynamik und Rüstungskontrolle helfen dem Verständnis des
    Zusammenspiels der „Analyseebenen" internationaler Politik, d.h.
    internationales System, Außenpolitik und Innenpolitik 20
These 6: Das Feld ist ein Prüfstand für die konkurrierenden Erklärungsversuche der verschiedenen Theorien Internationaler Beziehungen 21
These 7: Rüstungsdynamik und Rüstungskontrolle sind bedeutend für die
    Analyse der häufigsten gewaltsamen Konflikte, nämlich innerstaatliche 22

II. Rüstungsdynamik und Rüstungskontrolle in der Geschichte: Ein Überblick 24

1. Eine kurze Geschichte der Rüstungsdynamik 24
   1.1 Kriegführung bis zur frühen Neuzeit 24
   1.2 Das Ende der Ritterheere 25
   1.3 Das vorindustrielle Zeitalter 26
   1.4 Die Industrialisierung des Krieges: Vom amerikanischen Bürgerkrieg zum Zweiten Weltkrieg 27
   1.5 An der Schwelle zur modernen Kriegsführung: Die zweite Hälfte
      des 20. Jahrhunderts 28
2. Eine kurze Geschichte der Rüstungskontrolle 30
   2.1 Verschiedene Formen der Rüstungskontrolle in der Antike und
      aktuelle Parallelen 30
   2.2 Rüstungskontrolle im Mittelalter: Beispiel Armbrust 31

2.3 „Humanisierung des Krieges": Von der Schlacht von Solferino zur Haager Landkriegsordnung und zu den Grundzügen des modernen humanitären Völkerrechts 32
2.4 Rückschlag und Neuanfang für die Rüstungskontrolle: Der Erste Weltkrieg und seine Folgen 33
2.5 Rüstungskontrolle nach 1945: Höhen und Tiefen im Kalten Krieg 35
Fragen zur selbstständigen Reflexion 37

III. Theorie der Rüstungsdynamik 38

1. Theorien der Außenleitung 39
   1.1 Das Aktions-Reaktions-Schema 39
   1.2 Das Gefangenendilemma als Metapher des Rüstungswettlaufs: Geschichte und formale Modellierung 40
   1.3 Ein empirisches Beispiel: Mehrfachsprengköpfe 46
   1.4 Das *Chicken Game* als realistischere Darstellung nuklearer Rüstungswettläufe? 47
   1.5 Das Richardson-Modell des Aktions-Reaktions-Schemas: eine mathematische Modellierung 51
   1.6 IB-Theorien und Rüstungswettläufe 60
   1.7 Die Außenleitung der Rüstungsdynamik: Eine Zwischenbilanz 65
2. Die Innenleitung der Rüstungsdynamik 65
   2.1 Erklärung mittels innergesellschaftlicher Kräfteverhältnisse I: Der Militärisch-Industrielle Komplex 66
   2.2 Erklärung mittels innergesellschaftlicher Kräfteverhältnisse II: Demokratien, Kapitalismus und Rüstungsdynamik 68
   2.3 Erklärung mittels innergesellschaftlicher Kräfteverhältnisse III: Die Macht der Kultur und der „Dritte Weg" 70
3. Theorie der Rüstungsdynamik: Bilanz 72
Fragen zur selbstständigen Reflexion 72

IV. Rüstungsdynamik während des Ost-West-Konflikts im Zentrum 74

1. Der Ost-West-Konflikt: Ein traditioneller Machtwettbewerb 74
2. Rüstungsdynamik im Ost-West-Konflikt 76
   2.1 Rüstungsdynamik kurz nach dem Zweiten Weltkrieg: Das Aufkommen des Ost-West-Gegensatzes 76
   2.2 Eine fast fatale Fehlwahrnehmung: Die vermeintliche „Bomber-" und „Raketenlücke" der 1950er Jahre 77
   2.3 Die verpasste Chance: Chruschtschows Versuch einseitiger Abrüstung 78

2.4 Technologie der 1960er Jahre prägt Rüstungsdynamiken der 1970er
und 1980er Jahre: Das MIRV-Problem 79
2.5 Szenenwechsel: Der Rüstungswettlauf in Europa in den 1970er
Jahren 81
2.6 Strategische Alternativen zur Neutronenwaffe: Pershing II und
Marschflugkörper 82
2.7 Der High-Tech-Rüstungswettlauf: Die 1980er Jahre 83
2.8 Das Ende des Ost-West-Rüstungswettlaufs 84
3. Rüstungsdynamik während des Ost-West-Konflikts im Zentrum: Bilanz 85
Fragen zur selbstständigen Reflexion 85

V. Rüstungsdynamik während des Ost-West-Konflikts in der Peripherie 86

1. Triebkräfte der Rüstungsdynamik in der Dritten Welt: Stellvertreterkriege
oder endogene Motivation? 86
2. Die These von den Stellvertreterkriegen: Intellektueller Spätkolonianismus 86
   2.1 Rüstungstreibende Konflikttypen in der Dritten Welt: Typisierung 87
   2.2 Weitere Triebkräfte für Rüstungsdynamiken: Nachahmungseffekt,
Status und Prestige 89
   2.3 Rüstungsdynamische Trends in der Dritten Welt während des Ost-
West-Konflikts 90
   2.4 Vom Rüstungsimporteur zum Rüstungsproduzenten: Rüstungsindustrie in Entwicklungsländern 93
   2.5 Proliferation von Massenvernichtungswaffen 93
   2.6 Rüstung und Entwicklung 94
3. Rüstungsdynamik während des Ost-West-Konflikts in der Peripherie:
Bilanz 95
Fragen zur selbstständigen Reflexion 95

VI. Rüstungsdynamik nach dem Ost-West-Konflikt im Zentrum und in der
Peripherie 96

1. Das Ende des strategischen Rüstungswettlaufs für die Industrienationen:
1989/90 96
2. Rüstungsdynamiken in der westlichen Welt: Die Revolution in Military
Affairs 97
   2.1 Die *Military-Technical Revolution* 98
   2.2 Neue Organisationsformen und neue Konzepte: Zusätzliche Faktoren
für die Revolution 101
   2.3 Neue Vorstellungen über den Krieg 102
   2.4 *Mini-Nukes* und Weltraumrüstung – Folgedebatten der RMA? 102

2.5 Theorien der Rüstungsdynamik und die RMA: Die Rolle der westlichen Demokratien — 105
2.6 Die Debatte um eine amerikanische nationale Raketenabwehr — 107
3. Neue und alte Rüstungsdynamik in der Peripherie — 110
   3.1 Die Proliferation von Massenvernichtungswaffen — 111
   3.2 Rüstungsdynamik in der Peripherie: Die „gewöhnliche" Dynamik des Waffenhandels — 115
   3.3 Rüstungsdynamik in der Peripherie: Landminen und Kleinwaffen – die vermeintlich unverzichtbaren Waffen — 116
4. Rüstungsdynamik nach dem Ende des Ost-West-Konflikts: Bilanz — 121
Fragen zur selbstständigen Reflexion — 122

VII. Theorie der Rüstungskontrolle — 123

1. Der Unterschied zwischen Theorien der Rüstungsdynamik und Theorien der Rüstungskontrolle — 123
2. Konzeptionelle Grundlagen der Rüstungskontrolltheorie — 123
   2.1 Das Verhältnis zwischen Rüstungskontrolle und Abrüstung — 124
   2.2 Ziele der Rüstungskontrolle — 124
   2.3 Die Wahl der Mittel zur Umsetzung der Ziele — 127
3. Konzeptionelle Probleme der Rüstungskontrolle bzw. Rüstungskontrolltheorie — 133
   3.1 Theorem der nachlassenden Verteidigungsbereitschaft — 134
   3.2 Theorem des *Bargaining-Chips* — 134
   3.3 Theorem des *Levelling-Up* — 135
   3.4 Theorem des *Displacement* — 135
   3.5 Theorem des *Suspicion-Building* — 136
   3.6 Theorem der Akzeptanz — 136
4. Vorbeugende Rüstungskontrolle — 136
5. Theorie der Rüstungskontrolle: Bilanz — 138
Fragen zur selbstständigen Reflexion — 139

VIII. Grundlegende Probleme der Rüstungskontrolle — 140

1. Verifikation und Compliance-Politik als Bedingungen von Regime-Stabilität — 141
2. Verifikation — 142
   2.1 Aufgaben der Verifikation — 142
   2.2 Techniken der Verifikation — 143
   2.3 Anforderungen an Verifikationsmaßnahmen — 145
3. Compliance und Nicht-Compliance – Erfordernisse eines wirksamen Verfahrens zur Einhaltung von Rüstungskontrollregimen — 148

3.1 Die Legitimität von *Compliance*-Politik: Gerechtigkeit und Fairness	148
3.2 Institutionelle und prozedurale Optionen	150
3.3 Mildernde Umstände? Mögliche Gründe für einen Vertragsbruch	153
4. Grundlegende Probleme der Rüstungskontrolle: Bilanz	156
Fragen zur selbstständigen Reflexion	157

IX. Nukleare Rüstungskontrolle und Abrüstung — 158

1. Maßnahmen der nuklearen Rüstungskontrolle im Kalten Krieg	158
1.1 Maßnahmen zur Vermeidung eines „Atomkrieges aus Versehen"	159
1.2 Kontrolle der Kernwaffenarsenale im Kalten Krieg	161
2. Nukleare Rüstungskontrolle am und nach dem Ende des Kalten Krieges: Neue Optionen	166
2.1 Der INF-Vertrag	166
2.2 Nukleare Abrüstung und das Ende des Kalten Krieges: Das START I-Abkommen	167
2.3 Nukleare Abrüstung und das Ende des Kalten Krieges: Taktische Kernwaffen	169
2.4 Das START II-Abkommen	169
2.5 *Cooperative Threat Reduction*	171
2.6 Nukleare Rüstungskontrolle in der *Post-Cold-War*-Phase: Eine Zwischenbilanz	171
2.7 SORT – Das Ende der Rüstungskontrolle im neuen Jahrtausend?	172
3. Nukleare Rüstungskontrolle und Abrüstung: Bilanz	173
Fragen zur selbstständigen Reflexion	174

X. Nichtverbreitung von Massenvernichtungswaffen — 176

1. Der Nukleare Nichtverbreitungsvertrag	177
1.1 Pflichten und Rechte der Vertragsteilnehmer	177
1.2 Kontroversen auf den Überprüfungskonferenzen	178
1.3 Andere Bestandteile des NVV-Regimes: Die IAEO, die NSG, kernwaffenfreie Zonen, der Teststopp	181
2. Das Chemiewaffen-Übereinkommen	184
2.1 Zentrale Aspekte des CWÜ	185
2.2 Umfangreiche Mitgliedschaft mit bedeutenden Ausnahmen	186
2.3 Probleme bei der Einhaltung des Vertrages	187
3. Das Übereinkommen über biologische und toxische Waffen	187
3.1 Die Chancen der ersten Entspannungsphase des Kalten Krieges	187
3.2 Ziele des BWÜ	188
3.3 Die Überprüfungskonferenzen	189

4. Weitere Nichtverbreitungsmaßnahmen im Bereich der ABC-Waffen 191
   4.1 Die Australien-Gruppe 191
   4.2 Das Raketen-Technologie-Kontroll-Regime und der Haager
      Verhaltenskodex 192
   4.3 Die *Proliferation Security Initiative* 194
   4.4 Rüstungskontrolle für den Weltraum – Ansätze in weiter Leere 194
5. MVW-Regime, Terrorismusbekämpfung und die Sicherheitsratsresolution
   1540 195
6. Nichtverbreitung von Massenvernichtungswaffen: Bilanz 197
Fragen zur selbstständigen Reflexion 197

XI. Konventionelle Rüstungskontrolle 198

1. Konventionelle Rüstungskontrolle in Europa 199
   1.1 Die Anfänge der konventionellen Rüstungskontrolle in Europa:
      Der Weg zum KSE-Vertrag 199
   1.2 Hürden auf dem Weg von der Unterzeichnung zur Umsetzung –
      Probleme des Zerfalls der alten Weltordnung 202
   1.3 Vertrauensbildende Maßnahmen zwischen den Supermächten:
      Neue Schritte nach Stockholm jenseits des KSE-Vertrages 204
   1.4 Die europäische Rüstungskontrollordnung der 1990er Jahre:
      Weitere Ansätze und Entwicklungen 205
2. Konventionelle Rüstungsexporte 209
   2.1 Das VN-Register für konventionelle Waffen 210
   2.2 Der EU Verhaltenskodex 210
   2.3 Das Wassenaar-Arrangement: Die besondere Rolle von *Dual-Use*-
      Gütern 212
3. Kleinwaffen und Landminen: Alte Probleme/neues Bewusstsein? 213
   3.1 Rüstungskontrolle und Abrüstung mit humanitärem Anliegen:
      Der lange Weg zu einem Verbot der Landminen 213
   3.2 Die Kleinwaffenproblematik: Viele Ansätze, keine Lösung 216
   3.3 Landminen und Kleinwaffen: Notwendigkeit eines multidimen-
      sionalen Ansatzes für Rüstungskontrollmaßnahmen 218
4. Konventionelle Rüstungskontrolle: Bilanz 219
Fragen zur selbstständigen Reflexion 219

XII. Rüstungsdynamik und Rüstungskontrolle – eine Bilanz 221

1. Bilanz Rüstungsdynamik 221
   1.1 Realismus und Neorealismus 221
   1.2 Konstruktivismus 224
   1.3 Neoliberalismus 225

2. Bilanz Rüstungskontrolle: Die Anfänge im Kalten Krieg 227
  2.1 Die zentrale Bedeutung des ABM-Vertrages in den 1970er Jahren 227
  2.2 Die Höhen und Tiefen der 1980er Jahre 228
  2.3 Die Wende durch Gorbatschow: Neue Möglichkeiten der Kooperation 229
  2.4 Rüstungskontrolle an der Schwelle zum neuen Jahrtausend 229
  2.5 Rüstungsdynamik und Rüstungskontrolle in der Gegenwart 230
3. Rüstungsdynamik und Rüstungskontrolle in der Gegenwart – Ausblick und offene Fragen 231

Lösungsvorschläge zu den Kontrollfragen 233

Antworten zu Kapitel II: Rüstungsdynamik und Rüstungskontrolle in der Geschichte 233
Antworten zu Kapitel III: Theorie der Rüstungsdynamik 234
Antworten zu Kapitel IV: Rüstungsdynamik während des Ost-West-Konflikts im Zentrum 235
Antworten zu Kapitel V: Rüstungsdynamik während des Ost-West-Konflikts in der Peripherie 236
Antworten zu Kapitel VI: Rüstungsdynamik nach dem OWK im Zentrum und in der Peripherie 237
Antworten zu Kapitel VII: Theorie der Rüstungskontrolle 238
Antworten zu Kapitel VIII: Grundlegende Probleme der Rüstungskontrolle 239
Antworten zu Kapitel IX: Nuklare Rüstungskontrolle und Abrüstung 239
Antworten zu Kapitel X: Nichtverbreitung von Massenvernichtungswaffen 240
Antworten zu Kapitel XI: Konventionelle Rüstungskontrolle 241

Anhänge 242

Literatur 242
Abbildungsverzeichnis 258
Abkürzungsverzeichnis 259
Index 261

Vorwort

Das vorliegende Buch ist eine Erweiterung und umfangreiche Überarbeitung unserer Online-Lerneinheit „Rüstungsdynamik und Rüstungskontrolle", die wir zwischen 2001 und 2002 im Rahmen des PolitikON-Projektes (www.politikon.org), das inzwischen von der DVPW geführt wird, erstellt haben.

Als wir zusammen mit Una Becker und Sebastian Dietrich die Lerneinheit im Wintersemester 2002/2003 in einem Proseminar an der Johann Wolfgang Goethe-Universität in Frankfurt zum ersten Mal einsetzten, wurde zu unserem Erstaunen von vielen Studentinnen und Studenten der Wunsch nach einer zusätzlichen Buchfassung geäußert. Diesem Wunsch sind wir hiermit nachgekommen.

Lerneinheit und Buch zielen auf Einsteiger in die Thematik der Rüstungsdynamik und Rüstungskontrolle, seien dies Studentinnen und Studenten oder aber politisch interessierte Bürgerinnen und Bürger. Das Buch ermöglicht den bislang einzigen umfassenden deutschsprachigen Einblick in das Themengebiet. Gleichzeitig bietet es eine exemplarische Einführung in die Disziplin der Internationalen Beziehungen, da das empirische Feld immer wieder aus der Sicht zentraler IB-Theorien ausgeleuchtet wird. So erschließt sich das Zusammenwirken von Strukturen, Prozessen und Akteuren und von materiellen und ideellen Faktoren am empirischen Gegenstand am eingängigsten. So soll der gerade für Einsteiger oft schwierige Spagat zwischen theoretischer Abstraktion und empirischem Wissen erleichtert werden.

Es ist unmöglich, in allen Gebieten der Rüstungsdynamik und Rüstungskontrolle gleich gut mit den Details vertraut zu sein. Wir schulden deshalb all denen Dank, die uns bei der Arbeit tatkräftig unterstützt haben: Unsere HSFK-Kollegen Dr. Simone Wisotzki und Dr. Hans-Joachim Schmidt haben ganze Abschnitte zu ihren Spezialthemen Kleinewaffen/Landminen bzw. KSE verfasst. Una Becker, Tabea Seidler, Mirco Jakubowski und Alexander Wicker haben uns bei der inhaltlichen Ausgestaltung der Abschnitte zum CWÜ, BWÜ und der amerikanischen nationalen Raketenabwehr tatkräftig unterstützt. Prof. Reinhard Wolf, Dr. Wolfgang Wagner und Dr. Rudolf Witzel stellten sich in unterschiedlichen Phasen als kritische Gegenleser zur Verfügung, während Marco Fey, Karl Hampel und Marlies Sanner bei der Erstellung der endgültigen Buchvorlage aktiv mithalfen. Auch möchten wir uns bei Prof. Hanns W. Maull und Siegfried Schieder bedanken, die uns als Projektleiter des Teilbereichs IB von PolitikON ermutigten, die Lerneinheit als Buch zu publizieren. Schließlich gilt unser Dank den Studentinnen und Studenten unseres Proseminars, die durch sehr viele kritische Nachfragen dazu beitrugen, dass sowohl Lerneinheit als auch Buch an vielen Stellen umfassender, präziser und auch lesbarer wurden.

Frankfurt/Main, den 22.12.2005

Harald Müller, Niklas Schörnig

I. Einführung

Die Tatsache, dass man mehr als fünfzehn Jahre nach Ende des Ost-West-Konflikts ein Lehrbuch zu Fragen der Rüstungsdynamik und der Rüstungskontrolle veröffentlicht, scheint auf den ersten Blick nicht unbedingt zwingend. Zum einen sind Fragen, die Rüstungsdynamik und Rüstungskontrolle betreffen, in der Öffentlichkeit in weit geringerem Maße präsent, als dies während des Kalten Krieges der Fall war. Zum anderen wurden Probleme internationaler Kooperation z.b. im Rahmen der Regimetheorie intensiv diskutiert. Gleichwohl erscheint es sinnvoll, sich mit diesem Politikfeld auseinander zu setzen. Begründet werden soll dies nun anhand von insgesamt sieben Thesen, warum die Themen Rüstungsdynamik und Rüstungskontrolle gerade im neuen Jahrtausend ihre besondere Brisanz bei zentralen Fragen nach Frieden und Krieg nicht verloren haben und warum dieses Politikfeld darüber hinaus auch besonders gut geeignet ist, Grundkenntnisse der Internationalen Beziehungen zu entwicklen.

These 1: Rüstungsdynamik betrifft den Kern der Wissenschaft von den Internationalen Beziehungen

Krieg, so das klassische Diktum von Carl von Clausewitz, sei die „Fortsetzung der Politik mit anderen Mitteln"[1]. Rüstung, so lässt sich der Satz umdrehen, kann als die Fortsetzung des Krieges mit politischen Mitteln verstanden werden: Im Ringen um Überlegenheit, in der strategischen Planung militärischer Projekte mit dem Ziel, einen politisch nutzbaren Vorteil zu erlangen, spiele sich nichts anderes ab als im Krieg selbst. Dieser werde in der Rüstung eben nur in virtueller Form geführt. Umgekehrt könnte man formulieren, Rüstung sei der Versuch der Politik, Kontrolle über die Mittel des Krieges zu gewinnen: Rüstung sei mehr die Ersetzung des Krieges als dessen Verlängerung in den Frieden hinein und insoweit selbst Teil der Bändigung des Krieges durch die Politik.

Welcher Drehung der Begriffe man auch den Vorzug gibt, klar ist jedenfalls, dass Rüstung, d.h. die politische Entscheidung über den Erwerb und den Erhalt der Instrumente organisierter Gewaltausübung, den zentralen Gegenstandsbereich der Wissenschaft von den Internationalen Beziehungen berührt, nämlich die Frage von Krieg und Frieden. Rüstungswettläufe können zum Krieg führen oder an dessen Stelle treten. Mit Rüstung setzen sich die Staaten in den Besitz von Machtinstrumenten, die sie im internationalen Wettbewerb einsetzen können: als diskrete Hintergrundinformation über die Kräfteverhältnisse; als Instrument von Drohpolitik, um

---

1 von Clausewitz 1996 [1832]: 22.

eigene Interessen gegen widerstrebende Partner, Herausforderer oder Gegner durchzusetzen, oder zur Entscheidung der Machtfrage im Kriegsgeschehen selbst. Dabei ist zu berücksichtigen, dass Rüstung ein dauerhaftes Phänomen ist, Kriege aber nicht. Kriegsstatistiker haben immer wieder darauf hingewiesen, dass die großen bewaffneten Auseinandersetzungen zwischen Staaten in der Neuzeit eigentlich relativ seltene Ereignisse sind, wenn man sie pro Jahr an der Zahl der möglichen kriegerischen Paare misst. Dies gilt selbst dann, wenn man nur jeweils angrenzende Staaten sowie die möglichen Konfrontationen mit weiträumig interventionsfähigen Mächten in der Statistik berücksichtigt. Damit soll das Phänomen Krieg nicht heruntergespielt werden. Das *Heidelberger Institut für Internationale Konfliktforschung e.V.* z.B. stellt in jedem Jahr eine Liste zusammen, die weltweit gewaltsame Konflikte ausweist. Abbildung 1 zeigt, dass im Jahr 2004 weltweit 36 gewaltsame Konflikte gezählt wurden. Gleichwohl informiert uns der Blick auf die Rüstung weitaus kontinuierlicher über Konfliktverläufe als das reine (Auf)Zählen von Kriegen. Sie ist deshalb ein besserer Gradmesser für die in den internationalen Beziehungen bestehende Unfriedlichkeit.

These 2: Rüstungskontrolle und Abrüstung sind innovative und ungewöhnliche Instrumente nationaler Sicherheitspolitik

Gemessen an der gängigen Systembeschreibung internationaler Beziehungen als Arena von Macht- und Selbsthilfepolitik sind Rüstungskontrolle und Abrüstung unkonventionelle Versuche, die eigene Sicherheit zu gewährleisten. Anstatt sich völlig auf die eigenen Kräfte zu verlassen, also ein möglichst schlagkräftiges Verteidigungsdispositiv auf die Beine zu stellen, verlangen beide sicherheitspolitischen Strategievarianten die Bereitschaft, eigene Optionen einzuschränken. Zugleich beruhen sie auf dem Entschluss, Vertrauen in reziproke Versprechen des Partners (und potenziellen Gegners) zu setzen. Rüstungskontrolle macht ja nur Sinn, wenn sich beide Seiten an die vereinbarten Begrenzungen halten. In dem Augenblick, in dem man Verträge, Abkommen oder sonstige Vereinbarungen abschließt, ist es eine Wette auf die Zukunft, ob die andere Seite ehrlich spielt oder nicht.

Die Kombination der freiwilligen Einschränkung eigener Optionen mit dem Vertrauen in die Versprechen der Gegenseite ist den Erwartungen entgegengesetzt, die eine aus dem „realistischen" Paradigma von Machtkonkurrenz und Selbsthilfesystem gespeiste Weltsicht an Rüstungspolitik richtet.[2] Rüstungskontrolle und Abrüstung bilden daher eine Brücke zwischen herkömmlicher Macht- und Sicherheitspolitik und der Alternative „kooperative Sicherheit", die den gefährlichen Wettbewerb um größere militärische Machtressourcen durch stabilere und weniger antagonistische Handlungsmodi ersetzen möchte, ohne das Bestehen von Konflikten zwischen

---

2 Vgl. Mearsheimer 1995.

den Staaten zu ignorieren.³ Die Beschäftigung mit Rüstungskontrolle und Abrüstung bietet deshalb auch die Chance, sich nüchtern und realistisch mit *normativen* Überlegungen zur internationalen Politik auseinanderzusetzen.

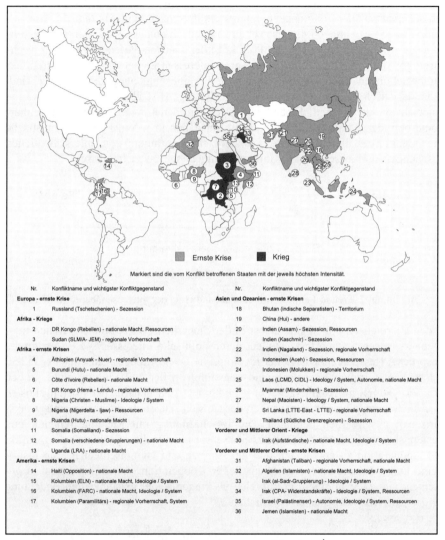

Abbildung 1: Gewaltsame Konflikte 2004⁴

3   Vgl. Steinbruner 2000.
4   Quelle: Heidelberger Institut für Internationale Konfliktforschung (HIIK) e.V. Wir danken dem HIIK für die freundliche Bereitstellung der Karte.

These 3: Rüstungsdynamik und Rüstungskontrolle präsentieren beispielhaft das Spannungsfeld zwischen Konflikt und Kooperation

Die Interessen, die Staaten in ihrer auswärtigen Politik verfolgen, harmonieren in den seltensten Fällen miteinander. Interessendifferenzen sind das tägliche Brot internationaler Beziehungen. Ebenso selten sind jedoch antagonistische Interessenkonflikte auf der gesamten Palette der Politik. In den meisten Fällen gibt es auch wechselseitige Abhängigkeiten und gemeinsame Interessen zwischen Staaten, deren Gesamtbeziehungen eher von Misstrauen und Feindseligkeit gekennzeichnet sind. Charakteristisch für zwischenstaatliche Beziehungen ist also keine dichotomische Unterscheidung zwischen „Freund" – Staaten, mit denen man sich in Interessenharmonie befindet – und „Feind" – Staaten, mit denen in jedem Feld antagonistische Interessenkonstellationen bestehen, sondern ein Kontinuum von unterschiedlichen Mischungsverhältnissen gemeinsamer und entgegengesetzter Interessen.[5]

Abbildung 2: Freund-Feind Kontinuum anhand Grad der Interessenübereinstimmung

In den allermeisten Fällen sind selbst in der Sicherheitspolitik konvergierende Interessen zwischen Staaten festzustellen, deren politische Interessen – z.B. territoriale Ansprüche, Ressourcenbedarf oder ideologische Dispositionen – auseinander fallen. Solche gemeinsamen Interessen sind gemeinhin in der Vermeidung eines großen Krieges – zumal im Nuklearzeitalter – und eines Auswucherns der Rüstungskosten über die Schwelle hinaus zu sehen, an der sie sich schädlich auf die gesamte Volkswirtschaft auszuwirken beginnen. Die Beschäftigung mit Rüstungsdynamik und Rüstungskontrolle dient daher dazu, ein Sensorium für die Mischung von Konflikt und Kooperation zu entwickeln und die Anreize und Hemmschwellen, die Instrumente und Störfaktoren zwischenstaatlicher Kooperation zu erkunden und zu gewichten, und zwar in einem Politikfeld, das wegen seiner existenziellen Bedeutung für das Überleben der Staaten hervorsticht.

---

5 Vgl. Keohane/Nye 1977.

These 4: Rüstungsdynamik und Rüstungskontrolle weisen wichtige, exemplarische globale und regionale Ordnungsstrukturen auf

Rüstungsdynamik bildet feste Interaktionsmuster zwischen Staaten und Staatengruppen über Zeit aus. Rüstungskontrolle und Abrüstung weisen informelle, viel häufiger aber formelle, „gesatzte" Institutionen auf. Beide bilden daher strukturelle Elemente der Weltpolitik ab, die über längere Zeit bestehen und die Handlungslinien der Staaten und ihrer Regierungen kanalisieren. Sie eignen sich daher vorzüglich dazu, Strukturen der Weltpolitik aufzufinden und zu verstehen.

Zunächst lassen sich Strukturen nach geographischer Reichweite identifizieren. Es gab und gibt eine weltweite Rüstungsdynamik zwischen den Großmächten.[6] Auf der anderen Seite existieren Rüstungskontrollwerke mit globalem Geltungsanspruch, wie der Nichtverbreitungsvertrag, das humanitäre Völkerrecht oder die Antipersonenminen-Konvention. Weiterhin lassen sich auf regionaler Ebene Rüstungsrivalitäten identifizieren, etwa zwischen Indien und Pakistan oder im Raum um den Persischen Golf. Ihnen stehen rüstungskontrollpolitische Verdichtungen in bestimmten Regionen gegenüber, wobei Europa mit einem bislang präzedenzlosen Geflecht von Verträgen und politischen Vereinbarungen als besonderes Beispiel herausragt.

Rüstungsdynamik und Rüstungskontrolle sind somit Indikatoren für die Existenz regionaler „Sicherheitskomplexe"[7], d.h. in den globalen Rahmen eingebetteter, aber weitgehend eigenständiger Interaktionsstrukturen. Zugleich sind Rüstungsdaten ein Indikator für die globalen und regionalen Machtverhältnisse. Der Indikator ist freilich nicht völlig zuverlässig: So hätte man aus den Rüstungsausgaben und militärischen Dispositiven der beiden Supermächte in der zweiten Hälfte der 1980er Jahre sicher nicht ablesen können, dass die Vereinigten Staaten ungleich stärker waren und die Sowjetunion eine „Atommacht auf tönernen Füßen" darstellte. Mit der entsprechenden Vorsicht genutzt, geben uns militärische Ausgaben und Streitkräfteverhältnisse indes einen ersten groben Verweis auf die Kräfteverhältnisse.

Wurde bislang vorwiegend die *machtpolitische* Dimension solcher Strukturen betont, so ist auch auf die *institutionelle* Dimension zu verweisen. Rüstungskontrolle bildet beharrliche Institutionen aus: durch wechselseitige Erwartungen verfestigte Verhaltensmuster; Verabredungen; politisch bindende Vereinbarungen; rechtsförmige Übereinkommen und Verträge, schließlich internationale Organisationen. Das Verhältnis dieser verschiedenen institutionellen Elemente auf regionaler und globaler Ebene bietet uns wesentliche Indikatoren für die *institutionelle* Struktur der Weltpolitik an.

Schließlich ist die normative Dimension zu betrachten. Gerade in globalen Rüstungskontrollverhandlungen schlagen sich neben „harten" machtpolitischen Interessen auch unterschiedliche Wertorientierungen der Akteure nieder. Ob Rüstung oder Wohlfahrtsinteressen, Unilateralismus oder Multilateralismus, realpolitischer Ge-

6 Vgl. McNeill 1984.
7 Vgl. Buzan/Wæver 2003.

wichtung von Rüstung oder moralischer Gewichtung von Abrüstung der Vorzug gegeben wird und welche Staaten und Staatengruppen sich um unterschiedliche Wertmuster gruppieren, kann in solchen Verhandlungen identifiziert werden. Was häufig als bloßes rhetorisches Scheingefecht erscheint, gibt uns insoweit wertvolle Auskünfte über die *normative* oder – im weitesten Sinne – *kulturelle* Struktur der Weltpolitik.[8]

These 5: Rüstungsdynamik und Rüstungskontrolle helfen dem Verständnis des Zusammenspiels der „Analyseebenen" internationaler Politik, d.h. internationales System, Außenpolitik und Innenpolitik

Seit den 1950er Jahren wird in der Wissenschaft von den Internationalen Beziehungen immer wieder neu über das Verhältnis zwischen verschiedenen „Analyseebenen" debattiert.[9] Die grundlegende Frage dabei ist jeweils, welche der Ebenen ausschlaggebend für politisches Verhalten und Dynamik in den zwischenstaatlichen Beziehungen ist. Klassisch ist die Unterscheidung von Kenneth Waltz zwischen dem Individuum, dem Staat und dem internationalen System. Ernst-Otto Czempiel hat später die individuelle gegenüber der gesellschaftlichen Ebene in den Hintergrund gerückt.[10] Seiner Dreiteilung – Gesellschaft, Staat, internationales System – wird auch hier gefolgt. Im Politikfeld Rüstungsdynamik und Rüstungskontrolle ist das Verhältnis der Analyseebenen besonders anschaulich nachzuvollziehen, da alle drei Ebenen bei den relevanten Entscheidungen zusammenspielen.

Auf der Ebene des internationalen Systems ist zunächst einmal der Grundkonflikt wichtig, der die Rüstung motiviert, sodann das aus den Rüstungsanstrengungen der beteiligten Akteure hervorgehende Interaktionsmuster, einschließlich ihrer Allianzen. Auch die Verhandlungen, Verträge, Institutionen und die übrigen strukturellen Elemente, die in der vorangegangenen These erwähnt wurden, sind samt und sonders auf der systemischen Ebene angesiedelt.

Allerdings wird man zu Fehlurteilen gelangen, wenn man die zweite Ebene, die des Staates, bei der Analyse ausklammert. Denn wie gerüstet und verhandelt wird, hat mit den Sicherheitskonzepten der Entscheidungsträger, mit ihren Wahrnehmungen und Präferenzen zu tun. Das Kräftespiel zwischen verschiedenen Teilen der Regierung, zwischen Außenministerium, Finanzministerium und Verteidigungsministerium, der Wettbewerb zwischen Teilstreitkräften, die haushaltlichen Ansprüche anderer Ressorts spielen alle bei der Ausformulierung von Regierungspositionen mit.[11] Eine besondere Rolle spielt in demokratischen Ländern natürlich das Verhältnis zwischen Exekutive und Legislative. Das Parlament hat mit seiner Haushaltsho-

---

8   Vgl. Jetschke/Liese 1998.
9   Vgl. Waltz 1959; Singer 1961.
10 Vgl. Czempiel 1981.
11 Vgl. Easton 1963; Wilzewski 1999.

heit und seiner Beteiligung an Ratifizierungsverfahren wichtige Instrumente in der Hand. Die Ablehnung des Atomwaffenteststoppvertrages durch den amerikanischen Senat im Jahre 1999 zeigt, dass es sich hier nicht nur um rein formale Kompetenzen handelt.

Schließlich ist auch der Einfluss gesellschaftlicher Kräfte nicht zu unterschätzen. Da ist zunächst die öffentliche Meinung, deren Auffassung von Bedrohung und Risiko oder deren Neigung zu Abrüstung und Entspannung wesentliche Parameter für das Regierungshandeln bilden können. Außerdem gibt es am Rüstungssektor massiv interessierte Lobbygruppen und Interessenverbände – etwa Veteranen oder die Rüstungsindustrie, zudem Expertengemeinden und *Think Tanks*, die auf die sicherheitspolitische Debatte einzuwirken versuchen.[12]

Zu diesen drei Analyseebenen ist neben der eher vernachlässigbaren „ersten Ebene" des Individuums mittlerweile eine vierte relevante, die transnationale getreten. Sie wird durch internationale Expertengemeinden – etwa die „Pugwash"-Bewegung – sowie durch in der Abrüstung engagierte transnationale Nichtregierungsorganisationen – dazu gehört beispielsweise auch Greenpeace – repräsentiert. Dem stehen Internationalisierungsversuche der Rüstungslobby, z.B. der amerikanischen *National Rifle Association*, die sich gegen Kontrollanstrengungen bei Kleinwaffen ausspricht, gegenüber.[13]

These 6: Das Feld ist ein Prüfstand für die konkurrierenden Erklärungsversuche der verschiedenen Theorien Internationaler Beziehungen

Alle relevanten Theorien Internationaler Beziehungen bemühen sich, einen Beitrag zur Aufhellung des Politikfelds Rüstung zu leisten.

- *Realisten und Neorealisten* erklären Rüstungsdynamik aus der Machtrivalität und dem Sicherheitsdilemma[14] zwischen den Mächten. Sie arbeiten sich an der großen Herausforderung ab, Gründe für das Zustandekommen und das Beharrungsvermögen sicherheitspolitischer Kooperation in Rüstung und Abrüstung zu finden.
- Der dem Rationalismus verpflichtete *Institutionalismus*[15] konzentriert sich darauf, das Zustandekommen und die Formen von Rüstungskontrolle aus den Präferenzstrukturen der Akteure zu erklären und die Bestandserhaltung von Institutionen und Regimen in diesem Feld aus deren funktionalen Leistungen (Informationsbeschaffung, Senkung der Transaktionskosten) abzuleiten.

---

12 Vgl. Senghaas 1972b.
13 Vgl. UNIDIR 2003b.
14 Vgl. Jervis 1978; Waltz 1979; Resende-Santos 1996.
15 Vgl. Zürn 1992; Rittberger/Mayer 1993; Keck 1995.

- *(Neo)Liberale* betrachten sich die Vorgänge auf der Ebene des Staates und prüfen, ob bestimmte Staatsformen zu mehr oder weniger äußerer Gewalt neigen. Sie argumentieren, dass Demokratien im Schnitt friedlicher sind als Nichtdemokratien, oder zumindest keine Kriege gegeneinander führen.[16]
- *Der konstruktivistische Ansatz* analysiert die Entstehung von Bedrohungs- und Feindbildern und befasst sich mit der Emergenz und Wirkungsmacht von Normen und Werten, nationalen Identitäten und Rollenvorstellungen.[17]
- *Die feministische Theorie* spürt den patriarchalischen Ursprung und Gehalt in den Strukturen und Diskursen der Rüstungspolitik auf.[18]
- *Postmodernisten* und *Neo-Gramscianer* enthüllen die Genealogie, die dichotomische Struktur und die Hegemonialverhältnisse rüstungspolitischer und rüstungskontrollpolitischer Diskurse.[19]
- *Politökonomen* untersuchen die rüstungswirtschaftlichen Einflüsse auf die politischen Entscheidungen, die Rolle rüstungswirtschaftlicher „Sachzwänge" und die Internationalisierung der Rüstungsindustrie.[20]

Das Politikfeld bietet daher eine erstklassige Gelegenheit,

- die Theorien in ihrer Anwendung auf eine wichtige und vielfältige Empirie kennenzulernen; oder,
- ihre Leistungskraft beim Erklären und Verstehen der Strukturen und Prozesse zu vergleichen; oder,
- zu verstehen, welche Aspekte von Politik zentrale Theorien zu erhellen helfen und wo ihre jeweiligen Grenzen liegen.

These 7: Rüstungsdynamik und Rüstungskontrolle sind bedeutend für die Analyse der häufigsten gewaltsamen Konflikte, nämlich inner*staatliche*

Bislang war nur von den Beziehungen zwischen Staaten die Rede. Damit wird natürlich der quantitativ bedeutendste Teil organisierten Gewaltgeschehens seit dem Zweiten Weltkrieg, nämlich die innerstaatlichen Konflikte, ausgeblendet. Allerdings ist zu beobachten – und wird in jüngerer Zeit auch häufiger von der Wissenschaft bearbeitet –, dass Prozesse der Rüstungsdynamik, wie sie sich international abspielen, auch zwischen den bewaffneten Parteien von Bürgerkriegen und ethnisierten Konflikten stattfinden, wenn auch im Allgemeinen auf einem niedrigeren Niveau der Bewaffnung. Man spricht in diesem Zusammenhang von „neuen Kriegen", was

---

16   Vgl. Chan 1997; Russett/Oneal 2001.
17   Vgl. Katzenstein 1996; Tannenwald 1999.
18   Vgl. Harders/Roß 2002.
19   Vgl. Keeley 1990; Campbell 1992.
20   Vgl. Koistinen 1980; Olvey, et al. 1984; Markusen/Costigan 1999.

aber weniger auf ein tatsächlich „neues" Phänomen abzielt, sondern eher eine Abgrenzung von zwischenstaatlichen Kriegen anstrebt.[21]

Rüstungskontrolle wird zunehmend eingesetzt, um präventiv oder nachsorgend auf solche Konflikte einzuwirken. So enthält das „Dayton-Abkommen" zwischen den Parteien des Bosnien-Krieges eine Rüstungskontrollvereinbarung, die ein Gleichgewicht der Kräfte herzustellen und vertrauenbildende Maßnahmen einzuleiten sucht. Humanitäres Völkerrecht,[22] Kleinwaffenkontrolle und das Antipersonenminen-Abkommen werden nun auch innerstaatlich angewandt. Und im Nachgang zum 11. September 2001 haben die jeweiligen Vertragsgemeinschaften die universalen Verträge über Massenvernichtungswaffen instrumentalisiert, um Terroristen von solchen Waffen fern zu halten.

---

21 Vgl. Kaldor 1999; Münkler 2001.
22 Eine gute Einleitung in das humanitäre Völkerrecht bietet die Homepage des Auswärtigen Amtes unter http://www.auswaertiges-amt.de/www/de/aussenpolitik/vn/hum_vr_html, letzter Zugriff 20.7.2005.

II. Rüstungsdynamik und Rüstungskontrolle in der Geschichte: Ein Überblick

1. Eine kurze Geschichte der Rüstungsdynamik

1.1 Kriegführung bis zur frühen Neuzeit

Bis in die frühe Neuzeit blieb die Kriegführung auf Menschen- und Pferdekraft angewiesen. Schwert, Lanze, Streitaxt, Bogen und handgespannte Belagerungsgeschütze wie z.b. die Ballista oder der römische Onager (deren Schnellkraft durch Holz- oder Seilspannung erzielt wurden) blieben die Waffen der Heere.[23] Auf See herrschte der Typ des Vielruderbootes und das leichte Segelschiff. Feuer spielte nur bei Belagerungen und gelegentlich in Seeschlachten eine Rolle.[24] Es gab Variationen und graduelle Verbesserungen in Material und Schmiedetechnik, die Technologie als *System* blieb jedoch über zwei Jahrtausende fast stabil.

Dennoch kam es zu scheinbar unerklärlichen Machtasymmetrien zwischen Militärmächten. Die Überlegenheit der mazedonischen Heere im späten 4. Jahrhundert v. Chr. oder – noch nachhaltiger – des römischen Heeres vom dritten vorchristlichen bis ins dritte nachchristliche Jahrhundert scheint aus der Waffentechnik allein kaum erklärbar. Hier zeigt sich deutlich der Einfluss der „nichtgreifbaren" Faktoren wie Organisation, Logistik, Führung, Disziplin, Training, Kommando- und Kommunikationsstrukturen, Ordnung usw. In dieser Beziehung überragte das römische Heer alle anderen Militäreinrichtungen der Antike. Es gelang die Expansion und über Jahrhunderte die Verteidigung des römischen Imperiums mit nahezu immer quantitativ unterlegenen Truppen, deren Waffentechnik der ihrer Gegner nicht wesentlich überlegen war. Aber Rom beherrschte auch wie niemand anders den *Kampf der verbun-*

---

23 „Onager" bedeutet „wilder Esel". Das Geschütz hatte diesen Namen deshalb bekommen, weil der Schwung beim Einsatz so groß wurde, dass das hintere Ende vom Boden hochgerissen wurde und austrat wie ein wilder Esel. Vgl. Brodie/Brodie 1973.
24 Berüchtigt war insbesondere das „griechische Feuer", das 671 n.Chr. entdeckt worden war. Diese frühe chemische Waffe kann als ein frühzeitliches Napalm bezeichnet werden und entzündete sich beim Kontakt mit Wasser. Entsprechend konnte es auch kaum gelöscht werden. Der erste überlieferte Einsatz war während der Belagerung Konstantinopels im Jahr 674. Trotz der Tatsache, dass das „griechische Feuer" half, die byzantinische Vorherrschaft im östlichen Mittelmeer über Jahrhunderte hinweg aufrechtzuerhalten, ging das Wissen um die Herstellung dieser Waffe im Laufe der Jahre verloren. Vgl. ebenda.

denen Waffen, die sinnvolle Kombination von Bogenschützen, leicht und schwer bewaffneten Fußsoldaten und – mit Einschränkung – der Kavallerie.[25] Wie auch bei insgesamt kaum veränderter Rüstungstechnik scheinbar unbedeutende technische Neuerungen die militärischen Verhältnisse umstülpen können, zeigte die Einführung des bis dahin unbekannten Steigbügels in die nachantiken Heere Europas. Der Steigbügel ermöglichte den konzentrierten Lanzenangriff zu Pferde. Die Kavallerie gewann damit die Herrschaft über das Schlachtfeld. Um aber gegen die feindlichen Lanzen gewappnet zu sein, entwickelte die Reiterei immer schwerere Rüstungen. Rüstung, Pferd und die Notwendigkeit, zur Pflege und zur Assistenz beim Anlegen des Kriegsgeräts Personal (Knappen) mitzuführen, entwertete den Bauern-Soldaten der germanischen und keltischen Heere und privilegierte die Landbesitzer, die sich diesen Luxus leisten konnten. Die egalitäre Struktur der germanischen und keltischen Heeres-Gesellschaften wurde zugunsten einer strikten Hierarchisierung, die in der erzwungenen Waffenlosigkeit der Bauern kulminierte, abgelöst. Eine marginale Änderung der Waffentechnik hatte kriegerische und gesellschaftliche Verhältnisse in Europa verändert.

1.2 Das Ende der Ritterheere

Vom siebten bis zum vierzehnten Jahrhundert dominierte die Kavallerie. Dann kam mit der Weiterentwicklung bekannter durchschlagkräftiger Distanzwaffen (vom Bogen zum Langbogen und von der Holz- zur Metallarmbrust) und neuer Infanterietechniken (dichte, disziplinierte Infanterieformationen mit langen Lanzen) die Gegenentwicklung. Rüstungen wurden von Pfeilen und Bolzen durchschlagen und so in ihrer Schutzfunktion entwertet. Tief in die Erde gegrabene „Lanzenwälder" stellten für Pferde und Reiter unüberwindliche Hindernisse dar, wobei Durchbruchsversuche für Pferd und Reiter in der Regel tödlich endeten. Die natürliche Reaktion gegenüber der Bedrohung durch Distanzwaffen war es zunächst, dickere und schwerere Rüstungen herzustellen und vom Kettenhemd zur Plattenrüstung zu wechseln. Allerdings zeigte sich hier schnell die Absurdität des Unterfangens: Um auf dem Schlachtfeld besser geschützt zu sein, wurden die Rüstungen immer schwerer, sodass die Ritter nur noch zu Pferd kämpfen konnten. Dazu waren stärkere Pferde notwendig, die aufgrund der steigenden Gefahr durch Lanzen wiederum mit Rüstung geschützt werden mussten, was die Beweglichkeit der berittenen Ritter zusätzlich einschränkte. James I. (1566–1625), König von England, kommentierte diese Entwicklung rückblickend mit dem ironischen Kommentar, die Rüstungen mittelalterlicher Ritter hätten eine doppelte Funktion besessen: Erstens hätten sie den Träger vor Verwundung geschützt und zweitens seine Gegner davor, durch den die Rüstung

---

25 Pferde wurden in der Antike primär als Zugtiere für Streitwagen eingesetzt, da ein effizienter Sattel und Steigbügel erst wesentlich später entwickelt wurden, sodass die Kavalerie nur unterstützende Funktion besaß. Vgl. Brodie/Brodie 1973.

tragenden Ritter verwundet zu werden.[26] Der schwerfällige Ritter zu Pferd wurde spätestens mit den Schlachten bei Crécy (1346) und Agincourt (1415) zunehmend zum Auslaufmodell.[27] Die Ritterzeit ging infolgedessen zu Ende; wenig später wurden die ersten, noch primitiven Schusswaffen auf dem Schlachtfeld und in der Belagerung eingeführt.

Binnen kurzem revolutionierten die Feuerwaffen den Krieg. Feindlichen Salven standzuhalten verlangte wesentlich mehr Disziplin als die Schlachten des Mittelalters. War der Krieg zuvor eine – aus heutiger Sicht – unordentliche, schlecht organisierte, dezentrale und privatisierte Angelegenheit gewesen, so wurde er nun zunehmend diszipliniert, organisiert, zentralisiert und verstaatlicht: Uniformen, Gleichschritt, Drill, hierarchische Organisation, Logistik, Arsenale von Schusswaffen und Munition sowie staatliche Waffenfabriken begannen die Szene zu beherrschen.[28] Auf See dauerte es wesentlich länger, bis der private Unternehmer aus dem Kriegsgeschehen verdrängt wurde. Aber auch hier schufen neue Technik (Stabilisierungskreisel, Kompass, Bussole) und die Integration der Artillerie neue Verhältnisse. Das große, hochseegängige, kanonenbewehrte Segelschiff beherrschte die Meere, das Artillerieduell charakterisierte die Seeschlacht. Erst die Einführung von Dampf und Stahlkonstruktionen im 19. Jahrhundert brachte einen neuen Sprung der Marinetechnik.

1.3 Das vorindustrielle Zeitalter

Mitteleuropa mit seinen verhältnismäßig symmetrischen Machtverhältnissen und Rivalitäten in einer multipolaren Struktur wurde zum Schauplatz einer quantitativen und qualitativen Rüstungsdynamik. Die Konkurrenz und das gemeinsame Ziel von territorialer Expansion bedeuteten, dass sich nur durchzusetzen vermochte, wer über überlegene Streitkräfte verfügte. Dementsprechend waren die europäischen Herrscher gezwungen, in ihr Militär zu investieren, um sich – wenn auch immer nur für kurze Zeit – einen Vorsprung zu sichern. In Frankreich wurde deshalb in der zweiten

---

26   Vgl. Dupuy 1984.
27   Bei der Schlacht von Crécy besiegten die Engländer ein mehr als 2:1 überlegenes französisches Heer durch den Einsatz ihrer überlegenen Langbögen. Während auf französischer Seite mehr als 1.500 Ritter und mehr als 10.000 Nichtadlige fielen, verloren die Engländer in der Schlacht ganze zwei(!) Ritter und weniger als 100 andere Soldaten. Vgl. Brodie/Brodie 1973. Noch bekannter ist die Schlacht bei Agincourt, die John Keegan als „a victory of the weak over the strong, of the common soldier over the mounted knight, of resolution over bombast, of the desparate, cornered and far from home, over the propitorial and cocksure" (1976: 79) beschreibt, da die französische Armee fast ausschließlich aus Rittern, die englische hingegen überwiegend aus Bogenschützen bestand.
28   Der Gleichschritt z.B. wurde erst um 1750 eingeführt, da sich zunehmend enge Marschformationen durchsetzten und verhindert werden sollte, dass sich die Soldaten gegenseitig in die Hacken traten. Vgl. Lynn 2001.

Hälfte des 18. Jahrhunderts die leichte, schlachtfeldmobile Artillerie erfunden[29] und mit der Division die Organisation entwickelt, die Artillerie, Kavallerie und Infanterie zu einem perfekten Verbund der verschiedenen Landwaffen machte. Die Revolution versah das französische Militär über die allgemeine Wehrpflicht zusätzlich mit den Rekruten für ein wohlorganisiertes Massenheer. Gepaart mit Napoleons Führungsqualitäten zeigte sich, was man mit diesem neuartigen Militär anrichten konnte. Folgerichtig zogen die Konkurrenten nach: Preußen schuf mit der Heeresreform Scharnhorsts und Gneisenaus (1813) und der allgemeinen Wehrpflicht die Voraussetzung für seine militärische Stärke in den kommenden fast eineinhalb Jahrhunderten.

1.4 Die Industrialisierung des Krieges: Vom amerikanischen Bürgerkrieg zum Zweiten Weltkrieg

Im 19. Jahrhundert kam es zu einer industrialisierung des Krieges. Die sprunghaften Entwicklungen ziviler Technologien, die man sich militärisch nutzbar machte – z.b. in Stahlbau, Chemie, Messtechnik – eroberten das Schlachtfeld. Die Kolonialkriege zeigten, dass vier Jahrhunderte Rüstungs- und Machtkonkurrenz die Militärmacht der europäischen Staaten weit über das Niveau der anderen Kontinente erhoben hatten und diese nichts Adäquates entgegenzusetzen in der Lage waren. Der amerikanische Bürgerkrieg (1861–65) zeigte erstmals das furchtbare Gesicht des industrialisierten Krieges mit Artillerieschlächtereien unter Infanteristen und Kavalleristen.[30] Neue, heute vom Schlachtfeld kaum wegzudenkende Waffen kamen hier erstmals zum Einsatz, so z.B. das Repetiergewehr, das die Schussfolge des Infanteristen erheblich steigerte. Auch wurden in der Belagerung von Petersburg 1864 zum ersten Mal Maschinengewehre (*Gatling Guns*) gegen angreifende Fußsoldaten eingesetzt. Diese Erfahrungen wurden in Europa jedoch kaum beobachtet.[31]

Die europäischen Soldaten zahlten die Zeche im Ersten Weltkrieg. Hekatomben von Menschen wurden in den Schützengräben und Drahtverhauen der großen Schlachtfelder getötet. Die schwere Artillerie und das Maschinengewehr dominierten einen statischen Stellungskrieg, in dem die verfeindeten Truppen die ausgeklügelten Verteidigungsstellungen des jeweiligen Gegners nur unter sehr hohen Verlus-

---

29 Um 1620 brauchte man z.B. 20 Pferde und 35 Personen um eine(!) Kanone zu bewegen und zu bedienen. Der Transport wurde in der Regel durch private „Unternehmer" vorgenommen, die die Kanone vor Schlachtbeginn an eine gewünschte Position brachten und dann die Szene verließen. Dadurch war eine Anpassung an die taktischen Veränderungen unmöglich. Ein neues Design, das um 1770 aufkam, ermöglichte es, bei gleichem Kaliber die Hälfte an Gewicht einzusparen, ohne die Nachteile früherer leichter Designs aufzuweisen. Vgl. Lynn 2001.
30 Vgl. Ellis 1986: 21ff.
31 Als Ausnahmen können hier Johann von Bloch (1899) und der spätere Friedensnobelpreisträger Norman Angell (1973 [1912/13]) gelten.

ten angreifen und erobern konnten, weshalb sich der Frontverlauf über Jahre kaum änderte.[32]

Auf den Meeren stellte die britische Hochseeflotte schwere stahlgebaute und mit Kanonenungetümen versehene Schlachtschiffe (*Dreadnought*) gegen die neue deutsche U-Boot-Flotte, die mit knapper Not geschlagen wurde. Die deutsche Hochseeflotte, ursprünglich ein wichtiger Faktor für das deutsch-britische Zerwürfnis, war, nicht zuletzt aufgrund der persönlichen Intervention Kaiser Wilhelms II., technologisch zwar auf ähnlichem Stand wie die britische Flotte, quantitativ allerdings deutlich unterlegen. Die deutsche Flotte verließ die heimatlichen Häfen nur einmal zu einem Gefecht – der Seeschlacht am Skagerrak im Juni 1916 –, die mit Vorteilen für die Briten endete, angesichts der hohen beiderseitigen Verluste aber auch das Ende der klassischen Seeschlacht markierte.[33]

Kampfgase, zur Mitte des Krieges der Schrecken der Schützengräben, wurden nicht bestimmend für das Kriegsgeschehen. Ein Rüstungswettlauf fand freilich dennoch statt, um leichter handhabbare und einsatzfähigere Kampfstoffe – Nervengase – zu entwickeln, die mehr tödliches Potenzial pro Gewichtseinheit entfalten konnten. Trotzdem wurde diese neue Waffe von den Heeresleitungen unterschiedlichster Länder abgelehnt und spielte dementsprechend in den Kriegen der kommenden Jahrzehnte nur selten eine Rolle.

Ganz anders Panzer und Flugzeug: Waffen, die die Zukunft der Kriegsführung dramatisch umwälzen sollten. Im Ersten Weltkrieg erst sehr spät und zur Unterstützung der Infanterie eingesetzt,[34] stimulierten sie die strategische Phantasie der Modernisierer.

1.5 An der Schwelle zur modernen Kriegsführung: Die zweite Hälfte des 20. Jahrhunderts

Ausgehend von der Erfahrung des blutigen Patts der stacheldrahtbewehrten Schützengräben, sah man in dem Einsatz von Flugzeugen und Panzern (englisch: *tanks*) nun die Möglichkeit, den feindlichen Widerstand zu überwinden: die Luftflotte, die schon zu Kriegsbeginn die gegnerische Führung außer Gefecht setzt, die Kriegsindustrie lahmlegt und – durch Terror gegen die Zivilbevölkerung – den politischen Willen des Feindes bricht und so lange Abnutzungsschlachten im Gelände überflüssig macht; die Panzerverbände, die, unterstützt von Kampffliegern und motorisierter Artillerie die Verteidigungslinien des Feindes durchbrechen, seine Kommando-, Kommunikations- und Versorgungsstruktur zerstören und so siegen, ohne die Armeen in direkter Konfrontation niederzuringen – das waren die Visionen, die man

---

32　Eine eindringliche Darstellung einer der brutalsten Schlachten des Ersten Weltkrieges, der Schlacht an der Somme im Jahr 1916, liefert Keegan 1976, Kap. 4.
33　Vgl. Dupuy 1984.
34　Vgl. Murray 1996; Rosen 1991, Kap. 4.

mit den neuen Technologien verband. Alle Parteien beschafften deshalb viele Flugzeuge, Panzer und Artilleriesysteme; aber nur das Deutsche Reich realisierte die Ideen der Modernisierer, indem es die Möglichkeiten der neuartigen Waffensysteme mit angepassten Strategien optimal auszunutzen suchte.[35] Die bekannteste ist die Blitzkriegtaktik – mit bestürzender Wirkung zu Beginn des Zweiten Weltkrieges. Auf See wurde das Schlachtschiff vom Flugzeugträger als dominierende Waffe abgelöst.[36] Das U-Boot blieb gefürchteter, aber im Endeffekt unterlegener Gegner.[37] Radar und Funkgerät revolutionierten Aufklärung und Kommunikation. Die Elektronik hatte in die Rüstungsdynamik Einzug gehalten.

Die Schrecken von Hiroshima und Nagasaki verwiesen auf die neue Dimension von Rüstungsdynamik: Der nukleare Rüstungswettlauf stand vor der Tür. Seine erste Phase währte ein halbes Jahrhundert und ermöglichte mit dem Langstreckenbomber und der weitreichenden Rakete Konkurrenz über völlig neue Distanzen. Zuletzt jedoch wurde deutlich, dass die Kernwaffen nicht das Ende der Waffenentwicklung darstellen. Zur Überraschung vieler weist ein Strang der aktuellen Rüstungsdynamik zurück ins konventionelle Feld: Die *Revolution in Military Affairs* (RMA) nutzt aktuelle Möglichkeiten der Aufklärung, der elektronischen Signalerkennung und Kommunikation, der Trefferpräzision und neuer Materialien zu einem neuen, menschenarmen Typ zusehends automatisierter Kriegführung unter voller Nutzung der vierten Dimension, Weltraum, und der fünften, Cyberspace.[38] Die Biotechnik deutet auf eine neue, ominöse und in ihren Auswirkungen noch nicht überschaubare Form von Massenvernichtung hin: Die Designer-Biowaffe, die gezielt Gegenmaßnahmen und Leistungen des Immunsystems antizipiert und außer Wirkung stellt. Die Nanotechnik schließlich malt eine dramatische Miniaturisierung von hochwirksamen Waffen an den nicht allzu fernen Horizont.[39]

---

35 Vgl. Murray 1996.
36 Vgl. Till 1996.
37 Während die britische und amerikanische Flotte im Atlantik die deutschen U-Boote nach 1941 mittels der noch aus dem Ersten Weltkrieg bekannten Geleitzugtaktik, neuer Technologie (Radar), Dechiffrierung des deutschen Funkverkehrs („Enigma") und der zunehmenden Lufthoheit immer stärker unter Druck setzte und immer weniger alliierte Handelsschiffe versenkt wurden, war die Lage im Pazifik genau umgekehrt. Nach anfänglichen geringen Erfolgen bedeuteten amerikanische U-Boote für die japanische Handelsflotte bis Kriegsende eine zunehmende Bedrohung. Stephen Rosen schreibt dies einem umfangreichen Generationenwechsel der amerikanischen U-Boot-Kommandanten zu, die neue innovative Konzepte umsetzten, wozu ältere Kapitäne aus Traditionsgründen nicht in der Lage waren (1991, Kap. 5). Ob diese Entwicklung angesichts der Erfahrungen im Atlantik tatsächlich hinreichend für den Erfolg war, darf bezweifelt werden. Offensichtlich gelang es Japan zu diesem Zeitpunkt nicht, die erfolgreichen alliierten Strategien zu imitieren, was den amerikanischen Erfolg ermöglichte.
38 Vgl. Freedman 1998; O'Hanlon 2000; Müller/Schörnig 2002; Minkwitz 2003.
39 Vgl. Henley 1999.

2. Eine kurze Geschichte der Rüstungskontrolle

Rüstungskontrolle als *integraler* Teil von Sicherheitspolitik ist eine Errungenschaft der letzten hundert Jahre. Ein Irrtum wäre es freilich zu vermuten, die Einhegung der Gewaltmittel sei eine Erfindung unserer Tage.[40] Vielmehr lassen sich Spuren davon bis in die Antike verfolgen. Hier begegnen uns bereits die zwei Formen:

- die „echte" Beschränkung von Rüstung mit reziproker Wirkung, die also alle beteiligten Parteien bindet, und
- die auferlegte, die nur einer (der schwächeren, besiegten) Partei zugemutet wird.

Das interessanteste Beispiel für „echte" Rüstungskontrolle in der Antike ist zugleich ein Hinweis auf die Möglichkeit, aber auch die Schwäche von nicht formal vereinbarten, sondern schweigend praktizierten Rüstungskontrollregimen. Es handelt sich um die Erhaltung des Gleichgewichts zwischen der Seemacht Athen und der Landmacht Sparta, wie es in Thukydides' Werk „Der Peloponnesische Krieg" nachzulesen ist.[41]

2.1 Verschiedene Formen der Rüstungskontrolle in der Antike und aktuelle Parallelen

Nach dem siegreichen Ende der Perserkriege im Jahre 480 v. Chr. beruhte der Friede innerhalb der altgriechischen Stadtstaatenwelt auf dem Gleichgewicht zwischen Sparta und Athen und ihrer jeweiligen Bündnisse. Sparta war der Akteur mit der stärksten Landmacht, einem als unbesiegbar geltenden Heer hochmotivierter, glänzend ausgebildeter und disziplinierter Kämpfer. Spartas Abschreckung gegen etwaige athenische Angriffe auf seine Interessen bestand in der Möglichkeit, sein Landheer zwischen Athen und dessen wenige Kilometer entfernten Hafen Piräus zu führen. Somit konnte die Verbindung Athens zu seinen Handelswegen abgeschnitten werden, auf welche die Seemacht für ihren Reichtum, aber auch für die lebenswichtige Versorgung mit Getreide angewiesen war. Athen seinerseits konnte mit seiner dominanten Flotte Sparta von jeder Seeverbindung isolieren und damit auch den Sicherheitsinteressen der Landmacht existentiell schaden. Das ganze System funktionierte nur so lange, wie Sparta über keine Flotte verfügte und die Verbindung Athen-Piräus unverteidigt blieb.

---

40 Sheehan z.B. diskutiert unter der Überschrift „The Origins of Arms Control" (1988, Kap. 1) nur die Jahre ab 1945. Rüstungskontrolle scheint, so gewinnt man bei ihm den Eindruck, vor dem Ende des Zweiten Weltkrieges keine Rolle gespielt zu haben.
41 Vgl. Thukydides 1960.

Die Konstellation hat viele Ähnlichkeiten mit dem amerikanisch-sowjetischen Abschreckungssystem während des Kalten Krieges und der Möglichkeit, es durch die Errichtung einer funktionierenden Raketenabwehr auszuhebeln. Mit wachsendem imperialem Ehrgeiz der Athener und entsprechend zunehmenden Spannungen entschloss sich die Führung der Seemacht schließlich, Athen und Piräus mit „langen Mauern" zu verbinden und abzusichern. Die Spartaner, ihrer überkommenen Abschreckungsfähigkeit beraubt, investierten ihrerseits in eine Flotte. Das zuvor stabile Gleichgewicht war unstabil geworden. Dies war ein wichtiger Schritt auf dem Weg zum Peloponnesischen Krieg, der die griechische Stadtstaatenwelt unwiederbringlich erschütterte und die Unterwerfung zunächst unter die makedonische, später unter die römische Herrschaft einleitete.

Während des Peloponnesischen Krieges gab es auch ein besonders drastisches Beispiel der einseitig aufgenötigten Form von Rüstungskontrolle: Der männlichen Bevölkerung des von Athen abtrünnigen Verbündeten Melos – ein geübtes Seefahrervolk, dessen geographische Position einen Übergang auf die Seite Spartas zum strategischen Risiko machte – wurde der rechte Daumen abgehackt und so der Gebrauch des Ruders unmöglich gemacht. Melos konnte keine Dreiruderer – die herrschende Form des Kriegsschiffs – mehr stellen und fiel so als Bedrohung Athens aus.

Auch Rom erlegte dem geschlagenen Karthago nach dem Ersten (264–241 v.Chr.) und dem Zweiten Punischen Krieg (218–201 v.Chr.) Beschränkungen der Flotte und der Heeresrüstung auf. Nach dem Zweiten Punischen Krieg, der für Rom mit der Niederlage bei Cannae das schlimmste militärische Trauma seiner gesamten tausendjährigen Geschichte mit sich brachte, wurde Karthago de facto der Verteidigungsfähigkeit gegen seine durchaus angriffslustigen nordafrikanischen Nachbarn beraubt, und nachdem es einige dieser Beschränkungen einseitig verletzte, um deren Attacken nicht schutzlos ausgeliefert zu sein, beendete Rom mit dem Dritten Punischen Krieg (164 v.Chr.) die Existenz Karthagos, das restlos zerstört wurde.

2.2 Rüstungskontrolle im Mittelalter: Beispiel Armbrust

Eine anders motivierte Initiative zur Rüstungsbegrenzung ergriff Papst Innocenz II. im Jahre 1130: Er schlug das Verbot der Armbrust vor, die zu dieser Zeit in Gebrauch kam. 1139 wurde das Verbot schließlich durch den Vatikan ausgesprochen und im Jahr 1215 durch Papst Innocenz III. erneuert. Die Begründung des Verbots lag darin, dass die Armbrust als Distanzwaffe, die auch gegen hochwertige Rüstungen wirksam war, die Notwendigkeit des direkten Kampfes Mann gegen Mann aufhob und damit „mörderisch und unchristlich" sei. Dabei ist allerdings anzumerken, dass das Verbot nur im Streit christlicher Heere, nicht aber gegenüber Andersgläubigen Geltung besaß.[42]

---

42 Vgl. Brodie/Brodie 1973, Kap. 2.

Tatsächlich zeigt die genauere Betrachtung hinter diesem Rüstungskontrollvorschlag ein gesellschafts- und herrschaftspolitisches Motiv. Die Armbrust ließ sich nämlich relativ leicht bedienen. Jedenfalls bedurfte es zu ihrem Gebrauch weniger Training und Kraft als für den Schwertkampf, den Lanzenangriff zu Pferde, aber auch den Gebrauch des walisischen Langbogens, den nur Spezialisten beherrschten und der um 1139 noch nicht entwickelt worden war (s.o.). Die Hierarchie, die die Krieger über die Bauern und die Handwerker stellte und diese Stellung mit der Funktion des Rittertums für die Verteidigung legitimierte, drohte damit ins Wanken zu geraten. Die Stellung des Klerus war indes gerade in dieser Hierarchie verankert. Der Bann gegen die Armbrust als „feiges" und unchristliches Instrument diente also der Verteidigung einer gesellschaftlichen Hierarchie; denn die bevorzugten und nicht weniger brutalen Kampfinstrumente des Adels, Schwert und Lanze (und Kampfaxt oder Morgenstern), sollten keinen vergleichbaren Einschränkungen unterliegen. Das Verbot scheiterte in der Praxis allerdings daran, dass die beginnende Territorialherrschaft auf die Vorteile der „leichten Artillerie", also von Armbrüsten und später von Langbögen, keinesfalls verzichten wollte, zugleich in dieser neuen Waffe (wie später in der von den Schweizer Bauernheeren entwickelten organisierten Kampfform der disziplinierten Infanterie mit überlangen Lanzen) ein willkommenes Instrument zur Disziplinierung der zunehmend rebellischen (weil gesellschaftlich absteigenden) Ritterschaft sah.

Einen anderen Verlauf nahm die ebenso motivierte Anstrengung im Japan der Shogune (17.–19. Jahrhundert), zur Stabilisierung der gesellschaftlichen Schichtung Schusswaffen zu verbieten. Über mehrere Generationen gelang es auf diese Weise, die gesellschaftliche Geltung der Samurai-Schwertkämpfer, der Ritterschaft Japans, zu bewahren.

2.3 „Humanisierung des Krieges": Von der Schlacht von Solferino zur Haager Landkriegsordnung und zu den Grundzügen des modernen humanitären Völkerrechts

Es gibt eine Reihe weiterer Einzelbeispiele aus der Geschichte, wie durch Beschränkungen der Rüstung versucht wurde, das militärische Verhältnis zwischen Konfliktparteien zu stabilisieren. Über Einzelfälle hinaus ergab sich eine systematische Entwicklung von globaler Bedeutung erst mit der zweiten Hälfte des 19. Jahrhunderts. In dieser Zeit entwickelten sich die Grundzüge des *ius in bello*, des humanitären Völkerrechts (auch Kriegsvölkerrecht genannt).[43] Obwohl es gemeinhin getrennt von der Rüstungskontrolle diskutiert und unterschiedlich definiert wird (das humanitäre Völkerrecht regelt den Waffengebrauch im Krieg, die Rüstungskontrolle bzw. Abrüstung beschränkt Waffenbesitz und -operationen im Frieden), sind die Paralle-

---

43 Vgl. die Einführung von Hasse, et al. 2001.

len unverkennbar, und in jüngerer Zeit überlappten sich Ziele und Instrumente auch zusehends.[44]

Das moderne humanitäre Völkerrecht hat seinen Ursprung in der blutigen Schlacht bei Solferino (1859) in der Nähe des Gardasees, in der Truppen Piemont-Sardiniens und Frankreichs gegen ein österreichisches Heer kämpften und in der die Schrecken des modernen Waffengebrauchs durch Massenarmeen eine seiner ersten Manifestationen erfuhr. Der Schweizer Geschäftsmann *Henri Dunant* (1828–1910), der zufällig Zeuge der Schlacht wurde, war von den Leiden der Verwundeten, die man zum Sterben auf dem Schlachtfeld zurückgelassen hatte, tief erschüttert. Aus dieser Erfahrung gründete er das „Internationale Komitee der Hilfsgesellschaften für Verwundetenpflege", das spätere „Rote Kreuz", das in Kriegszeiten den Verwundeten und Gefangenen als neutraler Helfer beistehen sollte. Gleichzeitig leitete er im Alleingang eine Kampagne in die Wege, um die führenden Staaten von der Notwendigkeit zu überzeugen, den Krieg – den er im Verkehr der Völker für ein unvermeidliches Übel hielt – wenigstens, so gut es ging, zu „humanisieren". Regeln für den Umgang mit Verwundeten und Kriegsgefangenen sowie mit der zivilen Bevölkerung des Feindlandes waren die Ergebnisse langwieriger und schwieriger Verhandlungen, die 1864 immerhin zur Unterzeichnung der *Genfer Konvention* zur „Verbesserung des Schicksals der verwundeten Soldaten der Armeen im Felde" durch 12 Staaten führte und z.B. dem Roten Kreuz auch formal eine neutrale Rolle auf dem Schlachtfeld zugestand.[45]

Breitere Möglichkeiten boten sich durch die beiden *Haager Konferenzen* von 1899 und 1907 dar, in der sich vor allem der russische Zar Nikolaus II. und Präsident T. Roosevelt als Verfechter weiterer Begrenzungen hervortaten: So wurde der Einsatz chemischer Waffen und von Dum-Dum-Geschossen (die besonders schlimme Verwundungen hervorrufen), der Angriff ziviler Ziele mittels Bombardierung aus Ballons und Beschuss durch die Marine, sowie die Verwendung von Haftminen verboten.[46] Die *Haager Landkriegsordnung* regelte die Versorgung von Verwundeten, die Behandlung von Kriegsgefangenen und etablierte den Grundsatz der Verhältnismäßigkeit der anzuwendenden Gewalt und die Differenzierung zwischen Kombattanten und Zivilisten.

2.4 Rückschlag und Neuanfang für die Rüstungskontrolle: Der Erste Weltkrieg und seine Folgen

Im Ersten Weltkrieg stellte sich schnell heraus, dass die Kriegführenden (an der Spitze Deutschland) in ihren verzweifelten Versuchen, das blutige Patt in den Schützengräben zu durchbrechen, ohne Skrupel die gerade erst gesetzten Regeln brachen.

---

44 Vgl. Weber 2001a.
45 Vgl. Finnemore 1996, spez. Kapitel 3.
46 Vgl. Oeter 2001.

Das Deutsche Reich setzte als erste Kriegspartei Kampfgas gegen die feindlichen Reihen ein und ging 1917 zum totalen U-Boot-Krieg gegen die feindliche und neutrale Handelsschifffahrt über, was die Vereinigten Staaten schließlich zum Kriegseintritt veranlasste und die Niederlage Deutschlands gegen die ressourcenüberlegene Gegenallianz besiegelte.

Nach dem Ersten Weltkrieg unternahm der auf das 14 Punkte Programm von US-Präsident *Woodrow Wilson* zurückgehende *Völkerbund* – in dessen Mandat die Abrüstung eingeschrieben war – einen ernsthaften Versuch, das bereits in den beiden Haager Friedenskonferenzen von 1899 und 1907 entworfene Regelwerk zu verdichten und zu verstärken. Wichtigstes Ergebnis waren die *Protokolle zur Genfer Konvention*, vor allem das Verbot des Einsatzes (nicht der Produktion) biologischer und chemischer Waffen. Dieses Verbot wurde von Italien in Abessinien und von Japan punktuell in seinen asiatischen Eroberungskriegen übertreten, hielt aber im europäischen Kriegstheater während des gesamten Zweiten Weltkrieges und erfuhr auch in den 180 Kriegen nach 1945 nur wenige Verletzungen. Wichtigster Vertragsbruch war der massive Einsatz von Giftgas durch den Irak gegen iranische Infanterie (und kurdische Zivilisten) im Ersten Golfkrieg. Ein weiteres Protokoll befasste sich mit der Begrenzung des Waffenhandels, entfaltete aber keine nennenswerte Wirksamkeit. Auch ein vom Völkerbund 1929 eingesetzter Ausschuss zur Überwachung der Rüstungsproduktion blieb wirkungslos.

Das bedeutendste und zeitweise auch effektive Instrument der Rüstungskontrolle betraf den Seekrieg: Die führenden Seemächte USA, Großbritannien, Frankreich, Italien und Japan einigten sich in drei Verträgen 1922 (Washingtoner Vertrag), 1930 und 1936 (Londoner Verträge) über die Kräfteverhältnisse bei den Hauptkampfschiffen, setzten jedem Land Obergrenzen für die gesamte Tonnage der Flotte und regelten technologische Aspekte der Bewaffnung. Relativiert wurde der Erfolg allerdings dadurch, dass man sich nicht auf Obergrenzen für Unterseeboote und Zerstörer einigen konnte, die in der Folge verstärkt gebaut wurden. Die Seerüstungskontrolle brach zusammen, als sich Japan aus den Verträgen zurückzog und bedeutende Mächte, darunter Deutschland und die Sowjetunion, nicht in den Vertrag eingebunden werden konnten.[47]

Der Völkerbund versuchte auch dem Problem des Angriffskrieges zu Lande zu Leibe zu rücken und verhandelte mehrere Jahre sehr intensiv (und mit nach wie vor interessanten Definitionsversuchen) über die Begrenzung „offensiver" Waffen. Seine Anstrengungen kulminierten in der ersten *Weltabrüstungskonferenz 1932–1936*, in der über fünf Themen, letztlich ergebnislos, verhandelt wurde:[48]

- Ächtung des Krieges,
- Streitkräfte, Rüstung und Verteidigungsausgaben,
- Unkonventionelle Waffen,

---

47   Vgl. Goldblat 2002, Kap. 11.
48   Vgl. ebenda.

- Verifikation und Sanktionen,
- „Moralische Abrüstung", d.h. Friedenserziehung, Friedenskultur.

Auch die Abrüstungskonferenz scheiterte schließlich an der schroffen Verweigerung der militaristischen Länder Deutschland, Japan und Italien.

2.5 Rüstungskontrolle nach 1945: Höhen und Tiefen im Kalten Krieg

Nach dem Zweiten Weltkrieg erlangte die Rüstungskontrolle eine kurze Blüte; die Charta der Vereinten Nationen sah Rüstungsbeschränkung als eine zentrale Aufgabe vor.[49] Der Militärausschuss sollte hierzu einen Plan erarbeiten. Dies geschah wegen des baldigen Ausbruchs des Ost-West-Konflikts jedoch nie. Er vereitelte auch die einmalige Chance, Kernwaffen vor dem Einsetzen des Rüstungswettlaufs zwischen den USA und der Sowjetunion zu verbieten: Die Atomenergiekommission der VN verhandelte im Jahr 1946 ernsthaft über den amerikanischen *Baruch-Plan* (genannt nach dem US-Verhandlungsführer). Er sah die Überführung der gesamten Nuklearindustrie in internationales Eigentum und Kontrolle, ein striktes Verifikationssystem und die Beseitigung aller Kernwaffen vor.[50] Freilich wollten die USA ihre (geringen) Kernwaffenbestände erst abrüsten, wenn Institutionen und Verifikation eingerichtet wären. Die Sowjetunion wollte ihrerseits ihre Anlagen erst dann übergeben, wenn zuvor die Welt kernwaffenfrei geworden wäre. An diesem Gegensatz scheiterte die nukleare Abrüstung sehr schnell.

In den 1950er Jahren war Abrüstung ein Instrument im Propagandakrieg zwischen Ost und West, mit dem vor allem die öffentliche Meinung beeinflusst und um Sympathie unter der zunehmenden Zahl der blockfreien Staaten geworben werden sollte.[51] Magere Ergebnisse blieben die Gründung der *Internationalen Atom-Energie-Organisation* (IAEO) im Jahr 1956 mit ersten, zunächst noch äußerst bescheidenen Kompetenzen bei der Verifikation ziviler Kerntechnik sowie der *Antarktis-Vertrag* von 1959, der den „sechsten Kontinent" für die Stationierung von Waffensystemen und den Bau militärischer Einrichtungen schloss.

Der entscheidende Schritt vorwärts kam durch den Schock des Beinahe-Atomkrieges während der *Kuba-Krise* (1962) zustande. Nun wurde den beiden Supermächten klar, dass ein ungeregelter nuklearer Rüstungswettlauf unvertretbar hohe Gefahren einer kriegerischen Auseinandersetzung und damit einer grenzenlosen Katastrophe mit sich brachte.[52] Die sich über Jahre hinschleppenden *Verhandlungen über einen nuklearen Teststopp* wurden in kurzer Zeit (1963) zum Abschluss ge-

---

49　Vgl. ebenda.
50　Vgl. Wheeler 2002.
51　Vgl. Bourantonis 1993, speziell Kap. 2.
52　Allerdings brachte die Kuba-Krise der Sowjetunion auch die Erkenntnis, dass ihr eine der amerikanischen Marine vergleichbare Hochseeflotte fehlte. Dies führte in der Folge zu deutlicher Aufrüstung der Seestreitkräfte.

bracht. Allerdings wurden nur Tests in der Atmosphäre, im Weltraum und unter Wasser verboten; unterirdische Kernwaffenversuche blieben weiterhin legal. Gescheitert war der umfassende Teststopp vordergründig am Streit um die Verifikationsbedingungen: Die USA wünschten mindestens sieben Vor-Ort-Inspektionen pro Jahr, die Sowjets wollten nur drei zugestehen. Tatsächlich jedoch gab es in den Streitkräften und den Kernwaffenlabors heftigen Widerstand gegen ein Ende der Waffenentwicklung, das mit einem Teststopp eingetreten wäre.[53]

Nach Kuba wurde auch das berühmte *Rote Telefon* (das tatsächlich eine Fernschreibleitung war) eingerichtet, mit dem die Regierungen in Washington und Moskau direkt miteinander kommunizieren konnten. Es bildete den Auftakt zu einer Reihe von nahezu zwanzig Einzelabkommen in den nächsten drei Jahrzehnten, mit denen die beiden Supermächte der Gefahr eines Atomkrieges durch Fehlreaktionen in der Krise, Desinformation oder technische Fehler zu begegnen suchten.[54]

Wer geglaubt hatte, dies sei der Auftakt zu einer schnellen Serie von Abrüstungsvereinbarungen, sah sich getäuscht. Zunächst veranlasste der Vietnamkrieg die Sowjetunion zur Zurückhaltung: Mit dem Klassenfeind zu kooperieren, solange dieser seine imperialistischen Abenteuer betrieb, galt als politisch inkorrekt. Umgekehrt waren die USA unmittelbar nach dem sowjetischen Einmarsch in Prag 1968 nicht mehr bereit zu verhandeln. Freilich brachte man den *Atomwaffensperrvertrag* zustande (1969), der die atomare Option der Nichtkernwaffenstaaten, kaum jedoch die Handlungsfreiheit der Atommächte beschränkte. Ernsthafte bilaterale Rüstungskontrollgespräche zwischen den USA und den Sowjets kamen erst ab 1969 unter der Regierung Nixon in Gang. Sie mündeten in den *ABM-Vertrag* und das *SALT I-Abkommen* von 1972 sowie eine Reihe von kleineren Abkommen zur Verhinderung eines Atomkrieges.[55] Multilaterale Abkommen wie die *Biowaffen-Konvention*, das *Verbot der Manipulation der natürlichen Umwelt zu kriegerischen Zwecken* oder die *Testschwellenverträge* kamen hinzu. *SALT II* als weitere Begrenzung der strategischen Nuklearstreitkräfte lag schon im Schatten des „Neuen Kalten Krieges". Seine Bestimmungen wurden zwar beachtet, der Vertrag wurde jedoch nie ratifiziert und trat deshalb auch nicht in Kraft.[56]

Die neue Eiszeit dauerte bis 1986, als neue, politisch verbindliche Vertrauensbildende Maßnahmen für Europa vereinbart wurden. Ein Jahr später beseitigte der *INF-Vertrag* mit den Mittelstreckenraketen eine ganze Waffenkategorie.[57] Kurz vor und nach dem Ende des Ost-West-Konflikts folgte in atemberaubend schneller Reihenfolge eine Serie von wichtigen Vereinbarungen: der *KSE-Vertrag* über konventionelle Streitkräfte in Europa (1990), der *Open-Skies-Vertrag* (1990, aber erst 2001 in Kraft getreten), *START I* zur (rechnerischen) Halbierung der strategischen Waffen-

---

53 Vgl. Grinevskij 1996.
54 Vgl. Ury 1985.
55 Vgl. Smith 1980.
56 Vgl. Kubbig 1983.
57 Vgl. Risse-Kappen 1988.

bestände, bald gefolgt von *START II* (1990, 1992) sowie das Chemiewaffenabkommen (1992).

Die unbegrenzte Verlängerung des zunächst auf 25 Jahre befristeten *Atomwaffensperrvertrages* bildete den Abschluss dieser Phase. Der Verhandlungserfolg zum umfassenden Teststopp als Folge dieser Verlängerung läutete dann schon die Stagnationsperiode ein, denn der amerikanische Senat verweigerte 1999 die Zustimmung.[58] Im übrigen wurden die USA mehr und mehr zum Hemmschuh irgendwelcher Rüstungskontrollfortschritte: Sie kündigten den *ABM*-Vertrag, verzögerten die Ratifizierung des angepassten *KSE*-Vertrages, verhinderten den Abschluss eines Verifikationsprotokolls zum Biowaffen-Übereinkommen, sie verweigerten den Beitritt zum *Anti-Personenminenverbot* von Ottawa und sie verwässerten 2001 die Versuche der Vereinten Nationen, ein wirksames Programm zur Kontrolle der Kleinwaffen (mit denen die meisten Menschen in kriegerischen Auseinandersetzungen getötet werden) zu vereinbaren. Nur die Abrüstungshilfe für den Nachfolgestaat des ehemaligen Feindes, für Russland, setzten die Vereinigten Staaten konsequent fort; zu verhindern, dass Waffen oder Materialien in falsche Hände fielen, galt als wichtiges amerikanisches Interesse sowohl in der Clinton- als auch in der nachfolgenden Bush-Administration.

Fragen zur selbstständigen Reflexion

Frage 1: Bücher, die die Geschichte von Waffen und Bewaffnung beschreiben, werden in der Regel als „historisch" und weniger als „politologisch" empfunden bzw. eingeordnet. Überlegen Sie sich mind. zwei Gründe, warum das so ist.

Frage 2: Eine Freundin erklärt ihnen, dass es sich nicht lohne, ein Buch über Rüstungsdynamik und Rüstungskontrolle zu lesen und entsprechende Theorien kennen zu lernen. Ihr Argument: Menschen streben sowieso immer nach Macht und werden deshalb immer neue Waffen entwickeln. Was antworten Sie ihr?

Frage 3: Wie unterscheidet sich Rüstungsdynamik vor und nach der industriellen Revolution?

Frage 4: Was war das wichtigste Motiv für das Betreiben von Rüstungskontrolle nach 1945?

Antwortvorschläge finden Sie auf der Seite 233.

---

58 Vgl. Müller 2000.

III. Theorie der Rüstungsdynamik

Rüstungs*wahnsinn* – mit diesem kritischen Verdikt hat die Friedensbewegung häufig die gewaltige Ansammlung von Soldaten und Waffen bezeichnet, welche die moderne Staatenwelt hervorgebracht hat. Im Jahr 2004, gut 15 Jahre nach Ende der großen weltpolitischen Auseinandersetzung zwischen Ost und West, gaben die Staaten der Welt nach Angaben von SIPRI die astronomische Summe von 1035 Mrd. USD[59] für ihre Streitkräfte aus, Tendenz steigend. Dieser Betrag liegt real, d.h. bei unterstellter konstanter Kaufkraft, nur noch sechs Prozent unter den Ausgaben auf dem Höhepunkt des Kalten Krieges 1987/88.[60]

Es ist offensichtlich, welche Wohlfahrtsgewinne eine Umlenkung dieser Mittel in Erziehung, Bildung, Gesundheit oder Umwelt hervorbringen könnte. Die Frage, wie es zu diesen horrenden Militärausgaben kommen kann, drängt sich geradezu auf. Theorien der Rüstungsdynamik versuchen, diese Frage zu beantworten.

Der Begriff „Rüstungswahnsinn" unterstellt ja eigentlich, dass die Entscheidungsträger, die für die militärischen Investitionen verantwortlich zeichnen, unter psychischen Krankheiten leiden. Diese Erklärung für exzessives Rüstungsverhalten wird gerade in der Presse immer wieder gerne aufgegriffen. Die verantwortlichen Staatsführer werden dann als irr oder verrückt charakterisiert, wie das etwa über Hitler, Saddam Hussein oder Kim Yong Il behauptet worden ist.[61] Gleichwohl überwiegt in der Realität die „Normalität" in den Regierungen, und viele dieser vermeintlichen Irren handeln zumindest auf den zweiten Blick oftmals rational, kalkulierend und abwägend. Es müssen also Erklärungsversuche gefunden werden, die nicht auf vermeintliche Persönlichkeitsmerkmale von Staatsführern abstellen.

Die Literatur unterscheidet hierzu vereinfachend zwei zentrale Argumentationsstränge, die unter den Begriffen *Außen-* und *Innenleitung* diskutiert werden.[62] Im Rahmen der Außenleitung wird der Einfluss von Faktoren auf das Rüstungsverhalten von Staaten untersucht, die außerhalb des eigenen Staates liegen. Entsprechend wird z.B. auf andere Staaten oder das internationale System als solches verwiesen. Analog benennt die Innenleitungstheorie Faktoren, die in dem rüstenden Staat selbst zu finden sind und keine Verbindung zur internationalen Umwelt besitzen. Man erkennt schon an dieser Stelle, dass die Unterscheidung hochgradig theoretisch-analytisch ist und eine „holzschnittartige Vereinfachung"[63] darstellt, die der wesentlich komplexeren Realität nur unzureichend gerecht wird. Allerdings hilft die Tren-

---

59 Vgl. Sköns, et al. 2005: 307. Angabe in 2004er Preisen.
60 Vgl. ebenda: 307.
61 So betitelte z.B. Spiegel-TV einen Beitrag über Kim Jong Il „Der Irre mit der Bombe". Vgl. *http://www.spiegel.de/sptv/thema/0,1518,341659,00.html*, letzter Zugriff 23.9.2005.
62 Vgl. Evangelista 1988, Kap. I.1; kritisch Müller/Risse-Kappen 1990.
63 Müller/Risse-Kappen 1990: 378.

nung, die beiden Konzepte jeweils isoliert betrachten zu können und aus ihrer inneren Logik heraus zu verstehen. Außerdem erleichtert diese Einteilung die Einordnung zentraler IB-Theorien aus Sicht der Rüstungsdynamik. Deshalb soll trotz berechtigter Einwände auf diese Unterscheidung zurückgegriffen werden.

1. Theorien der Außenleitung

Im Rahmen der Theorien der Außenleitung liegt – wie der Name schon suggeriert – der zentrale Grund für fortdauernde Rüstung außerhalb des betrachteten Staates. Dabei wird unterstellt, dass die Staaten *rational* auf externe Stimuli, z.B. die Handlung eines anderen Staates reagieren. Das Rationalitätskonzept, welches hierbei zugrunde gelegt wird, ist teleologisch, d.h. es ist auf die optimale Erreichung eines Zieles ausgerichtet. Rational ist eine Handlung nach diesem Rationalitätsbegriff dann, wenn sie die bestmöglichen Mittel für ein gewünschtes Ziel angibt. Man spricht deshalb auch von einer Zweck-Mittel-Rationalität.[64]

1.1 Das Aktions-Reaktions-Schema

Der populärste, aber auch einfachste Ansatz zur Erklärung von Rüstungsdynamik ist das *Aktions-Reaktions-Theorem*,[65] das schon in den Arbeiten von Thukydides[66] beschrieben wird. Die Grundüberlegung des Theorems stellt sich folgendermaßen dar: Zwei Staaten, die sich in einem politischen Konflikt gegenüberstehen, miteinander rivalisieren oder nur einfach ein unterschwelliges Misstrauen gegeneinander hegen, beobachten sorgfältig die Verteidigungspolitik des jeweils anderen. Auf rüstungspolitische Entscheidungen des Gegenübers wird sofort reagiert: Auch nicht die kleinste Überlegenheit des Rivalen wird zugelassen, sondern mindestens Gleichstand, besser aber noch ein eigener Vorteil angestrebt. Gegnerische Rüstungsprojekte werden also automatisch mit eigenen Rüstungsprojekten gekontert. Es entsteht ein Kreislauf von *Aktion* und *Reaktion*, bei der jede Reaktion eines Handlungskreises zur einleitenden Aktion des nächsten wird.

---

64 Vgl. Dahlbäck 1995. Obwohl sich, nicht zuletzt durch den Einfluss der ökonomischen Wissenschaften, dieses Rationalitätskonzept auch in weiten Bereichen der Politikwissenschaft durchsetzen konnte, ist es mitnichten die einzige Möglichkeit, etwas als rational zu bezeichnen. Vgl. die Diskussion bei Apel/Kettner 1996.
65 Vgl. Evangelista 1988, Kap. I.1.; Buzan/Herring 1998, Kap.6.
66 Vgl. Thukydides 1960.

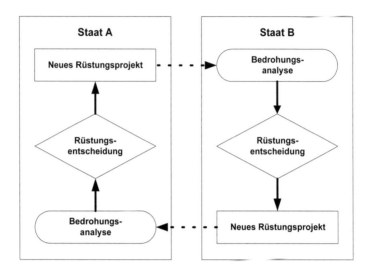

Abbildung 3: Aktions-Reaktions-Schema

Natürlich erwächst diesem Ansatz nur Erklärungskraft, wenn der Grundkonflikt bzw. Misstrauen zwischen den beiden Staaten bereits vorausgesetzt ist. Zwischen Staaten, deren Beziehung von Frieden, Kooperation und wechselseitigem Vertrauen gekennzeichnet sind, – beispielsweise zwischen den skandinavischen Ländern – kommt ein solcher Aktions-Reaktions-Prozess nicht zustande. Die Konstellation zwischen zwei im Konflikt oder Wettbewerb befindlichen Staaten lässt sich durch ein gängiges Beispiel aus der Spieltheorie modellieren, das sogenannte „Gefangenendilemma" (oft auch als PD, für *Prisoners Dilemma*, bezeichnet).[67]

1.2 Das Gefangenendilemma als Metapher des Rüstungswettlaufs: Geschichte und formale Modellierung

Dieses „Spiel" besitzt eine Geschichte, die zwar auf den ersten Blick nichts mit Rüstungsdynamik zu tun zu haben scheint, dennoch aber das zugrunde liegende Problem eines Rüstungswettlaufs illustriert. Zunächst das Dilemma der Gefangenen:[68]

Zwei eines Überfalls Verdächtige, Mr. Pink und Mr. White, werden im Untersuchungsgefängnis vernommen. Obwohl sich der Staatsanwalt sicher ist, die Verbre-

---

67 Vgl. Brams/Kilgour 1988; Zangl/Zürn 1994.
68 Die „klassische Geschichte" des Gefangenendilemmas findet sich bei Luce/Raiffa 1957: 95.

cher gefasst zu haben, kann er ihnen die Tat nicht nachweisen. Er kann sie lediglich wegen illegalem Waffenbesitz mit einer geringen Strafe belangen. Um sie dennoch für den Überfall zur Verantwortung zu ziehen, macht er jedem der beiden das folgende Angebot: Wenn er die Tat leugnet und sein Kumpan sich ebenso verhält, können beide nur wegen Waffenbesitzes angeklagt und verurteilt werden und riskieren je ein Jahr Haft. Gesteht allerdings einer der beiden, während der andere zu leugnen fortfährt, so kommt der Kronzeuge frei, der Überführte wandert zehn Jahre ins Gefängnis. Gestehen beide, werden sie wegen der ursprünglichen Tat verurteilt, das Geständnis beider ergibt allerdings „mildernde Umstände" und die Haft ermäßigt sich auf fünf Jahre.

Diese Situation lässt sich in der folgenden 2x2 Matrix spieltheoretisch darstellen, da jeder Akteur nun genau zwei Handlungsmöglichkeiten (sogenannte *Strategien*) besitzt: Leugnen und Gestehen.

Mr. Pink

	gestehen	leugnen
Mr. White gestehen	-5, -5	0, -10
Mr. White leugnen	-10, 0	-1, -1

Abbildung 4: Gefangenendilemma: Spielmatrix

Dabei steht die jeweils erste Zahl für die Gefängnisstrafe von Mr. White, die zweite für die jeweilige Strafe von Mr. Pink. Das negative Vorzeichen vor den Jahren signalisiert, dass es sich um „negativen Nutzen" handelt, also fünf Jahre Gefängnis „besser" als zehn Jahre sind usw.

Wie werden sich die beiden entscheiden, wenn wir von Ehrenwörtern oder Ganovenehre zunächst absehen? Die gemeinschaftlich beste Lösung wäre das einvernehmliche Leugnen, da es nur eine geringe Strafe für jeden der beiden nach sich zieht und die Summe der im Gefängnis verbrachten Jahre minimiert ist. Es handelt sich dabei um ein *Pareto-Optimum*, da sich – so die Definition – kein Spieler verbessern kann, ohne die Situation eines anderen Spielers zu verschlechtern.[69] Doch zu diesem Pareto-Optimum wird es gemäß der Logik der Spieltheorie nicht kommen. Eine einfache Überlegung zeigt, dass beide gestehen werden. Betrachten wir die Situation zunächst aus der Perspektive von Mr. Pink. Leugnet Mr. White, so wird er selbst freigelassen, wenn er als Kronzeuge „singt". „Verpfeift" ihn aber Mr. White, so kann er zumindest fünf Jahre einsparen, wenn er ebenfalls redet. Egal was Mr. White machen wird – es ist für Mr. Pink immer sinnvoller zu gestehen als zu leugnen. Analog gilt die Überlegung auch für Mr. White, für den Reden ebenfalls immer die bessere Wahl darstellt. Aus diesem Grund spricht man davon, dass Gestehen in diesem Fall eine *dominante Strategie* sei. Die dominante Strategie ist gleichzeitig die rationale Strategie und wird von beiden Akteuren gespielt, was dazu führt, dass beide gestehen und jeweils fünf Jahre Gefängnis bekommen. Dies erscheint intuitiv uneinsichtig, da das für beide bessere und kollektiv optimale Ergebnis, jeweils nur ein Jahr im Gefängnis zu verbringen, verfehlt wird. Allerdings kann keiner der beiden Spieler etwas dagegen unternehmen, ohne seine eigene Situation zu verschlechtern – als Alternative gäbe es ja nur Leugnen, was aber mit zehn Jahren Gefängnis verbunden ist. Eine Situation, in der unilaterales Handeln die eigene Situation nicht verbessert, sofern der Gegenüber bei seiner Strategie bleibt, nennt man nach dem in dem Film „A Beautiful Mind" porträtierten amerikanischen Ökonom, Spieltheoretiker und Nobelpreisträger Fred Nash ein *Nash-Gleichgewicht*.[70]

Bislang wurde aber ausgeschlossen, dass es zwischen den Akteuren zu Kommunikation und Absprachen kommen kann. Wie verändert sich die Situation, wenn man diese strenge Einschränkung aufhebt? Die erstaunliche Antwort ist, dass sich gar nichts ändert! Denn einigen sie sich darauf zu leugnen, ist der individuelle Anreiz nur noch größer, den anderen zu hintergehen, da man – sofern sich der andere an sein Wort hält – sicher freikommt. Da der andere aber genau das gleiche überlegt, enden die Verbrecher wiederum für fünf Jahre im Gefängnis. Die Tatsache, dass Kommunikation im einfachen Gefangenendilemma keinen Einfluss besitzt, liegt daran, dass es keine Institution gibt, die dafür sorgen kann, dass getroffene Verein-

---

[69] Man beachte, dass ein Pareto-Optimum nicht dadurch definiert wird, dass die Summe der Auszahlungen maximiert (im hier vorliegenden Fall also die Summe der im Gefängnis zu verbringenden Jahre minimiert) wird. Eine solche Situation stellt zwar immer ein Pareto-Optimum dar, aber eben nicht exklusiv. Michael Zürn schlägt in diesem Zusammenhang deshalb den Begriff des „qualifizierten Pareto-Optimums" vor, dass die kollektiv günstigste Situation bzw. das „kollektiv betrachtet angestrebte Ergebnis" (Zürn 1992: 154, Fn. 83) für alle beteiligten Akteure beschreibt. Allerdings ist hierbei einzuschränken, dass das Konzept nur dann angewendet werden kann, wenn der Betrachtung metrische Skalen (hier z.B. Zeit in Jahren) zugrunde liegen. Verwendet man stattdessen individuelle ordinale Nutzenfunktionen, so ist eine Addition subjektiven Nutzens und die Berechnung eines kollektiven Optimums nicht mehr zulässig. Nach Zürn ist dieser Spezialfall des Pareto-Optimums für ordinale Skalen deshalb bestenfalls ein „informeller Indikator für ein kollektiv wünschbares Ergebnis" (ebenda).

[70] Vgl. Holler/Illing 1996.

barungen zwischen den Akteuren auch eingehalten werden – wie z.B. in Staaten Gerichte die Einhaltung abgeschlossener Verträge erzwingen können. Ebenfalls hatten wir normative Einflüsse, etwa Ganovenehre, ausgeschlossen. Wie man es auch wendet: Im Gefangenendilemma führt individuell rationales Verhalten unweigerlich zu einer suboptimalen Lösung. In der Sprache der Spieltheoretiker wird in diesem Zusammengang von einer pareto-ineffizienten (bzw. nicht-paretoeffizienten) Lösung gesprochen, da man mindestens einen der Akteure besser stellen könnte, ohne einen anderen schlechter zu stellen (in diesem Fall sogar beide besser stellen könnte). Anders ausgedrückt: Das Nash-Gleichgewicht ist in diesem Fall kein Pareto-Optimum.[71] Eine neue Situation läge vor, wenn die beiden Ganoven Mitglieder einer Verbrecherbande wären, die Verrat mit dem Tod bestraft. In diesem Fall würde sich nämlich die Matrix dahingehend ändern, dass eigenes Verpfeifen bei gleichzeitigem Leugnen des anderen nicht zur Freiheit, sondern in den Tod führt. Unter dieser Bedingung wäre eine Übereinkunft durch Kommunikation sehr leicht zu erzielen.

> **Exkurs: Veränderungen durch Wiederholung des Gefangenendilemmas**
> Wird ein Gefangenendilemma mehrmals hintereinander gespielt, so spricht man von einem wiederholten, oder auch einem *iterierten* Spiel. Die Vorstellung dabei ist, zwei Spieler wüssten sicher, dass sie nach dem ersten Spiel erneut in die gleiche Situation geraten, danach wieder usw. Ändert das nun etwas an ihrem Verhalten, sich gegenseitig beim Staatsanwalt zu verpfeifen?
> Bevor diese Frage beantwortet wird, muss zunächst ein grundlegendes spieltheoretisches Konzept erläutert werden: das der *Rückwärtsinduktion*. Um dieses Konzept zu verdeutlichen, soll zunächst ein anderes „Spiel" betrachtet werden: „Wer schafft die 100?".
> Die Regeln sind sehr einfach: Zwei Spieler addieren abwechselnd Zahlen zwischen 1 und 10 [A sagt z.B. 4, dann sagt B z.B. 12 (+8), A wiederum 17 (+5) usw.]. Gewonnen hat der, der mit seiner nächsten Zahl genau 100 erreicht. Für dieses Spiel gibt es eine klare Strategie, wie man *immer* gewinnen kann – vorausgesetzt man darf anfangen! Dabei bedient man sich der so genannten Rückwärtsinduktion, bei der das Spiel von hinten gelöst wird. Schauen wir zuerst auf die *letzte* Runde. Wenn man es selbst schafft, auf 89 zu kommen, hat der andere keine Chance mehr, denn egal was er sagt, er kommt maximal auf 99 und man gewinnt mit der nächsten Zahl. Offensichtlich muss es ein Teilziel des Spiels sein, sich die 89 zu sichern. Die 89 bekommt man, indem man sich die 78 sichert, da der andere nun nur bis maximal 88 kommt. Für die 78 wiederum braucht man zwingend die 67, dafür die 56 usw. Nun wieder der Blick auf die erste Runde: Es gewinnt also der Spieler, der mit eins beginnt und sich danach die 12, 23 usw. sichert. Man erkennt, dass sich Spiele mit einem endlichen Zeithorizont oft von hinten lösen lassen.

---

[71] Dies muss nicht immer so sein, sondern kommt ganz auf die betrachtete Spielmatrix an.

> Dies ist das Vorgehen der genannten *backwards-induction*, oder *Rückwärtsinduktion*. Hat das Spiel allerdings kein sicheres Ende, versagt die Rückwärtsinduktion offensichtlich. Diese Überlegung übertragen wir nun auf das Gefangendilemma: Es wird nämlich oft argumentiert, dass im Gefangenendilemma das Pareto-Optimum (also beiderseitige Kooperation, konkret: leugnen) erzielt werden kann, wenn das Spiel wiederholt wird, da die Gefangenen nun wüssten, dass Verpfeifen für sie die schlechtere Strategie ist. Außerdem, so wird weiter behauptet, könnten die Gefangenen sich nun gegenseitig bestrafen, wenn sich einer unkooperativ verhält. Indem man dem anderen droht, in der nächsten Runde sicher die Kooperation zu verweigern, wenn er in dieser Runde nicht auch kooperiere, besitzt man ein Druckmittel, um gegenseitige Kooperation zu erzwingen – eine so genannte *Tit-for-Tat*-Strategie.
>
> Diese Aussagen sind allerdings nur richtig, wenn die Spieler das Spiel unendlich oft wiederholen! Stellen wir uns vor, die beiden Verbrecher wüssten beim ersten Mal sicher, dass sie insgesamt fünfmal in diese Situation kommen werden, weshalb sie sich absprechen, immer zu leugnen, um ihre Haftzeit zu verkürzen. Dabei ist die Überlegung, dass man den, der gegen die Abmachung verstößt, im nächsten Spiel ja durch eigenes Verpfeifen bestrafen kann. Rückwärtsinduktion zeigt, dass diese Überlegung nicht trägt: Im fünften Spiel gibt es keinen Anreiz mehr zu leugnen, da man über Verpfeifen entweder sicher herauskommt, oder sich zumindest die Höchststrafe erspart und sich der andere nicht mehr in einem sechsten Spiel durch Verpfeifen rächen kann. Wenn man aber im fünften Spiel keinen Anreiz hat zu leugnen, wirkt die Drohung im vierten Spiel, den anderen im nächsten Spiel zu verpfeifen, wenn er einen in dieser Runde verpfeift, nicht mehr, da man sicher weiß, dass er im nächsten Spiel sowieso singen wird! Also reden beide auch schon im vierten Spiel mit dem Staatsanwalt usw. Ergebnis der Rückwärtsinduktion ist, dass schon im ersten Spiel die Abmachung nicht eingehalten wird.
>
> Man erkennt, dass Kooperation durch Tit-for-Tat im Gefangenendilemma bei rationalen Akteuren dann trägt, wenn das Spiel entweder unendlich oft wiederholt wird, oder aber, wenn die Spieler keine sichere Information darüber haben, wann das Spiel beendet wird. Rechnen sie jede Runde mit einer hohen Wahrscheinlichkeit, dass das Spiel weitergeht, entfällt der Anreiz, sich durch Verwehren der Kooperation Vorteile zu verschaffen.

Nun aber zurück zur Rüstungsdynamik: Gehen zwei Staaten nach dem Aktions-Reaktions-Schema vor, so befinden sie sich auch in einem Gefangenendilemma. Sie sehen zwar, was der andere tut, aber sie kennen seine Absichten und künftigen Handlungen nicht, über die sie nur spekulieren können. Es muss also damit gerechnet werden, dass die angespannte Situation auch in Zukunft anhalten wird. Kommunikation mag zwar möglich sein; aber kann man den Signalen der anderen Seite wirklich trauen, und werden mögliche Verträge tatsächlich eingehalten?

In einem Rüstungswettlauf kann es ja – wie in einem Duell – entscheidend sein, wer „zuerst zieht": Unternimmt eine Seite einen Rüstungsschritt, während die andere auf der Stelle tritt (z.B. weil sie auf den vorher ausgehandelten Rüstungsstopp vertraut), könnte gerade dieser Schritt dem rüstenden Staat den entscheidenden Vorteil bringen, der überlegene Angriffsoptionen ermöglicht! Die Alternativen lauten für die Staaten also nicht „leugnen" oder „gestehen" sondern „rüsten" oder „nicht rüsten".

Staat X

	rüsten	nicht rüsten
Staat Y rüsten	2, 2	4, 1
Staat Y nicht rüsten	1, 4	3, 3

Abbildung 5: Sicherheitsdilemma[72]

Das gemeinschaftlich beste Ergebnis wäre, wie die obige Abbildung zeigt, fraglos, auf die Rüstung zu verzichten und das eingesparte Geld anderweitig einzusetzen. Die Versuchung, sich einen entscheidenden Vorsprung – und damit Sicherheit – zu verschaffen, ist aber sehr groß: Das individuell optimale Ergebnis, das die eigene Sicherheit garantiert, ist natürlich die Überlegenheit, die zustande kommt, wenn man selbst den Rüstungsschritt unternimmt und der vertrauensselige Rivale ihn unterlässt. Die unsicherste aller Welten wäre die Unterlegenheit. Auch wenn man keine aggressiven Interessen hegt, gebietet es aus dieser Perspektive das nationale Interesse, die eigene Unterlegenheit zu vermeiden und selbst zu rüsten, egal was der andere tut, um in jedem Fall über ein Abschreckungspotenzial zu verfügen. Rüsten ist also eine dominante Strategie. Allerdings führt das Streben nach eigener Sicherheit dazu,

---

[72] In Abbildung 4 steht die Höhe der Zahl für den Rang der Präferenz, den das Ergebnis für den jeweiligen Akteur besitzt. Je höher die Zahl, desto besser das Ergebnis. Im Gegensatz zu der vorherigen Matrix liegt hier also eine ordinale Nutzenfunktion zugrunde.

dass sich die anderen Staaten unsicherer fühlen und ebenso zur Rüstung gedrängt werden. Da diese Situation die gleiche Struktur aufweist, wie das Gefangenendilemma, spricht man in diesem Zusammenhang auch von einem *Sicherheitsdilemma*.[73] Trotz der Nähe zum Aktions-Reaktions-Theorem zeigt die spieltheoretische Betrachtung einen wichtigen Unterschied. Im ersten Fall wurde angenommen, dass die Staaten jeweils auf die wahrgenommene Handlung des anderen reagieren. Im Fall des Sicherheitsdilemmas liegt die Betonung auf der *Unsicherheit* über die Handlung des Gegenübers.[74] Wenn man sich nicht absolut sicher sein kann, dass der andere kooperiert und keine geheimen Waffenprojekte unternimmt, ist eigene Rüstung immer die bessere Alternative. Da es aber sehr schwierig ist zu beweisen, dass ein Staat etwas *nicht* macht, besteht aus dieser Sicht im internationalen System immer eine latente Ungewissheit, die einen starken Anreiz für *worst-case*-Szenarien, eigene Rüstung und eine Abschreckungslogik enthält.

Auf Basis dieser Überlegung gab es in den späten 1980er und frühen 1990er Jahren eine intensive Debatte über die Frage, ob und wie unter den Bedingungen des Sicherheitsdilemmas Kooperation zwischen Staaten erzielt werden könnte.[75]

1.3 Ein empirisches Beispiel: Mehrfachsprengköpfe

An einem Scheideweg der amerikanisch-sowjetischen Rüstungsdynamik, gegen Ende der 1960er Jahre, hatten die USA und die Sowjetunion jeweils ein vierstelliges Arsenal von landgestützten Interkontinentalraketen errichtet, das sich ungefähr entsprach. Jede dieser Raketen trug nur einen atomaren Sprengkopf. Da man nicht damit rechnen konnte, dass jeder Sprengkopf wirklich sein Ziel erreichen und zerstören würde, ergab sich eine gewisse Stabilität: Weder die USA noch die Sowjetunion konnten darauf hoffen, mit einem Erstschlag alle Interkontinentalraketen der Gegenseite zu zerstören. In der gleichen Zeit entwickelte sich jedoch die neue Technologie der Mehrfachsprengköpfe (Multiple Independent Reentry Vehicles, MIRV). Eine Rakete konnte mehrere Sprengköpfe tragen (Ende der 1980er Jahre hatten beide Seiten Raketen stationiert, die mit bis zu zehn Sprengköpfen versehen waren). Die Sprengköpfe saßen auf einem „Bus", der nach dem Ende der Aufstiegsphase mit einem vorprogrammierten Motor in verschiedene Winkelstellungen gebracht werden konnte; aus jeder dieser Stellungen konnte ein Sprengkopf entlassen werden. Die Sprengköpfe konnten daher innerhalb einer gewissen Fläche (*Footprint*) unabhängig voneinander Ziele angreifen und zerstören.

---

73 Grundlegend geprägt wurde der Begriff von John Herz (1950). Vgl. auch Russett 1983, Kap.5.
74 Vgl. Müller 1988.
75 Eine gute Zusammenfassung der wichtigsten Beiträge der amerikanischen Debatte findet sich im Band von Baldwin aus dem Jahr 1993. Eine Zusammenfassung der deutschen Debatte bietet Risse 2000. Siehe auch Müller 2002.

Das Voranschreiten der Elektronik ermöglichte es überdies, die Zielgenauigkeit der Sprengköpfe beträchtlich zu erhöhen. Betrug der *Circular Error Probable* (CEP), d.h. der Radius, innerhalb dessen ein Sprenkopf mit 50 prozentiger Wahrscheinlichkeit einschlagen würde, bei den ältesten Modellen einen Kilometer, so war der CEP Ende der 1970er Jahre auf ca. einhundert Meter geschrumpft.[76] Die MIRV-Technologie, käme sie wirklich zum Einsatz, würde daher die strategische Konstellation destabilisieren: Wenn auf jede gegnerische Rakete zehn Sprengköpfe kämen, hätte ein Erstschlag womöglich eine theoretische Erfolgsmöglichkeit; die landgestützten Arsenale wären in einer Krise akut gefährdet, der Zwang, schon bei der geringsten Warnung zu reagieren, sehr stark, das Risiko eines Atomkrieges durch Fehlwahrnehmung und Missverständnis extrem.

Ein echtes Gefangenendilemma also, das in den USA, die mit der Technik etwas weiter waren als die sowjetischen Rivalen, Ende der 1960er Jahre heftige Diskussionen auslöste: Sollte man das eigene Raketenarsenal „verMIRVen"? Sollte man es in die beginnenden Rüstungskontrolldiskussionen mit den Sowjets einbringen? Aber wer garantierte, dass diese nicht selbst bereits in den Prozess der „Vermirvung" eingetreten waren oder dies unabhängig von allen amerikanischen Angeboten, darauf zu verzichten, tun würden? Konnten sich die USA sicher sein, entsprechende sowjetische Handlungen mit ihren Beobachtungssatelliten zu entdecken – denn von Vor-Ort-Inspektionen redete damals noch niemand.[77]

Der wechselseitige Rüstungsverzicht hätte die Stabilität gewahrt und Geld eingespart und stellte deshalb das Pareto-Optimum dar. Der einseitige Rüstungsverzicht hätte den Verzichtenden aber in eine gefährliche Situation der Unterlegenheit versetzt, wenn der andere gerüstet hätte. Logische Folge: Beide Länder folgten ihrer dominanten Strategie, führten in kurzem Abstand Mehrfachsprengköpfe ein und die 1970er und 1980er Jahre sahen extrem verwundbare landgestützte Arsenale (was freilich durch die nach wie vor unverwundbaren nuklearen U-Boote relativiert wurde). Einmal mehr wurde das Ergebnis verfehlt, das für *beide* Seiten die meisten Vorzüge gehabt hätte.

1.4 Das *Chicken Game* als realistischere Darstellung nuklearer Rüstungswettläufe?

Im Verlauf des Ost-West-Konflikts ist immer wieder argumentiert worden, dass sich ein Rüstungswettlauf im Atomzeitalter nicht als Gefangenendilemma modellieren lasse. Das zugrundeliegende Argument lautet folgendermaßen: Da beide Akteure schon über Nuklearwaffen verfügen und „nukleare Überlegenheit" ein nicht sonderlich überzeugendes Konzept darstellt, ist nicht die Überlegenheit des Gegners – die sich aus eigenem Rüstungsverzicht und Rüstung des anderen ergibt – das schlimmste zu erwartende Ergebnis, sondern der Atomkrieg selbst. Gegenseitige Aufrüstung

---

76 Zum Vergleich: Heute liegen die CEPs einiger Criuse Missiles bei ca. einem Meter.
77 Vgl. Hersh 1983, Kap. 12 und 13.

erhöht deshalb nur die Nervosität der Akteure und führt über kurz oder lang zu einem nuklearen Krieg. Daraus ergibt sich ein anderes Spiel: das sogenannte *Chicken Game*, oder auch *Feiglingsspiel*.[78] Seinen Namen hat das Spiel von einem unter amerikanischen Jugendlichen in den 1950er Jahren praktizierten „Zeitvertreib": Zwei Jugendliche fuhren mit ihren Autos mit hoher Geschwindigkeit direkt aufeinander oder auf eine Klippe zu.[79] Ziel ist es, als zweiter auszuweichen oder zu bremsen, denn wer dies zuerst tut, ist ein „Chicken", d.h. ein Feigling und dementsprechend nicht hoch angesehen. Weichen die beiden Spieler allerdings gleichzeitig aus, so bedeutet dies für keinen einen Gesichtsverlust und stellt damit das zweitbeste Ergebnis dar. Das drittbeste Ergebnis ist es, selbst auszuweichen, also der Feigling zu sein. Denn das ist immer noch besser, als zusammenzustoßen und die – möglicherweise tödlichen – Folgen zu tragen. Es ergibt sich die folgende Matrix:

Fahrer I

		Ausweichen	Spur halten
Fahrer II	Ausweichen	Gesicht gewahrt (3,3)	Fahrer I gewinnt, Fahrer II ist „Chicken" (2,4)
	Spur halten	Fahrer II gewinnt, Fahrer I ist „Chicken" (4,2)	Zusammenstoß (1,1)

Abbildung 6: Chicken Game/Feiglingsspiel[80]

Auf die Staatenwelt übertragen, kann man das atomare Wettrüsten als Chicken Game empfinden: Eigenes Aufrüsten stellt gegenüber dem Kontrahenten eine konfrontative Handlung dar, auf die dieser wiederum mit eigener Konfrontation (also: Aufrüstung, Verbesserung seiner Arsenale etc.) reagiert. Mit jeder „Runde" werden die Gegner nervöser und die Wahrscheinlichkeit eines Krieges steigt. Die Spieler haben deshalb die Zielsetzung, die Konfrontationsspirale nicht ausufern zu lassen, denn dann riskieren sie einen Atomkrieg, der den Nutzen beider minimiert. Kollektiv

---

78 Vgl. grundlegend Russell 1959; vgl. auch Nicholson 1989
79 Ein schönes Beispiel zeigt der Film „Denn sie wissen nicht, was sie tun" mit James Dean.
80 Auch hier gilt, je höher die Zahl, desto höher die Präferenz.

wäre es am besten, wenn sie beide gleichzeitig nachgeben würden, da sie so ihr Gesicht wahren und keiner als „Chicken" aus dem Spiel ausscheidet – was z.B. die Hardliner im eigenen Lande stärken würde.

Man erkennt, dass dieses Spiel grundsätzlich mehr Kooperationschancen aufzuweisen scheint, als das Gefangenendilemma, da die Akteure diesmal keine dominante Strategie besitzen, Kooperation zu verweigern. Allerdings stellt sich Kooperation auch nicht automatisch ein. Spieltheoretisch sind nur die beiden Felder (2,4) und (4,2) Nash-Gleichgewichte und damit aus rationalistischer Sicht stabil. Allerdings zeigt sich nun ein anderes Problem: Ehe man ein stabiles Ergebnis erzielen kann, muss einer der beiden Akteure nachgegeben haben. Denn *gemeinsames* Nachgeben ist wiederum kein stabiles Ergebnis und verlockt dazu, eine getroffene Übereinkunft durch unilaterales konfrontatives Verhalten auszunutzen. Da dies aber für beide Spieler gilt, endet man wieder in der gegenseitigen Konfrontation und der Gefahr des eigenen Todes. Das Vorhandensein stabiler Gleichgewichte löst also nicht automatisch die Frage, ob sich ein Gleichgewicht auch ohne Gefahren einstellt.[81]

Gelingt es allerdings, eine kooperative Übereinkunft zu erzielen, bei der beide Akteure zwar nachgeben, es nach außen allerdings den Anschein hat, keiner hätte nachgegeben bzw. die jeweilige Gegenseite hätte nachgegeben (also eine beiderseitige Gesichtswahrung erzielt wird), so kann für beide das zweitbeste Ergebnis (3,3) erzielt werden. Dies zeigt die Analyse des empirischen Falls der Kuba-Krise, die im Rahmen der Internationalen Beziehungen gerne als Beispiel des Chicken Game genannt wird.[82]

Am Anfang der 1960er Jahre verfügten die Vereinigten Staaten über überlegene nukleare Streitkräfte. Ihre Bomberflotte besaß gegenüber der sowjetischen Luftabwehr hohe Durchdringungsfähigkeit, die sowjetischen Bomber waren deutlich schwächer. Die Aufstellung von Interkontinentalraketen begann gerade erst; die USA verfügten überdies über Mittelstreckenraketen („Jupiter" und „Thor"), mit denen sie von den europäischen Stationierungsorten aus, vor allem aus der Türkei, sowjetisches Territorium bedrohen konnten. Dagegen verfügten die Sowjets über zahlreiche Mittelstreckenwaffen, die auf europäisches Territorium gerichtet waren, sowie über überlegene konventionelle Streitkräfte, mit denen sie aber nur den europäischen NATO-Verbündeten, nicht den USA selbst, etwas anhaben konnten. Mit der Stationierung von Mittelstreckenraketen auf Kuba, nur siebzig Kilometer von der amerikanischen Küste entfernt, wollte Chruschtschow zwei Fliegen mit einer Klappe schlagen: erstens eine amerikanische Invasion gegen Kuba abschrecken und zweitens über eine nukleare Option gegen das amerikanische Territorium zu verfügen, die der amerikanischen Bedrohung gegen die Sowjetunion (man denke an die Raketen in der Türkei!) gleichwertig wäre.

---

81   Vgl. Brams/Kilgour 1988.
82   Eine sehr gute Diskussion der Interpretation der Kuba-Krise als Chicken Game bietet Brams 2001.

Nachdem amerikanische Aufklärungsflugzeuge die im Bau befindlichen sowjetischen Raketenstellungen entdeckt hatten, geriet die Welt im Oktober 1962 für „dreizehn Tage" (so auch der Titel eines Hollywoodstreifens zur Kuba Krise) an den Rand eines Atomkrieges. In Washington wurde ernsthaft ein Luftangriff gegen Kuba erwogen, in Russland ein Gegenschlag angedroht, auch der vergeltende Zugriff auf Berlin überlegt. Drohungen, aber auch Verhandlungen unter hohem Risikobewusstsein beherrschten die internationale Szene. Spieltheoretisch kann man diese Konstellation folgendermaßen darstellen:

		UdSSR	
		Rückzug (SU_1)	Stationierung (SU_2)
USA	Blockade (UA_1)	Kompromiss (3,3)	Sieg UdSSR Niederlage USA (2,4)
	Luftangriff (UA_2)	Sieg USA Niederlage UdSSR (4,2)	Nuklearkrieg (1,1)

Abbildung 7: Die Kuba Krise als Chicken Game[83]

Auf die einzelnen Schritte der Kuba Krise kann hier nicht eingegangen werden.[84] Eines ist jedoch sicher: Das Bewusstsein von unmittelbarer höchster Gefahr motivierte letztlich zum Kompromiss. Die Sowjetunion zog ihre Raketen gegen das amerikanische Versprechen zurück, Kuba nicht anzugreifen. Hinzu kam das stillschweigende Einverständnis der USA, die (technisch obsoleten) Raketen aus der Türkei nach einer Anstandsfrist abzuziehen, ohne dass dies offiziell als Konzession an Moskau anerkannt wurde. Das Bewusstsein des größten Übels, des interkontinentalen Atomkrieges, hatte beide Seiten veranlasst, von ihren maximalen Präferenzen abzurücken. Diese wären für die USA Handlungsfreiheit gegenüber Kuba und Beibehaltung der vorgeschobenen Raketenstellungen, für die Sowjetunion der Erhalt der nuklearen Stellung in der westlichen Hemisphäre gewesen. Nur war beides eben nicht gleichzeitig zu realisieren.

---

83   Vgl. Brams 2001.
84   Vgl. stattdessen Kennedy 1969; Allison/Zelikow 1999.

Die Vernunft der beiden Protagonisten überrascht aus Sicht der Spieltheorie allerdings. Denn Steven Brams argumentiert zurecht, der tatsächlich gefundene Kompromiss sei nicht mit dem oben beschriebenen Chicken Game in Einklang zu bringen, da jeweils ein Anreiz bestanden hätte, dem Kompromiss zuzustimmen, ihn aber dann zu hintergehen. Die von Kennedy und Chruschtschow erreichte Lösung liegt also *jenseits* der spieltheoretischen Erklärung und verweist auf Faktoren, die in den rein auf Rationalität basierenden Spielen nicht integriert werden können. Ein ganz wichtiges Argument ist hierbei, dass die Spieltheorie von *konstanten Präferenzstrukturen* ausgeht und sich die Reihenfolge der Wünsche während des Spiels nicht ändert. Die Präferenzen sind dem Spiel *exogen*. Offensichtlich war dies während der Kubakrise nicht der Fall. Denn die Aussicht auf den nahen Atomkrieg führte dazu, dass beide Staaten ihrer konfrontativen Haltung nicht mehr oberste Priorität einräumten, sondern sich mit einem Kompromiss zufrieden gaben. Anders ist es nicht zu erklären, dass sich das Ergebnis beiderseitigen Nachgebens als *stabil* erwies. Erreicht werden konnte dies offensichtlich nur durch diplomatisches Geschick, sodass keiner der Akteure unterlegen wirkte und, aus Sicht des spieltheoretischen Modells, das Ergebnis nach außen als eigenen Sieg (also 4,2) verkaufen konnte. Man erkennt an diesem Beispiel sehr gut, wie problematisch es ist, die Spieltheorie *ex post* auf reale Sachverhalte anzuwenden und wie restriktiv die getroffenen Annahmen (vollständige Rationalität, exogene Präferenzen etc.) sind.

1.5 Das Richardson-Modell des Aktions-Reaktions-Schemas: eine mathematische Modellierung

Nach diesen Ausflügen in die Spieltheorie kehren wir zum Aktions-Reaktions-Theorem zurück, um es etwas genauer zu betrachten. Denn eine Schwachstelle des Aktions-Reaktions-Theorems ist so offensichtlich, dass sie genauer betrachtet werden muss. Es bleibt eigentlich unklar, woraus die *Dynamik* resultiert: Wenn ein Staat eine rüstungspolitische Entscheidung trifft und der andere kontert, ist ja eigentlich ein neues Gleichgewicht erreicht. Wenn nicht andere Faktoren einen neuen Schritt hervorrufen, sollte der Rüstungswettlauf zum Stehen kommen – zumindest wenn man unterstellt, die Staaten wären sich über die Rüstung des Gegenübers sicher. Dies hat der prominenteste Aktions-Reaktions-Theoretiker Richardson bereits 1960 in seinem Buch „Arms and Insecurity: A Mathematical Study of the Causes and Origins of War" erkannt.

Richardson formulierte ein einfaches mathematisches Modell eines bilateralen Rüstungswettlaufs, das wir nun im Detail diskutieren wollen.[85] Dabei lohnt es, sich auf die zugrunde liegende Mathematik einzulassen. In diesem Modell spielen drei

---

[85] Die Diskussion des Modells stützt sich im Wesentlichen auf die Ausführungen bei Rapoport (1974) und Wiberg (1990).

Komponenten eine zentrale Rolle, wenn die beteiligten Staaten über die gewählte Höhe ihrer Rüstung entscheiden:

- Die Bedrohungslage, die durch das (objektiv gegebene) Rüstungsniveau der Gegenseite beschrieben wird. Diese wirkt positiv auf das eigene gewünschte Rüstungsniveau ein.[86]
- Kosten der eigenen Aufrüstung. Diese wirken negativ, d.h. beschränkend, auf das gewählte Rüstungsniveau.
- „Grievances and Ambitions", also bestehende Feindschaften, (vermeintliche) nationale Interessen (z.B. an der Sicherung strategisch wichtiger Positionen) etc. Dieser Term wird für ein konkretes Staatenpaar (eine so genannte *Staatendyade*) als konstant angenommen und wirkt ebenfalls positiv auf die Rüstung ein.

Auf Basis dieser Komponenten lassen sich die folgenden Formeln für das Rüstungsverhalten der beiden Akteure X und Y entwickeln:

Ia) $\quad dx/dt = k \cdot y - a \cdot x + g$

Ib) $\quad dy/dt = l \cdot x - b \cdot y + h$

Die beiden Formeln drücken die Veränderung der Rüstungsniveaus der Staaten im Zeitablauf aus, wobei x für das Rüstungsniveau bzw. die Rüstungsausgaben des Staates X, y entsprechend für das Rüstungsniveau des Staates Y steht. dx/dt ist nichts anderes als der mathematische Ausdruck für die Ableitung nach der Zeit, also die *Veränderung der Rüstung von X pro Zeiteinheit*. Man kann auch von einer Wachstumsrate sprechen, obwohl das mathematisch nicht ganz korrekt ist. Gehen wir die Formeln nun im Einzelnen durch.

Der Term $k \cdot y$ drückt aus, dass ein positives Rüstungsniveau des Staates Y den Staat X veranlasst ebenfalls aufzurüsten. Der Parameter k gibt hierbei an, wie sensitiv X gegenüber Rüstung von Y ist. Ist k „hoch", so reagiert X stark auf Rüstung von Y, ist er hingegen klein, so reagiert X kaum. Für k gilt, dass es zwischen null und unendlich liegen muss ($0 < k < \infty$). Analoge Überlegungen gelten natürlich für den Term $l \cdot x$, nur dass er auf Staat Y bezogen ist und entsprechend $0 < l < \infty$ gilt.

Der Term $(-a \cdot x)$ bzw. $(-b \cdot y)$ drückt jeweils aus, dass die Wahl eines bestimmten Rüstungsniveaus aufgrund der verursachten Kosten mindernd auf weitere Aufrüstung einwirkt (deshalb das Minuszeichen), wobei a und b die Sensitivität der Akteure gegenüber Kosten angeben. Der Wertebereich dieser Parameter liegt ebenfalls zwischen null und unendlich. Dabei bedeuten kleine Werte eine niedrige, hohe Werte entsprechend eine hohe Kostensensitivität der Akteure.

---

86 „Positiv" bedeutet in diesem Zusammenhang keine normative Wertung, sondern beschreibt ausschließlich die entsprechende mathematische Abhängigkeit.

Einzig die Konstanten g und h, die den Grad der gegenseitigen Beziehungen beschreiben, besitzen einen Definitionsbereich, der von minus unendlich bis plus unendlich reicht: $-\infty < g, h < \infty$. Was die Höhe der Parameter bestimmt, wird später noch genauer diskutiert werden. Zunächst reicht es zu wissen, dass negative Werte freundschaftliche Beziehungen signalisieren und dementsprechend mildernd auf die Rüstungsanstrengungen wirken, während positive Werte Antagonismen zwischen den Rivalen ausdrücken und eine Steigerung der Rüstungsanstrengungen hervorrufen.

1.5.1 Die Interpretation des Richardson-Modells und der Parameter

Die zentrale Aussage des Modells ergibt sich nun aus der Frage, wann und ob der Rüstungswettlauf zwischen den Akteuren zu einem Ende kommt, wobei wir zunächst unfriedliche Beziehungen ($g, h > 0$) unterstellen.

Sollen die gewählten Rüstungsniveaus beider Staaten im Zeitablauf konstant bleiben, soll also weder Auf- noch Abrüstung stattfinden, so muss gelten, dass:

II) $\qquad dx/dt = 0$ und $dy/dt = 0$

Betrachtet man die obigen Formeln *Ia* und *Ib* und unterstellt, dass finanzielle Aspekte bei der Rüstung keine Rolle spielen ($a, b = 0$), so ist die Gleichung *immer* positiv und die Staaten werden in jedem Jahr erneut aufrüsten, sodass sich der Rüstungswettlauf immer weiter fortsetzt. Ein Gleichgewicht ist also nur dann denkbar, wenn die Staaten durch eigene Kostensensitivität gezwungen werden, sich zwischen Rüstung und anderen Ausgaben zu entscheiden ($a, b > 0$).

Die Bedingung für ein Gleichgewicht ist, dass die Staaten keinen Anreiz besitzen, ihr aktuelles Rüstungsniveau zu verändern. Formal setzt man dazu die Formeln *Ia* und *Ib* gleich Null:

IIIa) $\qquad dx/dt = k \cdot y - a \cdot x + g = 0$

IIIb) $\qquad dy/dt = l \cdot x - b \cdot y + h = 0$

Schauen wir zunächst auf Staat X: Sein gleichgewichtiges optimales Rüstungsniveau, verstanden als das Rüstungsniveau, bei dem er keinen weiteren Anreiz zur Aufrüstung hat (x'), kann, ausgehend von der obigen Gleichung, für *jedes Rüstungsniveau des Staates Y* angegeben werden. Dazu wird Gleichung *IIIa* folgendermaßen umgeformt:

$\qquad\qquad k \cdot y - a \cdot x + g = 0 \qquad | + a \cdot x$
$\qquad\qquad k \cdot y + g = a \cdot x \qquad | :a$

IVa) $\qquad (k/a) \cdot y + (g/a) = x'$

Egal, wie hoch Y rüstet, X findet mit dieser Gleichung immer eine optimale Antwort.[87]

Für Staat Y gilt analog die folgende Umformung von Gleichung *IIIb*:

$$1 \cdot x - b \cdot y + h = 0 \qquad | + b \cdot y$$
$$1 \cdot x + h = b \cdot y \qquad | :b$$

IVb) $\qquad (1/b) \cdot x + (h/b) = y'$

Diese Funktionen kann man als *Reaktionsfunktionen* bezeichnen, da sie die jeweils optimale eigene Antwort auf ein beliebiges Rüstungsniveau des Gegners angeben, also das eigene Rüstungsniveau, das man nicht mehr verändert, wenn der Gegenüber bei seinem aktuellen Niveau bleibt. Da die beiden Funktionen aber voneinander abhängen (das Rüstungniveau von Y determiniert das Niveau von X und umgekehrt), ist nicht sichergestellt, dass das eigene gewählte Niveau wiederum für den Gegenüber optimal ist. Dieser passt seine Rüstung an, was im Gegenzug das eigene optimale Niveau verändert usw. Anders ausgedrückt: Solange verschiedene Rüstungskombinationen kein *Nash-Gleichgewicht* sind, findet ein Aktions-Reaktions-Prozess nach dem oben beschriebenen Muster statt. Es stellt sich damit die Frage, ob es *eine* Kombination von optimalen Werten (x^* und y^*) gibt, die ein *stabiles Gleichgewicht* erzeugt.

Man kann nun zeigen, dass sich ein *stabiles Rüstungsgleichgewicht* mit positiven Rüstungswerten unter folgender Bedingung ergibt:

V) $\qquad a \cdot b > k \cdot l$

Diese Gleichung kann man so interpretieren, dass es zu einem stabilen Rüstungsgleichgewicht dann kommt, wenn das Produkt der Kostensensitivitäten beider Staaten größer ist als das Produkt der Rüstungssensitivitäten. Man erkennt, dass es nach diesem Modell also immer auf beide Staaten ankommt, wie sich der Rüstungswettlauf entwickelt und ein einzelner Staat allein nur begrenzt auf das Gleichgewicht einwirken kann.

---

87 Dieses Konzept kommt mancher Leserin oder manchem Leser vielleicht aus der VWL bekannt vor. Im Oligopol berechnen die beiden Anbieter ebenfalls auf Basis ihrer Reaktionsfunktion die für sie gewinnmaximale Angebotsmenge, gegeben ein beliebiges Angebot des Mitbewerbers. Vgl. Feess 2000, Kap. 17.

1.5.2 Der sich verlangsamende Rüstungswettlauf: Bedingung eines stabilen Gleichgewichts

Um diese Gleichgewichtsbedingung abzuleiten – und auch um besser zu verstehen, welche Folgen es hat, wenn sie verletzt wird –, soll nun eine grafische Analyse erfolgen.[88] Ausgangspunkt sind die beiden Reaktionsfunktionen, die die jeweils beste eigene Antwort auf ein beliebiges Rüstungsniveau des Gegners angeben:

IVa) $\quad x = (k/a) \cdot y + (g/a)$

IVb) $\quad y = (l/b) \cdot x + (h/b)$

Um die Stabilität bzw. Instabilität des Systems grafisch zu untersuchen, müssen die beiden Gleichungen in ein x/y-Diagramm übertragen werden. Dazu wird Gleichung *IVa* nach y aufgelöst, d.h. invertiert. Es ergibt sich

VIa) $\quad y = (a/k) \cdot x - (g/k)$

Zeichnet man nun die beiden Gleichungen IVb und VIa in ein Diagramm, so erkennt man die Gleichgewichtsbedingung:

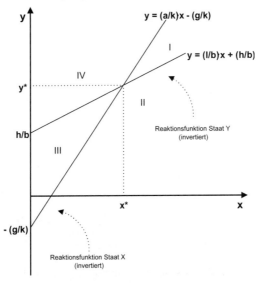

Abbildung 8: Gleichgewichtsbedingung im Richardson-Modell

---

88 Für eine mathematische Herleitung der Stabilitätsbedingung vgl. Neuneck 1995.

Damit es zu einem stabilen Gleichgewicht (x*, y*) kommt, muss die invertierte Reaktionsfunktion des Staates X „steiler" als die Reaktionsfunktion des Staates Y sein. Wäre sie es nicht, so gäbe es (bei positiven Werten für g und h) keinen Schnittpunkt im positiven Raum.

Dies gilt nur, wenn eben die Bedingung

VII) $a/k > l/b$

erfüllt ist, da die beiden Terme die jeweilige Steigung angeben. Gleichung *VII* kann aber zur bekannten Gleichgewichtsbedingung umgeformt werden:

VIIa) $a \cdot b > k \cdot l$

Damit ist allerdings erst gezeigt, dass überhaupt ein positives (d.h. sinnvolles) Gleichgewicht existiert. Die Stabilität des Gleichgewichts zeigt die nächste Grafik:

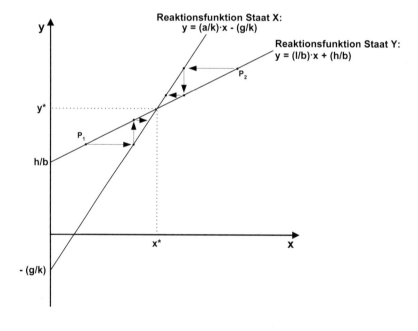

Abbildung 9: Tendenz hin zum Gleichgewicht

Startet man z.B. von Punkt P_1, so ist das korrespondierende Rüstungsniveau für Staat Y optimal (der Punkt liegt ja auf Ys Reaktionsfunktion!), aber für X nicht. Da X sein Rüstungsniveau horizontal in Richtung seiner Reaktionsfunktion anpasst (X entscheidet ja über den x-Wert), rüstet X in der Folge auf (nächster Punkt).

Dieser neue Punkt ist zwar für X, nun aber nicht mehr für Y optimal, sodass Y ebenfalls aufrüstet (vertikale Bewegung!). Die Anpassungsschritte werden nun kontinuierlich kleiner, da die Kosten immer stärker ins Gewicht fallen, bis schließlich der für beide Seiten optimale Punkt getroffen ist.

Analog führt auch Überrüstung zu diesem Gleichgewicht. In P_2 hat wiederum Y ein optimales Rüstungsniveau, X aber nicht. X passt horizontal zu einem *niedrigeren* Rüstungsniveau an, was wiederum Y zur Abrüstung veranlasst usw. bis das Gleichgewicht gefunden wird.

> **Exkurs: Vertrauensbildung im Richardson-Modell**
> Im Rahmen des Modells kann nun diskutiert werden, welche Auswirkungen die Veränderung der zunächst als exogen angenommenen Parameter k, l, a, b, g und h hat. Dies soll nur anhand eines Beispiels – der Veränderung der Beziehungsparameter g und h – im Rahmen der Grafik betrachtet werden, wobei wir wieder vom ursprünglichen Fall eines stabilen Gleichgewichts ausgehen, und die Indizes a und n jeweils die alten und neuen Werte angeben. Gelingt es - durch welche Maßnahmen auch immer - die Werte g und h zu beeinflussen, so bleiben die jeweiligen Steigungen der Geraden unbeeinflusst, allerdings werden sie parallel verschoben. Sinkt z.B. das Misstrauen der Akteure gegeneinander, so verschiebt sich die Reaktionsfunktion des Akteurs X nach unten, die des Akteurs Y nach oben. Dies verschiebt das neue Rüstungsgleichgewicht nach links unten, also insgesamt auf ein niedrigeres Niveau. In der nachfolgenden Grafik ist dieser Zusammenhang dargestellt:
>
>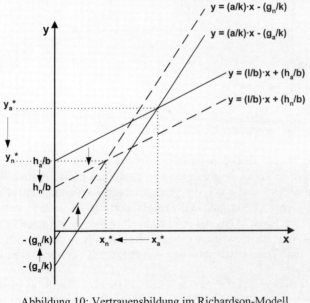
>
> Abbildung 10: Vertrauensbildung im Richardson-Modell

1.5.3 Der expansive Rüstungswettlauf

Bislang galt die Stabilitätsbedingung $a \cdot b > k \cdot l$, die zu einem stabilen Gleichgewicht führte. Diese Bedingung wird nun aufgehoben. Stattdessen unterstellen wir nun, dass die Kostensensitivität unter der Rüstungssensitivität liegt, also $a \cdot b < k \cdot l$ gilt. Weiterhin wird zusätzlich angenommen, dass $g, h < 0$.[89] Dann kann es u.U. zwar ein Gleichgewicht geben, dieses ist aber nicht stabil. Eine minimale Abweichung der Rüstungsniveaus von den Gleichgewichtswerten führt zu einer Tendenz, sich davon zu entfernen. Dies ist in der nächsten Grafik dargestellt:

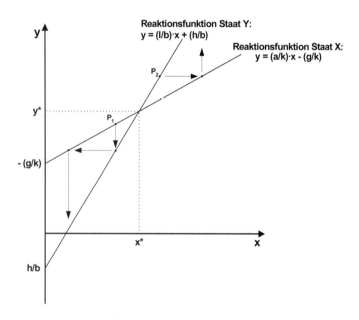

Abbildung 11: Tendenz weg vom Gleichgewicht

In diesem Fall ist die Reaktionsfunktion von Staat Y steiler als die von Staat X. Außerdem liegen in dem hier gezeigten Fall zusätzlich noch negative Werte für die Beziehungsvariablen h und g vor, die Staaten verfügen einander gegenüber also über etwas guten Willen.[90] Dieser gute Wille macht sich z.B. in Punkt P_1 bemerkbar. Aus Sicht von Y ist das aktuelle Niveau in P_1 zu hoch, sodass Y auf seine Reaktionsfunktion abrüstet (vertikale Bewegung). Dies veranlasst X wiederum zu einem Rüstungsverzicht usw. Theoretisch setzt sich dieser Prozess unendlich fort, in der Reali-

---

89   Diese Annahme garantiert einen Schnittpunkt der Geraden im positiven Quadranten.
90   Da b und k beide positiv definiert sind, müssen sowohl g und h negativ sein, um die eingezeichneten Achsenabschnitte erreichen zu können.

tät wird er aber bei gemeinsamer Nullrüstung zum Stillstand kommen. Obwohl hier das Produkt der gemeinsamen Rüstungssensitivität höher ist als das Produkt der Kostensensitivität, führt das gemeinsame Interesse an freundschaftlichen Beziehungen zu einem „Abrüstungswettlauf".

Anders in Punkt P_2: Hier überwiegt die Sensitivität gegenüber der Rüstung des Gegners sowohl die Kostensensitivität als auch den grundsätzlich vorhandenen „guten Willen". Die Anpassung führt auch hier weg vom Gleichgewicht. Da die Aufrüstungsschritte immer größer werden, spricht man hier von einem „expansiven Rüstungswettlauf". Eine extreme Form des expansiven Rüstungswettlaufs liegt offensichtlich dann vor, wenn sich die beiden Reaktionsfunktionen nicht im positiven Raum kreuzen. Dieser Fall ist z.B. dann gegeben, wenn die Beziehungsvariablen positiv sind, d.h. kein guter Wille besteht, gleichzeitig aber die Bedingung $a \cdot b < k \cdot l$ gilt.

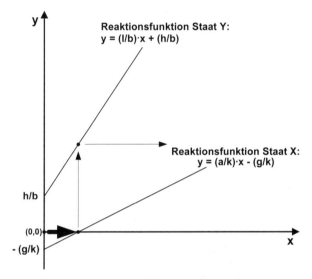

Abbildung 12: Expandierender Rüstungswettlauf

Geht man etwa davon aus, dass keiner der beiden Staaten zu Beginn über Waffen verfügt, so ist der Punkt 0,0 für beide nicht optimal, da er auf keiner Reaktionsfunktion liegt. In diesem Beispiel macht Staat X den ersten Aufrüstungsschritt, der danach von Y gekontert wird usw.

1.5.4 Rüstungswettlauf und Kriegsneigung: Die Schlussfolgerungen Richardsons

Richardson selbst nahm an, dass expansive Rüstungswettläufe über kurz oder lang zu einem Krieg führen müssten, während dies bei der Existenz eines stabilen

Gleichgewichts bzw. eines sich verlangsamenden Rüstungswettlaufs, auch bei hoher absoluter Rüstung nicht notwendig der Fall sein müsse.[91] Aus Sicht dieses Modells ist es also zentral zu analysieren, *welche Form des Rüstungswettlaufs* vorliegt, um Aussagen über die Gefährlichkeit, d.h. die Kriegsneigung, des Rüstungswettlaufs treffen zu können. Richardson selbst kam zu dem Schluss, dass es sich bei expansiven Rüstungswettläufen um relativ junge Phänome handle, die empirisch erst ab dem Ende des 19. Jahrhunderts aufgetaucht seien.

Seine Überlegungen hatten auf viele Experten während des Kalten Krieges erheblichen Einfluss. Denn für viele Beobachter glich der amerikanisch-sowjetische Rüstungswettlauf der instabilen bzw. expansiven Variante des Modells. Damit ergibt sich aber eine wichtige Frage, die das Modell nicht berücksichtigt: Wie kommt es, dass die Rüstungssensitivität über der der Kostenempfindlichkeit liegt? Hierauf geben eine Vielzahl von Theorien Antwort, die einen Rüstungswettlauf diesen Typs zumindest zwischen rivalisierenden Großmächten für unvermeidlich halten. Dabei kann es sich sowohl um Argumente aus den Theorien der Internationalen Beziehungen, als auch spezielleren Theorien handeln, die sich besonders dieser Fragestellung widmen.

1.6 IB-Theorien und Rüstungswettläufe

1.6.1 Klassischer Realismus nach Morgenthau und die anthropologische Konstante

Der klassische Realismus führt den politischen Wettbewerb zwischen Großmächten auf eine anthropologische Konstante zurück: den angeborenen Trieb zur Macht.[92] Was auf der individuellen Ebene gilt, übersetzt sich auf die Ebene staatlicher Kollektive: Staaten streben im internationalen System nach Dominanz, also nach Machtvermehrung. Da Waffen das wichtigste Instrument und der entscheidende Gradmesser von Macht sind, ergibt sich ein Wettbewerb um die „stärksten Bataillone", der jedoch letztlich keinen systemischen, sondern einen individuellen, eben „genetischen" Ursprung hat. Damit werden die Kosten, die durch Rüstung entstehen, für die Akteure im Rahmen ihrer Entscheidung irrelevant. Allerdings muss man anmerken, dass diese Erklärung deutlich stärker in den Staat verweist, als man dies im Rahmen der Außenleitungstheorie erwarten würde.

1.6.2 Neorealismus und das Diktat der Systemstruktur

Der Neorealismus hebt ausschließlich auf den systemischen, wettbewerblichen Aspekt ab und verzichtet auf anthropologische Annahmen: Es geht den Staaten nicht

---

91 Vgl. dazu die Ausführungen bei Hammond 1993, Kap. 3.
92 Vgl. Morgenthau 1963. Siehe auch die Diskussion bei Jacobs 2003.

um Machtmaximierung, sondern lediglich um das Überleben in einem Umfeld, in dem keine überlegene Autorität Frieden und Recht garantiert; sie sind auf die eigenen Anstrengungen angewiesen. Man spricht in diesem Zusammenhang von der *Annahme der Anarchie* im internationalen System. Die Anstrengungen zur Absicherung der eigenen Sicherheit laufen darauf hinaus, ein internationales Gleichgewicht der Macht zu wahren, das die Bedrohungsoptionen jedes potenziellen Feindes neutralisiert.[93] Dabei sorgen vier Faktoren dafür, dass die Akteure potenziellen Bedrohungen gegenüber sehr sensitiv sind. Außerdem sorgen sie dafür, dass ein solches Gleichgewicht dynamisch und nicht statisch zustande kommt, das heißt durch einen Rüstungs*wettlauf*, nicht durch Rüstungs*stagnation* auf einem einmal erreichten, befriedigenden Niveau. Diese vier Faktoren sind:

- *Unsicherheit über die Intentionen des Gegners*: Die Absichten des Gegners sind nie völlig transparent. Sie könnten auf einen Überraschungsschlag abzielen. Wird Überraschung genutzt, ist sie aber wie eine zusätzliche militärische Ressource zu verstehen, die beim Verteidiger eine Zusatzmarge an Streitkräften verlangt. Nur so kann er sichergehen, dass auch ein Überraschungsangriff abzuwehren ist. Verteidigungsbereitschaft in einem unsicheren Umfeld verlangt also jeweils mehr als das Minimum bei vollständiger Information – damit erhalten aber die potenziellen Gegner ein ambivalentes Signal. Denn was aus Sicht des Rüstenden als notwendige Steigerung der Verteidigungsfähigkeit erscheint, kann „von außen" als mit rein defensiven Motiven nicht vereinbar interpretiert werden und dort zu entsprechenden zusätzlichen Rüstungsmaßnahmen führen, die wiederum erhöhte eigene Rüstung bedingen usw.
- *Fehlende Transparenz:* Militärische Gleichgewichte sind letztlich nie verlässlich voraussagbar, da auch gleiche militärische Mittel sich *qualitativ* deutlich unterscheiden können; Test ist immer ihr Einsatz, also der Krieg.[94] Wir haben es uns zwar angewöhnt (und im Richardson-Modell explizit unterstellt), bei dem Vergleich zweier Staaten primär auf materielle Faktoren (Anzahl an Soldaten oder Panzer etc., Verteidigungshaushalt, vielleicht auch Bevölkerung und Sozialprodukt) zu schauen,[95] doch sind diese Faktoren nicht immer aussagekräftig. Gerade in letzter Zeit werden Kriege von qualitativ hochgerüsteten aber quantitativ vergleichsweise kleinen Armeen gewonnen – man denke nur an den Golfkrieg des Jahres 2003. Auch ist es möglich, dass ein Staat über geheime Rüstungsfabriken verfügt und man die wahren Quantitäten, über die der Gegenüber verfügt, unterschätzt. Aus dieser Erfahrungstatsache ergibt sich für einen vorsichtigen, defensiv eingestellten Militärplaner aus neorealistischer Sicht der gute Rat, mehr als das Verteidigungsminimum zu beschaffen, um auf der sicheren

---

93 Vgl. Waltz 1979, Kap. 6.
94 Vgl. Müller 1988.
95 Vgl. Mearsheimer 2001, Kap. 3.

Seite zu sein – es ergibt sich derselbe Impuls wie aus der mangelnden Transparenz der Absichten.

- *Mangelnde Messbarkeit des Gleichgewichts*: Ein Staat kann nie genau im Voraus wissen, mit wie vielen Gegnern er es im Kriegsfall zu tun hat. So war zu Beginn des Ersten Weltkrieges Italien Bündnispartner Österreich-Ungarns und des Deutschen Reiches, wechselte aber bald die Seiten und schloss sich der englisch-französisch-russischen Entente an. Wenn jedoch alle Staaten danach streben, die Streitkräfte aller möglichen Feindallianzen neutralisieren zu können, so lässt sich ein Gleichgewicht nie erreichen, da nun *jeder* Staat einzeln danach streben müsste, stärker als alle anderen *zusammen* zu sein, um absolute Sicherheit zu erlangen.
- *Geostrategische Faktoren*: Schließlich tragen auch geostrategische Faktoren zur Rüstungsdynamik bei. Lage und Umfeld eines Staates bestimmen den Grad der Bedrohung eines Landes mit.[96] Ein Land, welches, wie das Deutsche Reich (oder Israel bis zum Camp-David-Frieden mit Ägypten), mit einem Zweifrontenkrieg rechnet, wird auf die Option abzielen, den Krieg an einer Front schnell siegreich zu beenden, um die Kräfte dann auf die andere Front zu werfen. Es benötigt also gegenüber mindestens einem Gegner deutlich überlegene Kräfte, die unmittelbar erfolgreich in die Offensive gehen können. Diese Fähigkeit muss aber den Feinden an beiden Fronten bedrohlich erscheinen und sie ihrerseits zu vermehrten Anstrengungen veranlassen, was wiederum einen Wettlauf in Gang setzt. Eine andere geostrategische Konstellation mit ähnlichen Folgen ist die Asymmetrie zwischen Land- und Seemacht. Die Landmacht bedroht die Seemacht damit, sie von lebenswichtigen Märkten abzuschneiden, indem sie die „Gegenküste" beherrscht. Die Seemacht sieht sich veranlasst, durch eine Expeditionsarmee und Allianzen die überlegenen Fähigkeiten des Heeres der Landmacht zu neutralisieren. Damit entsteht jedoch aus Sicht der Landmacht eine nicht hinzunehmende Überlegenheit der Seemacht, da zum Gleichgewicht auf dem Land die gegnerische Überlegenheit in der Seerüstung tritt. Die Landmacht fürchtet ihrerseits, durch die Fähigkeit der Seemacht zur totalen Blockade wirtschaftlich „stranguliert" zu werden und tritt in die Marinerüstung ein, um die feindliche Seemacht neutralisieren zu können. Die Seemacht sieht hierin ihre Existenz bedroht, da die Kombination von neutralisierender Flotte und überlegenem Heer eine reale Invasionsdrohung eröffnet, und verstärkt daher ihre Flottenrüstung usw. Grafisch kann man diesen Prozess folgendermaßen darstellen:

---

96 Vgl. Walt 1987, Kap. 2.

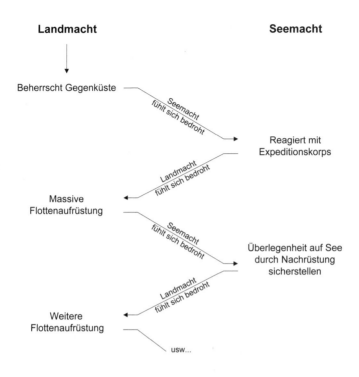

Abbildung 13: Rüstungswettlauf zwischen Land- und Seemacht

Die Rivalitäten zwischen Großbritannien und Deutschem Reich vor dem Ersten Weltkrieg, aber auch zwischen den USA (Seemacht) und der Sowjetunion (Landmacht) nach 1945 können mit diesem Schema gedeutet werden.[97]

1.6.3 Theorie des „technologischen Imperativs"

Eine dritte, verwandte Theorie der Rüstungsdynamik ist der „technologische Imperativ", den der britische Politologe Barry Buzan am differenziertesten entwickelt hat.[98] Auch diese Theorie setzt zunächst internationale Anarchie, also den Wettbewerb einer ungeregelten Staatenwelt als Grundbedingung von Rüstung voraus. Hieraus ergibt sich jedoch noch kein Zwang zur Dynamik, sondern lediglich zu minimaler Verteidigungsbereitschaft.

---

97 Vgl. Hammond 1993, Kap. 5.
98 Vgl. Buzan 1987.

Diese Dynamik entspringt hingegen aus dem inhärenten Drang moderner Technologie zur Innovation. Der in der Industrie (vor allem der marktwirtschaftlich organisierten) angelegte Drang zur technologischen Erneuerung, zur Entwicklung neuer Produkte und zur Erschließung neuer Märkte lässt den Verteidigungssektor nicht unberührt.[99] Da in der Konstellation des Sicherheitsdilemmas nicht auszuschließen ist, dass die Ausbeutung des technischen Fortschritts durch die Rivalen zu fataler Unterlegenheit führen kann, besteht ein existentieller Zwang, technische Neuerungen, sobald sie auftreten, auf ihre militärische Nutzbarkeit zu untersuchen und somit einen eigenen Vorsprung zu gewinnen oder zu erhalten.[100] Entsprechende Anstrengungen der Gegner werden deshalb ständig beobachtet und gegebenenfalls nachgeahmt.[101] Unter Umständen folgt eine prioritäre und vom zivilen Bereich abgekoppelte Technologieentwicklung speziell für den militärischen Sektor. Da zwischen Grundlagenforschung, Tests von ersten Prototypen und der Stationierung fertiger Waffensysteme lange Zeitspannen vergehen, wohnt der Rüstung nach dem „technologischen Imperativ" ein antizipatorisches Moment inne: Gerüstet wird nicht gegen die gegenwärtige Stärke des Gegners, sondern gegen die in die Zukunft hinein projizierte. Man rüstet also nicht gegen das, was der Gegner heute besitzt, sondern was ihm unter Umständen morgen zur Verfügung stehen könnte.

Ein historisches Beispiel hierzu ist das Engagement Kaiser Wilhelm II. im Jahr 1902, die Funksparten der beiden deutschen Unternehmen Braun-Siemens und Slaby-A.E.G. zur „Gesellschaft für drahtlose Telegraphie" (Telefunken) zu fusionieren.[102] Ziel des Kaisers war es, sowohl einen einzigen Lieferanten eines einheitlichen Funksystems für das deutsche Militär zu haben, als auch doppelte Forschung (und damit Ressourcenverschwendung) zu unterbinden. Denn in Großbritannien hatte die *Marconi Wireless Telegraph and Signal Company* durch geschickt formulierte Vertragsbedingungen ein Quasi-Monopol im privaten und militärischen Bau von Schiffsfunkverkehr errichtet und investierte hohe Summen in die Weiterentwicklung drahtloser Kommunikation. Die britische Marine setzte, im Gegensatz zu ihrer amerikanischen Schwester, die modernen Marconi-Geräte in großem Umfang ein und begann, ihre Taktiken auf die neue Technologie auszurichten, die sich rasant entwickelte. Um von deutscher Seite nicht ins Hintertreffen zu geraten, musste die eigene Marine ebenfalls mit modernen Funkanlagen ausgestattet sein und gleichzeitig die weitere Entwicklung des neuen Mediums vorangetrieben werden.

---

99   Vgl. Schörnig 2005.
100 Vgl. Carter, et al. 2001.
101 Vgl. Resende-Santos 1996.
102 Vgl. Schörnig 2005.

1.7 Die Außenleitung der Rüstungsdynamik: Eine Zwischenbilanz

Für Realismus, Neorealismus und die eng verwandte Theorie des „technologischen Imperativs" ist die Rüstungsdynamik also keine Anomalie. Sie ist *unvermeidlicher Ausfluss des Wesens der Staatenwelt*, sei es nun anthropologisch oder systemisch begründet. Um in Richardsons Modell zu sprechen: Das Verhältnis der Parameter von Reaktions- und Kostensensitivität ist in allen Staaten zu Ungunsten der Kostensensitivität fixiert und nicht veränderlich. Aus dieser Perspektive besteht tatsächlich ein Automatismus von Aktion und Reaktion, der zu expansiven Rüstungswettläufen und, folgt man der Argumentation Richardsons, Kriegen führt.[103] Rüstung ist also „außengeleitet".

2. Die Innenleitung der Rüstungsdynamik

Stellt man das Axiom der Außenleitungstheorie in Frage, so ergibt sich sofort die Notwendigkeit, den Blick auf die innerstaatlichen Bedingungen rüstungspolitischer Entscheidungen zu werfen.[104] Dies leisten Theorien „innengeleiteter" Rüstung. Sie konstatieren, dass die sicherheitspolitischen Fragen, die sich aus Techniken, geographischen Gegebenheiten und zwischenstaatlichen Konstellationen ergeben, nicht von sich aus bereits eindeutige Antworten aufdrängen. Es existieren immer mehrere Optionen, wie Staaten auf die jeweiligen Herausforderungen an ihre Sicherheit reagieren können.

Auch aus dieser Sicht spielen die Richardsonschen Parameter eine entscheidende Rolle, allerdings sind sie nicht für alle Staaten gleich fixiert, sondern je nach Staat – ja sogar je nach betrachtetem Staatenpaar – höchst variabel. Und das wird auch durch den Blick auf die Empirie bestätigt: So haben die westlichen Demokratien in den 1930er Jahren ihre Rüstung stagnieren lassen bzw. sich ganz auf die Defensive konzentriert – man denke z.B. an den britischen Rüstungsverzicht oder Frankreichs Maginot-Linie, während das Deutsche Reich mehr oder weniger offen die Entwicklung überlegener offensiver Fähigkeiten vorantrieb.[105] Und seit Mitte der 1990er

---

103 Interessanterweise geht der bedeutendste Neorealist, Kenneth Waltz, von der Stabilität eines Machtgleichgewichtes aus. Dies muss aber nicht zwingend im Widerspruch zum Richardson-Modell stehen. Während Richardson im expandierenden Rüstungswettlauf eine mögliche Kriegsursache sah, kann man Waltz so interpretieren, dass sich Stabilität in einem bilateralen Machtwettbewerb auch bei beiderseitiger Rüstung einstellt, wenn die Wachstumsraten beider Staaten bei gleichen Anfangsbedingungen identisch sind. Dann wird jede Periode zwar absolut mehr aufgerüstet (der Wettlauf ist also expansiv), doch kann kein Staat einen derartigen Vorteil erringen, dass er geneigt ist, einen Angriffskrieg zu riskieren. Man könnte in diesem Zusammenhang auch von einem dynamischen Gleichgewicht sprechen.
104 Erwin Müller argumentiert z.B.: „Eine im Wort- und Bedeutungssinne außengeleitete Rüstungspolitik gibt es nicht. Sie ist stets innengeleitet oder innenbestimmt" (1985: 20).
105 Vgl. Murray 1996.

Jahre bestreiten die USA den Rüstungswettlauf gewissermaßen alleine, jedenfalls ohne nennenswerten militärischen Gegner. Die Staaten reagieren also nicht gleich, sondern höchst unterschiedlich auf die vermeintlichen Imperative von Sicherheitsdilemma und Technik. Wodurch kommt das zustande?

2.1 Erklärung mittels innergesellschaftlicher Kräfteverhältnisse I: Der Militärisch-Industrielle Komplex

Eine wichtige Gruppe von Theorien ist auf die innergesellschaftlichen Kräfteverhältnisse fokussiert. Es gibt mächtige, konzentrierte und durchsetzungsfähige Interessen, die an der Fortsetzung und Ausdehnung von Rüstung, also des vermehrten Einsatzes von wirtschaftlichen Ressourcen im Rüstungssektor interessiert sind. Für diese Interessen hat sich der Begriff des *„Militärisch-Industriellen Komplexes"* (MIK), der auf den früheren US-Präsidenten Eisenhower zurückgeht, eingebürgert,[106] während der deutsche Friedensforscher Dieter Senghaas etwas allgemeiner von einem „Rüstungskomplex" spricht.[107]

Kern dieses Komplexes sind die Rüstungsunternehmen, die auf Rüstungsfragen spezialisierten Forschungseinrichtungen und die mit ihnen verbundenen Abteilungen des Verteidigungsministeriums. Im weiteren Sinne gehören dazu Politiker, die auf die Unterstützung oder das Wohlergehen der Rüstungsindustrie angewiesen sind, beispielsweise Abgeordnete mit einem überdurchschnittlich hohen Anteil von Rüstungsunternehmen in ihrem Wahlkreis; Zulieferer; Universitäten, die Rüstungsforschung betreiben; *Think Tanks*, sowohl staatliche, als auch private; Journalisten entsprechender Fachzeitschriften; Gewerkschaften mit in der Rüstungsindustrie tätiger Mitgliedschaft usw. Diesen gut organisierten Kräften steht keine neutralisierende Gegenkraft gegenüber. Sie sind daher eher in der Lage, ihre fokussierten Interessen durchzusetzen und werden nur dann in ihre Schranken gewiesen, wenn ihr Zugriff auf die gesellschaftlichen Ressourcen die Schmerzgrenze einer Vielzahl anderer Akteure empfindlich überschreitet - wenn also zugunsten des Rüstungssektors in politisch wichtige Besitzstände zu stark eingeschnitten wird, oder wenn die Rüstungspolitik akut und für die Öffentlichkeit spürbar den Frieden bedroht. Aber lange bevor diese Schwelle erreicht ist, ist bereits die Rüstungsdynamik in Gang gesetzt, umso mehr, wenn auf der Gegenseite vergleichbare gesellschaftliche Formationen existieren.

Diese Konfiguration hat Dieter Senghaas im amerikanisch-sowjetischen Rüstungswettlauf diagnostiziert: In beiden Staaten sieht er die Rüstung vorwiegend von innergesellschaftlichen Interessenformationen vorangetrieben. Zwar bildet der zwischenstaatliche Konflikt noch den Rahmen, von dem sie die Legitimation ihrer Aktivitäten beziehen, die Rüstungsinvestitionen und -entscheidungen haben sich jedoch

---

106 Vgl. Thee 1989; Hartung 2001.
107 Vgl. Senghaas 1972b.

von den Aktionen der Gegenseite abgelöst und folgen vielmehr den inneren Impulsen.

> ...
> „A vital element in keeping the peace is our military establishment. Our arms must be mighty, ready for instant action, so that no potential aggressor may be tempted to risk his own destruction.
> ...
> Until the latest of our world conflicts, the United States had no armaments industry. American makers of plowshares could, with time and as required, make swords as well. But now we can no longer risk emergency improvisation of national defense; we have been compelled to create a permanent armaments industry of vast proportions. Added to this, three and a half million men and women are directly engaged in the defense establishment. We annually spend on military security more than the net income of all United States corporations.
>
> This conjunction of an immense military establishment and a large arms industry is new in the American experience. The total influence -- economic, political, even spiritual -- is felt in every city, every State house, every office of the Federal government. We recognize the imperative need for this development. Yet we must not fail to comprehend its grave implications. Our toil, resources and livelihood are all involved; so is the very structure of our society.
>
> In the councils of government, we must guard against the acquisition of unwarranted influence, whether sought or unsought, by the military industrial complex. The potential for the disastrous rise of misplaced power exists and will persist.
>
> We must never let the weight of this combination endanger our liberties or democratic processes. We should take nothing for granted. Only an alert and knowledgeable citizenry can compel the proper meshing of the huge industrial and military machinery of defense with our peaceful methods and goals, so that security and liberty may prosper together."
>
> *Dwight D. Eisenhower 1961, Military-Industrial Complex Speech*[108]

Was oberflächlich als Interaktion, als Wettbewerb erscheint, entpuppt sich tatsächlich als zwei parallele, abgekoppelte und durch die internen Interessen angetriebene

---

108 Quelle: http://www.yale.edu/lawweb/avalon/presiden/speeches/eisenhower001.htm. Letzter Zugriff 5.5.2005.

Prozesse. In einer Analogie zur Psychologie hat Senghaas diese Konstellation als „Autismus" bezeichnet.[109]

Spätestens seit dem Ende des Kalten Krieges spielt das MIK-Konzept in der Analyse der Rüstungsdynamiken nur noch eine untergeordnete Rolle. Allerdings gibt es zunehmend Autoren, die z.B. im Zusammenhang mit der Konzentration[110] der amerikanischen und europäischen Rüstungsindustrie vor dem zunehmenden Einfluss großer Waffenproduzenten auf staatliche Rüstungsentscheidungen warnen.[111] Dabei wird gerade von europäischen Firmen oft auf den technologischen Vorsprung der USA verwiesen. Wolle man von europäischer Seite mithalten, so müssten die Rüstungsausgaben für Forschung und Entwicklung, aber auch für Beschaffung, deutlich steigen. Dabei stehen vor allem Prestige- und Exportgründe im Vordergrund. Nur mit modernster Technologie stehe man mit den USA „auf Augenhöhe" und werde als *Global Player* ernst genommen. Ohne modernste Technologie seien europäische Waffensysteme darüber hinaus auf dem Weltmarkt nicht konkurrenzfähig und entsprechend nicht abzusetzen. Es ist deshalb nicht erstaunlich, wenn in jüngster Zeit Autorinnen und Autoren sich wieder mit den Texten zum MIK auseinandersetzen und diese auf die Zeit nach dem Ende des Ost-West-Konflikts anzuwenden suchen.[112]

2.2 Erklärung mittels innergesellschaftlicher Kräfteverhältnisse II: Demokratien, Kapitalismus und Rüstungsdynamik

Eine zweite Gruppe von Theorien sieht die Ursprünge von Rüstungsdynamik nicht in speziellen gesellschaftlichen Interessen, sondern in den Eigenschaften unterschiedlicher politisch-gesellschaftlicher Systeme verwurzelt.

So geht die – auf Immanuel Kants „Zum ewigen Frieden" zurückgehende – monadische Version der *Theorie des Demokratischen Friedens* von der relativ höheren Friedensbereitschaft demokratischer Staaten im Vergleich zu Nichtdemokratien aus, und zwar unabhängig von dem Adressaten ihrer Politik.[113] Friedensbereitschaft äußern Demokratien also gleichermaßen gegenüber anderen Demokratien und gegenüber Nichtdemokratien. Aus dieser Friedensneigung ergibt sich für die Rüstung, dass diese sich auf die unbedingt notwendigen Mittel zur Defensive beschränken wird, da die wohlfahrtsorientierte Bürgerschaft die Überrüstung als Verschwendung gesellschaftlichen Reichtums nicht zulassen wird und die überrüstende Regierung bei der nächsten Gelegenheit abwählt. In Autokratien hingegen kann relativ gesehen mehr Geld für Rüstung aufgebracht werden, da eine geringere Anzahl Menschen in

---

109 Vgl. Senghaas 1972b.
110 Unter „Konzentration" wird ökonomisch eine Tendenz zu immer weniger, aber größeren Anbietern verstanden, die sich z.B. durch Fusionen oder Aufkäufe ergibt.
111 Vgl. Hartung 2001; Weber 2001b.
112 Vgl. Weber 2001b;
113 Vgl. Geis 2001; Hasenclever 2003; MacMillan 2003.

Schlüsselpositionen „bei der Stange" gehalten werden müssen. Einige Experten vertreten in diesem Zusammenhang die Position, dass es Nichtdemokratien aus diesem Grund leichter fällt, Kriege zu beginnen. So argumentieren Bruce Bueno de Mesquita und Kollegen z.B., Nichtdemokratien könnten leichtfertiger Kriege beginnen, da sie auch im Verlustfall nur wenige Getreue in Schlüsselpositionen begünstigen müssten, ohne sofort den Machtverlust fürchten zu müssen. In Demokratien hingegen bedeute ein verlorener Krieg in der Regel den Machtverlust für den gewählten Repräsentanten. Entsprechend verhielten sich Demokratien deutlich zurückhaltender.[114]

Rüstungsdynamik kommt aus dieser Perspektive also dadurch zustande, dass die aggressiven Neigungen von manchen – nicht allen – Nichtdemokratien zu einem Rüstungsverhalten veranlassen, das auf überlegene Angriffsoptionen gegenüber dem Verteidigungsdispositiv der Demokratien abzielt – siehe Nazideutschland. Die Interpretation des Ost-West-Rüstungswettlaufs durch die NATO-Staaten entsprach weitgehend dieser Theorie.

Nach dem Ende des Ost-West-Konflikts haben die so genannten „Schurkenstaaten", wozu u.a. Nordkorea, Syrien oder der Iran gezählt werden, die Rolle des rüstungsmotivierenden Gegenspielers übernommen. Darunter werden Diktaturen in der Dritten Welt verstanden, die durch eklatante Menschenrechtsverletzungen auffallen, nach Massenvernichtungswaffen streben bzw. diese besitzen oder den Terrorismus unterstützen. Diese Kombination gilt den Anhängern der „Schurkenstaats-These" als derart brisant, dass sie Gegenrüstung und militärische Präventionsmaßnahmen bis hin zum Kernwaffeneinsatz rechtfertigt.[115]

Spiegelbildlich hat die marxistische Imperialismustheorie die Ursache von Kriegen und Rüstung im Wesen der kapitalistischen Wirtschaftsweise gesucht.[116] In sozialistischen Gesellschaften entstehen diesem Ansatz nach keine Sonderinteressen zugunsten von Rüstung und Krieg: Die vergesellschafteten Produktionsmittel werden auf die gesellschaftliche Wohlfahrt ausgerichtet. Der Kapitalismus muss sich hingegen zur Überwindung seiner Krisen kontinuierlich ausdehnen. Sein beständiges Streben nach Märkten und Rohstoffen treibt ihn zur militärischen Expansion und in Kriege. Rüstung ist dieser Gesellschaftsform daher endemisch. Die Rüstungsindustrie selbst hat nochmals Sonderinteressen, Rüstungsausgaben noch höher zu schrauben – hier trifft sich Imperialismustheorie mit dem Militärisch-Industriellen Komplex (s.o.). Der Sozialismus, weltpolitischer Hauptgegner des Imperialismus und daher erstes Ziel seiner aggressiven Absichten, muss nachziehen, um seine Existenz zu sichern.

Keine der beiden Sichtweisen auf Demokratie, Kapitalismus und Rüstung kann überzeugen. Die Theorie des Demokratischen Friedens erklärt uns nicht, warum die westlichen Demokratien heute mehr als zwei Drittel der Weltrüstungsausgaben

---

114 Vgl. Bueno de Mesquita, et al. 1999.
115 Vgl. Klare 1996; Tanter 1999; Litwak 2000; Bush 2002.
116 Vgl. Heinrich 2003.

bestreiten.[117] Die Imperialismustheorie widerspricht dem phänomenalen Wachstum des Rüstungs- und Militärsektors in der Sowjetunion, bis hin zu einem milliardenschweren und von mehreren tausend Experten betriebenen Programm zur Entwicklung und Produktion biologischer Waffen, eine vom Westen damals längst aufgegebene Sparte. Das Momentum des sowjetischen Rüstungssektors lässt sich noch heute im (semi)demokratischen Russland beobachten.

2.3 Erklärung mittels innergesellschaftlicher Kräfteverhältnisse III: Die Macht der Kultur und der „Dritte Weg"

Eine weitere Gruppe Wissenschaftler führt die Varianz in den „Richardsonschen Parametern" auf ideationale, also kulturelle und ideologische Variablen zurück. So haben Steven van Evera und Jack Snyder in zwei großen Studien den „Offensivkult" vor dem Ersten Weltkrieg untersucht, der in allen größeren Mächten zu beobachten war.[118] Sie haben einen Zusammenhang zwischen dem Glauben an die Überlegenheit der Offensive (und entsprechenden Rüstungsanstrengungen) und dem Nationalismus sowie dem damals weit verbreiteten Weltbild des Sozialdarwinismus – Überlebenskampf der Arten/Völker/Rassen – gezogen. Der Krieg wurde vor diesem Hintergrund nicht als Übel, sondern als die angemessene Prüfung der Moral einer Nation angesehen. Der Sieg galt als Nachweis der eigenen Wertigkeit im Wettbewerb der Nationen und als Ergebnis des eigenen Offensivgeistes.

Trotz eindeutiger Hinweise aus den Erfahrungen des amerikanischen Bürgerkrieges, in dem die wesentlichen Elemente der großen Schlachten des Ersten Weltkrieges bereits zum Tragen kamen (Schützengräben, Stacheldraht, Maschinengewehr, schwere Artillerie), war der Glaube an die Überlegenheit des Angriffs bei militärischen und politischen Eliten ungebrochen. Der Wettbewerb um die besten Offensivoptionen am Vorabend des Krieges war ein Ausfluss dieser Ideologie.

Weist der „Kult der Offensive" auf die Möglichkeit hin, dass sich gewissermaßen eine *internationale* Militärkultur herausbildet, die auf beiden Seiten des Konflikts Fuß fasst, so hat sich eine Reihe wichtiger Studien mit der Erklärung von Unterschieden in *nationalen* Militärdoktrinen und Rüstungsverhalten beschäftigt. So haben Barry Posen und Elisabeth Kier herausgearbeitet, dass die unterschiedlichen Doktrinen und Rüstungspolitiken Englands, Frankreichs und Deutschlands in der Zwischenkriegszeit auf unterschiedliche „militärische Nationalkulturen" zurückgehen, die zu einer ganz gegensätzlichen Verarbeitung der Erfahrungen des Ersten Weltkrieges führten.[119] Colin Gray hat auf die Wurzeln des unterschiedlichen nuklearen Rüstungsverhaltens der USA und Russlands in den Traditionen der jeweiligen Streitkräfte hingewiesen: In den USA war traditionell die Marine die dominierende

---

117 Vgl. Becker/Müller 2005.
118 Vgl. Snyder 1984; van Evera 1984. Vgl. auch Adams 2004.
119 Vgl. Posen 1984; Kier 1997.

Teilstreitkraft, in Russland (und dem Nachfolgestaat Sowjetunion) die Artillerie. Folgerichtig fand sich der Schwerpunkt des amerikanischen Atomwaffenarsenals auf Unterseebooten, des sowjetischen aber auf landgestützten Interkontinentalraketen (deren Truppen sich tatsächlich aus den Artillerieeinheiten des Heeres entwickelt hatten).[120]

Ist es aber Zufall, welcher Doktrin ein Land anhängt und wie entsprechend sein Militär ausgestaltet wird? Wie kommen unterschiedliche Doktrinen zustande? Unter Doktrin versteht man die umfassende Vorstellung darüber, wie die Streitkräfte eines Landes eingesetzt werden sollen. Die Doktrin umfasst insgesamt sechs verschiedene Ebenen der Kriegführung:[121]

- *Die technische Ebene*: Welche Waffen sollen eingesetzt werden?
- *Die taktische Ebene*: Wie sollen Waffen und Truppen im Kampf zusammenwirken?
- *Die operationale Ebene*: Wie sollen Kämpfe und Bewegungen kombiniert werden, um eine Kampagne – einen Kriegsabschnitt – zu gewinnen?
- *Die Kriegsschauplatz- (Theater-)Ebene*: Wie sollen Operationen so zusammenwirken, dass der Krieg auf einem bestimmten eingegrenzten Schauplatz (z.B. im Pazifik im Zweiten Weltkrieg) gewonnen wird?
- *Die strategische Ebene*: Wie sollen die Operationen auf verschiedenen Kriegsschauplätzen so aufeinander abgestimmt werden, dass der Krieg gewonnen wird?
- *Die Ebene der „Großstrategie"*: Wie sollen militärische und nichtmilitärische Machtmittel so kombiniert werden, dass der Staat seine politischen Ziele bestmöglich verwirklicht?

Die wichtigsten Entscheidungen über die Form der Doktrin werden zwischen Verteidigung und Offensive sowie zwischen einer Abnutzungs- und einer Bewegungsstrategie gefasst. Daraus ergeben sich *vier Idealtypen* für die Doktrin eines Landes:

	Abnutzung	Bewegung
Defensive	„Einigeln" (z.B. deutscher Westwall, französische Marginot-Linie)	Manöververteidigung (z.B. Deutsches Reich an der Ostfront nach der Schlacht von Stalingrad)
Offensive	Erschöpfungskrieg (z.B. alliierte Luftkriegsführung gegen Jugoslawien 1999)	Blitzkrieg (z.B. Golfkrieg 2003)

Abbildung 14: Idealtypische Formen der Doktrin

---

120 Vgl. Gray 1976, Kap. 3.
121 Vgl. Luttwak 2001, Kap. 2.

Die Wahl der Doktrin hängt von einer Reihe sehr unterschiedlicher Faktoren ab:

- *Objektive Faktoren*: Geographische Lage, relatives Kräfteverhältnis, Rüstungstechnologie. Allerdings müssen all diese Faktoren *bewertet* werden; es gibt daher kein eindeutiges, sicher voraussagbares Verhältnis zwischen diesen „objektiven Faktoren" und der Doktrinwahl.
- *Subjektive Faktoren*: Ideologie, Tradition und Erfahrung im Krieg wirken auf die Doktrinwahl ein. Glaubt ein Land an seine weltgeschichtliche Mission, wird eine offensive Doktrin wahrscheinlicher. Die Wirkung der Erfahrung des Ersten Weltkrieges auf die Doktrinen der Westmächte wurde im Abschnitt über Offensiv/Defensiv-Theorie erläutert; hierzu gehört auch das Bonmot, dass die Generale dazu neigen, jeweils den letzten Krieg nochmals führen zu wollen.
- *Organisatorische Faktoren*: Das Verhältnis der zivilen zur militärischen Führung sowie die organisatorischen Interessen des Militärs und seiner Teilstreitkräfte spielen gleichfalls bei der Doktrinwahl eine Rolle.

Die Doktrinwahl nimmt einen erheblichen Einfluss auf die Rüstungsinvestititonen und damit auf die Rüstungsdynamik.

3. Theorie der Rüstungsdynamik: Bilanz

Die hier vorgestellten Theorien und Ansätze betrachten Rüstungswettläufe aus sehr unterschiedlichen Perspektiven und kommen daher zu sehr unterschiedlichen Einschätzungen, welche Einwirkungsmöglichkeiten auf die Rüstungsdynamik ihrer Meinung nach gegeben sind. Ein „harter" Realismus oder Neorealismus wird die Rüstungsdynamik für nicht steuerbar halten. Werden die theoretischen Annahmen etwas abgeschwächt, ergeben sich zwar keine Möglichkeiten für die Beendigung, aber doch für die Kanalisierung des Rüstungswettlaufs.

Bei den innengeleiteten Theorien kommt es hingegen darauf an, für wie festgefügt man die rüstungstreibende Formation bzw. Kultur einschätzt. Wo sie auf die Struktur politischer bzw. gesellschaftlicher Systeme zurückgeführt werden, wird nur deren radikale Umgestaltung als brauchbares Mittel zur Beendigung der Rüstungsdynamik gelten. Sonderinteressen hingegen können neutralisiert, Kulturen und Ideologien verändert werden. So könnte Rüstungsdynamik der Kontrolle oder gar Steuerung zugänglich gemacht werden.

Fragen zur selbstständigen Reflexion

Frage 1: Einige Autoren kritisieren den Begriff „Rüstungswettlauf" als unangemessen. Können Sie sich vorstellen, warum?

Frage 2: Einige der Darstellungen und Modelle, mit denen Rüstungsdynamiken in diesem Abschnitt beschrieben wurden, zeichnen sich durch einen hohen Grad an Abstraktion aus. Inwieweit halten Sie eine solche Darstellung für angemessen, um realweltliche Probleme wie Rüstungswettläufe zu beschreiben und zu verstehen? Nennen Sie jeweils drei Argumente dafür und dagegen.

Frage 3: Gemäß der Theorie des Demokratischen Friedens wäre eine vollständige Demokratisierung der Welt eine Möglichkeit, Kriege für immer zu überwinden. Überlegen Sie auf Basis der Ausführungen über *Außenleitung*, welche Argumente man gegen diese These vorbringen kann.

Frage 4: In den USA ist es durchaus üblich, dass ehemalige Regierungsvertreter, z.B. aus dem Pentagon, nach einem Regierungswechsel in die Wissenschaft oder Wirtschaft wechseln. Kommt ihre Partei wiederum an die Macht, so ist der Wechsel in ein (höheres) Regierungsamt nicht unüblich. Man spricht in diesem Zusammenhang auch von einer „Drehtür", die es den Personen ermögliche, ohne Probleme zwischen den jeweiligen Institutionen zu wechseln. Kritiker befürchten hierdurch einen verstärkten Rüstungsdruck. Wie argumentieren diese Kritiker wohl?

Antwortvorschläge finden Sie auf den Seiten 234-235.

IV. Rüstungsdynamik während des Ost-West-Konflikts im Zentrum

1. Der Ost-West-Konflikt: Ein traditioneller Machtwettbewerb

Der Ost-West-Konflikt (kurz: OWK) war in mancher Hinsicht ein – mit Verlaub – „stinknormaler", d.h. ganz traditioneller Wettbewerb zwischen zwei sehr mächtigen Staaten um die Vormachtstellung. Eine solche Rivalität enthält, wie im vorangegangenen Kapitel gezeigt wurde, in sich selbst einen mächtigen Antrieb zur Rüstung. Verschärft wurde sie durch den ideologischen Gegensatz, der die Feindbilder auf beiden Seiten extrem aufblähte: Der Kommunismus wurde aus amerikanischer Sicht zum „Nachfolger" von Hitlers Nationalsozialismus und erschien als „Bruder im Geiste" mit dem anderen totalitären System. Die Erfahrung mit Hitlers Aggressivität legte es nahe, anders als die europäischen Demokratien England und Frankreich in den 1930er Jahren ausreichend gerüstet zu sein, um Aggressionsgelüsten Stalins und seiner Nachfolger von vornherein entschlossen entgegenzutreten. Aus sowjetischer Sicht war Amerika Speerspitze des expansionistischen Imperialismus, der seine Gewaltapparate zwangsläufig gegen den einzigen weltpolitischen Widerstand, das sozialistische Lager, richten musste. Der ideologische Gegensatz bedeutete eine beträchtliche Zuspitzung des Sicherheitsdilemmas und somit eine Verstärkung der die Rüstungsdynamik treibenden Kräfte.[122]

Seine besondere Form erhielt der Rüstungswettlauf der Supermächte indes durch unübersehbare und politikwirksame *Asymmetrien* zwischen den beiden Rivalen:

- *Seemacht gegen Landmacht*
  Traditionell waren die USA Seemacht, die Sowjetunion Landmacht. Dieser Unterschied begünstigte die Entwicklung unterschiedlicher, bisweilen gegensätzlicher Präferenzen für die Struktur und Ausrüstung der Streitkräfte, wobei die Abweichung der Gegenseite vom eigenen Muster im Lichte der *worst case*-Analyse als Beweis übler Absichten gedeutet wurde. So wurde z.B. die Stärke der amerikanischen Flotte in sowjetischen Augen als gezieltes Instrument der Einkreisung und Strangulierung verstanden, während die Robustheit der sowjetischen Armee aus amerikanischer Sicht ein Indikator von Eroberungsabsichten war.
- *Logistik und Technologie gegen quantitative Überlegenheit*
  Die Sowjetunion hatte die zentrale Stellung auf der eurasischen Landmasse inne, deren Ränder die Bündnispartner der Vereinigten Staaten beherbergte. Dies gab ihr den Vorteil „innerer Linien", d.h. sie war in der Lage, Streitkräfte zwischen den Fronten über von ihr kontrolliertes Territorium verlagern zu können.

122　Vgl. Lebow/Stein 1994.

Weiterhin besaß sie ein kaum einzuholendes quantitatives Übergewicht in der Landrüstung, das durch höhere Bevölkerungszahlen noch verstärkt wurde. Dieses Ungleichgewicht bzw. die damit assoziierte Bedrohung, motivierte die westliche Allianz, nach einem Gegengewicht zu suchen und veranlasste die USA zu enormen Investitionen in Transport- und logistische Kapazitäten, die ihr in der Folge wiederum eine massive globale Interventionsfähigkeit verliehen. Aufgrund der konventionellen Überlegenheit des Ostens konzentrierten sich westliche, vor allem amerikanische, Rüstungsinvestitionen zunehmend in Forschung und Entwicklung (F&E), um durch überproportionale Steigerung der technischen Qualität der eigenen Bewaffnung die quantitativen Unterlegenheit auszugleichen. Diese seit den 1960er Jahren verfolgte, so genannte *Offset Strategy* wurde mit der im November 1984 verabschiedeten *Follow-On Forces Attack*-Strategie schließlich sogar offizielle NATO-Doktrin.[123] Darüber hinaus führte die zahlenmäßige Überlegenheit des Ostens zu einer stärkeren Betonung der Nuklearbewaffnung im Westen. Gerade in der frühen Phase des Ost-West-Konflikts schienen aus westlicher Sicht Nuklearwaffen eine passende Antwort zu sein, um die Sowjettruppen in Schach halten zu können.[124]

- *Isolation gegen Angst vor Invasion*
Die geographische Lage brachte es mit sich, dass sowjetisches Territorium bei einem europäischen Krieg sehr viel eher und wahrscheinlicher in Mitleidenschaft gezogen worden wäre als der isolierte amerikanische Kontinent. Die Sowjets fürchteten, dieser Umstand könne die westliche Vormacht zu Abenteuern verleiten, beispielsweise den (in Moskau über Jahrzehnte mit enormem Misstrauen beobachteten) westdeutschen Verbündeten „von der Leine zu lassen". Russland wählte infolgedessen – und im Lichte der Erfahrungen von drei Invasionen aus dem Westen in einhundertfünfzig Jahren (durch Napoleon, Wilhelm II. und Hitler) – eine andere Militärstrategie. Diese sah vor, den Krieg sofort auf das Territorium des Gegners zu tragen und dort in kurzer Frist erfolgreich zu entscheiden, bevor die überlegenen westlichen Wirtschaftsressourcen – eine weitere wichtige Asymmetrie – zum Tragen kommen würden.[125]

---

123 Vgl. Carter 2001.
124 Vgl. Sigal 1984.
125 Eine beeindruckende und – mit den notwendigen Abstrichen eines fiktionalen Werkes – auch halbwegs plausible Beschreibung, wie ein Krieg zwischen NATO und Warschauer Pakt in Europa hätte aussehen können, bietet Tom Clancy in seinem Roman Red Storm Rising.

2. Rüstungsdynamik im Ost-West-Konflikt

2.1 Rüstungsdynamik kurz nach dem Zweiten Weltkrieg: Das Aufkommen des Ost-West-Gegensatzes

Die genannten Asymmetrien zwischen den beiden Supermächten führten zu sehr unterschiedlichen Verhaltensweisen nach dem Zweiten Weltkrieg: Die USA demobilisierten in großem Maßstab und verminderten ihre Truppen in Westeuropa (von ca. 69 Divisionen 1945 auf eine[!] 1950),[126] die Sowjetunion blieb in ihrem westlichen Vorfeld in großer Anzahl stehen und baute ihre Streitkräfte in weitaus geringerem Maßstab ab. 1947 standen entsprechend noch immer 40 sowjetische Divisionen in Zentraleuropa. Die USA konnten dabei zunächst auf ihr nukleares Monopol vertrauen, das freilich in den ersten Jahren nach Hiroshima nur aus einigen wenigen Sprengköpfen bestand und 1949, mit dem ersten erfolgreichen sowjetischen Atomtest, im Prinzip ein Ende fand. Daran änderte auch die von der amerikanischen Regierung sofort in Auftrag gegebene Entwicklung der Wasserstoffbombe nichts.[127] Allerdings dauerte es noch über ein Jahrzehnt, bis die Sowjetunion glaubwürdig eine Attacke gegen amerikanisches Territorium androhen konnte, da sie noch nicht über Trägersysteme mit einer Reichweite bis in die USA verfügte.

Die Zuspitzung des Kalten Krieges in Europa, der Schock des ersten sowjetischen Atomtests und – ein Jahr später – der Ausbruch des Koreakrieges führten zu einer radikalen Korrektur der amerikanischen Rüstungspolitik. Die Truppen in Europa wurden wieder verstärkt, die NATO gegründet (1949) und mit der Gründung der Bundeswehr (1955) die deutsche Wiederbewaffnung eingeleitet. Frühe Pläne der NATO (Lissabon 1951), die sowjetischen Landstreitkräfte mit gleichstarken Armeen zu kontern, scheiterten schnell am Interesse der Westeuropäer, zuerst ihre zerstörten Länder wieder aufzubauen und ihre Volkswirtschaften in Gang zu bringen. In den Vereinigten Staaten lief die Politik bald in eine ähnliche Richtung, als die 1953 antretende konservative Eisenhower-Regierung den Abbau des Haushaltsdefizits zur ersten Priorität machte. Die Konsequenz war eine Politik des *more bang for the buck* mit einem eindeutigen Schwerpunkt auf den vermeintlich kostengünstigeren Kernwaffen. Die Strategie der „Massiven Vergeltung" trat in Kraft, die auch bei begrenzten konventionellen Angriffen auf die USA und ihre Verbündeten den entschlossenen Einsatz atomarer Gegenschläge androhte.

Eine Investitionswelle beschleunigte den Ausbau des Nukleararsenals, in dem sich jetzt in schneller Reihenfolge neben den von Fernbombern getragenen strategischen Waffen – die sowjetisches Territorium erreichen konnten – in zunehmender

---

126 Eine Division umfasst ca. zwischen 5.000 und 25.000 Soldaten.
127 Der erste Test einer amerikanischen Wasserstoffbombe im November 1952 zeigte die gewaltige Zerstörungskraft der Bombe: Die kleine Insel, auf der der Nukleartest stattfand, wurde durch die Explosion vollständig ausgelöscht. Nur ein Krater im Meeresboden blieb zurück. Die Sowjetunion zündete ihre erste Wasserstoffbombe nur wenige Monate später im Sommer 1953. Vgl. Dupuy 1984, Kap. 27.

Zahl die verschiedensten Typen „taktischer" Kernwaffen einfanden. Diese sollten die quantitative Unterlegenheit auf europäischem und koreanischem Boden durch die Drohung eines Nukleareinsatzes auf dem Gefechtsfeld neutralisieren bzw. ihre Wirksamkeit gegen große Truppenkonzentration entfalten. Natürlich dauerte es nicht lange, bis die Sowjetunion ihrerseits Atomsprengköpfe für die Schlacht um Europa entwickeln und stationieren sollte. Trotzdem blieben das konventionelle Ungleichgewicht und die nukleare Rüstungsdynamik bis zum Ende des Kalten Krieges eng aufeinander bezogen.[128]

2.2 Eine fast fatale Fehlwahrnehmung: Die vermeintliche „Bomber-" und „Raketenlücke" der 1950er Jahre

Die westliche Sicherheit sollte also auf der nuklearen Überlegenheit beruhen, die im Wesentlichen durch die Arsenale der USA gewährt wurde. Dies klang plausibel, solange die Vereinigten Staaten selbst mehr oder weniger unverwundbar waren, da man den Sowjets so glaubwürdig drohen konnte, man würde auf einen konventionellen Krieg in Europa in jedem Fall nuklear reagieren. Diese Bedingung geriet jedoch schon in den 1950er Jahren ins Wanken. Eine Studie der RAND Corporation, eines noch heute bedeutenden, von der Air Force bezahlten *Think Tanks*, stellte eine sogenannte „Bomberlücke" fest. Man erwartete (fälschlicherweise, wie sich herausstellte) einen schnellen Aufwuchs der sowjetischen Bomberflotte, die der amerikanischen bald überlegen sein und auf der Polroute über das nahezu unverteidigte Kanada amerikanisches Territorium bedrohen würde. Ausgangspunkt dieser Befürchtungen war ironischerweise die Vorstellung des neuen sowjetischen strategischen Bombers *Myasishchev M-4 Molot* (NATO-Code: „Bison") auf dem *Soviet Aviation Day* im Juli 1955. Dabei flogen einige wenige Flugzeuge dieses Typs immer wieder an den Zuschauertribünen vorbei und erzeugten so die Illusion eines weit größeren Bestandes. Die bewusste Verschleierung von Informationen und die Vortäuschung von Stärke hatten also zu einem konkreten Bedrohungsgefühl geführt. Die USA konterten mit einer schnellen Aufstockung der eigenen Fernbomberkräfte und mit dem Aufbau des *North American Aerospace Defense Command* (*NORAD*), der dichten nordamerikanischen Luftverteidigung, in Zusammenarbeit mit Kanada.

Kaum war dieses Problem in Angriff genommen, folgte 1957 der „Sputnikschock". Der erste sowjetische Satellit – *Sputnik* – hatte den Weltraum vor einem amerikanischen Pendant erreicht. Was als großartiger Erfolg der Sowjets in der friedlichen Nutzung des Weltraums erschien, war für die amerikanischen Militärplaner ein Albtraum, da eine Rakete, die einen Satelliten in die Umlaufbahn um die Erde tragen konnte, ebenso in der Lage war, eine Atombombe über den Ozean zu bringen – nur der Abschusswinkel musste verändert werden. Das Zeitalter der Inter-

---

128 Vgl. Trachtenberg 1992; Wolf 1995.

kontinentalraketen hatte begonnen und die USA waren nun trotz NORAD für den sowjetischen Gegner verwundbar.

Natürlich löste der Sputnik-Schock in den USA nun eine Debatte über die „Raketenlücke" aus. Amerika würde, so die dringende Befürchtung, durch eine sowjetische Überlegenheit bei Interkontinentalraketen erpressbar werden. Die Befürchtung war umso größer, als der sowjetische Premier Chruschtschow nur ein Jahr später mit dem ersten seiner Berlin-Ultimaten die Spannungen zwischen Ost und West verschärfte.

Die USA reagierten mit einem Doppelprogramm: Erstens wurde die zivile Raumfahrt zur Priorität erklärt. Amerika wollte aus Gründen des Prestiges den ersten Menschen auf den Mond schicken, zumal die Sowjets mittlerweile mit Juri Gagarin auch noch den ersten Kosmonauten in die Umlaufbahn gebracht hatten.

Zweitens legten die USA ein Crash-Programm für den Raketenbau auf, um die vermeintliche sowjetische Überlegenheit so schnell wie möglich auszugleichen. Parallel wurden Raketenprojekte für die Army (Interkontinentalraketen, z.B. Atlas, Titan, Minuteman etc.) und die Navy (die U-Boot-gestützte Langstreckenrakete Polaris) vorangetrieben. Die Realisierung dieser Projekte brachte unter Kennedys Verteidigungsminister Robert McNamara in den 1960er Jahren einen schwindelerregend schnellen Zuwachs amerikanischer Fähigkeiten auf dem Gebiet der Raketenrüstung.[129]

2.3 Die verpasste Chance: Chruschtschows Versuch einseitiger Abrüstung

Der Vorgang hatte etwas für Rüstungswettläufe zutiefst tragisches: Tatsache ist, dass Chruschtschow in eben jener Zeit dabei war, die sowjetischen konventionellen Streitkräfte drastisch zu verringern und die dem Militär zur Verfügung stehenden Ressourcen zugunsten des zivilen Sektors zu kürzen. Er hatte dreißig Jahre vor Gorbatschow erkannt, dass das Mithalten in der Rüstungsdynamik das sowjetische Wirtschaftssystem überforderte und die gesellschaftliche Entwicklung erheblich behinderte. Natürlich stieß er dabei auf starken inneren Widerstand. Nach außen führte er sich daher als Hardliner auf, um seine Rolle als Führer einer starken Nation zu unterstreichen und so den Widerstand zu Hause zu schwächen. Mit einer Lösung des Berlin-Problems wollte er den wesentlichen Stolperstein im Ost-West-Konflikt aus dem Wege räumen, der einer Rechtfertigung der Rüstungskürzungen im Wege lag.

Der Westen missdeutete (nachvollziehbarerweise) die nur Insidern verständlichen Signale. Die Militanz der Berlin-Politik, die ungehaltene, ja ungehobelte Reaktion des sowjetischen Premiers auf den Überflug (und Abschuss) eines amerikanischen

---

[129] Vgl. Freedman 2003. Allerdings verweist Krell darauf, dass die Kennedy-Administration den enormen Aufrüstungsschub mit „ernsthaften Bemühungen um Rüstungskontrolle" begleitete (1977: 57).

Spionageflugzeugs über sowjetischem Territorium 1960[130], der Bau der Berliner Mauer: All das bestätigte nur westliche Einschätzungen einer aggressiven sowjetischen Politik.

Natürlich löste der amerikanische Aufrüstungsschub ganz im Sinne des Aktions-Reaktions-Schemas seinerseits eine Reaktion der Sowjets aus: Sie leiteten Mitte der 1960er Jahre den größten Rüstungsausbau in ihrem Land ein, der dann in den 1970er Jahren voll zum Tragen kam. In Moskau war man nämlich enorm besorgt darüber, dass die neuen amerikanischen Aufklärungssatelliten die Wahrheit über die Raketenlücke nach Washington meldeten: Sie bestand auf Seiten des Warschauer Pakts! Denn das sowjetische System tat sich einmal mehr schwer, technologisch bemerkenswerte Prototypen anschließend auch in Masse zu produzieren. Infolgedessen standen zu Beginn der 1960er Jahre nur eine Handvoll Raketen wirklich im Dienst. Die Vereinigten Staaten bemerkten dies etwa um die Zeit der Kuba-Krise. Sie wussten um die sowjetische Schwäche, und die Sowjets wussten, dass sie es wussten.[131]

Als diese Erkenntnis in Washington heraufdämmerte, war das große Raketen-Aufrüstungsprogramm aber bereits in Gang, und niemand dachte daran, es zu stoppen. Denn natürlich standen jetzt auch wirtschaftliche Interessen auf dem Spiel, die die Exekutive nicht beschädigen wollte – und die Überlegenheit, die sich aus dem Programm ergeben würde, war ja auch durchaus nicht unerwünscht. Wie umfangreich das US-Programm der frühen 1960er Jahre gewesen war, zeigt sich daran, dass das amerikanische Potenzial an Atomwaffen 1967 seinen absoluten Höhepunkt mit etwa 32.500 Sprengköpfen erreichte.[132] Freilich konterten die Sowjets mit einem eigenen Nachrüstungsprogramm, das dann in den 1970er Jahren zum Tragen kam und wesentlich zur Beendigung der Entspannungsperiode beitrug.

Im Grunde genommen war diese Abfolge von vermeintlicher Schwäche, Aktion und Reaktion eine Tragödie von historischen Ausmaßen. *Hätte* der Westen die Signale aus Moskau richtig gedeutet, *hätte* Chruschtschow klarer Laut gegeben, *hätte* seine konservativ-stalinistische Entourage nicht die konfrontativen Auftritte als „Rückversicherung" unvermeidlich gemacht – wie viele Ausgaben für die Rüstung hätten beide Seiten einsparen können?

2.4 Technologie der 1960er Jahre prägt Rüstungsdynamiken der 1970er und 1980er Jahre: Das MIRV-Problem

Die 1960er Jahre brachten also einen gewaltigen Schub in der offensiven Nuklearrüstung und bereiteten einen weiteren Schub für die Zukunft vor. Während der

---

130 Chruschtschow war für seine impulsive und burschikose Art bekannt und gefürchtet. Während einer Sitzung der Vereinten Nationen im Jahr 1960 zog er einen Schuh aus und trommelte damit auf seinen Tisch, um gegen Kritik an der Politik der Sowjetunion zu protestieren.
131 Vgl. Grinevskij 1996.
132 Vgl. Wolf 1995.

1950er Jahre waren die Technologien nuklearer Sprengköpfe verfeinert worden. Neben den Waffen, die lediglich auf der Kernspaltung von Uran und Plutonium beruhten, waren weitere Typen entwickelt worden. Besonders relevant war die fusionsverstärkte Kernwaffe: Bei diesen Waffen wird dem Spaltmaterial das radioaktive Wasserstoffisotop Tritium hinzugefügt.[133] Durch die Produktion zusätzlicher Neutronen hilft dieser Stoff, das Energiepotenzial von Uran oder Plutonium besser auszubeuten. Man kann also mit der gleichen Menge Spaltstoff einen höheren Energieoutput oder mit geringeren Mengen Spaltstoff den gleichen Energieoutput beziehen. Dadurch wurden Sprengköpfe mit kleinerem Volumen und geringerem Gewicht möglich. Auf schweren Raketen konnte man damit nicht lediglich einen, sondern mehrere Sprengköpfe platzieren. Fortschritte in der Steuerungstechnik (die ihrerseits vom Voranschreiten der Elektronik begünstigt wurden) gaben bald die Möglichkeit, die einzelnen Sprengköpfe auf unterschiedliche Ziele zu lenken. Diese Technologie wird, wie wir in Abschnitt III.1.3 bereits ausgeführt haben, als MIRV bezeichnet.

MIRV prägte die Dynamik der 1970er und 1980er Jahre und trug auch wesentlich dazu bei, das Projekt einer Raketenabwehr zunächst zur Ruhe zu legen. Denn gegenüber der Sprengkopfvielfalt, die diese Technologie anbot, blieb die Technik der Abwehr zurück; es war einfach nicht möglich, die einzelnen Sprengköpfe zu lokalisieren, anzusteuern und verlässlich zu zerstören. So begnügten sich die Sowjets mit einem mehr oder weniger symbolischen Abwehrring um die Hauptstadt (den die amerikanische Offensivkraft fraglos überwunden hätte), während die USA zu dem Schluss kamen, dass die Einführung einer Raketenabwehr angesichts der beschränkten technologischen Möglichkeiten und der Gefahr der Destabilisierung des Abschreckungssystems grundsätzlich nicht lohne und das Projekt nicht weiter verfolgten.[134]

Während MIRV auf der defensiven Seite einen destabilisierenden Rüstungswettlauf verhinderte, bestärkte die Technologie allerdings den Wettlauf auf der offensiven Seite. Die Vereinigten Staaten überlegten, ob sie diese Technologie, auf die sie Anfang der 1970er Jahre ein Monopol besaßen, auf den Verhandlungstisch der *SALT I*-Gespräche legen sollten und entschieden sich dagegen; ein Fehler, wie sich bald herausstellte. Denn erneut zog die Sowjetunion innerhalb weniger Jahre nach.[135] Doch damit nicht genug: Die filigranen, technisch hochentwickelten *Minuteman*-Raketen der USA konnten maximal nur drei Sprengköpfe aufnehmen. Die klobigen aber robusten Systeme, die die Sowjets entwickelten (namentlich ihre schwerste

---

133   Eine fusionsverstärkte Kernwaffe („boosted weapon") ist nicht mit einer Wasserstoffbombe gleichzusetzen, die einen deutlich größeren technischen Aufwand erfordert.
134   Vgl. Abschnitt IX.1.2.1.
135   Vgl. Wolf 1995. Krell (1977, Kapitel 3) beschreibt, dass die Befürworter von MIRV Ende der 1960er Jahre tatsächlich davon ausgingen, die Sowjetunion würde sich durch MIRV nicht sonderlich bedroht fühlen, da damit ja nur eine mögliche sowjetische Raketenabwehr überwunden werden sollte und die Stabilität der Abschreckung nicht in Frage gestellt würde. Kritiker verwiesen aber schon frühzeitig auf die Möglichkeit, dass man MIRV auch als Erstschlagssystem werten könne – und damit zwangsläufig eine Reaktion der SU heraufbeschwor. Trotzdem wurde die Entwicklung von MIRV weiter vorangetrieben.

Rakete, die SS-18), wurden mit bis zu zehn Sprengköpfen getestet. Amerikanische Analysen glaubten gar ein Potenzial von bis zu 30 Sprengköpfen pro Rakete zu erkennen. Das Problem der sowjetischen „schweren Raketen" begann, den Rüstungswettlauf zu überschatten. Denn diese Waffen schienen – bei wachsender Zielgenauigkeit – den Sowjets die Chance zu bieten, die amerikanischen landgestützten Raketen, die noch am Boden befindlichen Fernbomber und diejenigen U-Boote, die zu Beginn eines Atomkrieges noch im Hafen lagen, auf einen Schlag zu vernichten. Vor allem in konservativen amerikanischen Kreisen wuchs die Befürchtung vor einer sowjetischen Erstschlagsstrategie – und kaum jemand dachte daran, dass die Initialdrehung der Rüstungsspirale in Washington beschlossen worden war. Die amerikanische Antwort gegen die SS-18 war die mobile MX (*Missile Experimental*), eine MIRV-Rakete mit zehn Sprengköpfen, die während der Carterschen Präsidentschaft entwickelt wurde. Bei der Stationierung der ersten von 500 in Dienst gestellten MX, taufte Präsident Reagan sie in seiner unnachahmlichen, auf öffentliche Wirkung bedachen Art *Peacekeeper*.

2.5 Szenenwechsel: Der Rüstungswettlauf in Europa in den 1970er Jahren

Mittlerweile bereitete auch die Lage in Europa den NATO-Strategen zusehends Kopfzerbrechen. Das nukleare Gleichgewicht, das sich zwischen den USA und der Sowjetunion abzeichnete, machte eine Doktrin, die auf amerikanischer Kernwaffenüberlegenheit fußte, immer unglaubwürdiger. Auch auf taktisch-nuklearem Gebiet hatten die Sowjets aufgeholt und Mitte der 1970er Jahre übertrumpften sie schließlich das gesamte nukleare NATO-Potenzial durch die Stationierung der mobilen SS-20, einer Mittelstreckenrakete mit drei Sprengköpfen, die NATO-Ziele in Gesamt-Westeuropa (aber nicht den USA) abdecken konnte. Das westliche Bündnis sah sich daher nicht nur veranlasst, die SS-20 zu kontern. Es geriet auch unter zunehmenden amerikanischen Druck, die konventionelle Überlegenheit des Warschauer Pakts durch eigene Anstrengungen auszugleichen. Das *Long-Term Defence Program* (LTDP) von 1978 war die erste von mehreren bündnisweiten Vorsätzen, die konventionellen Streitkräfte der Bündnispartner, aber eben vor allem der europäischen, aufzubessern. Wie in den späteren Planungen blieb allerdings auch beim LTDP die Verwirklichung weit hinter den erklärten Absichten zurück. Offenbar nahm die politische Spitze die Bedrohung letztlich nicht so ernst wie die militärischen Strategen.[136]

Ein weiterer Versuch des Westens, das konventionelle Ungleichgewicht auf andere Weise auszugleichen, scheiterte während Jimmy Carters Präsidentschaft Ende der 1970er Jahre. Die Einführung der *Neutronenwaffe*. Dabei handelte es sich um eine neue Artilleriegranate, bei der es den Nukleartechnikern gelungen war, die Energie-

---

136 Vgl. Flanagan 1988.

abgabe des Spaltstoffs in neuer Weise zu steuern. Sie hatten es geschafft, unter den drei Energieformen, die bei Kernspaltung und Kernfusion auftreten – Druckwelle, Hitze, Strahlung – die Strahlung zu maximieren. Die Neutronenwaffe, so die Idee, sollte die Besatzungen von Panzern, Schützenpanzern, fahrbarer Artillerie sowie Infanteristen töten, und zwar auch jenseits des Radius, in dem Druck- und Hitzewelle der Kernwaffen ihre tödliche Wirkung ausüben würden. Ironischerweise war es gerade diese „verminderte" Zerstörungskraft, die die Opposition in Europa, vor allem in Deutschland, provozierte: Dass Sachwerte unbeschädigt blieben, während Menschenleben vernichtet würden, verfiel dem moralischen Verdikt der Öffentlichkeit. Carter gab die Idee, die Neutronenwaffe in Europa zu stationieren, 1978 auf.[137]

2.6 Strategische Alternativen zur Neutronenwaffe: Pershing II und Marschflugkörper

Da sich die Idee der Stationierung von Neutronenwaffen nicht durchsetzen konnte, wurde die Position des Warschauer Pakts mit einer Aufrüstung im Mittelstreckenbereich und mit einer Veränderung der konventionellen Doktrin der NATO gekontert. Der SS-20 wurde die Mittelstrecken-Rakete *Pershing-II*, eine Waffe mit einer Reichweite von 650-1.800 Kilometer und hoher Zielgenauigkeit entgegengesetzt. Befürworter der Stationierung einer westlichen Mittelstreckenrakete argumentierten, dass ein Angriff Europas mit der SS-20 von amerikanischer Seite nur mit Interkontinentalraketen beantwortet werden könne. Dies würde aber automatisch einen interkontinentalen Angriff auf die USA provozieren und zu einer Ausweitung der Krise führen.[138] Damit sollte der schon in den 1960ern angenommenen Strategie der flexiblen Antwort (*flexible response*) entsprochen werden, die von einem umfassenden nuklearen Gegenschlag des Westens bei einem konventionellen Schlag der Sowjets abgerückt war und jeweils graduell angepasst auf das sowjetische Vorgehen reagieren sollte.[139]

Eine technologische Neuentwicklung der 1970er Jahre sollte bei der Verteidigung Europas ebenfalls zum Einsatz kommen: landgestützte Marschflugkörper (*Cruise Missiles*).[140] Es handelt sich bei Marschflugkörpern im Kern um unbemannte Flugzeuge, deren Steuerungselektronik aufgrund von einprogrammierten Geländeprofilen in der Lage ist, Abweichungen vom Kurs während des Fluges zu erkennen, zu korrigieren und die Waffe punktgenau ins Ziel zu steuern. Die Idee des amerikanischen Außenministers Henry Kissinger, die Marschflugkörper lediglich als „Ver-

---

137 Vgl. Auger 1996.
138 Die Debatte um die Pershing II führte zum NATO-Doppelbeschluss, der in Westeuropa zu massiven Protesten der Friedensbewegung führte. Der Beschluss sah vor, mit der Stationierung der Pershing zu beginnen, der Sowjetunion gleichzeitig Verhandlungen über die totale Verbannung von Mittelstreckenraketen aus Zentraleuropa anzubieten.
139 Vgl. Birnstiel 1978, spez. Kap. III.
140 Vgl. Betts 1981

handlungstrumpfkarten" in den SALT-Rüstungskontrollgesprächen mit den Sowjets einzusetzen, denen es nicht gelungen war, diese amerikanische Technik ebenfalls zu entwickeln, scheiterte daran, dass die militärische Führung aller Teilstreitkräfte überraschend Geschmack an der neuen Waffe zu gewinnen begann.[141] Die Army wollte die Cruise Missiles in Europa stationieren; die Navy war von den nuklearen, aber mehr noch von den konventionellen Optionen entzückt, die ihr diese Waffen anboten. Der mit einem konventionellen Sprengkopf bestückte Marschflugköper *Tomahawk* der US-Marine sollte in den Interventionen der 1990er Jahre eine zentrale Rolle spielen. Die Air Force sah in luftgestützten Marschflugkörpern die Chance, den Kampfwert ihrer Fernbomber zu erhalten, ohne diese der zunehmend dichten sowjetischen Luftabwehr auszusetzen: Die Bomber würden hunderte von Kilometern vor ihrem Ziel die bewegliche Fracht abwerfen, die Marschflugkörper dann selbst den Weg in ihr Ziel finden.

Mit der Pershing und den Marschflugkörpern gewannen Elektronik und die elektronisch aufgerüstete Optik als zeitgenössische Leittechnik des Rüstungswettlaufs enorm an Bedeutung, die sich allerdings nicht nur auf die nuklearen Streitkräfte beschränkten, sondern auch für die konventionellen Truppen wichtig wurden. Gesteigerte Aufklärung und Zielgenauigkeit eröffneten plötzlich die Option für das westliche Bündnis, die gefürchtete „Zweite Welle" der Angriffsformation des Warschauer Paktes anzugreifen und zu zerstören, noch bevor diese die Frontlinien eines Ost-West-Krieges erreichen, die erste Angriffswelle ablösen und die erschöpften Verteidigungskräfte der NATO überrollen würde. Die neue Strategie *Follow-On-Forces-Attack* (FOFA), Anfang der 1980er Jahre entwickelt, verließ sich auf neue, genaue, weitreichende Artilleriegeschosse des Raketenwerfers MLRS und die zunehmend deutliche Überlegenheit der westlichen Luftwaffe, um den vermuteten Schwung der Angriffe des Warschauer Paktes zum Erliegen zu bringen.[142]

Mehr und mehr wurde deutlich, dass der Westen im Wettlauf um die technologisch überlegene Rüstungstechnik gegenüber der stagnierenden Sowjetunion die Nase vorne hatte. Anfang der 1980er Jahre warnte der sowjetische Generalstabschef Ogarkow vor einer „militärisch-technischen Revolution", die er zu seinem Missfallen nicht von der Sowjetunion, sondern von den USA angeführt sah und die sich in erster Linie auf die Fortschritte in der Elektronik stützte.

2.7 Der High-Tech-Rüstungswettlauf: Die 1980er Jahre

Die Regierungen Nixon, Ford und Carter hatten wenig Interesse an der Raketenabwehr gezeigt. Forschungs- und Entwicklungsprogramme liefen weiter, aber ohne Interesse der politischen Führung. Das änderte sich schlagartig im Jahre 1983: Präsident Reagan erklärte am 23. März im Rahmen seiner berühmt-berüchtigten *Star*

---

141 Vgl. Larsen 2002. Vgl. auch Abschnitt VII.3.
142 Vgl. Flanagan 1988.

Wars-Rede ein Raketenabwehrsystem, das die amerikanische Nation vor einfliegenden sowjetischen Raketen schützen sollte, zu seiner absoluten Priorität. Die *Strategic Defense Initiative* (SDI) war geboren.[143]

Die amerikanischen Investitionen in dieses Projekt erhöhten sich gleichsam über Nacht. Die Sowjets, die kontinuierlich an ihrem Moskauer System gearbeitet hatten, waren völlig überrumpelt. Sie hatten der Welle amerikanischer Hochtechnologie, die in das SDI-Programm einfloss, nichts entgegenzusetzen. Zwar scheiterte dieses Projekt technisch und politisch. Seine Effekte auf die gesamte amerikanische Rüstungstechnik und -industrie, insbesondere das enorme Vorantreiben von Sensortechnik, sowie militärangepasster, schneller und miniaturisierter Rechner für das *Battle Management*, die auch in der konventionellen Kriegführung an Bedeutung gewannen, können gar nicht überschätzt werden. SDI war zugleich Ausdruck der nun von den USA beherrschten rüstungstechnischen Dynamik und ihr mächtiger Impuls.[144]

Eine andere wichtige Militärtechnik, in der die USA ein Monopol erreichten, war die „Unsichtbarkeit" von Waffensystemen für das feindliche Radar, *Stealth* genannt.[145] Neue Materialien, eine Veränderung der Oberflächenformen, fortgeschrittene Lacke sowie verminderte Hitzestrahlung machten zunächst Flugzeuge, dann auch Marschflugkörper für die gegenerische Abwehr nahezu unortbar.[146]

2.8 Das Ende des Ost-West-Rüstungswettlaufs

Mitte der 1980er Jahre standen sich weltweit zwei hochgerüstete, bis an die Zähne bewaffnete Lager gegenüber. Doch das westliche Lager wurde zusehends stärker, ohne dass eine entsprechende Reaktion des Ostens absehbar war. Lückenlose Aufklärung, zeitnahes *Battle Management*, Angriffsoptionen über die Langstrecke und *Stealth* gaben den amerikanischen Streitkräften Zukunftsmöglichkeiten, mit denen der sowjetische Gegner nicht mehr mitkam. Die sowjetische Sicherheitspolitik war mittel- bis langfristig chancenlos, dem US-Arsenal etwas Vergleichbares entgegenzusetzen. Außerdem war innerhalb und außerhalb der KPdSU eine Generation östlicher Politiker herangereift, die die eigenen Systemfehler mit größerer Klarsicht begriff als ihre Vorgänger. Generalsekretär – später Präsident – Michail Gorbatschow war Exponent dieser Kräfte. Er ließ sich überzeugen, dass mit dem Westen auch ohne eine ständige militärische Drohkulisse Koexistenz und Kooperation möglich war. Mit Gorbatschows Amtsantritt ging die Ost-West-Rüstungsdynamik zu Ende, was der Westen aber erst 1990 wirklich glaubte. Für ein glückliches Jahrzehnt wich die Rüstungsdynamik der Rüstungskontrolle und Abrüstung.

143   Vgl. Reagan 1983.
144   Vgl. Kubbig 1990.
145   Zur Geschichte des amerikanischen Stealth-Programmes vgl. Sweetman 2003.
146   Ausführlicher in Abschnitt VI.2.1.

3. Rüstungsdynamik während des Ost-West-Konflikts im Zentrum: Bilanz

Die Rüstungsspirale drehte sich im Zusammenspiel zwischen nuklearen und konventionellen Waffen. Die Asymmetrien in den Ausgangspositionen nötigten die NATO und die USA dazu, konventionelle Überlegenheiten der Sowjetunion dadurch auszugleichen, dass sie sich verstärkt auf die nukleare Abschreckung verließen. Die Sowjetunion versuchte, die maritime Umklammerung durch die USA durch robuste Landstreitkräfte zu kontern. Da beide Seiten jeweils Mühe darauf verwandten, die Stärken des Gegners auszugleichen, traten zu der ohnedies gegebenen militärtechnologischen Entwicklung weitere Triebkräfte hinzu, die den Wettlauf in Gang hielten. Sowohl in der Sowjetunion als auch in den USA entwickelten sich gesellschaftliche Kräfte, die an einem starken Rüstungssektor materiell interessiert waren. Neben dem tiefen Misstrauen der Rivalen gegeneinander, neben der Machtkonkurrenz und dem ideologischen Gegensatz wirkten diese Kräfte als weiterer Antrieb im Rüstungswettlauf. Dass diese Dynamik dennoch im Wesentlichen politisch determiniert war, zeigt ihr Ende: Es war die grundlegende Umstellung der sowjetischen Politik, die einen „Engelskreis" sicherheitspolitischer Veränderungen zustande brachte, durch die dann die Rüstungsdynamik – vorläufig und vorübergehend – zu einem Ende kam.

Fragen zur selbstständigen Reflexion

Frage 1: Betrachten Sie erneut die in Kapitel III dargelegten Erklärungen für Rüstungsdynamiken. Warum kam das Wettrüsten im Ost-West-Konflikt Ihrer Meinung nach nicht zu einem Ende?

Frage 2: Einige Autoren unterscheiden zwischen einem Machtgleichgewicht (*balance of power*) und einem Kräftegleichgewicht (*balance of force*). Können Sie sich unter dieser Unterscheidung etwas vorstellen?

Antwortvorschläge finden Sie auf den Seiten 235-236.

V. Rüstungsdynamik während des Ost-West-Konflikts in der Peripherie

1. Triebkräfte der Rüstungsdynamik in der Dritten Welt: Stellvertreterkriege oder endogene Motivation?

Wenn vom Rüstungswettlauf während des Ost-West-Konflikts die Rede ist, hat man zumeist nur den Warschauer Pakt und die NATO im Sinn. Tatsächlich hat Aufrüstung jedoch auch dort stattgefunden, wo es notwendig gewesen wäre, alle vorhandenen Mittel in die wirtschaftliche und soziale Entwicklung zu investieren: in der Dritten Welt. Wenn die dortigen Rüstungsanstrengungen unter die kritische Lupe genommen wurden, war meist davon die Rede, dass sie die Mittel für „Stellvertreterkriege" bereitstellten. Damit war gemeint, dass die Supermächte ihre geostrategische Rivalität in Asien, Afrika und Lateinamerika mithilfe von Marionettenregimen betreiben würden. Diese Sichtweise war allerdings äußerst verzerrt.

Grundsätzlich stimmt es zwar, dass die Sowjetunion und die Vereinigten Staaten mit Waffenlieferungen versuchten, sich die Gunst von Regierungen zu erwerben, um in diesen Regionen Fuß fassen zu können oder – fast noch wichtiger – zu verhindern, dass der Rivale Fuß fassen könnte. Auch dürfen natürlich wirtschaftliche Interessen der Rüstungsverkäufer nicht vergessen werden.[147] Die beiden Supermächte waren folgerichtig den ganzen Kalten Krieg hindurch die beiden führenden Waffenlieferanten für die Dritte Welt, wobei die Spitzenposition gelegentlich wechselte.

Auch mit ihrer Militärhilfe heizten sie die Rüstungsdynamik in der Dritten Welt an: Sowohl die USA als auch die Sowjetunion stellten ihnen genehmen Regimen Milliardenbeträge zur an Unterstützung und Krediten zur Verfügung.[148] Damit ist jedoch keineswegs gesagt, dass die Empfänger der Waffentransfers und der Militärhilfe willige Bauern auf dem Schachbrett der Großen waren – vielmehr ist das Gegenteil der Fall: In Konflikte verstrickte Regierungen nutzten in geschickter Weise die geopolitischen Interessen der Supermächte, um sie gegeneinander auszuspielen und möglichst moderne Waffen zu möglichst günstigen Konditionen zu erwerben.[149]

2. Die These von den Stellvertreterkriegen: Intellektueller Spätkolonianismus

Die Rede von den „Stellvertreterkriegen" als zentrale Ursache der peripheren Rüstungsdynamik betreibt in seltsamer Weise eine Art intellektuellen Spätkolonialismus. Man traut es den politischen Eliten in der Dritten Welt nicht zu, ihre eigenen

---

147 Vgl. Pierre 1979.
148 Vgl. Kramer 1989; Clarke, et al. 1997.
149 Vgl. Jung, et al. 2003.

blutigen Konflikte zu führen und glaubt, sie bedürften dazu der Anregung von außen. Davon kann keine Rede sein. Ganz überwiegend waren und sind die hinter der Rüstungsdynamik der Dritten Welt stehenden Triebkräfte endogener Natur, sie sind in den afrikanischen, asiatischen und lateinamerikanischen Verhältnissen angelegt. Der Kalte Krieg hat viele dieser Konflikte verschärft, vielleicht auch verlängert; erzeugt hat er sie nicht!

2.1 Rüstungstreibende Konflikttypen in der Dritten Welt: Typisierung

Welche Typen von Konflikten haben die Eliten in der Dritten Welt veranlasst, moderne Rüstungsgüter zu erwerben? Es können vier solcher Konflikttypen unterschieden werden:[150]

- *Antikoloniale Befreiungskriege*: Diese Kriege, die eine ganze Epoche beendeten, zogen sich letztlich bis in die 1990er Jahre hin. Algerien und Vietnam waren die langwierigsten und blutigsten Auseinandersetzungen, aber auch die Kämpfe in den ehemaligen portugiesischen Kolonien trugen maßgeblich zur Militarisierung der afrikanischen Verhältnisse bei. In diesen Auseinandersetzungen fungierten die Sowjetunion und ihre Verbündeten sowie China als Waffenlieferanten, da die Kolonialmächte (oder, im Falle USA in Südostasien, deren Nachfolger) Vertreter des westlichen Lagers waren. Die meisten dieser Waffen waren – der Natur des Guerilla-Krieges gemäß[151] – Kleinwaffen, die sich von einem oder zwei Kombattanten tragen ließen. Je mehr sich die Auseinandersetzungen auf ihre jeweiligen Entscheidungen zubewegten, desto mehr schweres Gerät wurde der Guerilla (zumeist über sympathisierende Nachbarländer) zugeführt.
- *Innere Konflikte mit sozial-politischem Hintergrund*: Diese Kriege kennzeichneten das Geschehen in den Klassengesellschaften Lateinamerikas. Dort herrschte zumeist eine Koalition aus Militär und primärem Wirtschaftssektor (Großgrund- und Bergwerkbesitzer) im Einvernehmen mit auswärtigen Unternehmen und mehr oder weniger unterstützt von den USA. Die Guerillakrieger waren teils demokratisch, überwiegend sozialrevolutionär motiviert und schlecht bewaffnet und erhielten ihren Nachschub über die Sowjetunion und Kuba. Auch hier dominierten die Kleinwaffen, während die Regierungsseite unter Einsatz schweren fahrbaren und fliegenden Geräts (Bomber und Kampfhubschrauber) gegen echte und vermeintliche Guerilleros vorging.
- *Innere Konflikte mit ethnischer oder religiöser Mobilisierung*: Ethnische oder religiöse Spaltungen von Gesellschaften sind für sich genommen kein natürlicher Konfliktgrund, sondern tragen nur durch die Beimischung anderer Faktoren

---

150 Vgl. Gantzel 2000. Für eine alternative Einteilung vergleiche Schlichte 2002.
151 Vgl. Münkler 1990.

zu gewaltsamen Kämpfen bei.[152] Ein solcher Faktor war die Nutzung gesellschaftlicher Fragmentierung durch die Kolonialmächte nach der Devise „teile und herrsche" (z.b. das Ausspielen von Tutsis gegen Hutus in Ostafrika). Willkürliche Grenzziehungen quer durch traditionale Verwandschaftsbeziehungen sorgten gleichfalls – vor allem in Afrika – für Spannungen innerhalb und zwischen den Ländern, in denen die unterschiedlichen Ethnien siedelten. Nur selten kam es zu Formen politischer Teilhabe, die allen relevanten Gruppen physische Sicherheit und Verteilungsgerechtigkeit garantierte. Zumeist nutzte die herrschende Clique die Mittel des Staatsapparats zur eigenen Bereicherung, d.h. zur Aneignung einer so genannten „Rente",[153] und zur Repression der Konkurrenten. Für jene potenzierten sich somit die Sicherheitsprobleme und es blieb nur die gewaltsame Gegenwehr – mit dem Ziel, die Regierungsmacht zu erobern, oder der Sezession – als Ausweg. Die Konstellation des Waffenbedarfs glich der des vorherigen Konflikttyps. Die Lieferanten variierten freilich mit der Assoziierung der jeweiligen Regierungspartei: In Angola oder Afghanistan belieferten in den 1980er Jahren die USA die Rebellen, in Südafrika oder Somalia war es die Sowjetunion, in Indien China.

- *Zwischenstaatliche Konflikte*: Auch der traditionellste und spektakulärste Konflikttyp hatte in seinen einzelnen Ausformungen viel mit der kolonialen Vorgeschichte zu tun: klassische zwischenstaatliche Konflikte, die sich gelegentlich auch kriegerisch entluden und über regionale Sicherheitsdilemmata Anlass zu Rüstungswettläufen gaben. Die *Hot Spots* lagen zwischen den beiden Koreas in Ostasien – ein Ergebnis des Umgangs der Großmächte mit dem kolonialen Erbe des japanischen Imperialismus –, zwischen Indien und Pakistan in Südasien – ein Ergebnis der Art und Weise, wie sich Großbritannien von dem Subkontinent abgesetzt hatte, sowie im Nahen Osten und am Persischen Golf – Ergebnis der Politik der Großmächte gegenüber dem Nachlass des osmanischen Reiches zwischen 1918 und 1948. Selbst der einzige zwischenstaatliche Krieg in Afrika vor 1990, der Ogaden-Krieg zwischen Äthiopien und Somalia, ist ohne die Grenzziehungen des italienischen und britischen Kolonialismus kaum zu verstehen. Wenn es zu Kriegen kam, wurden diese mit hohem Aufwand nach Art des Ersten (Irak-Iran) oder Zweiten (israelische Kriegführung, indisch-pakistanischer Krieg von 1971) Weltkrieges geführt, also als Stellungs- oder Bewegungskrieg auf dem Land mit unterstützender Rolle der Luftwaffen. Das erforderte die Ausstattung mit modernem Großgerät. Infolgedessen wurden die genannten *Hot Spots* zu den Schwerpunkten der Rüstungsdynamik während des Kalten Krieges, wobei sich die Supermächte im Allgemeinen auf einer Seite des Konflikts mit ihren Waffenlieferungen positionierten. Ausnahmen waren amerikanische Waffenlieferungen an beide Seiten des Nahostkonflikts,[154] um ihren Einfluss bei

---

152 Vgl. Gurr 1993.
153 Vgl. Elsenhans 1996.
154 Vgl. Quandt 1993.

den konservativen arabischen Staaten zu behalten, und die Unterstützung des Irak gegen den Iran durch beide weltpolitische Lager.

2.2 Weitere Triebkräfte für Rüstungsdynamiken: Nachahmungseffekt, Status und Prestige

Während politische Konflikte wichtige Motivationen für die Waffenkäufe in der Dritten Welt darstellten, gab es – wie im Ost-West-Konflikt – noch andere Triebkräfte. So haben Dana Eyre und Marc Suchman gezeigt, dass ein Nachahmungseffekt für die Strukturierung der Streitkräfte der Entwicklungsländer von größter Bedeutung war.[155] Ein modernes Militär mit entsprechender Ausrüstung gilt weithin als Symbol des funktionierenden, unabhängigen Territorialstaats. Moderne Waffensysteme sind die Signatur dafür, dass das Militär diesem symbolischen Anspruch genügt. Dazu zählen Kampfpanzer, Kampfflugzeuge und Großkampfschiffe wie Fregatten oder technisch aufwändige U-Boote. Bei Eintritt der Unabhängigkeit entsprachen die Streitkräftestrukturen der Entwicklungsländer denen der Kolonialmächte vor Ort, d.h. sie bestanden hauptsächlich aus leicht bewaffneter Infanterie, deren Auftrag in der Gewährleistung innerer Sicherheit bestand, und verfügten nur über wenig modernes Großgerät. Dreißig Jahre später waren Überschall-Kampfflieger und Kampfpanzer in der Mehrzahl der Entwicklungsländer-Streitkräfte zu finden und Kampfschiffe zumindest bei den wirtschaftsstärkeren Küstenanrainern. Wichtig dabei ist, dass diese Ausrüstungen sich auch in jenen Ländern fanden, die nicht in bewaffneten Auseinandersetzungen standen oder in Grenzkonflikte verwickelt waren. Offenkundig hatte sich „Modernität" unabhängig von der konkreten Sicherheitslage durchgesetzt.

Der Nachahmungseffekt ist eng mit den Eigeninteressen der Streitkräfte verknüpft, die sich mit Einkommen, Status und Prestige beschreiben lassen. Hohe Einkünfte kann das Militär am leichtesten durch einen hohen Personalanteil bei den Militärausgaben erzielen. Allerdings lässt sich auch aus dem Ausrüstungsteil privater Vorteil schlagen, dort nämlich, wo – wie in China, Indonesien oder Brasilien – die einheimische Rüstungsindustrien teilweise oder gänzlich von den Streitkräften betrieben wurde und wird.

Der Status des Militärs hängt von seiner relativen Stellung zu anderen Teilen der Bürokratie und der Gesellschaft ab. Diese Stellung ist am ehesten daran abzulesen, dass der Anteil des Militärhaushalts an den Staatsausgaben und am Bruttosozialprodukt stabil bleibt oder steigt. Das Militär hat daher ein Eigeninteresse, den Verteidigungshaushalt nach oben zu treiben. Das Prestige schließlich macht sich an Symbolen fest; hier schließt sich der Kreis zu dem, was gerade über den „Nachahmungseffekt" gesagt wurde. Da der Wert von Streitkräften in ihrer Modernität liegt und Modernität sich an der Aktualität der Waffentechnik misst, besteht ein prestigebe-

---

155 Vgl. Eyre/Suchman 1996.

dingtes Eigeninteresse des Militärs darin, sich mit (wenigstens einigen) der am höchsten eingeschätzten Waffensysteme zu versorgen.[156]

Wieweit diese Interessen des Militärs sich im politischen und gesellschaftlichen Wettbewerb durchsetzen können oder sich an den gegenläufigen Interessen anderer Anspruchsteller brechen, ist von der Nähe der Streitkräfte zur politischen Macht abhängig. Wo das Militär selbst regiert, ist die Umsetzung eigener Interessen natürlich am leichtesten zu bewerkstelligen. Auch wo sich eine zivile Regierung auf die Gewehrläufe stützen muss, um ihre Macht zu erhalten, lassen sich militärische Wünsche leichter durchsetzen. Am schwersten hat es das Militär in Demokratien. Sie waren bis zum Ende des Ost-West-Konflikts in der Dritten Welt verhältnismäßig selten. Es ist jedoch bezeichnend, dass sich in dieser Zeit unter den achtzehn Drittweltländern, die weniger als fünf Prozent ihres Haushalts in die Verteidigung investierten, mit Costa Rica, Botswana, Mauritius, Mexiko und Sri Lanka fünf der am demokratischsten regierten Entwicklungsländer befanden.[157]

2.3 Rüstungsdynamische Trends in der Dritten Welt während des Ost-West-Konflikts

2.3.1 Die Entwicklung der Rüstungsausgaben

Die Trends lassen sich in groben Zügen so beschreiben: Von 1950 bis Mitte der 1980er Jahre verneunfachte sich nach Angaben des Stockholmer Friedensforschungsinstituts SIPRI die Summe der Militärausgaben der Entwicklungsländer ohne China. Ein Teil dieses Anstieges hat damit zu tun, dass die Zahl der Entwicklungsländer durch die Entkolonialisierung stieg. Freilich gewannen in dieser überwiegend dieselben armen Länder ihre Unabhängigkeit, die mit zusammen weniger als 2 Prozent nur geringen Anteil an den Weltmilitärausgaben haben. Also ist der Anstieg hauptsächlich durch eine absolute Steigerung der Verteidigungshaushalte in den größeren und/oder reicheren Entwicklungsländern zustande gekommen.

Diese Steigerung hat auch dazu geführt, dass sich der Anteil der Militärausgaben der Dritten Welt an den Weltmilitärausgaben von weniger als elf Prozent auf mehr als 21 Prozent insgesamt deutlich erhöht hat. Rechnet man den Sonderfall China heraus, sieht der Anstieg – von 3,2 Prozent (1953) auf 18,6 Prozent (1985) – noch spektakulärer aus: fast eine Versechsfachung.[158]

Auf die drei besonders bedeutenden *Hot Spots* Mittlerer Osten, Ostasien und Südasien fällt gut ein Fünftel der Weltmilitärausgaben der Dritten Welt. Auch hat es in

---

156   Vgl. Ball 1988; Eyre/Suchman 1996.
157   Die Daten wurden aus den SIPRI-Jahrbüchern 1970-1990 in Fünfjahresabständen entnommen.
158   Auch diese Daten wurden aus verschiedenen SIPRI-Jahrbüchern zwischen 1970 und 1990 entnommen.

diesen Regionen besonders bedeutsame Steigerungen der Ausgaben gegeben, wie Abbildung 15 belegt.

Dabei ist der Anstieg der Ausgaben im Mittleren Osten am frappierendsten: 1950 entfielen nur 0,5 Prozent der Weltmilitärausgaben auf diese Region, Mitte der 1980er Jahre 7,1 Prozent. Neben dem „Bedarf" schlugen sich hier auch die gestiegenen Budgets nieder, da sich die Staatseinnahmen durch die „Explosion" der Ölpreise in den 1970er Jahren wesentlich erhöht hatten. Südasien, ebenso konfliktreich, aber viel ärmer, hielt seinen wesentlich bescheideneren Anteil von etwas mehr als ein Prozent. Entwicklungsländer wandten während des Kalten Krieges im Durchschnitt vier Prozent ihres Bruttosozialproduktes für die Verteidigung auf – das liegt etwa einen vollen Prozentpunkt höher als in den westlichen Industrieländern.

Die besondere Rolle der drei *Hot Spots* wird auch deutlich, wenn man den Anteil der Militärausgaben am Gesamthaushalt betrachtet: Unter den 17 Entwicklungsländern, die mehr als ein Viertel ihrer Staatsausgaben für die Verteidigung ausgaben, ist nur eines nicht aus den drei Regionen Mittlerer Osten, Ostasien und Südasien. Nur fünf zu diesen Regionen gehörende Länder wandten – wie 73 andere Entwicklungsländer – weniger als alle Entwicklungsländer im Durchschnitt, nämlich 15 Prozent der öffentlichen Ausgaben, für die Verteidigung auf; neben den extrem reichen Golfstaaten Bahrein und Quatar waren dies die am südasiatischen Zentralkonflikt nicht beteiligten Staaten Bangladesh, Nepal und Sri Lanka.

Seit Mitte der 1960er traten die Verbündeten der Supermächte, dann auch Länder der Dritten Welt wie Israel oder Brasilien, verstärkt als Waffenverkäufer auf. Auch gab es in den 1970er Jahren mehr als dreißig neue Länder, die als Käufer auf dem Rüstungsmarkt erschienen. Das Verhältnis von Export zur Rüstungsproduktion stieg in den Ausfuhrländern deutlich an. Die Lizenzvergabe für Rüstungsproduktionen und anderer Waffentechnologie-Transfer an Länder der Dritten Welt gewann an Raum, ebenso multinationale Produktionsprojekte. Der Rüstungsmarkt der Dritten Welt umfasste mehr und mehr nicht nur veraltetes Gerät, sondern auch modernste Waffensysteme.[159]

Ab Mitte der 1980er Jahre kam es vor allem bei den Rüstungsausgaben zu einem Gegentrend. Er hatte mit der Schuldenkrise und den sinkenden Erdölpreisen, aber auch mit der Entspannung zwischen den Supermächten zu tun, der sie gegenüber Rüstungsexporten und großzügiger Militärhilfe zurückhaltender machte und zugleich gemeinsame Anstrengungen ermöglichte, für einige der blutigsten Konflikte Lösungen zu suchen.

---

159 Vgl. Brzoska/Ohlson 1987.

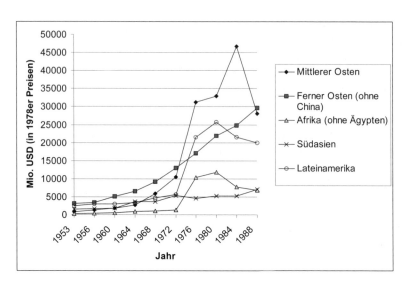

Abbildung 15: Entwicklung der Rüstungsausgaben in der 3. Welt während des Ost-West-Konflikts[160]

Die Militärausgaben als solche sanken zwar in den Entwicklungsländern in der zweiten Hälfte der 1980er Jahre nur bescheiden, weil die Personalstärken weitgehend erhalten blieben. Die leichte Korrektur nach unten schlug aber voll auf die Waffenimporte durch, die sich zwischen 1987 und 1991 auf 40 Mrd. USD halbierten. Von diesem „Knick" waren alle Regionen mit einer Ausnahme betroffen.

Die Ausnahme bildete einer der *Hot Spots*, nämlich Ostasien, wo die fortgesetzte Virulenz des koreanischen Konflikts ebenso wie die Besorgnisse über die wachsende Stärke Chinas einen Gegentrend zum weltweiten Rückgang der militärischen Anstrengungen begründeten.

Das Bild relativiert sich auch etwas, wenn man die Wachstumsraten der Militärausgaben der Entwicklungsländer seit 1963 betrachtet. Betrugen sie im ersten Jahrzehnt 7,2 Prozent, so fielen sie im zweiten auf 4,7 Prozent. In den letzten Jahren vor dem Amtsantritt Gorbatschows gingen sie auf wenig mehr als zwei Prozent zurück. Der Trend traf auf alle Regionen mit Ausnahme Südasiens zu, wo sich die Wachstumsraten von Epoche zu Epoche erhöhten. Ein ähnliches Bild ergibt sich bei der Betrachtung der Truppenstärke. Auch hier fielen die Wachstumsraten seit 1963 kontinuierlich ab. Neben Südasien bildet hier Lateinamerika mit stetigen Wachstumsraten die Ausnahme. Das lateinamerikanische Militär legte also mehr Wert auf Mannschaftsstärke als auf Ausrüstung.

160 Quelle: Verschiedene SIPRI-Jahrbücher und eigene Berechnungen.

2.4 Vom Rüstungsimporteur zum Rüstungsproduzenten: Rüstungsindustrie in Entwicklungsländern

Rüstungsdynamik schlägt sich nicht nur in Rüstungsimporten nieder, sondern ebenfalls, vielleicht sogar noch in wichtigerer Weise, in der eigenen Rüstungsproduktion in der Dritten Welt, die z.t. auf der Lizenzproduktion von Waffensystemen beruht, die ursprünglich anderswo entwickelt wurden, z.t. aber auch in der Herstellung selbstentwickelter Waffen. Der Anstieg der Rüstungsproduktion ist beeindruckend. Der Wert der Hauptkampfsysteme, die in Entwicklungsländern hergestellt wurden (d.h. Flugzeuge, gepanzerte Fahrzeuge, Raketen, Kampfschiffe) stieg von vier Mio. USD 1950 auf 1,1 Mrd. USD 1984.

Diese Produktion konzentrierte sich allerdings in einer kleinen Anzahl von Staaten. Indien und Israel vereinigten etwa die Hälfte des Volumens auf sich; Südafrika, Brasilien, Taiwan, die beiden Koreas und Argentinien ca. 35 Prozent, Ägypten und die fünf ASEAN-Staaten Indonesien, Malaysia, die Philippinen, Singapur und Thailand nochmals vier Prozent.[161]

An dieser Auswahl zeigen sich die verschiedenen Motivationen zur Waffenproduktion sehr deutlich. Für Indien, Brasilien, Argentinien und Ägypten zählt die eigenständige Produktion von Waffen zu den Ausweisen ihrer angestrebten regionalen oder globalen Führungsrolle. Für die relativ isolierten Länder Nordkorea, Israel, Südafrika und Taiwan geht es um die Sicherung der eigenen Verteidigungsfähigkeit (für Israel und Taiwan um die Rückversicherung, falls der große Verbündete USA sie je im Stich lassen sollte). Für Südkorea und die ASEAN-Staaten standen entwicklungsökonomische und exportwirtschaftliche Erwägungen im Vordergrund.

Außer den genannten Ländern war kaum ein Entwicklungsland in der Lage, Hauptkampfsysteme herzustellen. Anders sah das bei Kleinwaffen und einfachen Schiffen (z.B. Landungsschiffen, Küstenwachschiffen) aus. Insgesamt 42 Entwicklungsländer produzierten Munition, 33 bauten Schiffe. In 27 Ländern wurden Kleinwaffen hergestellt, aber nur 16 waren zur Flugzeugproduktion, nur elf zur Herstellung von Raketen in der Lage. Deutlich ist freilich, dass sich die Fähigkeiten geographisch ausweiten: Die Rüstungsproduktion weist über Zeit das Muster einer schleichenden Proliferation aus.[162]

2.5 Proliferation von Massenvernichtungswaffen

In den späten 1950er Jahren wurden erstmals ernsthafte Besorgnisse artikuliert, mehr und mehr Länder könnten sich in den Besitz von Kernwaffen setzen. Heute hat man vergessen, dass sich diese Besorgnisse zunächst auf die Industrieländer und da besonders auf die Bundesrepublik Deutschland und Japan konzentrierten. Freilich

---

161   Vgl. Kidron/Smith 1983, Abbildung 29.
162   Vgl. Brzoska/Ohlson 1987, speziell Kapitel 12.

wurden die Kassandrarufe der frühen 1960er Jahre, innerhalb von zwei Jahrzehnten werde es mehr als dreißig Atommächte geben, nicht wahr. Die Proliferation von Kernwaffen entwickelte sich während des Ost-West-Konflikts in einem Schneckentempo.

Als erstes Land in der Dritten Welt stellte Israel (um 1967) Kernwaffen her. Indien, das sein ziviles Nuklearprogramm seit den 1950er Jahren vorangetrieben hatte, stellte mit seinem ersten und für lange Zeit einzigen Atomtest 1974 sein militärisches Nuklearpotenzial unter Beweis. Südafrika produzierte sechs Kernwaffen in den 1970er und 1980er Jahren. Pakistan erwarb diese Fähigkeit vermutlich Mitte der 1980er Jahre. Über andere Länder – Libyen, Irak, Iran, Nordkorea, Algerien, Brasilien, Argentinien – gab es Vermutungen, Besorgnisse. Es wurden Aktivitäten beobachtet, die mit einem rein zivilen Programm nicht ohne weiteres zu vereinbaren waren, aber ein einsetzbares Potenzial war nicht vorhanden.[163]

Wenig Aufmerksamkeit erhielten bis fast zum Ende des Ost-West-Konflikts biologische und chemische Waffen. Sie standen eindeutig im Schatten der nuklearen (Be)Drohung. Biologische Waffen galten bis in die späten 1980er Jahre hinein als militärisch uninteressant, weil schwer und teuer zu produzieren und von zweifelhaftem Einsatzwert. Bei chemischen Waffen nahm freilich die Aufmerksamkeit zu, als Irak sie im Krieg gegen den Iran wie auch gegen die eigene kurdische Bevölkerung einsetzte. Erst mit den spektakulären Enthüllungen über eine von Deutschen gebaute Chemiewaffenfabrik in Libyen (1987) wurden sie zum Gegenstand von Bedrohungsanalysen und zugleich auch von Rüstungskontrollpolitik. Zu diesem Zeitpunkt gab es Chemiewaffenprogramme vermutlich in etwa einem Dutzend Entwicklungsländer (Iran, Irak, Syrien, Libyen, Ägypten, Indien, Pakistan, Nordkorea, Südkorea, Südafrika, möglicherweise auch Vietnam und Burma).[164]

2.6 Rüstung und Entwicklung

Die Auswirkungen von Rüstungsausgaben auf die Chancen einer nachhaltigen wirtschaftlichen und sozialen Entwicklung sind umstritten. In der bislang gründlichsten Analyse ist Nicole Ball allerdings zu der Schlussfolgerung gelangt, dass hohe Rüstungsausgaben und eine starke Stellung des Militärs entgegen landläufigen Vermutungen Entwicklung nicht vorantreiben, sondern behindern.[165] Gilt dies auf wirtschaftlichem Gebiet, so trifft es noch mehr auf politischem zu.

Die zentrale Stellung der Rüstung stärkt die Position des Militärs zu Lasten der Zivilgesellschaft und trägt dazu bei, Demokratisierung zu erschweren oder zu verhindern. „Schlechtes Regieren", eines der Kardinalprobleme ausbleibender Entwick-

---

163 Vgl. Müller 1987; Spector/Smith 1990.
164 Vgl. Lundin/Stock 1991.
165 Vgl. Ball 1988, speziell Kap. 10.

lung, ist mit hochgerüsteten Systemen, in denen das Militär die Politik dominiert, vielfältig verbunden.

Damit schließt sich ein Teufelskreis. Die Rüstung, die auf Sicherheitsprobleme der Entwicklungsländer Antworten bereitstellen soll, trägt zur Verschärfung innerer sozialer und politischer Probleme bei (abgesehen davon, dass sie, wie im Norden auch, das Sicherheitsdilemma verschärft) und erhöht damit die Nachfrage nach mehr Rüstung. Im Ergebnis heißt das: Netto-Sicherheitsverlust und Minderung von Entwicklungschancen.

3. Rüstungsdynamik während des Ost-West-Konflikts in der Peripherie: Bilanz

Im Vergleich zu den Vorgängen in den Zentren des Ost-West-Konflikts wirkte die Rüstungsdynamik in der Dritten Welt eher gedämpft. Das hat viele Beobachter veranlasst, darin nur ein schwaches Spiegelbild der „Hauptsache" zu sehen. Man unterschätzt damit aber beträchtlich die Eigenständigkeit der Akteure im „Süden" und die Wirkungskraft ihrer eigenen Interessen und Motive. Die Dynamik war weitgehend angetrieben von ureigensten Bedingungsfaktoren der jeweiligen Regionen: von der Dekolonialisierung, von regionalen Territorialkonflikten und Rivalitäten und vom innerstaatlichen Ringen um die Macht. Der Ost-West-Konflikt lieferte zu großen Teilen die Rahmenbedingungen, unter denen die Akteure im „Süden" sich munitionieren konnten, und die ideologischen Stichworte, mit denen die Empfänger von Waffenlieferungen ihre jeweiligen Patrone zur Unterstützung veranlassten. Deutlich kristallisierten sich Rüstungskerne heraus, in denen die Dynamik besonders stark war: der Nahe und Mittlere Osten, Südasien, Ostasien. Dort – wie in einigen wenigen anderen großen Entwicklungsländern – fanden auch konzentriert diejenigen Prozesse statt, die weit über den Ost-West-Konflikt hinauswiesen: die Proliferation von Massenvernichtungswaffen, namentlich von Kernwaffen, und der Aufbau eigenständiger Rüstungsindustrien für den Eigenbedarf und für den Export.

Fragen zur selbstständigen Reflexion

Frage 1: Versucht man, die Rüstungsausgaben eines Landes zu vergleichen, so findet man oft Daten, die „in konstanten Dollar" oder „in konstanten Preisen" angegeben sind. Welche Bedeutung haben diese Formulierungen für den Vergleich?

Frage 2: Nennen Sie Argumente (pro und contra) dafür, dass die Rüstungsdynamik in der Dritten Welt auch als Ausdruck eines „Kampfes der Kulturen" verstanden werden kann.

Antwortvorschläge finden Sie auf den Seiten 235-236.

VI. Rüstungsdynamik nach dem Ost-West-Konflikt im Zentrum und in der Peripherie

1. Das Ende des strategischen Rüstungswettlaufs für die Industrienationen: 1989/90

In den Jahren seit dem Ende des Ost-West-Konflikts haben sich die Problemfelder der Rüstungsdynamiken – zumindest für die industrialisierten Nationen – deutlich verändert.

Wie Abschnitt IV.2 gezeigt hat, unterlag der Rüstungswettlauf zwischen den Supermächten bis zu einem gewissen Ausmaß der Außenleitung, deren Wirkung durch innengeleitete Prozesse zusätzlich verstärkt wurde. Da außengeleitete Prozesse immer auf mindestens zwei maßgebliche Akteure angewiesen sind, schien für die NATO – und hier besonders die USA – nach dem Zusammenbruch der Sowjetunion der Grund für eine Beibehaltung hoher Ausgaben im Rüstungsbereich entfallen zu sein. Vielfach wurde eine „Friedensdividende" erwartet und gefordert.[166] Dabei wurden die Rüstungsausgaben während des Kalten Krieges rückblickend als „Investitionen" gesehen, die nun – da der Frieden „gewonnen" werden konnte – deutlich höhere Ausgaben für die Wohlfahrt der Bürgerinnen und Bürger ermöglichten. Tatsächlich sanken die Verteidigungsausgaben nach 1990 weltweit erheblich.[167]

Diese Überlegungen galten indes nicht für alle Länder und Waffengattungen gleichermaßen. Während des Ost-West-Konflikts hatte sich die militärische Dimension zunehmend auf die strategische Ebene verlagert. Strategischen Kernwaffen und ihren Trägersystemen galt deshalb das besondere Augenmerk der Kontrahenten im Rüstungswettlauf. Zwar wurde auch auf der taktischen Ebene sowohl konventionell als auch nuklear gerüstet, doch wurden diese Entwicklungen – zumindest in der Wahrnehmung der Bevölkerungen und der wichtigsten Entscheidungsträger – von der atomaren Bedrohung durch Interkontinentalraketen, MIRV-Technologien und Erst- oder Zweitschlagsfähigkeiten überschattet.

Mit den Ereignissen der Jahre 1989-1991, die die *Post-Cold-War*-Ära (wie das Jahrzehnt seit dem Ende des Kalten Krieges oft etwas hilflos beschrieben wird) einleiteten, gewannen taktische konventionelle Waffensysteme für westliche Staaten schlagartig an Bedeutung, da angesichts des kaum mehr bestehenden Risikos der Eskalation eines konventionellen Krieges zum Nuklearkrieg erstere plötzlich wieder „führbar" wurden.

Unterstützt wurde diese Einschätzung dadurch, dass neuartige konventionelle Waffensysteme ihre Einsatzreife erreichten und im Rahmen des Golfkrieges 1991 zum ersten Mal umfassend zum Einsatz kamen. Diese Waffensysteme hatten einen

---

166 Vgl. Deutsche Bank 1991; Wulf 2000.
167 Vgl. Sköns, et al. 1998.

erheblichen Anteil am überwältigenden Erfolg der Alliierten bei der Befreiung Kuwaits.[168] Der Zweite Golfkrieg[169] leitete eine Rüstungsdynamik ein, die die nachfolgenden Konflikte (Kosovo 1999, Afghanistan 2001, Dritter Golfkrieg 2003) in immer stärkerem Maß prägte und als eines der zentralen rüstungsdynamischen Elemente des vergangenen Jahrzehnts genannt werden kann: die sogenannte *Revolution in Military Affairs* (RMA).

2. Rüstungsdynamiken in der westlichen Welt: Die Revolution in Military Affairs

Revolutionäre Veränderungen der Militärtechnologien und -strategien sind so alt wie die kriegerischen Auseinandersetzungen zwischen menschlichen Gruppen selbst. Man denke nur an die Einführung des Steigbügels, des Langbogens oder der Feuerwaffe, die jeweils ebenso dramatische Auswirkungen auf Art und Umfang der Kriegsführung hatten, wie es für Panzer, Flugzeug oder Nuklearwaffen im 20. Jahrhundert gilt.[170]

Spätestens seit dem Golfkrieg von 1990/91 hat der Begriff der *Revolution in Military Affairs* allerdings erneut Konjunktur und wird vor allem in anglo-amerikanischen Militär- und Sicherheitskreisen intensiv debattiert.[171] Kennzeichnend für die aktuelle RMA ist ebenso wie für vergangene „revolutionäre" Umwälzungen im Militärbereich, dass sie sich auf drei Ebenen abspielt:

- Technologisch
- Organisatorisch
- Konzeptionell (strategisch/taktisch)

Nur wenn es gelingt, alle drei Bereiche gleichermaßen neu und dabei noch zusammenzudenken, stellt sich der überwältigende Erfolg ein, der es erlaubt, tatsächlich von einer „Revolution" zu sprechen. Dabei spielt die technische Ebene insoweit eine herausgehobene Rolle, als sie die nach außen sichtbarste Verkörperung der aktuellen RMA ist und die Grundlage für die Grundlage der organisatorischen und konzeptio-

---

168 Vgl. Wolf 1992.
169 In Europa hat sich die Zählweise eingebürgert, dass man den Krieg zwischen dem Irak und dem Iran (1980-1988) als Ersten Golfkrieg bezeichnet. In Amerika hingegen ist die Bezeichnung Erster Golfkrieg für den Krieg 1990/91 geläufig.
170 Vgl. Kapitel II. Vgl. auch Krepinevich 1994; Murray/Millett 1996.
171 Vgl. Freedman 1998; Grant 1998; Mattes/Graf von Westerhold 2000; Müller/Schörnig 2001; Fitschen 2002; Minkwitz 2003. Eine Übersicht möglicher Definitionen des Begriffs RMA findet sich bei Møller 2002, Kap. 1. Interessanterweise wurde der Begriff in den USA zum ersten Mal in einem aus dem Russischen übersetzten Buch aus den 1970er Jahren genutzt. Vgl. Lomov 1973. Einige Beobachter der Debatte rücken inzwischen wieder vom Begriff der RMA ab. Kritische Autoren sprechen lieber von der Transformation militärischer Angelegenheiten (was eine Relativierung des Revolutionsbegriffs bedeutet und auf den Prozesscharakter der Veränderung hinweist). Vgl. O'Hanlon 1999.

nellen Änderungen bildet. Sie wird oft mit dem Schlagwort der *Military-Technical Revolution* (MTR) beschrieben.

2.1 Die *Military-Technical Revolution*

Die *Military-Technical Revolution* (MTR) bezieht sich auf die rasante technologische Fortentwicklung im Bereich der Waffensysteme und basiert auf der Einführung elektronischer Systeme in die Streitkräfte, die seit Mitte/Ende der 1980er Jahre enorm an Bedeutung gewonnen haben und im Krieg zur Befreiung Kuwaits mit mediengerecht aufgearbeiteten, grünlich-flimmernden Aufnahmen punktgenauer Treffer alliierter Präzisionsbomben der breiten Öffentlichkeit zum ersten Mal vorgeführt wurden. Unter der Vielzahl technologischer Neuerungen definieren vier Elemente zusammen den Kern der MTR. Diese sind:

- *Signature Management*
- Präzisionsbekämpfung
- Umfassende Aufklärung
- Vernetzer Datenaustausch (*System of Systems*)

Aber auch die Stichworte *Information Warfare* und *Cyberwar* können in diesem Zusammenhang genannt werden.

2.1.1 MTR I: *Signature Management*

Mit dem Begriff *Signature Management* werden in der Sprache der Militärs Anstrengungen beschrieben, eigene Einheiten möglichst umfassend vor feindlicher Entdeckung zu schützen. Seit dem Golfkrieg 1991 ist der Schutz gegen Radarerfassung die bekannteste *Stealth*-Eigenschaft, die aber nicht nur bei Flugzeugen, sondern auch bei Landfahrzeugen oder Schiffen Anwendung findet. Radar stellt allerdings nicht das einzige Problem dar: Techniker arbeiten zunehmend daran, einen *multispektralen Schutz* zu erzielen, der vor möglichst vielen Ortungstechnologien (z.B. Sicht- oder Wärmeerfassung) schützt. Trotz deutlicher Fortschritte in den letzten Jahren ist der perfekte Schutz jedoch noch nicht erzielt. So gelang der serbischen Luftabwehr im Kosovo-Krieg 1999 der Abschuss eines *Stealth*-Bombers vom Typ F-117A. Auch kommen immer wieder Gerüchte über so genannte passive Radarsysteme auf, die in der Lage sein sollen, die *Stealth*-Eigenschaft zu überwinden.[172]

---

172 Vgl. http://www.spiegel.de/wissenschaft/mensch/0,1518,296103,00.html, letzter Zugriff 14.7.2005.

2.1.2 MTR II: Präzisionsbekämpfung

Seit den ersten Einsätzen im Vietnamkrieg wurde die Zielgenauigkeit moderner Präzisionswaffen kontinuierlich gesteigert. Inzwischen erreichen einige dieser als „intelligent" beschriebenen Bomben eine Zielgenauigkeit von wenigen Metern. Die Genauigkeit wird entweder über Laser-Zieloptiken (bei denen das Ziel in der Regel mit einem Laserstrahl „markiert" werden muss) oder – weniger genau, aber einfacher und günstiger zu realisieren – über die Satelliten des *Global Positioning Systems* (GPS) erzielt.[173] Die Bedeutung solcher Präzisionswaffen steigt stetig, und vom Pentagon veröffentlichte Bilder sollen die Zielgenauigkeit dieser neuen Waffen belegen. Zunehmend werden auch „dumme" Bomben mit Hilfe so genannter *Joint Direct Attack Munition* (JDAM) *tail kits*[174] kostengünstig in „intelligente" Präzisionsbomben umgewandelt.[175] Allerdings zeigten die Ergebnisse des Kosovo-, Afghanistan- und Irak-Krieges, dass weit mehr der so genannten Präzisionswaffen ihr Ziel verfehlten und zu (zu) hohen Opfern unter der Zivilbevölkerung führten. Die Entwicklung wird deshalb kontinuierlich vorangetrieben.

Die Kombination von Präzision und *Signature Management* soll es nach den Planungen der Militärs ermöglichen, tief in feindliches Territorium einzudringen und dort Ziele von strategischem Wert – wie z.B. Führungsbunker, Kommunikationszentralen oder Anlagen zur Herstellung von Massenvernichtungswaffen – mit gehärteten, druchschlagkräftigen Präzisionsbomben, so genannter *Deep Penetration Units* (DPUs), punktgenau zu bombardieren, ohne die eigenen Piloten oder gegnerische Zivilisten hohen Risiken auszusetzen. Man verspricht sich so eine abschreckende Wirkung auf kriegsgeneigte Diktatoren, da diese selbst in stark gesicherten Bunkern mit Schlägen gegen ihr eigenes Leben rechnen müssen. Solche Strategien werden auch als *Enthauptungsstrategien* bezeichnet.

2.1.3 MTR III: Umfassende Aufklärung

Oft leidet die Präzision aber unter fehlerhaften Informationen, wie das Beispiel eines amerikanischen Angriffes auf die chinesische Botschaft in Belgrad im Mai 1999 oder eine afghanische Hochzeitsgesellschaft im Juni 2002 zeigte. Der dritte Aspekt der MTR dreht sich deshalb um die Verbesserung der Aufklärung. Hierbei kommen sowohl Satelliten als auch zunehmend unbemannte Beobachtungsflugzeuge (*Unmanned Aerial Vehicles*, UAVs) bzw. Drohnen zum Einsatz, die ihre Aufklärungsinformationen über Nachrichtensatelliten ohne Zeitverzögerung an die Kommandozentrale weiterleiten. Damit kann die Zeit zwischen Aufklärung und Angriff eines

---

173 Vgl. Gaudet 2001; Rip/Hasik 2002.
174 Dabei handelt es sich um eine Steuerungseinheit, die an das Ende der Bombe (tail) montiert wird.
175 Vgl. http://news.bbc.co.uk/2/hi/americas/2805653.stm, letzter Zugriff 14.9.2005.

Ziels („*sensor-to-shooter gap*") auf wenige Minuten reduziert werden, was die Chance eines Treffers deutlich erhöht. Noch kürzer werden die Reaktionszeiten, wenn sich zunehmend unbemannte Kampfflugzeuge (*Unmanned Aerial Combat Vehicles*, UACV) im Kampfgeschehen etablieren, die mit der Bewaffnung einer Predator-Drohne 2001 in Afghanistan zum ersten Mal eingesetzt wurden.[176]

2.1.4 MTR IV: Vernetzter Datenaustausch (*System of Systems*)

Das Beispiel des Zusammenwirkens zwischen Präzisionsbekämpfung und zeitnaher Aufklärung verweist auf die besondere Bedeutung, die einem Datenaustausch zwischen den einzelnen Einheiten im Kampf zukommt. Der Bereich vernetzter Kommunikation auf dem Schlachtfeld ist deshalb einer der zentralen – wenn nicht *der* zentrale – Aspekt der *Revolution in Military Technology*. Man spricht deshalb auch vom „System der Systeme",[177] also dem System, dass alle anderen Systeme zusammenfasst und integriert. Es ist z.B. erklärtes Ziel der amerikanischen Streitkräfte, alle am Kampf beteiligten Einheiten in einen kontinuierlichen digitalen Datenaustausch einzubeziehen und sie damit umfassend über die aktuelle Lage zu informieren. Eine entscheidende Rolle spielte bei dieser Entwicklung das exponentielle Ansteigen der Rechenleistung moderner Mikroprozessoren („Moore's Law"[178]), die den voll-digitalen Austausch von Bild- und Tondokumenten ohne messbaren Zeitverlust, sowie die Auswertung und Filterung der *relevanten* Informationen in immer geringerer Zeit ermöglichen. Allerdings ist es extrem aufwändig, eine technologische Infrastruktur aufzubauen, die die vollständige Vernetzung auch unter widrigen Bedingungen ermöglicht. Viele Autoren sehen in dieser Vernetzung den zentralen Aspekt der RMA und sprechen deshalb auch von netzwerkzentrierter Kriegsführung.[179]

2.1.5 *Information Warfare* und *Cyberwar*

Ein zusätzlicher Aspekt der MTR wird mit der etwas unpräzisen Formulierung *Cyberwar* beschrieben. Unter dem breiter gefassten Begriff *Information Warfare* werden alle Aspekte erfasst, die auf die Informationsverteilung der Konfliktparteien Einfluss haben können. Das Spektrum reicht vom Senden bewusst irreführender Meldungen bis hin zur physischen Zerstörung einer Funkanlage des Gegners durch

---

176 Vgl. Cook 2002.
177 Vgl. Libicki 1998.
178 Nach dem (induktiv gefundenen) Gesetz von Moore verdoppelt sich die Rechenleistung von Mikroprozessoren ca. alle 18 Monate. Dieser Zusammenhang ist seit den 1960er Jahren bis heute gültig.
179 Vgl. Budde 2004.

einen Luftangriff. Unter *Cyberwar* wird hingegen der Angriff auf Computernetze, das Einhacken in fremde Rechner und die (elektronische) Manipulation von Daten verstanden.

Im Bewusstsein der Öffentlichkeit hat sich, angeregt durch dramatisierende Berichte in den Medien, inzwischen der Glaube an die Möglichkeit eines elektronischen „Pearl Habors" durch einen umfassenden Angriff auf das Internet festgesetzt. So sei durch einen umfassenden Ausfall des *World Wide Web* mit ökonomischen Schäden in Milliardenhöhe zu rechnen. Dieses Szenario schätzen Experten aber als übertrieben ein.[180] Berücksichtigt werden muss freilich, dass es gerade die USA sind, die die Entwicklung offensiver Fähigkeiten im Cyberbereich am intensivsten vorantreiben.

2.2 Neue Organisationsformen und neue Konzepte: Zusätzliche Faktoren für die Revolution

Um den Fehlschluss zu vermeiden, technologische Überlegenheit allein sei für den siegreichen Ausgang zukünftiger Konflikte hinreichend, arbeiten amerikanische Militärs an der Reorganisation ihrer Streitkräfte und der Reformulierung ihrer Einsatztaktiken und -strategien, um die im Rahmen der MTR entwickelten Systeme optimal einzusetzen. So erklärte der amerikanische Verteidigungsminister Donald Rumsfeld im Januar 2002:

> „We need to change not only the capabilities at our disposal, but also how we think about war. All the high-tech weapons in the world will not transform U.S. armed forces unless we also transform the way we think, the way we train, the way we exercise and the way we fight".[181]

Auch auf europäischer Seite wird der Aspekt der Restrukturierung der Streitkräfte gegenüber der technologischen Seite besonders hervorgehoben. Historische Beispiele zeigen nämlich, dass der Einsatz neuer Technologien nur dann zu einer besonderen Steigerung der Kampfkraft führt, wenn gleichzeitig ein neues taktisches/strategisches Denken einhergeht. So besaß Frankreich zu Beginn des Zweiten Weltkrieges gegenüber Deutschland technologisch überlegene Panzer, konnte diesen Vorsprung aber aufgrund überkommener Vorstellungen beim Einsatz dieser Waffengattung (Stichwort: Unterstützung der Infanterie) nicht ausspielen. Verfechter des Konzeptes der RMA unterstreichen deshalb häufig die Notwendigkeit neuartiger Organisationsformen der Streitkräfte, die über eine rein technologische Vernetzung hinausgehen. Ziel ist es hierbei, die Synergien der Vernetzung durch angepasste Armeen optimal auszunutzen und die eigene Schlagkraft zu erhöhen. In diesem Zusammenhang wird immer wieder von der Vernetzung als *Kräftemultiplikator* gesprochen. Durch geschickte Koordination der vernetzt operierenden Truppen soll

---

180 Vgl. Minkwitz 2003.
181 Quelle: http://www.defenselink.mil/speeches/2002/s20020131-secdef.html, Zugriff 11.4.2004.

so mit wesentlich weniger Materialeinsatz eine deutlich höhere Effektivität erreicht werden. Das Beispiel des extrem schnell geführten Golfkrieges von 2003 zeigt, wie weit die amerikanischen Streitkräfte diesen Prozess vorangebracht haben. Entsprechend gibt es z.Zt. fast kein europäisches Land, dass sich nicht ebenfalls im Prozess der Restrukturierung seiner Truppen befindet und nach einer Vernetzung strebt.[182]

2.3 Neue Vorstellungen über den Krieg

Diese Überlegungen haben schließlich die Vorstellung verändert, wie die Kriege der Industrienationen in Zukunft konkret geführt werden. Szenarien, wie sie während des Kalten Krieges herrschten, gelten als überholt. Die Erwartungen an zukünftige (zwischenstaatliche) Konflikte gehen vielmehr in Richtung begrenzter Operationen mit speziell ausgebildeten Truppen, die aufgrund ihrer Ausbildung, Informationsüberlegenheit und ihrer präzisen Koordination schnell Entscheidungen bewirken können, ehe es zu einem *Full Scale War* kommt. Augenfällig demonstrierten die US-Streitkräfte diesen Punkt im Rahmen der Operation *Enduring Freedom*, als es gelang, den Einsatz von Spezialkräften auf Pferden minutiös mit Luftschlägen gegen Taliban-Stellungen zu kombinieren. Die exakte Koordination verschiedener Waffengattungen auf Basis eines umfassenden Austauschs von Auftragsdaten brachte gegenüber den zahlenmäßig überlegenen Widersachern entscheidende Vorteile.

Ob allerdings alle zwischenstaatlichen Kriege, die von industrialisierten Staaten geführt werden, diesem Muster folgen werden, ist fraglich. Um möglichst für alle Szenarien gewappnet zu sein, streben zumindest die US-Militärs an, mit ihren neuartigen Waffensystemen eine *Full Spectrum Dominance*, also Überlegenheit im Rahmen jeder denkbaren Form des Krieges, zu erzielen.[183] Auf Grund der ernüchternden Erfahrungen im Irak nach dem offiziellen Kriegsende im Mai 2003 werden momentan z.B. Technologien entwickelt, die speziell für den Häuserkampf und Angriffe durch Widerständler ausgelegt sind. Inwieweit sich hier allerdings in gleichem Maß technologische Lösungen erzielen lassen wie im Bereich konventioneller Kriegsführung, bleibt offen und wird insgesamt kritischer betrachtet.

2.4 *Mini-Nukes* und Weltraumrüstung – Folgedebatten der RMA?

Obwohl es sich bei der RMA um ein konventionelles Phänomen handelt, hat die Bewaffnung mit high-tech Waffen gerade in den USA für zwei Folgedebatten gesorgt, die man zunächst nicht mit klassischer konventioneller Rüstung in Verbindung bringt. Die erste Debatte bezog sich auf die Entwicklung einer neuen Klasse nuklearer Waffen, den so genannten *Robust Nuclear Earth Penetrators* (RNEP),

---

182   Vgl. Czirwitzky 2004.
183   Vgl. Department of Defense 1997.

deren Sprengköpfe verharmlosend auch als *Mini-Nukes* bezeichnet werden. Diese Waffenkategorie wurde seit dem Ende des Ost-West-Konflikts in den USA intensiv diskutiert. Nach harter Kritik des Kongresses wurde die Entwicklung der Waffe erst im Oktober 2005 endgültig gestoppt. Die zweite Debatte bezieht sich auf die Bewaffnung des Weltraums, die bislang zwar noch nicht erfolgt ist, aber als reale und ausgesprochen wahrscheinliche Option berücksichtigt werden muss. Hier zeichnet sich allerdings noch kein Ende der Aufrüstungspläne ab.

2.4.1 RMA und Massenvernichtungswaffen – die so genannten *Mini-Nukes*[184]

Ziel amerikanischer Anstrengungen im Bereich der RNEP war es, einen Nuklearsprengkopf geringer Sprengkraft zu bauen (meist wird ein Wert unter einer Kilotonne TNT genannt), der dank spezieller Verstärkung in der Lage sein sollte, dicke Gesteins- oder Betonschichten zu durchdringen, eher er detoniert. So wollte man tief verbunkerte Kommandostände oder Fabrikationsanlagen zur Herstellung von Massenvernichtungswaffen zerstören. Befürworter argumentierten, dass nur die Hitze einer Nuklearexplosion biologische oder chemische Kampfstoffe ohne Umweltgefährdung zerstören könne. Angesichts der „geringen" Sprengkraft und der Detonation unter Tage sei auch nicht mit nennenswerter Strahlung zu rechnen. Zentrale RMA-Komponenten, wie genaue Aufklärung und Präzisions-Trägersysteme, sollten den vermeintlich sinnvollen und gefahrlosen Einsatz dieser Bomben gewährleisten. Gegner des Programms kritisierten diese Argumentation von mehreren Seiten. Erstens sei es technisch nicht möglich, eine Bombe mehr als circa sieben Meter in die Erde eindringen zu lassen, von verstärktem Beton ganz zu schweigen. So stellte der Physik-Nobelpreisträger Steven Weinberg in einer Senatsanhörung fest, es sei praktisch unmöglich, eine Bombe 100 Meter unter die Erde zu bringen – außer man benutze dazu einen Fahrstuhl.[185]

Neben dieser technischen Kritik setzten Gegner der Mini-Nukes vor allem an der zugrunde liegenden Geisteshaltung an. So sperrte der Kongress die Mittel des RNEP-Programms nicht zuletzt mit dem Verweis auf die Proliferationsgefahr, die sich aus dem amerikanischen Besitz einer einsetzbaren Nuklearwaffe ergeben würde. Denn im Gegensatz zu ihren strategischen großen Schwestern werden die RNEP für den tatsächlichen Einsatz konstruiert und sollten damit nicht „nur" der Abschreckung dienen. Studien der Federation of American Scientists hatten auch ergeben, dass die Gefährdung von Zivilisten durch Strahlung ähnlich hoch wie bei einer überirdischen Detonation, der gewünschte Effekt einer „sauberen" unterirdischen Explosion also illusorisch sei. Das Pentagon gab sich allerdings nicht so leicht geschlagen: Verteidigungsminister Rumsfeld erklärte die Mini-Nukes im Dezember

---

184 Zum breiteren Komplex von RMA und Massenvernichtungswaffen vgl. Müller/Schörnig 2001.
185 Vgl. U.S. Congress 2002. Wir danken Frank Sauer für den Hinweis auf dieses Zitat.

2004 zur Chefsache.[186] Nach anhaltender Kritik aus dem Kongress und drastischen Mittelkürzungen entschied sich das Pentagon im Oktober 2005 schließlich dazu, die Planungen für Mini-Nukes einzustellen und stattdessen die Entwicklung konventioneller Substitute voranzutreiben.[187]

2.4.2 Eine potenzielle Rüstungsdynamik im Weltraum

Aus den Ausführungen zur RMA ging hervor, dass das Konzept sehr stark auf Satelliten gestützter Kommunikation basiert und ein Ausfall einiger Satelliten schon einen erheblichen Einfluss auf die Fähigkeit zur vernetzten Kriegsführung haben kann. Entsprechend zeichnet sich in der Technik- und Strategieentwicklung immer mehr ab, dass der Weltraum ein neues Gebiet für einen destabilisierenden Rüstungswettlauf werden könnte. Dieser wird gegenwärtig durch amerikanische Pläne und Technologieentwicklungen angetrieben. Auf die Vereinigten Staaten entfallen mehr als 60 Prozent der militärisch genutzten Satelliten.[188] Es muss nicht verwundern, dass es entsprechend weitreichende Planungen für eine robuste Verteidigungsfähigkeit der militärischen Objekte der USA im Weltraum gibt. Angesichts der zentralen Bedeutung für das eigene Militär, die Satelliten inzwischen zukommt, fürchtet das Pentagon ein „Pearl Harbor im Weltraum". Die eigenen Satelliten zu verteidigen heißt jedoch zugleich, Angriffsfähigkeiten gegen die im Orbit befindlichen Besitztümer anderer Staaten aufzubauen. Auch wird nicht ausgeschlossen, längerfristig Waffensysteme im Weltraum zu stationieren, die Ziele auf der Erde angreifen könnten.[189] Im Rahmen ihres Raketenabwehrsystems wird ebenfalls die Option raumgestützter Waffen erwogen.

Die amerikanischen Pläne und Entwicklungen erregen in anderen Staaten, etwa in Russland oder China, Sicherheitsbesorgnisse und führen dazu, dass dort intensiv über Gegenmaßnahmen nachgedacht wird.[190] Ein Rüstungswettlauf im Weltraum wäre besonders destabilisierend, weil ohne weltraumgestützte Beobachtung ein umfassendes Lagebild nicht zu erlangen ist; werden die Atommächte durch die Ausschaltung ihrer Satelliten „blind", d.h. verlieren sie ihre Frühwarnfähigkeit, so entsteht eine extrem gefährliche Situation.

Die aktuelle amerikanische Politik folgt dem (schlechten) Beispiel der Mehrfachsprengköpfe: Man verlässt sich auf eine augenblickliche Überlegenheit und übersieht, welche Nachahmungseffekte und Gegenmaßnahmen sie bei den Rivalen provoziert. In diesem Fall kommt erschwerend hinzu, dass offensive Techniken gegen Weltraumobjekte billiger und wesentlich leichter zu realisieren sind als erfolgver-

---

186 Vgl. Anonymous 2005.
187 Vgl. http://www.cnn.com/2005/US/10/25/bunker.buster.ap/index.html, letzter Zugriff am 28.10.2005.
188 Vgl. Pike 2002.
189 Vgl. Lewis 2005.
190 Vgl. Hitchens 2003.

sprechende Defensivmaßnahmen. Schließlich ist zu bedenken, dass eine „Schlacht im Weltraum" große Mengen an „Raumschutt" produziert und dadurch auch die zivile Nutzung des Weltraums auf Jahrzehnte unmöglich machen oder zumindest stark behindern würde.

2.5 Theorien der Rüstungsdynamik und die RMA: Die Rolle der westlichen Demokratien

Es ist auffällig, dass sich fast ausschließlich westliche Demokratien mit besonderem Engagement im Rahmen der *Revolution in Military Affairs* engagieren. Speziell die USA bereiten sich seit dem Ende des Kalten Krieges und der Erfahrung des Zweiten Golfkrieges auf Konflikte neuen Typs durch die intensive Entwicklung und Einführung neuer Waffensysteme vor. Auch sind die US-Streitkräfte in Bezug auf eine Reorganisation und die Einführung neuer Taktiken und Strategien mit Abstand am weitesten fortgeschritten.

Diese Beobachtung wirft die Frage auf, welche Faktoren diese Rüstungsdynamik antreiben, scheint doch weltweit kein Akteur zu existieren, der die USA und NATO ernsthaft in einen konventionellen Rüstungswettlauf gemäß des Aktions-Reaktions-Schemas verwickeln könnte. Allerdings wird immer wieder der Versuch unternommen, mit einer abgewandelten Variante der Außenleitung zu argumentieren: Angesichts der zunehmenden wirtschaftlichen Verflechtung zwischen den Staaten und der immer stärkeren Nutzung ziviler (Informations-)Technologien im Rüstungssektor besteht nach Einschätzung einiger amerikanischer Militärs zunehmend die Chance, dass andere Staaten – z.B. China – relativ leicht Zugang zu westlicher bzw. amerikanischer Hochtechnologie erhalten und die RMA kostengünstig kopieren könnten. Das bedeutet in letzter Konsequenz – so die Argumentation weiter –, dass man sich selbst immer einen Schritt voraus sein müsse, um den technologischen Vorsprung zu erhalten.[191] Dies führt zu einem Rüstungswettlauf mit sich selbst, da die *Möglichkeit* der Imitation ja nie ausgeschlossen werden könne. Allein das Vorhandensein *potenzieller* Widersacher und einer potenziellen Lücke ist nach dieser Lesart Auslöser der Rüstungsdynamik, was eher auf das Senghaassche Konzept des Autismus verweist.[192]

Die Militärs gestehen aber gleichzeitig ein, dass die wahrscheinlichere Variante einer Reaktion anderer Staaten auf die RMA die Hinwendung zu sogenannten *asymmetrischen Strategien* ist.[193] Nach dieser Einschätzung ist damit zu rechnen, dass potenzielle Gegner der USA bzw. NATO gerade nicht versuchen werden, die westliche RMA zu kopieren und sich ebenfalls mit hochentwickelten konventionellen Waffen auszurüsten. Statt dessen ist die Erwartung, dass sie entweder nach dem

---

191 Vgl. Carter, et al. 2001.
192 Vgl. Kapitel III.
193 Vgl. Dunlap 1996; Leech 2002.

Besitz „klassischer" Massenvernichtungswaffen streben werden, um eine wirkungsvolle Drohkulisse gegen einen Angriff mit RMA-Waffen zu besitzen, oder sich aber auf Terror und Guerilla-Taktiken verlegen, wie es momentan im Irak beobachtet werden kann.

Für die mit der RMA verbundene Rüstungsdynamik bedeutet dies aber, dass sie sich auf zwei ganz unterschiedlichen Ebenen – konventionelle Waffensysteme vs. klassische Massenvernichtungswaffen – abspielt. Die Anschläge des 11. September 2001 haben zusätzlich gezeigt, dass es mit entsprechendem Willen möglich ist, auch mit einfachen Mitteln eine große Anzahl Menschen zu töten.

Dies alles reicht alleine nicht, um die starke Dynamik im Bereich der RMA zu erklären. Offensichtlich gilt es auch Argumente zu berücksichtigen, die dem Schema der Innenleitung zugeordnet werden können.

Eine Argumentation, die in den letzten Jahren immer mehr an Bedeutung gewonnen hat, ist die folgende: Westliche Demokratien scheuen aus Eigeninteresse und aus moralischer Überzeugung eigene, aber auch zunehmend gegnerische (zivile) Opfer.[194] Sie versuchen deshalb Waffen und Doktrinen zu entwickeln, die einen sehr hohen Selbstschutz der eigenen Soldaten ermöglichen, Opfer unter der gegnerischen Zivilbevölkerung reduzieren und Kriege schnell entscheiden, ehe sich die Fronten verhärten und es zu einem klassischen Abnutzungskrieg kommt. Die RMA bietet genau diese Möglichkeiten, was von den Verantwortlichen auch so erkannt wird. Auch zeigten Studien der amerikanischen RAND Corporation, dass gerade bei umstrittenen Militäreinsätzen eigene Verluste den Rückhalt für die Regierung in der Bevölkerung schnell ins Wanken bringen können. Es liegt deshalb im Interesse der westlichen Regierungen, über Waffensysteme zu verfügen, die die eigenen Risiken minimieren, um sich militärische Optionen zu erhalten, sich in Konflikten engagieren zu können, in denen das nationale Interesse des eigenen Landes nicht direkt betroffen ist.[195]

Schließlich darf der Einfluss der Rüstungsindustrie (vor allem der amerikanischen, aber zunehmend auch der europäischen) nicht unterschätzt werden. Westliche Firmen besitzen im Bereich moderner Waffentechnologie einen erheblichen Vorsprung zu fast allen anderen Industrien der Welt und speisen ihr Interesse an dem Erhalt dieses Vorsprungs mit Vehemenz in den politischen Entscheidungsprozess ein. Durch eine Vielzahl von Fusionen sind in den USA in den 1990er Jahren einige besonders umsatzstarke und einflussreiche Unternehmen entstanden,[196] die ausgesprochen eng mit dem Pentagon zusammenarbeiten und sich intensiv für die technologische Aufrüstung der USA einsetzen. Auch wenn der Prozess der Konsolidierung der europäischen Rüstungsindustrie noch nicht so weit fortgeschritten ist,[197] besitzt

---

194   Vgl. Mandel 2004; Schörnig/Lembcke 2006.
195   Vgl. Larson 1996.
196   Vgl. Flamm 1998.
197   Vgl. Küchle 2004.

die Rüstungsindustrie auch auf dieser Seite des Atlantiks einen erheblichen Einfluss, den sie speziell auf europäischer Ebene auszuspielen versteht.[198]

> **Die neue *National Security Strategy* der USA und das Völkerrecht**
>
> Im September 2002 hat der Nationale Sicherheitsrat der *USA (National Security Council*, NSC) eine neue Nationale Sicherheitsstrategie (*National Security Strategy*, NSS) vorgelegt, die das Recht der USA betont, auch ohne unmittelbare Bedrohung und Gefahr im Verzug einen unilateralen Militärschlag gegen ein anderes Land durchzuführen, um mittel- und langfristige potenzielle Gefahren im Keim zu ersticken (Prävention).[199] Da sich Terroristen und fanatische Staatsführer nicht abschrecken lassen, so die Argumentation, müssen sie schon zum frühest möglichen Zeitpunkt bekämpft werden.
> Damit wenden sich die USA gegen das Völkerrecht, wie es in Artikel 51 der VN-Charta niedergelegt ist. Denn nach gängiger Interpretation des Völkerrechts darf ein Staat einem Angriff nur zuvorkommen (Präemption), sofern dieser „unmittelbar bevorsteht"- die Präemption ist insoweit der Selbstverteidigung gleichgestellt. Das Argument der USA, Massenvernichtungswaffen bedeuteten eine zu große Gefahr, als dass man bis zum letzten Moment zuwarten könne, ist, wie z.B. der Irak gezeigt hat, hochproblematisch. Außerdem besteht die ernste Gefahr, dass das Beispiel der USA Schule macht und auch andere Staaten mit dem Argument, ein Rivale besitze bekanntermaßen Massenvernichtungswaffen, Kriege beginnen. Die in der NSS enthaltene latente Drohung gegen alle möglichen Staaten, die mit den USA in einen Konflikt geraten könnten, hat das Potenzial, Programme für die Produktion von Massenvernichtungswaffen zu Abschreckungszwecken zu motivieren.[200]

2.6 Die Debatte um eine amerikanische nationale Raketenabwehr[201]

Schließlich soll noch eine weitere aktuelle Debatte, die um die nationale Raketenabwehr (*National Missiles Defense*, NMD) der USA betrachtet werden. Sie stellt die dritte große amerikanische Debatte um Raketenabwehrwaffen seit dem Zweiten Weltkrieg dar.[202] Ende der 1960er-/Anfang der 1970er Jahre konzentrierte sich die Diskussion vor allem auf den Schutz von Raketensilos, umso nach einem nuklearen

---

198 Vgl. Jünemann/Schörnig 2002.
199 Vgl. Bush 2002.
200 Zur völkerrechtlichen Dimension der NSS vgl. von Lepel 2003.
201 Wir danken Alexander Wicker und Mirko Jacubowski für ausgesprochen wertvolle Hinweise zu diesem Abschnitt.
202 Für einen längsschnittartigen Überblick vgl. Glebocki, et al. 2001.

Erstschlag über ausreichende Interkontinentalraketen für einen Zweitschlag zu verfügen.

US-Präsident Ronald Reagan trat die Debatte in den Achtzigerjahren erneut los: Ihm ging es darum, durch einen auf exotischen Lasertechnologien basierenden Raketenschutzschild Nuklearwaffen „impotent und obsolet" zu machen und so das für unmoralisch erachtete System der Gegenseitig Gesicherten Zerstörung (*Mutual Assured Destruction*, MAD) zu überwinden.

2.6.1 Die NMD-Debatte nach Ende des Ost-West-Konfliktes

Nach dem Ende des Ost-West-Konflikts wurde die Idee der Raketenabwehr an die veränderten strategischen Rahmenbedingungen angepasst: Nicht mehr der Schutz des amerikanischen Territoriums gegen einen massiven sowjetischen Raketenangriff steht im Vordergrund, sondern der Schutz der USA, ihrer dislozierten Truppen und ihrer Alliierten gegen einen versehentlichen Raketenabschuss bzw. ein begrenzter Angriff aus den oben genannten „Schurkenstaaten".[203] Sie stellen in den Augen der Raketenabwehrbefürworter die größte Bedrohung für die USA dar. Hinter dieser Einschätzung steckt die Überzeugung, die Verwundbarkeit für Angriffe mit ballistischen Raketen könnte die Vereinigten Staaten in Krisensituationen erpressbar machen und so davon abhalten, ihre nationalen Interessen durch ein internationales Eingreifen zu verteidigen. Die nukleare Abschreckungsstrategie erweise sich in diesen Situationen als unzureichend, da es sich um Akteure handele, deren Rationalität nicht vorausgesetzt werden könne.

Diese Argumentation verkennt jedoch zum einen die Erfahrung, dass auch als noch so irrational eingeschätzte Akteure wie Saddam Hussein oder Kim Jong-Il sehr wohl abgeschreckt werden konnten, und zum zweiten die Erkenntnis, dass – wie am 11. September 2001 – weit kostengünstigere und weniger beschaffungsintensive Mittel für einen verheerenden Angriff eingesetzt werden können, gegen den selbst ein perfektes Raketenabwehrsystem nichts auszurichten vermag. Drittens handelt es sich bei den NMD-Plänen um eine technische Antwort auf ein im Kern politisches Problem, das durchaus auch mit diplomatischen Initiativen wie z.B. den Dialog mit den Problemstaaten (siehe das erfolgreiche Beispiel Libyen) oder multilateraler Rüstungskontrolle angegangen werden kann.

2.6.2 Technologische Probleme und politische Hürden für NMD

Dass die USA bis heute über kein landesweites Raketenabwehrsystem verfügen, liegt an zweierlei. Erstens an der nicht ausgereiften Technologie. Zweitens an dem 1972 von der damaligen Sowjetunion und den USA geschlossenen Raketenabwehr-

203 Vgl. Abschitt III.2.2.

vertrag (ABM-Vertrag, *Anti-Ballistic Missiles*-Vertrag), der am 13. Dezember 2001 mit Wirkung zum 13. Juni 2002 von den USA einseitig, aber durchaus vertragskonform, aufgekündigt wurde und bis zu diesem Zeitpunkt die von mancher Seite in den Vereinigten Staaten längst gewünschte Entwicklung verzögert hat.

Die Herausforderung, eine Rakete mit einer Rakete zu treffen, stellt Militärs und Rüstungsindustrie weiterhin vor schwer lösbare Aufgaben. Dies wird durch die Fehlschläge bei den Erprobungen der einzelnen Abfangkomponenten untermauert, die zudem noch nicht einmal unter realistischen Bedingungen getestet worden sind. Weiterhin kann das anvisierte Abwehrsystem relativ leicht durch kostengünstige Gegenmaßnahmen wie Täuschkörper überlastet und überwunden werden, zu deren Entwicklung auch Problemstaaten durchaus in der Lage sind.

Jedes landesweite Raketenabwehrprojekt geriet bis Mitte 2002 mit dem ABM-Vertrag in Konflikt, der die Aufstellung und Entwicklung eines solchen Systems verbot bzw. stark einschränkte. Der Raketenabwehrvertrag wurde abgeschlossen, um ein kostspieliges Wettrüsten im Bereich der Verteidigungssysteme zu vermeiden und durch die Aufrechterhaltung der gesicherten Zweitschlagsfähigkeit Begrenzungen und Reduktionen bei den offensiven Nukleararsenalen zu ermöglichen. Der Vertrag, auch als „Eckpfeiler strategischer Stabilität" bezeichnet, war bis zu seiner Aufkündigung eines der wichtigsten Elemente des internationalen Rüstungskontrollregimes. Das von George W. Bush angekündigte neue strategische Konzept, bestehend aus Abwehrsystemen und verringerten Offensivwaffen, bleibt jedoch weiterhin vage.[204]

2.6.3 Von der „nationalen" zur „alliierten" Raketenabwehr: Neueste Entwicklungen

Um die Zustimmung der Verbündeten zu erlangen, hat die Bush-Administration mittlerweile ihre Abwehrpläne so ausgeweitet, dass auch die Alliierten in den Schutzschirm mit einbezogen werden sollen. Aus *National Missile Defense* ist (*Allied*) *Missile Defense* geworden. Washington versucht so in erster Linie, die Befürchtung der Europäer zu zerstreuen, durch die Raketenabwehr könnten Zonen unterschiedlicher Sicherheit im transatlantischen Bündnis entstehen. Dennoch stehen die europäischen Verbündeten den Plänen der US-Regierung in der Mehrzahl skeptisch gegenüber, wenn die Trennlinie auch mitten durch die NATO und die EU verläuft – und das nicht erst seit der feinen Unterscheidung in „altes" und „neues" Europa durch US-Verteidigungsminister Donald Rumsfeld.[205]

In der zweiten Hälfte des Jahres 2004 hat die Bush-Administration, vornehmlich, um ihre konservative Wählerschaft zu bedienen, mit sieben von ursprünglich zwanzig geplanten Interzeptoren (Abfangraketen) an den Stützpunkten Ft. Greely, Alas-

---

204 Zum Hintergrund vgl. Graham 2001.
205 Einen Vergleich der unterschiedlichen nationalen Positionen bietet Kubbig 2006.

ka, und Vandenburgh *Air Force Base*, Kalifornien, die rudimentäre *Initial Capability* stationiert.

Spätestens nach dem Dritten Golfkrieg 2003 ist der politische Diskurs in den NATO-Staaten und Russland differenzierter geworden. Von der Frage eines nationalen bzw. globalen Schutzschirms gegen ballistische Raketen abgekoppelt wird die Frage des Schutzes dislozierter Truppen betrachtet, die Frage der regionalen Raketenabwehr (*Theater Missile Defense*, TMD). Während gegenüber dem erstgenannten weiterhin keine einheitliche europäische Position absehbar ist, gewinnt TMD – unabhängig von auch hier bestehenden erheblichen Zweifeln an der Zuverlässigkeit – für eine Mehrzahl von Staaten an Attraktivität. Das hat zum einen damit zu tun, dass der wirtschaftliche Nutzen durch multinationale Rüstungsprojekte (z.B. das deutsch-italienisch-amerikanische Projekt MEADS, *Medium Extended Air Defense System*, oder das französisch-italienische System SAMP-T)[206] oder US-Lizenzvergaben (wie bei der japanisch-amerikanischen *Patriot*-Kooperation) auf mehrere Schultern verteilt wird, zum anderen mit dem internationalen militärischen *Burden-Sharing*, das zur Dislozierung beispielsweise deutscher Truppen in Afghanistan, polnischer, dänischer und italienischer im Irak geführt hat. Heute haben also mehr Staaten ein Bedürfnis, ihre Truppen effektiv gegen Raketenangriffe zu schützen.

Insgesamt bleibt es dennoch ausgesprochen fraglich, ob es durch Raketenabwehrsysteme wirklich zu einem Zugewinn an internationaler Stabilität und Sicherheit kommt.[207]

3. Neue und alte Rüstungsdynamik in der Peripherie

Die *Revolution in Military Affairs* hat die Fähigkeitslücke zwischen dem Westen, insbesondere der westlichen Führungsmacht USA, und allen anderen Akteuren noch einmal deutlich vergrößert und sie wächst ständig weiter. Wer mit den USA nicht im besten Einvernehmen lebt, hat – besonders vor dem Hintergrund der neuen *National Security Strategy* – somit ein zunehmendes Sicherheitsproblem. Um dieses Problem notdürftig zu lösen, bieten sich die genannten asymmetrischen Strategien an. Für Staaten bedeutet dies vor allem, sich mit bewährten, älteren Technologien eine Minimalabschreckung zuzulegen, mit der die USA von Interventionen abgehalten werden können. Dazu scheinen sich in erster Linie Massenvernichtungswaffen anzubieten.

---

206 Zur deutschen MEADS-Debatte vgl. Kubbig 2005.
207 Zur europäischen Sicht vgl. Heurlin/Rynning 2005.

3.1 Die Proliferation von Massenvernichtungswaffen

Fragt man einen beliebigen Beobachter, was nach dem Ende des Ost-West-Konflikts das beherrschende Merkmal der Rüstungsanstrengungen in den Entwicklungsländern gewesen sei, so wird die am häufigsten geäußerte Antwort sicher sein: das Bestreben von angeblich *immer mehr* Ländern, sich Massenvernichtungswaffen zu verschaffen, also die „horizontale Proliferation". Diese Auffassung, so weit verbreitet sie auch ist, ist allerdings nicht korrekt und bedarf einer genauen Analyse.

3.1.1 Wahrgenommene Proliferation und tatsächliche Proliferation

Tatsächlich hat es seit 1985 kaum *neu initiierte* Anstrengungen gegeben, sich nukleare, biologische und chemische Waffen und die dazugehörigen Trägersysteme (Raketen) zu verschaffen. Die überwältigende Mehrheit der einschlägigen Programme datiert in die Zeiten des Kalten Krieges zurück. Das gilt vor allen Dingen für die brisantesten und meistdiskutierten Fälle, also Nordkorea und Iran (alle drei Waffentypen, Raketen), Syrien (chemische und biologische Waffen, Raketen), Indien und Pakistan (Kernwaffen, Raketen). Tatsächlich sind eine Reihe von Kernwaffenprogrammen (Brasilien, Argentinien, Südafrika, Rumänien) mit dem Ende des Ost-West-Konflikts aufgegeben worden, konnten die drei „Kernwaffenerben" Ukraine, Kasachstan und Weißrussland dazu überredet werden, ihre Erbstücke aufzugeben, stellten Indien und Südkorea im Gefolge der Chemiewaffenkonvention ihre entsprechenden Waffenprogramme ein. Nach dem Golfkrieg von 2003 gab Libyen nach langen Verhandlungen mit den USA und Großbritannien seine sämtlichen Massenvernichtungswaffenprogramme auf und vollendete damit seine langjährigen Anstrengungen, der Isolation und der schädlichen Wirkung wirtschaftlicher Sanktionen zu entkommen. Inspektoren der Internationalen Atomenergie-Organisation (IAEO) und der Organisation für das Verbot von Chemiewaffen (*Organisation for the Prohibition of Chemical Weapons*, OPCW) wurden ins Land gelassen, um ein vollständiges Inventar der einschlägigen Stoffe und Geräte aufzunehmen und die Entwaffnung zu überwachen. Im Bereich der biologischen Waffen übernahmen amerikanische und britische Experten diese Aufgabe.

Was sich aber geändert hat, ist zunächst die Wahrnehmung von Medien, Politik und auch der meisten Sicherheitsexperten: Sie waren zuvor auf die Rüstungsdynamik zwischen den Supermächten fixiert und schenkten dem Geschehen anderswo nur geringe Beachtung. Nach dem Zusammenbruch der Sowjetunion entdeckten sie das vermeintlich neue Gebiet der Proliferation für sich.

Historisch neu ist dieses Feld mitnichten – neu sind indes drei Umstände, die Möglichkeiten und Entwicklungspfade des Weiterverbreitungsgeschehen beeinflussen, ohne grundlegend auf die Existenz oder Nichtexistenz von Massenvernichtungswaffenprogrammen einzuwirken:

- Die Entwicklungen in der Biotechnologie erleichtern die Herstellung, Lagerung und Konditionierung biologischer Agenzien für Waffenzwecke. Damit entstehen zwar keine neuen Waffenprogramme, den bestehenden wird jedoch der Erfolg wesentlich leichter gemacht. Der Einsatz von biologischen Waffen wird denkbarer, diese werden somit als Abschreckungsmittel attraktiver.
- Der Zerfall der Sowjetunion schwächte dort – zumindest vorübergehend – die zentrale Kontrolle über Waffenbestände, Materialien, Technologien und Fachpersonal ab. Damit erhielten „Proliferatoren" die zumindest theoretische Möglichkeit, durch den Rückgriff auf ex-sowjetische Ressourcen, den langen, aufwändigen und kostenreichen Weg eigener Forschung und Entwicklung abzukürzen. Viel ist über diesen Proliferationspfad spekuliert worden. Belastbare Daten über den direkten Zugriff auf Waffen, Spaltmaterial oder Kampfstoffe gibt es jedoch nicht. Es gibt bis heute keine Evidenz, dass irgendeiner der „Proliferatoren" bei seinen Programmen *signifikante* Hilfe aus der Erblast des Ostblocks erhielt – abgesehen von gelegentlichen Berichten, dass einzelne Wissenschaftler oder Techniker aus der Sowjetunion einzelne Programme unterstützten.
- Anders verhält es sich hingegen mit semioffiziellen oder gar hochoffiziellen Technologietransfers. Sie haben ja schon dem Irak bei seinen umfassenden Entwicklungsarbeiten für chemische, biologische und nukleare Waffen vor dem Ersten Golfkrieg maßgeblich geholfen. Damals waren die Übeltäter vorwiegend westliche Firmen. Heute sind es staatliche und private wirtschaftliche Akteure aus Russland, China, Pakistan und Nordkorea, die an vorderster Front als Unterstützer der Proliferatoren arbeiten, häufig ohne, gelegentlich mit Zustimmung der Regierungen. Nur Nordkorea betreibt die Hilfe bei den Raketenprogrammen anderer Länder gezielt als Devisenbringer – die marode Wirtschaft der kommunistischen Erbmonarchie hat außer Raketen wenig auf dem Weltmarkt anzubieten. Raketenprogramme, vor allen Dingen die Ausweitung der einheimischen Entwicklungs- und Produktionsprozesse, die Reichweitensteigerung und die Verbesserung der Zielgenauigkeit allerdings wären ohne die kompetenten Helfer aus Nordkorea, China und Russland in Ländern wie Iran oder Syrien nicht erreicht worden. China und Russland sind gelegentlich auch bei Nuklearprogrammen hilfreich, wobei sie den Anschein einer direkten Unterstützung von Waffenprogrammen jedoch nach Möglichkeit vermeiden und offiziell nur „zivile" Nuklearprogramme unterstützen. Dies gilt ebenso für die Hilfen, die der pakistanische „Vater der islamischen Bombe", Abdul Qadeer Khan, verschiedenen Ländern illegal zukommen ließ[208] – Khan wurde aber nach seinem öffentlichen Geständnis im März 2004 von Präsident Musharraf begnadigt.[209]

---

208 Zum „Khan-Netzwerk" vgl. Kile 2005.
209 Allerdings gab es in der pakistanischen Öffentlichkeit auch eine Debatte, inwieweit Khan in die „Sündenbockrolle" gedrängt worden war, um höherrangige Militärs zu schützen. Vgl. http://www.hss.de/downloads/Monatsbericht_Pakistan_Februar_2004.PDF, letzter Zugriff 11.9.2005.

3.1.2 Reifung von Massenvernichtungswaffenprogrammen in der Dritten Welt

Während sich die Zahl der aktiven Programme für die Herstellung von Massenvernichtungswaffen nach dem Ende des Ost-West-Konflikts nicht vermehrt, sondern bereichsweise (Kernwaffen) sogar vermindert hat,[210] sind einige wenige dieser Programme zur technischen Reife gelangt oder dieser zumindest näher gerückt.

1998 führten zunächst Indien und dann Pakistan eine Serie von Kernwaffentests durch, an deren Ende sie sich jeweils zu Kernwaffenstaaten erklärten. Eine kurze Phase weltweiter Kritik und selektiver Sanktionen überstanden sie mit geringem Schaden. Indien, weil sein dynamisches Wirtschaftswachstum das Land zum begehrten Handels- und strategischen Partner macht, Pakistan, weil seine Kooperation für die Bekämpfung des Al Qaida-Terrorismus unverzichtbar ist. Indien steuert nun auch auf eine „Triade" von Bombern, land- und seegestützten Nuklearraketen zu, die zugleich den Rivalen China und den Erzfeind Pakistan abschrecken und Indiens Weltmachtrolle unterstreichen sollen. Allerdings hat das Land eine strikte Nicht-Ersteinsatzdoktrin angenommen[211] und interessiert sich zugleich für die Zusammenarbeit mit den USA auf dem Gebiet der Raketenabwehr. Pakistan, bei der konventionellen Bewaffnung Indien bei weitem überlegen, will hingegen auf die Ersteinsatzoption nicht verzichten. Beide Länder betreiben weiter die Produktion von waffenfähigem Spaltstoff, sodass ihre Arsenale kontinuierlich wachsen; auch ihre Raketenentwicklung strebt nach noch größere Reichweiten und höherer Zielgenauigkeit.

Nordkorea war 1992 bei Falschangaben zu seinen Plutoniumbeständen ertappt worden und hatte mit seinem Austritt aus dem Nichtverbreitungsvertrag gedroht. Nach einer längeren Krise und zähen Verhandlungen vereinbarte es 1994 mit den Amerikanern, sein Nuklearprogramm gegen die Lieferung von Heizöl und den Bau von zwei Leistungsreaktoren einzufrieren; die Internationale Atomenergie-Organisation sollte vollen Zutritt zu allen nordkoreanischen Anlagen erhalten, wenn die Reaktorkerne geliefert würden.

In den folgenden Jahren gab es durch den republikanisch dominierten Kongress immer wieder Verzögerungen bei der Lieferung des Öls. Aufgrund von nordkoreanischen Aktionen (Forderung nach drastischer Erhöhung der Löhne für nordkoreanische Bauarbeiter beim Reaktorbau) stockte die Konstruktion des ersten Reaktors. Die amerikanische Nukleardoktrin von 1996, der zufolge gegenüber Staaten, die über Massenvernichtungswaffen verfügen, im Konfliktfall auf den Einsatz von Kernwaffen zurückgegriffen werden konnte, wurde von Nordkorea als Bedrohung interpretiert, ebenso natürlich die Platzierung Pjöngjangs auf der „Achse des Bösen" durch Präsident Bush im Jahre 2002. Nordkorea beschuldigte die USA daher immer wieder, das Abkommen von 1994 zu brechen. Auf amerikanischer Seite stellte man

---

210 Vgl. Müller 2001.
211 Vgl. http://www.dw-world.de/dw/article/0,2144,863138,00.html,
   letzter Zugriff 20.10.2005.

2002 fest, dass Nordkorea mit Hilfe aus Pakistan seit Jahren ein Programm zur Anreicherung von Uran betrieb und an einer entsprechenden Anlage bastelte. Nordkorea bestätigte dies zunächst, bestritt es dann wieder, beendete die Gespräche mit den USA, warf die Inspektoren aus dem Land, entlud den Forschungsreaktor, sodass nunmehr Plutonium für sechs bis acht Kernwaffen zur Verfügung stand, und erklärte, seine nationale Abschreckungsmacht wegen der Bedrohung erweitern zu müssen. Gegenüber dieser Politik erwiesen sich die amerikanischen Gegenmittel als recht hilflos. Auch diejenigen in der Bush-Administration, die dem Unilateralismus und der militärischen Prävention das Wort redeten (s.o.), sahen sich mangels realistischer militärischer Option auf die Mithilfe anderer und auf die Diplomatie verwiesen, um die Krise einzudämmen. So kam es zu den „Sechser-Gesprächen" unter Beteiligung der beiden Koreas, Chinas, Japans, Russlands und der USA, die nach einer diplomatischen Lösung suchten. Gelöst worden ist das Problem bis heute aber noch nicht.[212]

3.1.3 Aufrüstungsdruck durch die Überlegenheit des Westens – neue Dynamiken?

Zwischen der verstärkten Rüstungsanstrengung einiger Staaten im Bereich der Massenvernichtungswaffen und der Hochtechnologie-Rüstungsdynamik in der „Ersten Welt" ergibt sich eine bereits oben angedeutete fatale Verkoppelung: Die zunehmende Überlegenheit des Westens wird in bestimmten größeren Entwicklungsländern als akute Sicherheitsbedrohung empfunden, gegen die nur eine Minimalabschreckung mit Massenvernichtungswaffen Schutz zu bieten scheint; Massenvernichtungswaffen in den Händen (vermeintlich) unberechenbarer Diktatoren haben sich umgekehrt im westlichen, vor allem amerikanischen Bedrohungsbild, als die bedrückendste Gefahr etabliert, die es mit überlegener, offensivfähiger Kriegstechnik und mit dem Vorantreiben der Raketenabwehr zu kontern gilt. Die amerikanische Raketenabwehr wiederum lässt China befürchten, dass sein kleines Kernwaffenarsenal als Abschreckungsinstrument entwertet werde und die Vereinigten Staaten somit gegenüber dem „Reich der Mitte" eine bedrohliche Handlungsfreiheit erhalten könnten, was China wiederum zur Beschleunigung und möglicherweise auch zur Ausweitung seiner laufenden Modernisierungspläne für seine Kernwaffen veranlasst. Dies wiederum könnte die USA, aber auch Russland zur Entwicklung neuer Kernwaffen motivieren und Indien veranlassen, sein Arsenal über die ursprünglichen Pläne hinaus auszubauen, worauf wiederum Pakistan reagieren würde usw.

---

212   Vgl. Schmidt 2004.

3.2 Rüstungsdynamik in der Peripherie: Die „gewöhnliche" Dynamik des Waffenhandels

Mit dem Ende des Ost-West-Konflikts konnte eine Reihe von Konflikten in der Dritten Welt beigelegt werden. So wurde Zentralamerika befriedet, der Bürgerkrieg in Kambodscha, Mozambique, Namibia und Südafrika beendet. Im Nahen Osten, am Persischen Golf, in Südasien und auf der koreanischen Halbinsel gingen Konflikte und Spannungen weiter, in Afrika kam es zu neuen, blutigen Bürgerkriegen und zu „Kriegsökonomien", in denen Kriegsherren und Rebellen gar kein Interesse mehr am politischen Sieg hatten, sondern an der Fortsetzung des Krieges, der ihnen Einkommen, Macht und Status bescherte.[213] All diese Konflikte und Kriege bildeten einen Markt für den internationalen Waffenhandel, der mit dem Ende des Ost-West-Konflikts keineswegs zum Erliegen kam.

Zunächst schrumpfte er – parallel zu den Weltmilitärausgaben – deutlich zusammen. Diese gingen bis Mitte der 1990er Jahre deutlich zurück, verharrten dann von 1994 bis 1998 in etwa auf einem Plateau, um danach wieder deutlich anzusteigen. Besonders kräftig fiel dieser Anstieg in Ostasien, Südostasien, dem Mittleren Osten und ausgerechnet dem armen Afrika aus. In diesen Regionen lagen die Ausgaben im Jahre 2001 sogar über denen von 1992, und zwar um 19 Prozent (Ostasien), 54 Prozent (Südostasien), 38 Prozent (Mittlerer Osten) und 32 Prozent (Afrika), während sich in den Industriel̈andern Minderungen von zehn Prozent bis 37 Prozent ergaben, ein Trend, der sich allerdings für die USA nach dem 11. September 2001 drastisch umkehrte.[214]

Im gleichen Rhythmus, aber mit deutlicheren Ausschlägen entwickelte sich auch der Waffenhandel. Für Hauptkampfsysteme halbierte er sich nahezu zwischen 1985 und 1997, wobei vor allem die Sowjetunion bzw. Russland seine dominierende Machtstellung verlor und von den Vereinigten Staaten mit einem Anteil von mehr als 50 Prozent am Weltmarkt verdrängt wurde. Nach 1997 änderte sich das Bild: Die Nachfrage stieg deutlich, und auch Russland gelang es wieder, im Weltmarkt Fuß zu fassen und die Position als zweitgrößter Exporteur nach den USA zurückzuerobern. Auch bei den Waffenimporten ist zu verzeichnen, dass der Abschwung in den entwickelten Ländern stärker ausgeprägt war und die Kurve des Anstiegs in den Entwicklungsländern steiler verlief – freilich jeweils von einem wesentlich niedrigeren Durchschnittsniveau der Waffenbestände aus. Besonders nachhaltig war die „Erholung" der Rüstungseinfuhren im Mittleren Osten und in Ostasien, immer noch deutlich in Nord- und Zentralafrika, schwach ausgeprägt in Südamerika und kaum wahrnehmbar in Zentralamerika und – erstaunlicherweise – Südasien. Letzteres ist jedoch wohl wenigstens z.T. auf die starken internen Rüstungsproduktionskapazitäten im wichtigsten Rüstungsmarkt der Region, Indien, zurückzuführen.

---

213 Vgl. Münkler 2002, Kap. 4.
214 Vgl. Sköns, et al. 2005.

3.3 Rüstungsdynamik in der Peripherie: Landminen und Kleinwaffen – die vermeintlich unverzichtbaren Waffen[215]

Landminen und Kleinwaffen gehörten schon vor und während des Ost-West-Konflikts zur unverzichtbaren Ausstattung von Armeen und Polizeien. Ihr Einsatz war vielfältig. Auch in den Verteidigungsplanungen der NATO und des Warschauer Paktes waren Landminen ein unverzichtbarer Bestandteil des militärischen Dispositivs. So wurden Landminen unter anderem an der innerdeutschen Grenze zur Grenzsicherung verlegt. Auch in den Unabhängigkeitskriegen Afrikas kamen seit den sechziger Jahren Landminen und hier vor allem Anti-Personenminen und Kleinwaffen zum Einsatz. Mit dem Ende des Ost-West-Konflikts änderte sich jedoch die Wahrnehmung der globalen Konfliktsituation, und die Umbrüche in Osteuropa brachten die innerstaatlichen Konflikte als Kriegsform auch nach Europa. Landminen und Kleinwaffen wurden in solchen Konflikten gezielt gegen die Zivilbevölkerung im Zuge der „ethnischen Säuberung" eingesetzt. Das Leid, verursacht durch den Einsatz von Anti-Personenminen, die gezielt offensiv gegen die Zivilbevölkerung der gegnerischen Ethnie eingesetzt wurden, empörte die Weltöffentlichkeit und führte in einer beispiellosen Kampagne schließlich zum Verbot dieser Waffenkategorie.[216] Von diesem Verbot sind die Anti-Panzerminen, die zweite Kategorie, die man ebenfalls unter den Oberbegriff „Landminen" fasst, bislang ausgeschlossen. Anders als im Fall der Anti-Personenminen lässt sich der staatliche Handel mit Kleinwaffen nicht verbieten: Artikel 51 der VN-Charter räumt Staaten das Recht ein, sich für die Selbstverteidigung zu bewaffnen. Verbindliche Regulierungen auf internationaler Ebene erscheinen dennoch sinnvoll, weil ein Großteil der legal gehandelten Kleinwaffen auf dem grauen oder schwarzen Markt endet.[217]

3.3.1 Kleinwaffen: Die problematischen Folgen des unkontrollierten Waffenbesitzes

500.000 Menschen sterben jährlich an den Folgen von Schussverletzungen. Dabei finden 300.000 den Tod in bewaffneten Konflikten, 200.000 weitere werden ermordet oder richten sich selbst durch Pistolen- oder Gewehrschüsse. Kriminalität und Gewalt durch Kleinwaffen haben für Staaten und ihre Gesellschaften unabsehbare Folgen. Eine große Zahl illegal gehaltener Kleinwaffen destabilisiert Gesellschaften, indem sie die individuelle Sicherheit unterminiert. Konflikte, die mit Hilfe von Waffengewalt ausgetragen werden, gehören zunehmend zur Alltagssituation und bringen immer mehr Menschen dazu, sich selbst zu bewaffnen. In den USA gibt es inzwischen mehr Waffengeschäfte als McDonalds. Die Zahl der legal und illegal gehaltenen Waffen wird dort auf 230 Millionen geschätzt. Noch schlimmer zeigt sich die

---

215 Der folgende Abschnitt wurde von Simone Wisotzki verfasst.
216 Vgl. Cameron, et al. 1998.
217 Vgl. Graduate Institute of International Studies 2005, Kap. 5.

Situation in Lateinamerika und hier vor allem in den Großstädten. In Rio de Janeiro beispielsweise ist die Verbrechensrate 500fach höher als in britischen Städten.

In Fachkreisen ist der Zusammenhang zwischen der Verfügbarkeit von Kleinwaffen und ihrem gewaltsamen Einsatz noch immer umstritten. Während Waffenlobbyisten, wie die *National Rifle Association* in den USA, wiederholt darauf hingewiesen haben, dass es nicht die Waffe sei, die töte, sondern der Mensch, sprechen Statistiken eine andere Sprache.[218] Danach besteht eine positive Korrelation zwischen hohem Kleinwaffenaufkommen und steigenden Zahlen an Gewaltverbrechen und Selbstmorden. Waffengesetze, die auf eine Begrenzung des privaten Waffenbesitzes hinwirken, sind also dringend erforderlich und werden auch in den USA oder Kanada inzwischen von einem großen Teil der Bevölkerung eingefordert.

Unkontrollierte Kleinwaffenproliferation wird vor allem in Regionen begrenzter Staatlichkeit zum Problem. Häufig besteht eine Wechselwirkung zwischen Staatsversagen und Waffenerhältlichkeit in Transformationsstaaten oder so genannten *Failing States*.[219] In der Hierarchie öffentlicher Güter steht Sicherheit an höchster Stelle – kann der Staat die individuelle Sicherheit seiner Bürger nicht mehr gewährleisten, beschaffen diese sich Waffen in Selbsthilfe, was zu einer schleichenden Militarisierung von Gesellschaften führt. In zahlreichen afrikanischen Staaten dominiert überdies ein anderes Sicherheitsverständnis: Der Erhalt des Regimes steht vor dem Wohl der Bürger – dies führt oftmals zu innerstaatlicher Rebellion und Konflikten. Mangelhafte Import- und Grenzkontrollen lassen Kleinwaffen von einer Konfliktregion in die nächste fließen.[220]

3.3.2 Kleinwaffen und Landminen: Woher stammen die Waffen?

Schätzungen zufolge sind derzeit mehr als 500 Millionen Kleinwaffen weltweit illegal im Umlauf, dass heißt sie sind weder im Besitz staatlicher Armeen oder Polizeikräfte noch als registrierte Waffen im Privatbesitz von Bürgern. Ein Großteil dieser Waffen stammt ursprünglich aus legaler Produktion. Weltweit gibt es mehr als 600 Firmen in 95 Ländern, die Kleinwaffen und die dazugehörige Munition als eigenes Produkt oder in Lizenz produzieren. Zu den weltweit größten Kleinwaffenproduzenten zählen Staaten wie Österreich, Belgien, Frankreich, Großbritannien, Deutschland, Italien, die Schweiz, Israel, Russland sowie die USA und China.[221]

Obwohl die Produktionszahlen seit Ende des Ost-West-Konflikts um 30 Prozent gesunken sind und die Kleinwaffen produzierende Industrie wie die Rüstungsindustrie insgesamt von Stellenabbau betroffen ist, sind die geschätzten Zahlen über illegal gehaltene Kleinwaffen gleichbleibend.

---

218 Vgl. Graduate Institute of International Studies 2002, Kapitel 4.
219 Vgl. Rotberg 2003.
220 Vgl. Florquin/Berman 2005.
221 Vgl. Graduate Institute of International Studies 2005, Kapitel 1.

Dies ist auf unterschiedliche Gründe zurückzuführen: Generell haben Kleinwaffen eine lange Lebensdauer und sind oftmals bis zu 30 Jahre funktionsfähig. Ein Großteil der illegalen und unkontrollierten Bestände stammt also noch aus der Zeit des Ost-West-Konflikts, als die beiden Supermächte ihre Klientelstaaten großzügig mit Waffen versorgten. Schätzungen zufolge sollen allein in Afghanistan 10 Millionen Kleinwaffen aus der Zeit vor 1990 vagabundieren. Diese Art verdeckter staatlicher Waffenlieferungen aus der Zeit des Ost-West-Konflikts bilden auch heute noch die zentrale Proliferationsquelle und sind verantwortlich für die hohe Zahl vagabundierender Waffen, die von einem Konfliktgebiet ins nächste verschoben werden. In 43 von insgesamt 47 gewaltsam ausgetragenen Konflikten kamen in jüngster Vergangenheit Kleinwaffen zum Einsatz – vor allem in innerstaatlichen Konflikten werden diese Waffen häufig gegen Zivilisten gerichtet. Verdeckte Waffenlieferungen sind auch nach Ende des Ost-West-Konflikts von staatlicher Seite dazu genutzt worden, Konfliktparteien zu unterstützen. So wurde die serbische Seite im Bosnien-Konflikt trotz eines bestehenden VN-Embargos von Russland mit Waffen versorgt, während die Bosnier und Kroaten aus dem Iran, den USA, Chile, China und Singapur Waffen erhielten.

Probleme bereiten aber auch Kleinwaffen, die ganz legal an andere Staaten exportiert worden, infolge von Konflikten aber nicht in deren Besitz geblieben sind. Dies gilt beispielsweise für Ruanda, das Anfang der neunziger Jahre massiv aufrüstete. Kleinwaffen erhielt das Land unter anderem aus Ägypten, Südafrika und Frankreich. Da wirtschaftlichen Interessen Priorität gegenüber einer restruktiven Rüstungsexportpolitik eingeräumt wurde, lieferten diese Staaten auch noch, als sich die innenpolitische Destabilisierung in Ruanda bereits abzeichnete. Als Hutu-Extremisten im April 1994 begannen, gewaltsam gegen die Tutsi-Bevölkerung vorzugehen, konnten sie dabei auf staatliche Kleinwaffenarsenale zurückgreifen. Eine ähnliche Situation bot sich in Albanien: Während der Staatskrise von 1997 fielen rund eine Million Kleinwaffen aus den Beständen von Armee und Polizei in die Hände von Bürgern, was das Land in ein anarchisches Chaos stürzte. Infolge dessen waren Kleinwaffen auf dem Schwarzmarkt schon für umgerechnet 15 Dollar erhältlich. Ein Großteil dieser Waffen wurde in den Kosovo geschmuggelt und dort im Krieg gegen die serbischen Truppen eingesetzt.[222]

Das Ende des Ost-West-Konflikts hat in zahlreichen Staaten zu Verkleinerungen der Armeen und damit auch zu einer Reduktion der Waffenbestände geführt. Die überschüssigen Waffen wurden auch an solche Staaten verkauft, denen Nichtregierungsorganisationen massive Menschenrechtsverletzungen vorwarfen, wie beispielsweise Indonesien, Burma oder die Türkei. Deutschland hat z.B. Anfang der neunziger Jahre 300.000 Kalaschnikows aus NVA-Beständen an die Türkei veräußert. Auch aus Russland oder anderen osteuropäischen Staaten sind überzählige Kleinwaffen in Krisenregionen gelangt.

---

222 Vgl. Wisotzki 2000.

3.3.2 Sozio-ökonomische Folgen von Kleinwaffen und Landminen in Krisengebieten

Die sozio-ökonomischen Folgen der unbegrenzten Verbreitung von Kleinwaffen sind vielfältig und ähneln den Problemen, die durch den massiven Einsatz von Landminen entstehen. So sind die Folgekosten eines unbegrenzten Landmineneinsatzes immens hoch: Eine preiswerte Anti-Personenmine kostet rund 30 Dollar, ihre Räumungskosten werden dagegen mit 1.000 Dollar veranschlagt.

Die Opfer von Kleinwaffen- und/oder Landminengewalt werden dem Arbeitsmarkt entzogen, weil sie aufgrund ihrer Verletzungen häufig nicht mehr in der Lage sind, ihrem Beruf nachzugehen und für sich und ihre Familien zu sorgen. Gerade in den Krisenregionen der Dritten Welt belastet dies die ohnehin meist äußerst fragilen Wirtschaftssysteme. Gleiches gilt für die Gesundheitssysteme, die in Regionen mit hohem Kleinwaffen- und Landminenaufkommen ebenfalls erheblich belastet werden und häufig aufgrund ohnehin knapper Ressourcen zu einer weiteren Verschlechterung der gesamten gesundheitlichen Versorgung führen.[223]

In Staaten wie Afghanistan, Kambodscha, Angola oder Somalia zerstören vor allem Landminen Lebensräume, die für Ackerbau und Viehwirtschaft dringend benötigt würden. Gerade in ethnischen Konflikten, in denen nicht mehr zwischen Kombattanten und Zivilbevölkerung unterschieden wird, wird das Verminen von Ackerflächen zur Kriegsstrategie, um den Gegnern die Lebensgrundlagen zu entziehen und die Bevölkerung zum Verlassen des Landes zu zwingen. Ist der Konflikt schließlich beigelegt, sind große Flächen des Landes für lange Zeit von keiner Partei zu nutzen, denn schon der Verdacht auf Minen reicht aus, um sich gegen eine Bebauung zu entscheiden. In vielen Staaten der Welt sind große Landstriche durch Minen „verseucht".[224] Auch für die Soldaten von VN-Blauhelmeinsätzen gehen von Landminen und vagabundierenden Kleinwaffen ein erhebliches Risiko aus. Allein in der ersten Hälfte der neunziger Jahre wurden 203 Blauhelme durch Minen verletzt und 60 getötet.

Gerade in Nachkriegsgesellschaften müssen überschüssige Waffen eingesammelt werden, um das Eskalationspotenzial von Clanrivalitäten oder ethnischen Konflikten zu senken. Allerdings werden die Bürger ihre Waffen erst dann freiwillig abgeben, wenn sie ihre individuelle Sicherheit, aber auch ihre ökonomische Zukunft, gewährleistet sehen. Hierfür ist es erstens notwendig, die staatlichen Sicherheitsinstitutionen, wie Polizei und ein funktionierendes Rechtssystem, wieder aufzubauen und unter demokratische Kontrolle zu stellen und zweitens für Beschäftigung und stabile ökonomische Verhältnisse zu sorgen. Das Einsammeln von Kleinwaffen in Nachkriegsgesellschaften dient nicht nur der Konfliktdeeskalation, sondern bildet auch

---

223 Vgl. Krug 2002, Kapitel 1.
224 Eine Karte der betroffenen Länder findet sich unter http://www.icbl.org/resources/ photo/Illustrations/Maps/Landmine_Monitor_2003/Landmine_Problem_-Large.gif, letzter Zugriff 10.6.2005.

die Grundlage für den Wiederaufbau der Gesellschaft und ihrer Strukturen. Ein wirtschaftlicher Wiederaufbau und die Gewinnung ausländischer Investoren gelingt nur, wenn nicht die Gefahr besteht, dass angesichts großer Waffenpotenziale Konflikte unmittelbar gewaltsam eskalieren.[225]

Die ungehinderte Proliferation von Landminen und Kleinwaffen führt darüber hinaus zu nachhaltigen Veränderungen gesellschaftlicher Strukturen. Bleibt der Kleinwaffenbesitz ungeregelt oder befindet sich eine hohe Zahl illegaler Waffen in den Händen von Bürgern, wächst die Gefahr organisierter Kriminalität und bewaffneter Verbrechen. Unsicherheit ist ein sehr subjektives Gefühl, dass die Bürger jedoch immer häufiger dazu führt, sich selbst zu schützen und zu bewaffnen. Dem Bedürfnis der Bürger nach mehr Sicherheit trägt auch die Vielzahl privater Sicherheitsunternehmen und Wachdienste Rechnung, die damit zunehmend Funktionen des staatlichen Gewaltmonopols übernehmen. Gerade in den Transitionsstaaten mit fluiden staatlichen Strukturen wie beispielsweise in Osteuropa treten diese Sicherheitsunternehmen in ambivalenter Funktion auf und werden oftmals zum Ursprung organisierter Kriminalität, Gewalt, Drogenhandel und Prostitution. In Gesellschaften mit hohem Waffenanteil werden immer mehr Bürger sich ebenfalls privat bewaffnen. Auf diese Weise entstehen „Kulturen der Gewalt", in denen der Kleinwaffenbesitz zum Symbol für Macht, Stärke und Männlichkeit stilisiert und der Einsatz von Waffengewalt zunehmend enttabuisiert werden. Solche „Spiralen der Gewalt" gehen häufig zu Lasten von Frauen. Die Geschlechterforschung beschäftigt sich erst seit kurzem mit der Frage, wie sich Kleinwaffen auf die Sicherheit von Frauen auswirken.[226] Fest steht, dass die überwiegende Zahl der Kleinwaffenbesitzer und ihre Opfer männlich ist. Dennoch werden Frauen häufig Opfer von bewaffneter, häuslicher Gewalt. Gerade in industrialisierten Staaten steigt die Gefahr des tödlichen Ausgangs solcher häuslichen Konflikte, wenn dabei Kleinwaffen im Spiel sind. Geschlechtsspezifische Gewalt findet sich vor allem auch in innerstaatlichen Konflikten, wenn Männer dazu übergehen, sexuelle Angriffe und Massenvergewaltigungen gezielt als Kriegsstrategien einzusetzen.

3.3.4 Kriegsökonomien: Durchsetzung von wirtschaftlichen Interessen mit Kleinwaffen

Kleinwaffen werden nicht nur im Konfliktfall nachgefragt, sondern auch wirtschaftliche Interessen lassen den Schwarzmarkt für Kleinwaffen florieren. Dies gilt insbesondere für Regionen mit Bodenschatzvorkommen wie beispielsweise Diamanten, aber auch Rohstoffen für den Drogenhandel. Infolge jahrzehntelanger Bürgerkriege organisieren sich in diesen „neuen Kriegen" „Kriegsökonomien", die ihre Interessen

---

225 Vgl. Graduate Institute of International Studies 2003.
226 Vgl. Control Arms 2005.

mit Waffengewalt durchsetzen.[227] Die entsprechende Ausrüstung beziehen solche Rebellen- und Söldnergruppen von professionellen Waffenhändlern, deren Zahl gerade nach Ende des Ost-West-Konflikts massiv angestiegen ist. Dabei können sie auf das große Arsenal überschüssiger Waffen aus ehemaligen Armeebeständen zurückgreifen – die Nachfrage vor allem aus den Konfliktgebieten ist ungebrochen. Nicht jeder Waffenhändler agiert im Illegalen, doch sind es gerade die Waffenhändler, die zu den wichtigsten Akteuren im illegalen Handel mit Kleinwaffen geworden sind. Sie operieren häufig aus verschiedenen Staaten heraus, umgehen bewusst Exportkontrollen – so weit überhaupt vorhanden – und lassen sich national wie international kaum kontrollieren. Die Natur der Kleinwaffen – sie sind leicht zu transportieren und zu verstecken – spielt ihnen dabei in die Hände. Kriegsökonomien können sich so lange finanzieren, so lange sie Abnehmer für ihre Ware finden. Waffenhändler treten dabei häufig als Makler auf, liefern Waffen für Bodenschätze und vertreiben diese weiter. Fachleute sprechen deshalb auch von einer Globalisierung der Kriegsökonomien. Wirtschaftliche Interessen stehen sowohl im Fall der Waffenhändler wie auch bei den Rebellengruppen eindeutig im Vordergrund. Dies gilt beispielsweise für Angola, wo es den UNITA-Rebellen immer wieder gelingt, Diamanten über Umwege auf dem westeuropäischen Markt zu verkaufen.

4. Rüstungsdynamik nach dem Ende des Ost-West-Konflikts: Bilanz

Mit dem Ende des Ost-West-Konfliktes hat sich die Hoffnung auf ein Ende der Aufrüstung nur sehr begrenzt erfüllt. Allerdings sind die Ursachen für Rüstung vielschichtiger und differenzierter geworden. Westliche Demokratien streben zunehmend nach konventionellen High-Tech-Waffensystemen, um in internationalen Konflikten möglichst verlustarm intervenieren zu können. Durch kontinuierliche Anstregungen in Forschung und Entwicklung weitet sich die „Technologielücke" zwischen den industrialisierten Demokratien und anderen Staaten zunehmend. Die Reaktion einiger Staaten („Schurkenstaaten") ist das Streben nach klassischen Massenvernichtungswaffen, um gegenüber den überlegenen konventionellen Armeen des Westens ein Abschreckungspotenzial aufzubauen. Allerdings ist dieses Phänomen auf einige wenige Staaten begrenzt. Der Trend geht seit 1990 eher in die Richtung, dass Staaten der Zweiten und Dritten Welt ihr Streben nach Massenvernichtungswaffen einstellen.

Ein Problem, das in den 1990er Jahren erheblich an Bedeutung gewonnen hat, ist die Verbreitung von Kleinwaffen und Landminen in den „neuen Kriegen". Kleinwaffen haben sich inzwischen zu den wahren „Massenvernichtungswaffen" entwickelt.

---

227 Vgl. Kaldor 1999, Kapitel 11.

Fragen zur selbstständigen Reflexion

Frage 1: Demokratien engagieren sich zunehmend bei der Entwicklung modernster Waffensysteme. Überlegen Sie sich Argumente, warum gerade in Demokratien diese Entwicklungen vorangebracht werden.

Frage 2: Suchen Sie auf der Homepage des Weißen Hauses nach dem *National Policy on Ballistic Missile Defense Fact Sheet* vom Mai 2003. Identifizieren Sie zwei Argumente, die für eine amerikanische Raketenabwehr genannt werden. Mit welchen Konzepten aus der Theorie der Rüstungsdynamik können diese Argumente beschrieben werden?

Antwortvorschläge finden Sie auf der Seite 237.

VII. Theorie der Rüstungskontrolle

1. Der Unterschied zwischen Theorien der Rüstungsdynamik und Theorien der Rüstungskontrolle

Im Gegensatz zur Theorie der Rüstungsdynamik, die in der Regel versucht, realweltliche Phänomene – Rüstungswettläufe – zu erklären, geht es bei der theoretischen Erörterung von Rüstungskontrolle zusätzlich noch um im Kern normative Aspekte. Hierzu zählt erstens die Frage, welche Ziele mit Rüstungskontrollvereinbarungen verfolgt werden sollen. Die Antwort hierauf ist allerdings bei weitem nicht so trivial ist, wie es auf den ersten Blick aussieht. Die zweite Frage, die die Theorie beantworten muss, ist, wie Rüstungskontrolle beschaffen sein muss, um möglichst erfolgreich zu sein und belastbare Übereinkünfte zwischen den Protagonisten zu erzielen. Damit steht die Theorie der Rüstungskontrolle vor ähnlichen Fragestellungen, wie sie z.B. von der Regimetheorie diskutiert werden:[228] Ist es möglich, dass sich einander misstrauende Kontrahenten auf internationaler Ebene auf Verträge oder Regime einigen und diese auch einhalten, ohne dass ein Hegemon die Akzeptanz der Verträge mit Druck durchsetzt? Konkret heisst dies, dass eine Theorie der Rüstungskontrolle zunächst die Ziele von Rüstungskontrolle festlegen muss, um danach Wege aufzuzeigen, wie – und unter welchen Bedingungen – diese Ziele zu realisieren sind. Schließlich müssen auch kritische Einwände diskutiert werden. Gegner der Rüstungskontrolle haben immer wieder argumentiert, dass Rüstungskontrolle oftmals nicht zu mehr, sondern weniger Sicherheit führe und dafür einige theoretisch fundierte Argumente vorgebracht. Auch hier gilt es überzeugende Antworten zu finden.

2. Konzeptionelle Grundlagen der Rüstungskontrolltheorie

Entwickelt wurde die Rüstungskontrolltheorie in den 1950er und 1960er Jahren des vergangenen Jahrhunderts unter dem Eindruck des Ost-West-Konflikts. Das sich abzeichnende nukleare Patt zwischen den Supermächten motivierte die Suche nach der Gestaltung der Beziehung zwischen den Blöcken jenseits der reinen Abschreckung. Vor allem die Erfahrung der Kuba-Krise, welche die Welt beinahe in einen Nuklearkrieg getrieben hätte, motivierte dazu, rüstungskontrollpolitische Konzeptionen voranzutreiben und in die politische Praxis umzusetzen.

---

[228] Vgl. Kohler-Koch 1989; Müller 1993; Rittberger/Mayer 1993.

2.1 Das Verhältnis zwischen Rüstungskontrolle und Abrüstung

Der Begriff „Rüstungskontrolle" wird fälschlicherweise sehr oft mit „Abrüstung" gleichgesetzt. Auf einer sehr grundsätzlichen Ebene handelt es sich jedoch um unterschiedliche Konzepte der Konfliktbearbeitung, die auf verschiedenen Annahmen über die Ursachen von zwischenstaatlichen Auseinandersetzungen beruhen. Überzeugte „Abrüster"[229] sehen die Anhäufung von Waffen als primäre Ursache von Konflikten und Kriegen.[230] Mit der Verminderung (Abrüstung als Prozess) und schließlichen Beseitigung der Arsenale (Abrüstung als Zustand) lassen sich daher auch die Konflikte zwischen den Staaten erfolgreich behandeln.

Die Theoretiker der Rüstungskontrolle[231] hingegen nehmen von der Rüstung zunächst unabhängige Konfliktursachen an; zwischenstaatliche Konflikte seien in den internationalen Beziehungen unvermeidlich, schon durch das unüberwindbare Sicherheitsdilemma. Freilich nehmen die Größenordnung und die Art der Bewaffnung der Konfliktparteien auf den Austrag ihrer Beziehungen einen eigenen, von der ursprünglichen Konfliktursache abgelösten Einfluss. Je nach Rüstungstechnik und Eigendynamik kann dieser Einfluss zu gefährlichen Rüstungswettläufen, ja selbst zum Auslösen von Kriegen führen. Rüstungskontrolle will diese Gefahr einhegen, ohne freilich den Ehrgeiz zu entwickeln, zwingend zu einer völligen Abrüstung zu führen, ja möglicherweise ohne die bestehenden Waffenarsenale überhaupt zu verändern. Viele *Instrumente* der Rüstungskontrolle sind daher von denen der Abrüstung nicht zu unterscheiden, aber die zugrunde liegenden Weltsichten sind verschieden.

2.2 Ziele der Rüstungskontrolle

2.2.1 Rüstungskontrolle soll der Realisation dreier Ziele dienen

Zentrale Ziele, die im Zusammenhang mit Rüstungskontrolle genannt werden können, sind:[232]

- Kriegsverhütung und Stabilisierung der Beziehungen
- Schadensbegrenzung im Kriegsfall
- Senkung der Kosten, die direkt durch Rüstung entstehen.

Diese verschiedenen Ziele sind nicht unter allen Umständen zueinander kompatibel und entsprechend nicht immer gleichzeitig zu realisieren.

---

229   Vgl. von Suttner 1990 [1889]; Schell 1984.
230   Vgl. hierzu auch die Überlegungen in Abschnitt III.1.5.4.
231   Vgl. Brennan 1961; Bull 1965.
232   Vgl. Krell/Kelle 1996.

Kriegsverhütung als Ziel erscheint vom Verständnis her unproblematisch. Hierunter soll neben der totalen Verhütung von Kriegen auch eine Senkung der *Kriegswahrscheinlichkeit* verstanden werden. Je nach Grad der Beziehungen zweier Länder oder Machtblöcke zueinander wird deshalb anstelle des Kriegsverhütungsziels eher das Ziel der *Stabilisierung* der Beziehungen angestrebt. Stabilität wird somit zum zentralen Begriff und Standard der Rüstungskontrolle. Dabei ist zu unterscheiden zwischen

- *Krisenstabilität*: Keine Partei soll motiviert sein, in einer Krise als erste zuzuschlagen, entweder um damit einen entscheidenden Vorteil zu erreichen (Entwaffnen des Gegners) oder einen entscheidenden Nachteil zu vermeiden (Zerstörung des eigenen Arsenals).
- *strategischer Stabilität*: Die militärischen Strategien beider Parteien sollen präemptive Operationen zur Ausschaltung des gegnerischen Arsenals ausschließen.
- *Rüstungswettlaufstabilität*: Die Bewaffnung beider Seiten soll in einem stetigen, nicht in einem sich ständig beschleunigenden Tempo vor sich gehen. Keine Seite soll Durchbrüche der anderen zu befürchten haben, die ohne die Möglichkeit zur Gegenreaktion einen entscheidenden Nachteil nach sich ziehen würden.

Rüstungskontrollpolitische Maßnahmen sollen durch die Stabilisierung der militärischen Beziehungen in allen drei Hinsichten verhindern, dass der Rüstungswettlauf in eine ungewollte bewaffnete Auseinandersetzung mündet, und somit zur Kriegsverhütung beitragen.

Schadensbegrenzung zielt darauf ab, die Einsatzwahrscheinlichkeit bestimmter, besonders zerstörerischer Waffensysteme, z.B. Nuklearwaffen, zu reduzieren bzw. Maßnahmen zu entwickeln, die die Schadenswirkung solcher Waffen eindämmen oder gar nicht aufkommen lassen. Diese Aufgabe wird oft im Rahmen des humanitären Völkerrechts umgesetzt. Da dieses Kriege als unvermeidlich hinnimmt und sich auf einen möglichst „geregelten" Austrag konzentriert, liegt der Auftrag, für eine Begrenzung des Schadens zu sorgen, auf der Hand.

Kostensenkungen zielen darauf ab, knappe staatliche Finanzen im Feld der Rüstung freizusetzen, da Rüstungsausgaben die fiskalischen Ressourcen überproportional beanspruchen.[233] Die eingesparten Gelder können dann einer anderen Verwendung, z.B. sozialen Zwecken, aber u.U. auch anderen Rüstungsprojekten, zugeführt werden.

Oben wurde zunächst darauf hingewiesen, dass Abrüstung und Rüstungskontrolle nicht synonym verwendet werden können. Allerdings kann es verwundern, dass *Abrüstung* nicht wenigstens als ein Ziel der Rüstungskontrolle benannt wird. Dies

---

233 Der Anteil der Verteidigungsausgaben am Bundeshaushalt betrug 2005 ca. 9,4 Prozent. Höhere Anteile wiesen nur das Bundesministerium für Gesundheit und Soziale Sicherung und das Bundesministerium für Wirtschaft und Arbeit auf. Vgl. http://www.bundesfinanzministerium.de/bundeshaushalt2005/html/vsp2i-e.html, letzter Zugriff 14.10.2005.

liegt daran, dass Abrüstung unserem Verständnis nach *eine Strategie* bzw. *ein Mittel* zur Umsetzung der Ziele der Rüstungskontrolle darstellen kann – aber eben nicht muss. Denn während vollständige Abrüstung aller bekannten Waffen sicherlich das Ende aller Kriege bedeuten würde, muss z.B. jeweils genau geprüft werden, ob Abrüstung einzelner Waffensysteme insgesamt für mehr oder weniger Stabilität sorgt. Lässt sich beispielsweise ein Staat auf die Abrüstung eines Waffensystems ein, das für die Abschreckung eines anderen Staates essentiell ist, so kann die Lage nach erfolgter Abrüstung durch einen höheren Spannungsgrad gekennzeichnet sein als vorher.[234]

2.2.2 Das Verhältnis der Rüstungskontrollziele zueinander

Wie bereits eingangs erwähnt, harmonisieren diese drei Ziele nicht zwangsläufig miteinander, sondern können in Widerspruch treten. So können z.B. Maßnahmen, die dazu dienen, durch Kriege entstehende Schäden zu begrenzen, die Wahrscheinlichkeit für Kriege steigern, da diese nun als weniger riskant angesehen werden. Dementsprechend sinkt die Hemmschwelle für den Einsatz militärischer Machtmittel und damit die Stabilität.[235] Gerade unter dem Eindruck der atomaren Bedrohung konnte das Streben nach einer umfassenden Erstschlagsfähigkeit, die den Gegner ohne Zweitschlagsoption lässt, durchaus als schadensmindernd verstanden werden – zumindest für das eigene Land.[236]

Während des Ost-West-Konflikts wurden verstärkte Anstrengungen im Zivilschutz (beispielsweise der Bau von zusätzlichen Bunkern) als Indiz für aggressive Absichten gewertet. Aber auch in der heutigen Debatte kommt das Argument vor. So gibt es Vorwürfe an die Adresse der USA, sich durch die verstärkten Anstrengungen im Bereich einer nationalen Raketenabwehr weitgehend unverwundbar machen zu wollen, sodass sie selbst Kriege führen können, ohne Gegenschläge fürchten zu müssen.[237] Der Schutz der eigenen Bevölkerung und des eigenen Territoriums, also eine zunächst defensive Maßnahme, befreit von den Schranken der Abschreckung, entwertet das Zweitschlagspotenzial des Gegners und eröffnet so eigene Handlungsmöglichkeiten für risikofreie offensive Operationen.

Ebenso müssen auch bei dem Ziel, die Kosten der Rüstung zu senken, bestimmte Ambivalenzen bedacht werden. So ist es zum einen zwar möglich, die Kosten der Rüstung dadurch zu senken, dass man insgesamt weniger Rüstungsgüter produziert. Es können aber andererseits durch modernere Produktionsmethoden (Massenpro-

---

234 Vgl. Krell/Kelle 1996. Es gab und gibt aber auch Autoren, die (vollständige) Abrüstung als Ziel der Rüstungskontrolle begreifen. Vgl. z.B. die Diskussion bei Schelling (1962) in der er die Position, dass Rüstungskontrolle nicht zwingend Abrüstung bedeutet, gegen Einwände verteidigt.
235 Vgl. Müller/Schörnig 2002.
236 Vgl. Gray/Payne 1980.
237 Vgl. Müller 2003a.

duktion), die Konzentration auf bestimmte Waffentypen oder eine Restrukturierung der Rüstungsindustrie Kostensenkungen erzielt werden,[238] die nicht zu Lasten der Kampffähigkeit gehen. So haben sich die USA entschlossen, zukünftig allen vier Teilstreitkräften (*Army*, *Navy*, *Air Force* und den *Marines*) nur einen Flugzeugtypus (wenn auch in verschiedenen Varianten), den *Joint Strike Fighter* (JSF), zur Verfügung zu stellen. Dank der Vorteile der Massenproduktion können trotz gesunkener Ausgaben mehr Flugzeuge angeschafft werden – so zumindest die Hoffnung des Pentagon. In diesem Fall fördert die Kostensenkung nicht automatisch auch die Kriegsverhütung – eher das Gegenteil ist der Fall.

Ebenfalls ist denkbar, dass technische Innovationen zwar kostensenkend wirken können, gleichwohl die Wahrnehmung der Bedrohung beim Kontrahenten vehement steigern und dadurch die Wahrscheinlichkeit eines Krieges deutlich erhöhen. Verbessern neue Technologien mit geringem Kostenaufwand in hohem Maß die Zielgenauigkeit von Raketen, so kann u.U. auf einen großen Teil des Arsenals verzichtet werden, was zwar die Kosten senkt, die Stabilität der Beziehungen indes mindert, da die Verwundbarkeit der anderen Seite steigt.

2.3 Die Wahl der Mittel zur Umsetzung der Ziele

Rüstungskontrollmaßnahmen sind nicht unabhängig vom politischen Kontext zu sehen, in dem sich die zu kontrollierenden Parteien befinden. Je nach Grad der Beziehungen zwischen den Staaten sind die Ziele und Mittel der Rüstungskontrolle sehr unterschiedlich. Es lassen sich fünf Konfliktgrade unterscheiden, die sich in der jeweiligen Relevanz der verschiedenen Ziele der Rüstungskontrolle unterscheiden und im Rahmen derer jeweils verschiedene konkrete Maßnahmen besonders hilfreich sind.[239]

2.3.1 Konfliktniveau: Akute Feindschaft

Ist zwischen zwei verfeindeten Kontrahenten ein offener Konflikt ausgebrochen, d.h. befinden sie sich in einer *akuten Krise*, so verfolgt Rüstungskontrolle prioritär das Ziel, den Schaden zu begrenzen, die Kriegshandlungen zu beenden und die Beziehungen zu stabilisieren. Aufgrund des extrem hohen Misstrauens sind die zur Verfügung stehenden Maßnahmen sehr begrenzt und erschöpfen sich meist im Versuch, das humanitäre Völkerrecht (Kriegsvölkerrecht) konsequent anzuwenden (Nichteinsatz verbotener Waffen; Schonung der Zivilbevölkerung; rechtsförmige Behandlung der Kriegsgefangenen), die weitere Eskalation der Kriegführung einzu-

---

238 Vgl. Schörnig 2005.
239 Vgl. Müller 1996.

dämmen, Kommunikation zwischen den Kriegführenden herzustellen und zu verdichten und zwischen ihnen zu vermitteln.

2.3.2 Konfliktniveau: Chronische Feindschaft

Im Gegensatz zur akuten Feindschaft zeichnet sich diese Situation nicht durch einen akuten Konflikt aus, dennoch stehen sich die Kontrahenten mit hohem Misstrauen gegenüber. Rüstungskontrolle versucht nun der latenten Krise/dem latenten Konflikt zwischen beiden Parteien Stabilität zu verleihen und zu verhindern, dass aus einem Sicherheitsdilemma resultierende Eigendynamiken entstehen. Hierzu können ebenfalls eine Verdichtung der Kommunikation sowie eine Erhöhung der Transparenz beitragen.

2.3.3 Konfliktniveau: Angespannte Beziehungen

Ist die Situation angespannt und besteht ein hohes Misstrauen, so wird keiner der Kontrahenten bereit sein, aus dem in Kapitel III.1.1 beschriebenen Aktions-Reaktions-Schema auszubrechen. Hier gilt es nun, mittels geeigneter Maßnahmen eine Steuerung der Aufrüstung zu erreichen, die einerseits garantiert, dass die subjektiven Sicherheitsbedürfnisse berücksichtigt werden, andererseits aber gefährliche und kostenträchtige Exzesse, Überreaktionen oder sich verselbstständigende Dynamiken nach Möglichkeit vermieden werden.[240] Möglichkeiten, dies zu erreichen, sind vielfältig. Es werden deshalb hier nur drei Varianten diskutiert: *Vertrauensbildende Maßnahmen* sowie *quantitative* und *qualitative Beschränkungen*.

2.3.3.1 Vertrauensbildende Maßnahmen (VBM)

Hierunter werden alle Maßnahmen verstanden, die die Wahrscheinlichkeit der Überreaktion auf Handlungen des Gegenübers reduzieren, sofern diese auf übersteigertes Misstrauen und übertriebene Vorsicht zurückzuführen sind.[241] Es lassen sich vier Unterkategorien unterscheiden.

Die sicherlich schwächste Form der vertrauensbildenden Maßnahmen stellen *symbolische Handlungen* und *Übereinkünfte* statt. Dabei einigen sich die beteiligten

---

240 Charles Osgood führte in diesem Zusammenhang den Begriff GRIT (*Graduated Reciprocation In Tension-reduction*) ein, der den Versuch beschreibt, auch im Rahmen einer angespannten Beziehung durch vorsichtige und jeweils im Voraus angesagte unilaterale kleine Schritte des Entgegenkommens der Logig der Rüstungsdynamik entgegenzuwirken und den Spannungsgrad zu reduzieren. Vgl. Osgood 1962, Kap. 5.
241 Vgl. Meier, et al. 1991.

Staaten auf gemeinsame Normen im Umgang miteinander, wie z.B. die Abkommen zur Vermeidung des Atomkrieges zwischen den USA und der Sowjetunion aus dem Jahr 1971.[242] Der Nachteil ist natürlich, dass solche Übereinkünfte angesichts der anarchischen Struktur des internationalen Systems keinerlei Verbindlichkeit besitzen.[243]

Die Maßnahme der *Transparenzsteigerung* kann sich auf die Überprüfung getätigter Aussagen und Behauptungen beziehen – man spricht dann von *Verifikationsmaßnahmen*, die z.b. den gegenseitigen Besuch von Militäreinrichtungen etc. regeln. Eine weitere Form sind Maßnahmen zur Steigerung der „puren Transparenz". So regelte z.B. der *Open-Skies-Vertrag* von 1992 gemeinsame Bildüberflüge der Vertragspartner des Raumes „von Vancouver bis Wladiwostok", wobei keinerlei Einschränkungen des Überfluggebietes zulässig sind.[244]

Verbesserte Kommunikation kann in speziellen Foren stattfinden (NATO-Russland-Rat) und damit gegenseitigen Informationsaustausch fördern. Sie kann aber auch speziell zur Vermeidung von Krisen ausgelegt sein, wie beispielsweise das erst in den 1960er Jahren eingerichtete Rote Telefon.[245]

Die Einhaltung *operativer Beschränkungen* schließlich dient dazu, sich selbst auf Handlungen zu beschränken, die vom Gegenüber nicht als bedrohlich eingestuft werden. Das klassische Beispiel hierzu ist die Begrenzung des Umfangs von Manövern, da Truppenkonzentrationen ab einer bestimmten Größe zu leicht als Kriegsvorbereitung missverstanden werden können. Damit wird insgesamt die Wahrscheinlichkeit eines Kriegsausbruchs gesenkt, auch wenn weder eine Schadensbegrenzung im Kriegsfall, noch eine Senkung der Rüstungskosten erzielt werden.

Alle Maßnahmen, die sich auf den Austausch von Informationen beziehen, sind aber in sehr angespannten Situationen mit Vorsicht zu genießen. Hochgradig misstrauische Akteure werden solchen Informationen keinen Wert beimessen oder sogar versuchen, die Transparenzmaßnahmen im strategischen Sinn durch gezielte Falschinformationen zu missbrauchen. Solches Verhalten hatten wir schon im Rahmen des Gefangenendilemmas als rationale, aber dennoch unsinnige Strategie kennengelernt. Es kann deshalb u.U. eine Verschlechterung der Beziehungen bewirken und damit dem Ziel der Rüstungskontrolle entgegenwirken.[246] Im Zusammenhang mit der Verifikationsproblematik werden wir diesen Aspekt im nächsten Kapitel noch einmal aufgreifen.

---

242 Vgl. Blechman 1988; Meier, et al. 1991.
243 Unter „anarchisch" wird verstanden, dass es keine Instanz im internationalen System jenseits der Staaten gibt, die die Durchsetzung von Vereinbarungen zwischen Staaten (oder gar deren Überleben) garantiert. Vgl. Waltz 1979, Kap. 6.
244 Vgl. Kapitel VIII und Abschnitt XI.1.3.2.
245 Vgl. Abschnitt II.2.5.
246 In seinem Buch The Sum of all Fears entwirft Tom Clancy ein völlig plausibles Szenario, wie der amerikanische und sowjetische Präsident durch Kommunikation durch das „Rote Telefon" einem Antomkrieg entgegen schlittern, weil jeder die Worte des Gegenübers nur als Bestätigung der eigenen Befürchtungen interpretiert.

2.3.3.2 Quantitative und qualitative Beschränkungen

Im Rahmen *quantitativer* Beschränkungen einigen sich die Kontrahenten darauf, dass ihre Waffenarsenale zwar grundsätzlich weiterwachsen, allerdings nur mit einer eingeschränkten Wachstums*rate*. Damit wird die Aktions-Reaktions-Dynamik zwar nicht unterbrochen, aber doch verregelt und verlangsamt. Das zentrale Ziel hierbei ist, die Kosten eines Rüstungswettlaufs zu kontrollieren, d.h. übermäßige Steigerungen zu vermeiden. Allerdings kann sich eine solche *kontrollierte Aufrüstung* auch stabilisierend auswirken, da keine Seite einen solch großen Vorsprung erlangen kann, dass die Möglichkeit eines erfolgreichen Angriffs gegeben scheint.

Bei *qualitativen* Beschränkungen werden schließlich bestimmte Technologien verboten, ohne an der grundsätzlichen Tendenz der Aufrüstung etwas zu ändern. Hierbei kann es sich entweder um besonders „inhumane" Waffen (Napalm, Minen, Laserwaffen etc.) handeln, oder aber um ein „Limit" für bestimmte Weiterentwicklungen, z.B. die Anzahl der Sprengköpfe auf einer Atomrakete – auf die MIRV-Problematik wurde bereits eingegangen. Ein weiteres konkretes Beispiel findet sich beispielsweise im SALT II-Vertrag, der Veränderungen an Länge oder Durchmesser bestehender Raketen auf maximal fünf Prozent festlegte, um verbesserte Reichweiten oder größere Nutzlasten vertragskonformer Raketen zu unterbinden.[247] Auch hier besteht die Rüstungskontrolle wieder in kontrollierter Aufrüstung.

2.3.4 Konfliktniveau: Überwiegend kooperative Beziehungen

Während sich die Kontrahenten im vorherigen Fall so weit mißtrauten, dass sie nicht bereit waren, auf weitere, wenn auch kontrollierte, Aufrüstung zu verzichten (aus Unsicherheit darüber, ob der Gegner nicht doch heimlich aufrüstet), so ermöglichen entspannte bzw. überwiegend kooperative Beziehungen eine Erweiterung der Mittel der Rüstungskontrolle um *Rüstungsbegrenzung* und *Rüstungsminderung*.

Im Fall der Rüstungsbegrenzung einigen sich die Kontrahenten auf Obergrenzen, über die hinaus keine weiteren Waffen einer bestimmten Kategorie angeschafft werden. Dies kann sich entweder auf eine absolute quantitative Größe beziehen (z.B. die Anzahl an Atomsprengköpfen einer bestimmten Kategorie), oder aber eine bestimmte geographische Region betreffen. Einigt man sich auf absolute Obergrenzen, so hat sich die Erkenntnis durchgesetzt, dass zusätzliche Waffen einer konkreten Kategorie nicht automatisch mehr Sicherheit bedeuten. Der ehemalige amerikanische Nationale Sicherheitsberater und Außenminister Henry Kissinger fasste diese Überlegung für den Nuklearbereich sehr pointiert einmal so zusammen:

---

247 Gleichzeitig wurde in SALT II auch festgelegt, dass das Volumen der Raketensilos um maximal 32 Prozent vergrößert werden dürfte.

„What in the name of God is [nuclear, HMü/NSg] superiority?".[248]

Damit widersprach er energisch der Denkweise der Militärs, trotz der eigenen Fähigkeit, den Gegner bereits mehrfach auslöschen zu können, immer noch weiter aufrüsten zu wollen, nur um formal die Überlegenheit zu erlangen.

Ein Beispiel für regionale Obergrenzen findet sich z.b. im sogenannten KSE Vertrag, der gegen Ende des Kalten Krieges Obergrenzen für konventionelle Streitkräfte in Europa festlegen sollte, allerdings erst nach dem Zusammenbruch der Sowjetunion unterzeichnet wurde.[249] Ziel einer solchen Übereinkunft ist es, keinem der Kontrahenten eine Konzentration von Hauptwaffensystemen innerhalb eines bestimmten Gebietes zu gestatten, die ausreicht, um einen Überraschungsangriff durchführen zu können und somit die Vorwarnzeit entsprechend zu erhöhen.

Rüstungsminderung hingegen wird oft mit Abrüstung gleichgesetzt. Dies ist nicht völlig korrekt, da Rüstungsminderung nur den Prozess der Reduzierung der Waffenbestände beschreibt, während Abrüstung neben dem Prozess auch den Endzustand selbst benennen kann. Dieser Endzustand kann entweder ein reduziertes Niveau der Waffenbestände sein, oder aber vollständige Abrüstung (zumindest einzelner Waffenkategorien) umfassen. Rüstungsminderung setzt, wenn umfangreiche Reduzierungen der Waffenbestände erzielt werden sollen, gegenüber dem Fall der kontrollierten Aufrüstung grundlegend veränderte Beziehungsmuster und Konflikregelungsmechanismen im internationalen System, wie z.B. das Ende des Ost-West-Konflikts, voraus.

2.3.5 Konfliktniveau: Sicherheitsgemeinschaft

Das Konzept der pluralistischen Sicherheitsgemeinschaft geht auf *Karl W. Deutsch* zurück.[250] Im Rahmen einer Sicherheitsgemeinschaft findet Rüstungskontrolle ihren Ausdruck in einer weitreichenden militärischen Integration der Akteure, die sowohl gemeinsame Verteidigungskonzepte entwickeln, als auch ihre Armeen durch gemeinsame Einheiten, Manöver und Beschaffung von Wehrmaterial vereinheitlichen. Damit sind die Akteure nicht nur erstklassig über einander informiert, sondern nehmen zusätzlich gegenseitig Einfluss aufeinander. Dabei ist zu beachten, dass es sich bei einer solchen Sicherheitsgemeinschaft nicht um einen neu geschaffenen Bundesstaat handelt. Die nationalen Strukturen bleiben dahingehend aufrechterhalten, dass über rüstungspolitische Entscheidungen weiterhin national entschieden wird, die Reichweite der nationalen Entscheidungen allerdings einer freiwilligen Einschränkung unterliegt. Ein Beispiel für militärische Kooperation im Rahmen einer exem-

---

248 Zitiert nach Freedman 1991: 113.
249 Vgl. Abschnitt XI.1.
250 Vgl. Deutsch, et al. 1957.

plarischen Sicherheitsgemeinschaft, der EU[251], ist z.B. das deutsch-französische Korps oder das Eurokorps. Staaten, die mittels solcher Strukturen miteinander vernetzt sind, haben das Problem eines möglichen Dilemmas überwunden, da die sehr enge Kooperation ein Ausscheren und Hintergehen des Partners fast unmöglich macht.

2.3.6 Die Konfliktniveaus im Überblick

Die bisherigen Überlegungen werden durch die folgende Grafik zusammengefasst:

Konflikniveau/ Grad der Beziehungen	Ziel(e) der Rüstungskontrolle	Mittel der Rüstungskontrolle
Akute Feindschaft	• Beendigung von Kriegshandlungen • Stabilisierung der Beziehungen	• Verdichtung der Kommunikation zwischen den Partcien • Vermittlung Dritter
Chronische Feindschaft	• Stabilität der Krise • Vermeidung von Präemptionszwängen	• Verdichtung der Kommunikation zwischen den Parteien • Erhöhte Transparenz
Gemischte Beziehungen	• Stabilisierung der Beziehungen • Kriegsverhütung	• VBM • Quantitative und qualitative Rüstungsbeschränkung • Abbau offensiver Machtmittel
Überwiegend kooperative Beziehungen	• Verhinderung, dass restliches Misstrauen bestimmend für die Beziehungen wird	• Quantitative und qualitative Rüstungsbeschränkung • Tiefgreifende Transparenz
Sicherheitsgemeinschaft	• Weitreichende militärische Integration	• Gemeinsame Verteidigungsplanung • Aufbau multinationaler Verbände

Abbildung 16: Zusammenhang zwischen Beziehungsgrad, Zielen und Mitteln der Rüstungskontrolle

---

251   Vgl. Wæver 1998.

3. Konzeptionelle Probleme der Rüstungskontrolle bzw. Rüstungskontrolltheorie

Rüstungskontrolle, verstanden als theoretisches und abstraktes Konzept, ist nicht ohne zum Teil heftige Kritik geblieben. Zwar räumen auch Kritiker ein, dass einzelne Rüstungskontrollverträge durchaus ihre positiven Seiten hätten. Allerdings leide Rüstungskontrolle unter einem permanenten und nicht aufzulösenden Paradoxon: Sie sei nämlich unnötig, wenn sie möglich sei und unmöglich, wenn sie nötig sei.[252] Dieses Argument ist allerdings nur dann korrekt, wenn man ein sehr verengtes Verständnis von Rüstungskontrolle besitzt. Die Analyse der verschiedenen Beziehungsgrade hat zwar aufgezeigt, dass bei sehr angespannten Beziehungen die Möglichkeiten der Rüstungskontrolle eingeschränkt sind. Allerdings zeigte die genaue Betrachtung auch, dass jeder Beziehungsgrad durchaus Möglichkeiten für eine aktive rüstungskontrollpolitische Bearbeitung aufweist. Frustration über Rüstungskontrolle im Sinne des vermeintlichen Paradoxons kommt also nur auf, wenn man die durch den Beziehungsgrad gesteckten Grenzen der Rüstungskontrolle missachtet und zu hohe bzw. unrealistische Erwartungen hat.

Ein weiterer, oft geäußerter Vorwurf an die Rüstungskontrolltheorie ist, Abschreckungsstrategien könnten den gleichen Zielen wie Rüstungskontrolle dienen, ohne sich der Gefahr eines Angriffs durch einen heimlich rüstenden Gegner auszusetzen. Dazu genüge es, so die Kritiker, ein strategisches Gleichgewicht herzustellen und zu erhalten, insbesondere aber die eigenen Streitkräfte so zu gestalten, dass sie bei einem möglichen Erstschlag des Gegners noch über eine gesicherte Zweitschlagsfähigkeit verfügen.[253] Diese Argumentation nimmt damit bewusst das Risiko eines Rüstungswettlaufs in Kauf. Denn in Kapitel III.1 wurde gezeigt, dass aus den aufeinander bezogenen Rüstungsentscheidungen von zwei oder mehr Staaten nicht notwendigerweise ein militärisches Gleichgewicht resultieren muss. Vielmehr können die Akteure in einen destabilisierenden Aktions-Reaktions-Prozess geraten. Außerdem übersehen diese Einwände gegen Rüstungskontrollbemühungen, dass erfolgreiche Gleichgewichtsstrategien zwar zur Kriegsverhütung beitragen können, der zugrunde liegende Konflikt aber weiterhin besteht und sich keine Chancen für eine kooperative Bearbeitung und eine mögliche Beendigung ergeben. Anders hingegen steht es bei Maßnahmen, die auf Rüstungskontrolle abzielen: Hier wird eine Eindämmung der Kriegsgefahr durch Kooperation erzielt. Diese kann wiederum zu *Spill-Over*-Effekten in anderen Politikbereichen führen und somit insgesamt die Spannungen zwischen den Akteuren mindern.

Neben dieser Argumentation gibt es noch weitere, eher spezifische Kritik an Rüstungskontrollmaßnahmen, die sowohl aus dem militaristischen, als auch dem pazifistischen Lager stammen können. Einige der prominentesten Vorwürfe sollen nun exemplarisch aufgelistet und diskutiert werden.

---

252   Vgl. Gray 1992.
253   Vgl. Waltz 1981.

3.1 Theorem der nachlassenden Verteidigungsbereitschaft

Ein klassischer konservativer Vorwurf besteht darin, Rüstungskontrolle lasse Verteidigungsbereitschaft und -fähigkeit erlahmen, obwohl dem Gegner hinsichtlich seiner Bemühungen nicht zu trauen sei. Regierung und Bevölkerung würden sich zusehends in einem Gefühl falscher Sicherheit wiegen, der Wille, in die notwendigen Rüstungsprojekte zu investieren werde erlahmen. Dem Gegner werde es so ermöglicht, eine gefährliche Überlegenheit zu erringen. Man spricht in diesem Zusammenhang vom *Theorem nachlassender Verteidigungsbereitschaft*.[254] Dieses Argument erinnert stark an das vorne beschriebene Gefangenendilemma: So wie ein rationaler Akteur im Gefangenendilemma einer kommunikativen Lösung, gemeinsam zu leugnen, begeistert zustimmen wird, nur um schließlich dennoch zu gestehen, wird ein anderer Staat Rüstungskontrolle ebenso begeistert akzeptieren, nur um im Geheimen weiterhin aufzurüsten.

Dieses Argument mag gegenüber Staaten, die sich der Transparenz vollständig verweigern, durchaus angebracht sein. Allerdings hebt die moderne Rüstungskontrolltheorie in diesem Zusammenhang immer wieder die Bedeutung von Verifikationsmaßnahmen, wie z.b. unangekündigten Vor-Ort-Inspektionen hervor, die dazu dienen können, solche Unsicherheiten zumindest zu minimieren.

3.2 Theorem des *Bargaining-Chips*

Ein Vorwurf aus dem eher pazifistischen Lager bezieht sich darauf, dass – speziell während des Kalten Krieges – bestimmte Waffensysteme nur deshalb angeschafft oder behalten worden seien, um im Rahmen eines Verhandlungsprozesses als *Bargaining-Chip*, also als Verhandlungsmasse, eingesetzt werden zu können. Durch das freiwillige Anbieten von Verhandlungsmasse sollten andere Waffensysteme, von denen man sich einen höheren militärischen Nutzen versprach, vor Rüstungskontrolle „geschützt" werden. Damit, so argumentieren die Kritiker, könne Rüstungskontrolle selbst zum Auslöser neuer Rüstungsprojekte werden.

Diese Argumentation mag für einige Waffensysteme Gültigkeit besitzen. So spricht einiges dafür, dass die amerikanische Interkontinentalrakete Titan II länger im Bestand verblieb als vorgesehen, um von der Sowjetunion „wegverhandelt" zu werden.[255] Auch einige sowjetische Systeme scheinen aus diesem Grund beibehalten worden zu sein. Dass Waffensysteme allerdings bewusst als *Bargaining-Chips* angeschafft wurden, ist zumindest umstritten. So hat Henry Kissinger die Ende der 1960er Jahre neu entwickelten Marschflugkörper nach eigenen Angaben zwar als *Bargaining-Chips* gesehen, und sie wurden von ziviler Seite schon während der Entwicklungsphase als Verhandlungsmasse angesehen. Dennoch war ihre Entwick-

---

254 Vgl. Wallop/Codevilla 1987.
255 Vgl. Krell/Kelle 1996.

lung und Anschaffung aus technologischer und militärischer Sicht konsequent – auch wenn das Militär ihren vorgeblichen Nutzen erst mit Verspätung entdeckte.[256] Damit soll nicht behauptet werden, das Argument als solches wäre inkorrekt. Sicherlich wurde bei Neuanschaffungen neuer Waffensysteme oftmals eine Zusatzmarge veranschlagt – damit man nach Abrüstungsverhandlungen immer noch über die militärisch vermeintlich notwendige Anzahl verfügen konnte.

Allerdings kommen Krell und Kelle zu dem Schluss, dass der Effekt des *Bargaining-Chips* „wahrscheinlich weit überschätzt" (1996: 398) worden sei.

3.3 Theorem des *Levelling-Up*

Das nächste Argument unterstellt, dass im Rahmen von Rüstungskontrollvereinbarungen zur Rüstungsbegrenzung bewusst Obergrenzen in einer Höhe gewählt werden, die von beiden Seiten als ausgesprochen großzügig empfunden werden und damit keinen effektiven Nutzen zur Kriegsverhinderung aufweisen.[257] Als Beispiel wird die 1974 getroffene Übereinkunft von Wladiwostok genannt, in der Obergrenzen für MIRV-fähige Trägerwaffen festgelegt wurden. Obwohl die USA zu diesem Zeitpunkt über etwa 800 und die Sowjetunion über keine nennenswerte Anzahl solcher Systeme verfügte, wurde die Obergrenze auf je 1320 Systeme festgesetzt. Damit blieb beiden Akteuren noch eine enorme Spanne nach oben, die sie jeweils noch ausfüllen konnten.[258]

Sicherlich können verschiedene Argumente für ein *Levelling-Up* im Rahmen von Rüstungskontrollvereinbarungen vorgebracht werden: sei es, dass psychologische Gründe für höhere Festlegungen sprechen („wir haben die Ressourcen, um x Einheiten des Waffentyps y zu bauen, also bauen wir sie!"), sei es, dass Unsicherheit über die militärisch vermeintlich notwendige Anzahl Einheiten herrscht und man lieber „auf Nummer sicher" gehen will.

Dass *Levelling-Up* allerdings im Rahmen von Kontrollvereinbarungen typisch sei, oder in der Regel eine gewichtige Rolle spiele, kann bestritten werden. Denn seit Wladiwostok ist die Zahl der strategischen Kernwaffen durch Rüstungskontrollvereinbarungen mehr als halbiert worden.

3.4 Theorem des *Displacement*

Das Theorem des *Displacement* unterstellt, Rüstungskontrolle führe zu verstärkten Rüstungsanstrengungen in noch nicht verregelten Bereichen, da es nie gelingen könne, alle relevanten Bereiche zeitgleich erfolgreich zu bearbeiten. Rüstungskon-

---

256 Vgl. Quester 1981.
257 Vgl. Senghaas 1972a.
258 Vgl. Krell/Kelle 1996.

trolle verdrängt und verlagert dieser Argumentation zufolge nur das Problem zu einer anderen Waffenkategorie hin, entschärft aber nicht die Ursachen der Konfrontation. Auch diese Argumentation ist nicht direkt von der Hand zu weisen, ist aber auch nicht in allen Bereichen überzeugend. So stellen erfolgreiche Rüstungskontrollabkommen – nicht zuletzt im Bewusstsein der Bevölkerungen – *Benchmarks* für weitere Maßnahmen dar. Gerade in Demokratien kann eine kritische Öffentlichkeit dafür sorgen, Verstöße gegen den „Geist" bestimmter Vereinbarungen aufzudecken und so die Entwicklung militärischer Substitute für die gebannten oder beschränkten Systeme aufdecken und verhindern.[259]

3.5 Theorem des *Suspicion-Building*

Im Rahmen dieses Arguments wird unterstellt, Verhandlungen über Rüstungskontrollvereinbarungen lenkten in ungünstigen Fällen die Aufmerksamkeit auf neue, z.T. auch „künstliche" Probleme. So bestehe die Gefahr, dass das neu aufgebaute Vertrauen im Gegenzug durch die gleichen Verhandlungen wieder vernichtet wird und dementsprechend kein positiver Vertrauenseffekt zu verzeichnen sei. Auch hier ist anzumerken, dass eine solche Möglichkeit nicht ausgeschlossen ist. Gleichwohl ist darauf hinzuweisen, dass der Verweis auf solche Scheinprobleme in der Regel sowieso von Gruppen vorgebracht wird, die Rüstungskontrolle eher kritisch gegenüberstehen.

3.6 Theorem der Akzeptanz

Ein anderer Kritikpunkt kann von Abrüstungsbefürwortern hervorgebracht werden und bezieht sich auf das Verhältnis von Rüstungskontrolle und Abrüstung. Durch Rüstungskontrollabkommen können Waffengattungen in ihrer Existenz (sogar in bestimmten Quantitäten) bestätigt, legitimiert und schließlich akzeptiert werden. Abrüstungsbemühungen, die sich auf die Eliminierung und Ächtung dieser Kategorien beziehen, würden dadurch erschwert.

4. Vorbeugende Rüstungskontrolle

Eine ganz andere Form der „Kritik" an klassischer Rüstungskontrolle findet sich bei den Vertretern des Konzeptes der „vorbeugenden" bzw. präventiven Rüstungskontrolle. Sie argumentieren, dass sich Rüstungskontrolle meistens auf die qualitative

---

259   Vgl. Rotblat 1993.

oder quantitative Reglementierung oder Beschränkung bereits bestehender militärischer Potenziale beschränke und damit nur eine reaktive Funktion innehabe. Stattdessen, so wird argumentiert, solle man schon früher, nämlich auf der Ebene der Forschung und Entwicklung (F&E) militärischer Fähigkeiten ansetzen, umso frühzeitig gefährlichen Entwicklungen entgegensteuern zu können.

Hans-Joachim Gießmann und Kollegen beschreiben präventive Rüstungskontrolle deshalb als

> „Variante der qualitativen Rüstungskontrolle ..., die darauf abzielt, Rüstungskontrollkriterien möglichst frühzeitig in militärrelevante Forschung, Entwicklung und Erprobung einzubeziehen, um neue technologische Rüstungswettläufe zu verhindern" (2000: 106).

So sollen unerwünschte, „[n]och nicht bestehende, aber durch technologische Innovation (absehbar) zukünftig mögliche militärische Optionen" (ebenda) gesteuert oder gar verhindert werden.

Auf den ersten Blick erscheint diese Art der Rüstungskontrolle sinnvoll, da bei Erfolg die Entstehung inhumaner oder destabilisierender Waffensysteme verhindert werden kann. Auf der anderen Seite muss aber auch festgehalten werden, dass die Phase der Forschung und Entwicklung schwer zu reglementieren ist:

- Erstens ist das militärische Potenzial innovativer Technologien zunächst nur schwer abzusehen. Die Abschätzung, welche militärischen Potenziale sich aus einer bestimmten neuen Technologie ergeben, verläuft in der *Forschungs*phase daher oft an einer schmalen Grenze zwischen der realistischen Analyse möglicher Risiken und purer Science Fiction. Gerade in den wichtiger werdenden *Dual-Use*-Bereichen, wo militärische und zivile Anwendungen eng beieinander liegen, bedeuten Reglementierungen *möglicher* militärischer Anwendungen auch für legitime zivile Entwicklungen hohe Hürden oder gar das Aus. Schließlich wird – z.B. in der Biotechnologie – argumentiert, dass ein gewisses Maß an Grundlagenforschung nötig sei, um gegen die militärische Nutzung durch einen möglichen Vertragsbrecher gewappnet zu sein.
- Sind die Projekte zweitens im *Entwicklungs*stadium, so sind die Risiken zwar leichter abschätzbar, allerdings bestehen nun in zunehmendem Maß Interessen des Militärs oder der Industrie, die eine Einstellung bereits begonnener Projekte erschweren. Außerdem geht die Entwicklung moderner Technologien in den verschiedenen Ländern oftmals in unterschiedlichem Tempo voran, was nicht zuletzt an den wissenschaftlichen Qualifikationen und den aufgebrachten Geldmitteln liegt.[260] Es entsteht so eine asymmetrische Interessenlage: Gerade der am weitesten fortgeschrittene Staat hat dann kein Interesse, sich stoppen zu lassen, denn es ist ja noch nicht absehbar, ob die anderen Staaten überhaupt ähnli-

---

260 So entfielen z.B. im Jahr 2004 fast 80 Prozent der weltweiten Ausgaben für militärische Forschung und Entwicklung auf die USA. Vgl. BICC 2005: 40-41.

che Ergebnisse erzielen können. Sollten die anderen nachziehen, so kann man dann immer noch in Rüstungskontrollverhandlungen eintreten – eine Logik, wie sie z.B. im Rahmen der MIRV-Problematik relevant war.

Diese Überlegungen bedeuten nicht, dass man nicht versuchen sollte, sich die Risiken neuer Technologien frühzeitig bewusst zu machen und mit Rüstungskontrollmaßnahmen möglichst frühzeitig anzusetzen. Allerdings zeigt die Erfahrung, dass dies schwieriger ist, als bei bereits beschafften und stationierten Systemen zu reglementieren. Ausgangspunkt präventiven Rüstungskontrolle muss in jedem Fall eine wesentlich höhere Transparenz über die Forschung und Entwicklung in den Staaten sein; der – wenn auch unzureichende – Informationsaustausch über einschlägige wissenschaftliche Arbeiten im Rahmen der Biowaffenkonvention ist ein Beispiel, wie dies angegangen werden kann. In anderen Rüstungsfeldern hingegen mangelt es vollständig an Transparenz vor dem Stadium der Waffenbeschaffung und - stationierung.

Ein sinnvoller Kompromiss wäre es beispielsweise Rüstungskontrolle nicht auf konkrete *Technologien* zu beziehen, sondern noch in der Entwicklungsphase mögliche militärische *Wirkungen* der neuen Technologien zu beschränken, die als besonders destabilisierend oder inhuman eingestuft werden. Solche Vorschläge wurden z.B. im Zusammenhang mit der *Revolution in Military Affairs* und den sich ergebenden Kräftemultiplikatoren konventioneller Waffensysteme vorgeschlagen.[261] Insgesamt ist die vorbeugende Rüstungskontrolle ein vor allem auf der praktischen Seite noch unterentwickeltes Konzept, das der weiteren Aufmerksamkeit bedarf.

5. Theorie der Rüstungskontrolle: Bilanz

Die Ausführungen dieses Kapitels haben gezeigt, dass sich die Theorie der Rüstungskontrolle besonders mit der Frage der Zielsetzung von Rüstungskontrolle und der Wahl der optimalen Mittel auseinandersetzt. Dabei ist zunächst die Erkenntnis wichtig, dass Rüstungskontrolle nicht zwingend dem vollständigen Verzicht auf bestimmte Waffensysteme verpflichtet sein muss, sondern dass u.U. sogar Aufrüstung – allerdings in kontrollierter Form – mit der Grundkonzeption von Rüstungskontrolle vereinbar ist. Die Diskussion der Probleme von Rüstungskontrollvereinbarungen und deren Lösung hat erneut die Bedeutung zentraler Theorien der Internationalen Beziehungen verdeutlicht. Denn die im Rahmen der Rüstungskontrolle diskutierten Probleme – z.B. die Frage, wie man die Einhaltung einer internationalen Übereinkunft überprüfen, also verifizieren, kann – stellen sich nicht nur bei sicherheitsrelevanten Regimen, sondern allgemein bei allen Vereinbarungen vor dem Hintergrund internationaler Anarchie.

261 Vgl. Müller/Schörnig 2001.

Fragen zur selbstständigen Reflexion

Frage 1: Betrachten Sie erneut die Tabelle, die einen Zusammenhang zwischen dem Grad der Beziehungen und den rüstungskontrollpolitischen Zielen und Mitteln aufzeigt. Überlegen Sie anhand der Ausführungen zur Rüstungsdynamik während des Ost-West-Konflikts, welche Konfliktphase sie welchem Grad der Beziehungen zuordnen.

Frage 2: Warumsollten sich Staaten Ihrer Meinung nach an Rüstungskontrollabkommen halten? Überlegen Sie sich vier Argumente.

Frage 3: Was sind die Ziele und Voraussetzungen von Vertrauensbildung?

Frage 4: Nennen Sie mindestens fünf verschiedene Instrumente der Vertrauensbildung.

Antwortvorschläge finden Sie auf den Seiten 238-239.

VIII. Grundlegende Probleme der Rüstungskontrolle

Im letzten Kapitel wurden die Theorie der Rüstungskontrolle sowie grundlegende Einwände vorgestellt. Hier werden nun die Probleme diskutiert, vor die Praktiker der Rüstungskontrolle bei der Gestaltung und Ausformulierung sinnvoller Abkommen immer wieder gestellt werden: Wie müssen Rüstungskontrollregime aussehen, damit sie den beteiligten Staaten das notwendige Vertrauen geben, um ihre Sicherheit, oder wenigstens einen Teil davon, der Kooperation mit anderen anzuvertrauen? Und welche Vorkehrungen müssen getroffen werden, um Regierungen, die mit der Idee spielen, sich durch einen Vertragsbruch machtpolitische Vorteile zu verschaffen, von diesem Gedanken abzubringen?

Die Maßnahmen, die die Vertragseinhaltung und -durchsetzung durch die Vertragsparteien gewährleisten, werden als *Compliance*-Politik bezeichnet.[262] Hierunter fällt auch der geregelte Umgang mit Verstößen gegen das Abkommen. Sie verlangt zwingend nach Möglichkeiten der Kontrolle, ob die Parteien ihre Verpflichtungen auch wirklich einhalten. Eine solche Kontrolle, *Verifikation*, ist die Voraussetzung dafür, dass die Mitgliedsstaaten das notwendige Vertrauen in den Rüstungskontrollvertrag aufbringen. Und natürlich ist sie die Bedingung dafür, dass Vertragsverstöße, wenn sie wirklich vorkommen, rechtzeitig aufgedeckt werden, sodass die Vertragsgemeinschaft Gegenmaßnahmen unternehmen kann. Diese Gegenmaßnahmen sind der wichtigste Bestandteil von *Compliance*-Politik. Anders ausgedrückt: *Compliance*-Mechanismen gehen über die reine Datensammlung hinaus und umfassen zusätzlich die politischen Prozesse der Beurteilung der im Rahmen von Verifikation gewonnenen Daten und der daraus entstehenden Sicherheitslage sowie die Entscheidung über etwaige Antworten, um die Vertragstreue zu gewährleisten, wiederherzustellen oder gegebenenfalls kollektiv gegen einen Vertragsbrecher vorzugehen.

Der gesamte Prozess, der es ermöglicht, die Vertragseinhaltung eines internationalen Rüstungskontrollregimes zu überprüfen, läuft nach folgendem Schema ab:[263]

- Anzeichen für einen Vertragsbruch oder auch die Vertragstreue erkennen oder zu erhalten,
- Die nötigen Fakten zu sammeln und zu sichten,
- Über Vertragseinhaltung oder Bruch zu entscheiden,
- Die Dringlichkeit der Situation einzuschätzen,
- Schritte vorzuzeichnen, wie der betroffene Staat die Situation klären kann,

---

262 Vgl. Sur 1994; Chayes/Handler Chayes 1995; Luck/Doyle 2004.
263 Vgl. Becker, et al. 2005.

- Gegebenenfalls Gegenmaßnahmen zu beschließen, falls der Vertragsbrecher dies nicht zufriedenstellend tut.

Die ersten beiden Aspekte können dem Stichwort der Verifikation zugeordnet werden, während alle Aspekte gemeinsam den *Compliance*-Mechanismus beschreiben.[264] Während manche internationale Vertragsregime mittlerweile über elaborierte Verifikationssysteme verfügen, steht es mit den *Compliance*-Verfahren weit weniger gut. Im Folgenden werden daher nicht nur der Zweck und die Erfordernisse solcher Maßnahmen diskutiert; es wird vielmehr auch idealtypisch erläutert, wie der Status quo durch geeignete Verfahren so ergänzt werden könnte, dass die Verlässlichkeit und Stabilität der multilateralen Regime deutlich steigen würde. Auf diese Weise sollen die Konturen einer rechtsgestützten Sicherheitsordnung im Feld multilateraler Rüstungskontrolle im Gegensatz zu einer bloß machtgestützten Ordnung sichtbar werden.

1. Verifikation und Compliance-Politik als Bedingungen von Regime-Stabilität

Die Stabilität aller Rüstungskontrollregime beruht auf zwei Pfeilern:[265]

- Die große Mehrheit ihrer Mitglieder muss die *Prinzipien*, *Normen* und *Regeln* des Regimes unterstützen und einhalten, weil sie sich mit ihnen identifiziert und/oder der Auffassung sind, dass sie den eigenen nationalen (Sicherheits)- Interessen dient.
- Es müssen verlässliche *Verfahren* vorhanden sein, auf schwerwiegende Vertragsverletzungen zu antworten.

Diese beiden Bedingungen für Regimestabilität sind nicht unabhängig voneinander. Die Mitglieder werden die Normen und die Sicherheitsleistungen von Rüstungskontrollregimen in Frage stellen, wenn Regelbrecher ungeschoren davonkommen und sich gar in ihrer Nachbarschaft „illegal" bewaffnete Bedrohungen etablieren. Umgekehrt wird das Vorgehen gegen Regelbrecher erschwert, wenn die Regimenormen und -regeln selbst nicht die Unterstützung der Staatengemeinschaft genießen, weil sie als illegitim und unfair gelten.

Was versteht man nun unter *Compliance*-Verfahren und welche Rolle spielt dabei die Verifikation? Verifikation dient an erster Stelle dazu, es den Parteien zu ermög-

---

264 Die Grenze zwischen Verifikation und Compliance wird beim zweiten Aspekt dahingehend etwas verwischt, als die Auswertung der Daten immer unter der Fragestellung geschieht, ob sich der Vertragsteilnehmer auch regelkonform verhält. Insoweit nimmt die reine Auswertung der durch Verifikation gewonnenen Daten auch eine Aussage über Compliance oder Nicht-Compliance vorweg, die dann aber einer politischen Bewertung im Rahmen der Compliance-Mechanismen offen steht.
265 Vgl. Müller 1993, Kap. 6.

lichen, ihre Vertrags*treue* zu demonstrieren. In zweiter Linie soll sie Erkenntnisse ergeben, die auf eventuelle Verstöße hinweisen. Damit beginnt der Mechanismus der *Compliance*-Politik, d.h. des geregelten Umgangs mit vermeintlichen und tatsächlichen Vertragsbrüchen. Diese Erkenntnisse müssen sodann technisch und politisch bewertet werden. Die Schwere des Vertragsbruchs muss bewertet, der inkriminierten Vertragspartei unter Auflagen die Möglichkeit gegeben werden, die Sache selbst zu korrigieren. Schließlich ist zu entscheiden, welche Maßnahmen gegen den Vertragsbrecher zu treffen sind. Verifikation ist also ein wichtiger Teil, aber nicht das Ganze eines solchen *Compliance*-Mechanismus.

Die Verifikation hilft den Vertragsparteien also die Lage einzuschätzen und zu verstehen während die *Compliance*-Politik die Frage beantwortet, wie mit dem Ergebnis der Verifikation umgegangen werden soll. In einem kühnen Vergleich könnte man sagen, dass die Verifikation die Beweise für einen Strafprozess beibringt wie eine kriminalpolizeiliche und staatsanwaltliche Ermittlung. Die *Compliance*-Politik entspricht dann dem Prozess selbst, einschließlich Urteil und Vollstreckung (oder eben Freispruch!). Der verbleibende Unterschied ist freilich, dass Verifikation nicht erst einsetzt, wenn der Verdacht auf ein Verbrechen besteht, sondern im Alltagsleben den Normalbürgern – also den vertragstreuen Staaten – die Gelegenheit gibt, ihren Nachbarn zu beweisen, dass sie im Einklang mit dem Gesetz leben.

2. Verifikation

2.1 Aufgaben der Verifikation

Verifikation kann man als den Prozess „of gathering and analyzing information about compliance or non-compliance with a treaty or agreement" definieren (Foreign Affairs Canada 2004: 2). Warum es so wichtig ist, sich verlässliche Informationen über die Einhaltung eines internationalen Rüstungskontrollabkommens oder über einen Verstoß dagegen zu beschaffen, zeigt uns der Rückblick auf die Grundlagen der Spieltheorie. In Kapitel III haben wir das Gefangenen- und das Sicherheitsdilemma als Möglichkeit diskutiert, reale Rüstungswettläufe im Modell abzubilden. Eine zentrale Erkenntnis der Analyse war, dass Kommunikation im Gefangenendilemma ohne Belang ist, da es in einer solchen Situation individuelle Anreize gibt, von getroffenen Vereinbarungen zur beiderseitigen Kooperation abzuweichen. Es gibt sogar den Anreiz, den Partner bewusst zu belügen, um ihn so zu einem für einen selbst vorteilhaften Verhalten zu bewegen.

Überträgt man diese Überlegungen auf ein Rüstungskontrollabkommen (in abgeschwächter Form aber auch auf viele andere internationale Regime),[266] so wird deutlich, dass sich besonders ein sicherheitsbewusster Staat kaum auf die Zusicherung

---

266 Vgl. Müller 1993.

anderer Staaten, sie würden sich an die gemeinsam vereinbarten Regeln halten, verlassen kann. Denn gerade in Rüstungskontrollabkommen kann der Betrug verhindern, dass das angestrebte Machtgleichgewichts erreicht wird. Damit stellt sich zwangsläufig die Frage: „Wie kann man sicher sein, nicht betrogen zu werden?"[267] Diese Sicherheit ist die Voraussetzung dafür, dass sich Staaten überhaupt auf Rüstungskontrollregelungen einlassen, welche die eigene militärische Handlungsfreiheit einschränken. Es ist deshalb notwendig, die Einhaltung einer Vereinbarung gegenseitig zu überwachen, um den Betrug eines Teilnehmers rechtzeitig zu entdecken und so den Anreiz, sich regelkonform zu verhalten, zu erhöhen.

Damit ist zunächst noch keine Aussage getroffen, ob sich die Vertragsparteien auf *gegenseitige* Überwachung verständigt haben, die Aufgabe einer *internationalen Organisation* übertragen oder ob ein Staat die Überwachung einer oder mehrerer anderer Vertragsparteien unilateral und ohne vertragliches Mandat mit seinen nationalen technischen Mitteln (z.B. Satelliten) durchführt. Der Begriff umfasst alle Varianten. Die Grenze zwischen Verifikation und Spionage ist daher schwer zu ziehen. Verifikation zielt aber immer darauf, sich ein Bild über den Grad der Vertragstreue des Gegenübers zu bilden, während Spionage auch vielen anderen Zielen dienen kann z.B. Daten für die eigene militärische Zielplanung zu gewinnen. Die Technologien der Verifikation überschneiden sich daher mit den Techniken der Aufklärung durch Geheimdienste und durch das Militär.

Weiterhin soll Verifikation auch von Regelverstößen *abschrecken*: Wer auf frischer Tat ertappt wird, bevor die erstrebten militärischen Vorteile eingetreten sind, muss mit Gegenmaßnahmen und Sicherheitseinbußen rechnen. Es geht also nicht nur darum, potenzielle Vertragsverstöße im Nachhinein aufzudecken, sondern diese von vornherein zu verhindern, umso den Erfolg des Regimes zu garantieren.

Schließlich ist auch *Vertrauensbildung* Ziel der Verifikation. Durch die gegenseitige Bestätigung der Regeleinhaltung wächst Vertrauen zwischen den Vertragspartnern, was die Sicherheitslage entspannt. Allerdings können mehrdeutige Verifikationsergebnisse oder die Feststellung von Regelverstößen dieses Vertrauen wieder zunichte machen. Aus konstruktivistischer Sicht kann Verifikation als Kommunikationsprozess zwischen „ego" und „alter" betrachtet werden, der die wechselseitige Konstruktion als Feind, Rivale, Partner oder Freund dynamisch beeinflusst und so die Beziehung zwischen den Parteien qualitativ verändern kann.

2.2 Techniken der Verifikation

Verifikation kann auf verschiedenen Wegen geschehen. Die drei wichtigsten Wege sind erstens die Überwachung des oder der Vertragspartner mittels Technologien, die auch ohne direkte Anwendung vor Ort eine Einschätzung der Vertragstreue ermöglichen, zweitens Weg der Datenaustausch und drittens die Vor-Ort-Inspektion.

---

267   Vgl. Miller 2001.

Die rein technische Überwachung stützt sich auf *Remote Sensors*. Dabei kann es sich um Satelliten handeln, die die Anzahl von Raketen überwachen, um hochfliegende Überwachungsflugzeuge oder um seismische Sensoren, die einen unterirdischen Nukleartest anhand der ausgelösten Erdschwingungen identifizieren.[268] In diesen Fällen erfolgt die Überwachung auf Basis eigener Nationaler Technischer Mittel (NTM, *National Technical Means*).[269] Zusätzlich zu den NTM können die Vertragsparteien vereinbaren, sich bei den NTM im Rahmen von kooperativen Maßnahmen Hilfestellung zu geben, z.b. indem sie Sensortechnologie austauschen. Der Effekt liegt hierbei nicht im Technologieaustausch allein, sondern auch in der Vertrauensbildung, die damit einhergeht.[270]

Der nur auf Vertrauen basierende Austausch von Daten zwischen den Vertragsparteien stellt das relativ schwächste Verifikatonssystem dar. Diese Daten können natürlich geschönt oder gefälscht sein, aber es besteht zumindest die Möglichkeit, sie auf Ungereimtheiten zu untersuchen, sei es innerhalb der Daten selbst oder im Vergleich zu Daten, die man (wie auch immer) selbst beschaffen konnte.[271] Eine Möglichkeit, mit dem Problem umzugehen, ist die eingriffsfreie automatische Datenübermittlung, wie sie im Überwachungssystem des Umfassenden Teststoppvertrags vorgesehen ist, wo die von seismischen Stationen weltweit erfassten Informationen über Bewegungen der Erdkruste automatisch an die Partnerstationen übertragen werden. Solch automatische Fernübertragung wird jetzt zunehmend auch bei besonders sensitiven nuklearen Anlagen angewandt. In beiden Fällen können Inspektoren bei dem Besuch der Standorte feststellen, ob die Übertragungsgeräte manipuliert wurden.

Ist in einem Rüstungskontrollvertrag die Inspektion vor Ort vorgesehen, so können Experten vor Ort entweder durch reine Beobachtung und/oder mit technologischen Hilfsmitteln die Einhaltung des Vertrages überprüfen, z.B. durch Buchprüfungen in Produktionsanlagen, die waffenrelevante Stoffe herstellen, oder durch die Entnahme von Proben, die dann einem Labortest unterzogen werden. Im Allgemeinen stützen sich die Inspektionen auf Berichte der inspizierten Staaten, d.h. sie prüfen, ob die Fakten vor Ort den gemeldeten Daten entsprechen. Inspektionen wiederum können unangemeldet (in der Regel mit einem nur kurzen zeitlichen Vorlauf) geschehen, sie können als Routineinspektionen einem geregelten Ablauf folgen (z.B. alle *n* Monate/Jahre) oder aber als *Challenge Inspections* überraschend und auf Basis eines begründeten Verdachts anberaumt werden.

Die Verifikationssysteme multilateraler Abkommen, etwa des Nichtverbreitungsvertrages oder des Chemiewaffenübereinkommens, liegen häufig in der Hand internationaler Organisationen. Dies bietet den Vorteil der Unparteilichkeit der Inspekto-

---

268 Für eine Übersicht und eine Vorstellung der jeweiligen Methode vgl. Krass 1993.
269 Vgl. Müller 1989b.
270 Vgl. Müller 1989b.
271 Der Austausch von Daten ist gleichzeitig auch die Voraussetzung von Verifikation. Denn nur wenn der oder die Vertragspartner angeben, vertragliche Pflichten erfüllt zu haben/zu erfüllen, kann diese Aussage auch verifiziert werden.

ren; das Inspektionswesen ist insgesamt weniger politisch belastet als bei direkter bilateraler Verifikation.

2.3 Anforderungen an Verifikationsmaßnahmen

Unabhängig davon, welche Maßnahmen und Organisationsform man für die Verifikation wählt, müssen bestimmte Bedingungen erfüllt sein, damit sie ihre Zwecke – die Überprüfung der Vertragstreue und die Abschreckung vor Vertragsbruch – erfüllen können. Experten benennen meist vier zentrale Anforderungen, die eine Verifikationsmaßnahme zu erfüllen habe. Sie sollte *zweckmäßig, adäquat, effektiv* und *angemessen* sein.[272]

2.3.1 Zweckmäßigkeit

Zweckmäßig ist eine Maßnahme dann, wenn sie Verstöße gegen das Rüstungskontrollabkommen auch als solche identifiziert.[273] Diese scheinbar triviale Forderung kann in der Praxis erhebliche Probleme aufwerfen. Denn wenn man das Potenzial einer Methode überschätzt, Verstöße anzuzeigen, so stellt sich das Problem in besonderer Weise. Während man sich selbst in Sicherheit wiegt, kann der Gegenüber die Zeit nutzen, um seine eigenen Potenziale aufzubauen. Auf der anderen Seite können Verifikationsmaßnahmen, die zu fehlerhaften Anschuldigungen führen, sehr schnell den guten Willen eines regelkonformen Vertragspartners erschöpfen. Wenn sich aus diesem Disput ein erneuter, ungeregelter Rüstungswettlauf entwickelt, so wiegt dieser Schaden bei weitem schwerer als der vermeintliche Sicherheitsgewinn durch eine übersensible Verifikation.

2.3.2 Adäquanz

Man bezeichnet eine eine Maßnahme als *adäquat*, wenn sie grundsätzlich geeignet ist, einen militärisch bedeutsamen Regelverstoß rechtzeitig aufzudecken. Offensichtlich hängt die Adäquanz von dem mit dem Abkommen verfolgten Rüstungskontrollzweck und dem Grad der Beziehungen eng zusammen. Ist das erklärte Ziel der vollständige Verzicht auf eine bestimmte Waffenkategorie zweier verfeindeter Parteien, so stellt der freiwillige Datenaustausch sicherlich ein unzureichendes Instrument dar, während zusätzliche vertrauensbildende Informationen im Rahmen freundschaftli-

---

272 Allerdings werden diese Begriffe, ebenso wie das Verhältnis der Begriffe zueinander, nicht einheitlich gebraucht, sondern variieren von Autor zu Autor, sodass wir hier nur einen Interpretationsvorschlag anbieten können. Vgl. Goldblat 2002, Kap. 19.
273 Vgl. Goldblat 2002.

cher Beziehungen als akzeptable und damit adäquate Verifikationsmaßnahme verstanden werden können.

2.3.3 Effektivität

Die Adäquanz einer Verifikationsmaßnahme bedeutet aber noch nicht, dass sie auch *effektiv* ist, um die Regeleinhaltung auch tatsächlich festzustellen. Die Effektivität des gewählten Mittels kann von bestimmten externen Faktoren abhängen, z.b. wenn Wolken eine Satellitenbeobachtung unmöglich machen. Nutzt der Gegenüber solche Momente, können Verstöße trotz an sich geeigneter Mittel vertuscht werden und die Abschreckungswirkung des Verifikationssystems sinkt. Weiterhin ist es für effektive Verifikation wichtig, dass die Maßnahmen in der Lage sind, einen Verstoß *zeitnah* aufzudecken.[274] Diese Forderung ergibt sich aus der Überlegung, dass (zumindest in bilateralen Rüstungskontrollabkommen) die Strafe für einen Vertragsbruch durch einen Teilnehmer in dem Vertragsbruch durch den anderen Teilnehmer besteht.[275] Denn rüstet sich ein Staat trotz expliziten Verbots mit einem bestimmten Waffensystem aus, so muss der andere Staat die Selbstbeschränkung ebenfalls fallen lassen, um militärisch nicht ins Hintertreffen zu geraten. Je sensibler der Regimegegenstand für die eigene Sicherheit ist, umso wichtiger ist es also, dass durch Verifikation Regelverstöße schnell entdeckt werden können. Auch in multilateralen Rüstungskontrollregimen ermöglicht es das zeitnahe Aufdecken von Vertragsbrüchen der Vertragsgemeinschaft, schnelle Gegenmaßnahmen zu ergreifen. Die Reaktionsgeschwindigkeit des Verifikationssystems ist also eine Grundvoraussetzung einer wirksamen *Compliance*-Politik.

Die Zweckmäßigkeit und Effektivität der Verifikationsmaßnahme werden also sowohl von technologischen Faktoren als auch von politischen Faktoren, z.B. von der Frage, ob man mit adäquaten Mitteln an der effektivsten Stelle Messungen durchführen darf, beeinflusst. Die beste technologische Ausrüstung nützt nichts, wenn sie nicht an den Orten eingesetzt werden kann, die als besonders sensibel und geeignet gelten. Auch ist zu bedenken, dass verschiedene Verregelungsgegenstände unterschiedlichen (technischen) Aufwand benötigen, um eine effektive Verifikation zu erlauben: Das Vorhandensein oder Fehlen einer Rakete lässt sich mit geringerem Aufwand feststellen, als die Frage zu beantworten, ob eine biologische oder chemische Forschungseinrichtung zivilen oder militärischen Zwecken dient.[276] Praktikern der Rüstungskontrolle ist durchaus bewusst, dass eine einhundert pozentig effektive Verifikation nicht zu erreichen ist, da – den Willen zum Vertragsbruch und genügend Energie und Ressourcen vorausgesetzt – praktisch jede Rüstungskontrollvereinbarung im Geheimen umgangen werden kann. Auch kann die Frage, wieviele

---

274 Vgl. Goldblat 2002.
275 Damit herrscht offensichtlich eine Analogie zur Tit-for-Tat-Strategie in der Spieltheorie.
276 Vgl. Taylor 2001.

Informationen denn tatsächlich nötig sind, um einen Betrug mit absoluter Sicherheit auszuschließen, meist nicht objektiv beantwortet werden.[277] Bestünden Staaten also immer auf absolut effektiven Verifikationsmaßnahmen, so wäre erstens der Kontrollaufwand immens, zu teuer und in der Mehrheit der Fälle nicht zu leisten. Zweitens wären viele der notwendigen Maßnahmen für die meisten Vertragsparteien politisch nicht akzeptabel, da den Inspektoren Freiheiten in sicherheitspolitisch besonders sensitiven Bereichen eingeräumt werden müssten.

2.3.4 Angemessenheit

Die letzte Dimension der Verifikation betrifft deshalb die Frage, welche Verifikationsmaßnahmen *angemessen* sind, um den Zweck des Vertrages zu erfüllen. Ist es notwendig, jedes kleine Detail eines Vertrages zu überwachen oder können bestimmte Bereiche ausgespart werden, umso Kosten, Aufwand und auch Möglichkeiten für Missverständnisse zu vermeiden, auch wenn dadurch ein Missbrauch etwas erleichtert wird? Diese Dimension der Verifikation steht in sehr engem Zusammenhang mit den *Compliance*-Mechanismen, da es hier nicht mehr nur um die technische Durchführung der Datensammlung geht, sondern eine politische Bewertung erfolgt, welche Verifikationsmaßnahmen die Frage nach der Einhaltung befriedigend beantworten können. Denn auf die Frage der Angemessenheit gibt es zwei sehr unterschiedliche Antworten.

Der so genannte *legalistische Ansatz* beharrt auf dem *pacta-sunt-servanda* Prinzip und sieht auch marginale Verstöße als problematisch an. Deshalb soll Verifikation einer möglichst lückenlosen Aufklärung der tatsächlichen Sachverhalte dienen, und es müssen Verifikationsmaßnahmen vertraglich festgelegt werden, die eine solch strenge Überwachung auch ermöglichen. Ist das nicht möglich, wird der ganze Rüstungskontrollansatz im jeweiligen Feld abgelehnt.

Der *pragmatische Ansatz* hingegen setzt statt bei der Nichteinhaltung bei der Wirkung des Vertrages an. Diese ist bei geringen Verstößen nicht zwangsläufig gefährdet, solange der Geist des Vertrages nicht beschädigt wird. Es geht primär darum, die Wahrscheinlichkeit der Entdeckung eines massiven Verstoßes so groß werden zu lassen, dass eine tatsächliche Abschreckungswirkung besteht. Daher können auch Verifikationsmaßnahmen genutzt werden, die etwaige Verstöße nur mit einer bestimmten Wahrscheinlichkeit, aber nicht mit Sicherheit erkennen.

Eines haben aber beide Ansätze gemein: Die Entscheidung, ob ein Verstoß gegen den Rüstungskontrollvertrag vorliegt, wird auf Basis der Informationen getroffen, die man im Rahmen des Verifikationsprozesses erhalten hat. Auch hier spielen wieder der Zweck der Rüstungskontrollvereinbarung und der Grad der Beziehungen eine tragende Rolle. Will man mit dem Abkommen einen ersten Schritt in einem neuen Feld wagen, bei dem es darauf ankommt, zunächst eine grundsätzliche Bereit-

---

277 Vgl. Miller 2001.

schaft zur Kooperation zu signalisieren, die längerfristig Vertrauen zwischen den Akteuren bildet oder ist die wortgetreue Umsetzung des Vertrages von derartiger Bedeutung, dass auch geringe Verstöße nicht hingenommen werden können?

3. Compliance und Nicht-Compliance – Erfordernisse eines wirksamen Verfahrens zur Einhaltung von Rüstungskontrollregimen

Vertragsverstöße unterscheiden sich ganz erheblich, was die Konsequenzen für die internationale Sicherheit angeht. Ein großer Teil beruht oft auf Interpretationsproblemen mit den Vertragsbestimmungen, mangelnder Kenntnis, Unaufmerksamkeit der Bürokratie oder fehlenden Ressourcen. In diesen Fällen kann es nicht darum gehen, mit Sanktionen zu reagieren; hier sind vielmehr kooperative Management-Techniken (z.B. Verfahren zur Herstellung einvernehmlicher Vertragsinterpretation oder technische Hilfe) angesagt.[278]

Bilaterale Regime haben für den Umgang mit vermuteten oder tatsächlichen Vertragsbrüchen ein relativ einfaches Verfahren installiert, etwa die SALT- und START-Verträge. Zumeist verfügen sie über gemeinsame Kommissionen, die beauftragt sind, Unklarheiten im Inhalt der Verträge oder im Verhalten der Vertragspartner aufzuklären und einer einvernehmlichen Lösung zuzuführen. Gelingt dies nicht, weil eine der Vertragsparteien tatsächlich auf Vertragsbruch aus ist, so steht der anderen Partei eine proportionale Reaktion offen.[279]

In multilateralen Regimen ist die Sache wesentlich komplizierter, weshalb sich der Rest dieses Kapitels auf sie konzentriert. Reagierten z.B. die Teilnehmer des Atomwaffensperrvertrags – dem internationalen Regime zum Umgang mit Kernwaffen – auf den Vertragsbruchs eines einzelnen Mitglied alle ebenfalls mit der Beschaffung von Kernwaffen, so wären die Folgen für die internationale Stabilität verheerend. Es bedarf offenkundig weit komplexerer Verfahren, mit den Herausforderungen eines Verdachts auf Vertragsbruch oder auch einer tatsächlichen Verletzungen von vertraglichen Verpflichtungen fertig zu werden um, ein Scheitern des gesamten Regimes nach Verfehlungen einzelner zu verhindern.

3.1 Die Legitimität von *Compliance*-Politik: Gerechtigkeit und Fairness

Compliance-Politik läuft darauf hinaus, dass ein Mitglied der internationalen Gemeinschaft wegen eines vermeintlichen oder tatsächlichen Regelbruchs unter erheblichen Druck gesetzt und womöglich militärischen Zwangsmaßnahmen unterworfen wird. Das ist ein ausgesprochen sensibler Prozess, der nur dann nicht ohne Schaden für die Staatengemeinschaft ablaufen kann, wenn eine große Mehrheit davon über-

---

278 Vgl. Chayes/Chayes 1995.
279 Vgl. Feiveson/Shire 2004.

zeugt ist, dass es dabei mit rechten Dingen zugeht.[280] Daher gibt es für diese Verfahren auch eine „moralische" Dimension. Die Werte von *Gerechtigkeit* und *Fairness* müssen berücksichtigt werden, um internationalen Entscheidungen Legitimität zu verleihen. Sie zu vernachlässigen untergräbt die Unterstützung für Maßnahmen gegen Regelbrecher und führt womöglich zu unerwünschten Selbstschutzmaßnahmen anderer, denen der Vorgang Furcht vor der willkürlichen Anwendung von Macht und Gewalt einflößt, obgleich sie selbst gar keinen Regelbruch begangen haben oder beabsichtigen.[281]

Gleiche Standards für alle Beteiligten anzuwenden ist ein wesentliches Gerechtigkeitsprinzip, und Unterschiede in der Antwort auf denselben Regelbruch sind entsprechend schwer zu rechtfertigen. Allerdings können Differenzierungen gerechtfertigt sein, wenn sie auf ein unterschiedliches Risikoniveau, vor allem auf Unterschiede in den Absichten der Proliferatoren reagieren (s.u.). Variationen in den Gegenmaßnahmen können im Interesse der Regimeerhaltung liegen oder mit ihren positiven Wirkungen auf Frieden und internationale Sicherheit begründet werden. Wenn sie sich indes lediglich auf Sympathiemuster, Vorurteile oder vordergründige Interessen zurückführen lassen, unterminieren sie die Legitimität der Regime.

Eine andere Dimension der Gerechtigkeit betrifft das Gleichgewicht der Rechte und Pflichten innerhalb der Regime. Diese sollten zwischen den Teilnehmern gleichermaßen verteilt sein. Allerdings gibt es hier auch Ausnahmen. Im Nuklearen Nichtverbreitungsvertrag (NVV) zum Beispiel besitzen Kernwaffenstaaten und Nichtkernwaffenstaaten unterschiedliche Rechte und Pflichten. Für die Zusage der Kernwaffenstaaten, glaubwürdige Anstrengungen zu einer vollständigen Abrüstung zu unternehmen, und für die Erlaubnis zur friedlichen Nutzung der Kernenergie verpflichteten sich die Nichtkernwaffenstaaten, keine Bestrebungen zu einer eigenen Nuklearbewaffnung zu verfolgen.[282] Da die Kernwaffenstaaten ihrer Verpflichtung allerdings nicht nachkommen, ergeben sich Spannungen im Regime, die dessen Legitimität untergraben.

Fairness bezeichnet vor allem prozedurale Gerechtigkeit: Alle von der Entscheidung über Gegenmaßnahmen Betroffene sollten daran beteiligt sein und sämtliche relevanten Aspekte, Meinungen und Interessen sollten berücksichtigt werden. Das des Regelbruchs bezichtigte Land muss die Chance zur Rechtfertigung haben. Auch die Belange seiner Nachbarn müssen in Rechnung gestellt werden, denn sie würden die Auswirkungen eines Waffengangs hautnah zu spüren bekommen. Überdies betrifft die Entscheidung über militärische Maßnahmen die gesamte internationale Gemeinschaft. Offene Sitzungen des Sicherheitsrates und eine breite Debatte in der Vollversammlung helfen, die Gemeinschaft als ganze an der Entscheidungsfindung zu beteiligen, auch wenn die formale Entscheidung beim Sicherheitsrat verbleibt. Aus diesen Überlegungen geht hervor, dass im Mittelpunkt einer wirksamen und

---

280 Vgl. Franck 1990.
281 Vgl. Mian 2004.
282 In Kapitel X wird der NVV noch im Detail erläutert.

legitimen *Compliance*-Politik akzeptable und verlässliche institutionalisierte Verfahren stehen müssen.

3.2 Institutionelle und prozedurale Optionen

Grundsätzlich sollten Fälle (vermuteter) Vertragsverletzung eines internationalen Rüstungskontrollregimes in einem *dreistufigen* System bearbeitet werden. Zwar gibt die Charta der Vereinten Nationen dem Sicherheitsrat das Recht, alle Fälle direkt an sich zu ziehen, in denen Frieden und internationale Sicherheit bedroht sind. Wo die Staatengemeinschaft jedoch eigens Regime geschaffen hat, um mit besonderen Ausprägungen dieser Bedrohung fertig zu werden wie bei den natürlich besondere Besorgnisse erregenden Massenvernichtungswaffen (die nachfolgend im Mittelpunkt der Betrachtung stehen), sollte der Rat seine Rolle strikt *subsidiär* handhaben: Der Sicherheitsrat sollte also erst dann eingreifen, wenn die von den verschiedenen multilateralen Regimen vorgesehenen Prozeduren ausgeschöpft sind. Freilich kann Subsidiarität nur funktionieren, wenn in den Regimen wirksame Mittel zur Krisenbewältigung angelegt sind.

3.2.1 Stufe eins: Regime-eigene Verfahren

Vertragseinhaltungspolitik besteht zu einem großen Teil aus *forensischen* Verfahren. Dadurch ergeben sich – trotz ihrer grundsätzlich politischen Natur – Ähnlichkeiten mit Gerichtsverfahren.[283] Die erste Frage, die beantwortet werden muss, gilt der Feststellung des Vertragsbruchs. Beweismittel müssen gesammelt und bewertet werden. Vereinbarte Verifikationsmaßnahmen und geheimdienstliche Informationen helfen bei dieser Aufgabe. Aber beide Erkenntnisquellen sind nicht unhinterfragt zuverlässig, beide müssen mit Verheimlichungs- und Täuschungsversuchen fertig werden und unterliegen dem Irrtumsvorbehalt.

Dieser Mangel an Eindeutigkeit öffnet Räume für politische Manöver. In der Rechtsprechung sind die Verfahren daraufhin ausgerichtet, ein möglichst unparteiisches Urteil herbeizuführen. Auch in der Rüstungskontroll-Forensik sind geregelte Verfahren erforderlich, um die schädliche Einwirkung politischer Interessenspiele in Grenzen zu halten. In den Routineverfahren der Vertragsregime[284] werden einschlägige Informationen durch die Vertragsorganisation zusammengestellt. Anschließend müssen die Leitungsgremien ermitteln, ob es sich um eine Vertragsverletzung handelt und ob die durch die Übereinkunft festgelegten Instrumente ausreichen, um mit dem vorliegenden Problem fertig zu werden, oder ob es an die Vereinten Nationen überwiesen werden muss. Ergeben sich im Routinebetrieb Unklarheiten oder reale

---

283 Vgl. Ifft 2005.
284 Vgl. Seidel 2004.

Verdachtsmomente, so stehen manchen Organisationen außerordentliche Mittel zur Verfügung: Die Internationale Atomenergie Organisation[285] kann z.B. erweiterten Zutritt zu nicht angemeldeten Standorten verlangen, die OPCW Verdachtsinspektionen durchführen, wenn ein Mitgliedsstaat dies verlangt und keine Drei-Viertel-Mehrheit im Exekutivrat dagegen votiert. Solche Inspektionen haben die Chance, einschlägige Erkenntnisse jenseits des Alltags-Verifikationsgeschäftes zu erlangen.

Ungeklärt ist die Frage, wie Synergien zwischen den existierenden Verifikationsorganisationen genutzt werden könnten, um die Wirksamkeit der Regime zu stärken, da gegenwärtig eine entsprechende internationale Rechtsgrundlage fehlt. Die meisten Organisationen sind unterschiedlichen Vertragsgemeinschaften verantwortlich, und die Verträge autorisieren nicht zur Weitergabe der aus den Verifikationsanstrengungen gewonnenen Informationen. Hier erweist sich die ungleiche Entwicklung von Vertragsregimen, die ihrerseits von unterschiedlichen Sicherheitskalkülen der jeweiligen Mitgliedsstaaten geprägt werden, als hinderlich für eine an sich wünschbare Wechselwirkung zwischen einzelnen Regimen.[286]

3.2.2 Stufe zwei: Die Vertragsgemeinschaften

Obwohl der Sicherheitsrat aufgrund seiner Vollmachten aus Kapitel VII der VN-Charta eine Garantiestellung für die Vertragsregime im Bereich der Massenvernichtungswaffen einnimmt, ist er nicht ihr Eigentümer. Ihre „Aktionäre" sind vielmehr die Vertragsparteien. Es ist daher nicht einzusehen, warum die Parteien die Initiative bei Vertragsverletzungen ausschließlich dem Sicherheitsrat überlassen sollten. Aus diesem Grund werden für die meisten internationalen Rüstungskontrollregime mehr oder weniger regelmäßige Überprüfungskonferenzen festgesetzt. Deren Aufgabe ist es festzustellen, wie es mit der Einhaltung der Verträge steht, wie das Regime weiterentwickelt werden kann und was gegebenenfalls zu tun ist, um eine (akute) problematische Lage zu verbessern. Natürlich gibt es eigentlich keine wichtigere Frage, die in diesem Zusammenhang zu behandeln wäre, als Anschuldigungen gegen eine verdächtigte Vertragspartei zu klären. Im Rahmen des Nichtverbreitungsvertrages hat z.B. Deutschland den Vorschlag gemacht, im Falle eines Vertragsrücktritts oder eines ernsten Verdachts auf Vertragsverletzung eine *außerordentliche* Konferenz der Vertragsparteien einzuberufen. Die Verfahrensregeln einer solchen Konferenz müssten sich von herkömmlichen Überprüfungskonferenzen unterscheiden. Dort gilt nämlich die Einstimmigkeitsregel für Beschlüsse. Selbst der beschuldigte Staat kann

---

285   In der Presse wird oftmals auch die englische Abkürzung IAEA (International Atomic Energy Agency) benutzt.
286   So wäre z.B. der Informationsaustausch zwischen IAEO und der OPCW oder der Organisation zur Überwachung des Nuklearen Teststops (CTBTO) ausgesprochen hilfreich, wenn man etwa bedenkt, dass die Wiederaufarbeitung von Plutonium ein chemischer Prozess ist, oder dass Radionuklide, die für die IAEO von Interesse sind, vom Überwachungssystem der CTBTO aufgenommen werden könnten.

also seine eigene Verurteilung verhindern. Die Regeln einer außerordentlichen Konferenz müssten dieses Vetorecht durch den beschuldigten Staat außer Kraft setzen. So könnten die *Credentials* des Beschuldigten automatisch suspendiert werden, d.h. ihm würden die Rechte eines normalen Konferenzteilnehmers eingeschränkt oder entzogen: Das könnte bedeuten, dass ihm die Teilnahme nur ohne Stimmrecht möglich wäre. Oder solche Konferenzen könnten ihre Beschlüsse ausschließlich mit qualifizierter Mehrheit fassen. Damit wäre nicht nur das Veto des Betroffenen, sondern auch ein Veto aufgrund von Klientelbeziehungen ausgeschlossen. Eine solche Konferenz würde auf der Grundlage der von den zuständigen Organisationen beigebrachten Beweismittel operieren. Stellt sie einen Vertragsbruch fest, so sind die „betrogenen" Vertragspartner zu einer angemessenen Antwort berechtigt. Die gemeinsame Vereinbarung von Sanktionen, z.B. die Suspendierung wirtschaftlicher und wissenschaftlicher Zusammenarbeit im jeweiligen Sektor, wäre denkbar. Auch ein weitergehendes Wirtschaftsembargo könnte abgesprochen werden. Solche Beschlüsse wären nicht rechtlich bindend und hätten keine Wirkungen auf Nicht-Vertragsparteien. Ein wirksames Signal wären sie allemal; sie würden die wirtschaftlichen Interessen des Vertragsbrechers treffen.

Darüber hinaus wären sie auch ein Hinweis für den Sicherheitsrat. Die Be- oder Entlastung eines Staates durch eine große Mehrzahl der Mitglieder der Vereinten Nationen könnte vom Rat in seinen Erörterungen schwerlich ignoriert werden. Sich gegen eine solche Mehrheit festzulegen würde besonderer Rechtfertigung bedürfen. Verfahren der Vertragsgemeinschaften würden daher die Entscheidungsfindung des Sicherheitsrates vorstrukturieren und politischen Manövern Zügel anlegen.

3.2.3 Stufe drei: Die Vereinten Nationen

Der Sicherheitsrat ist der zentrale Ort, um Regimeregeln durchzusetzen.[287] Denn solche Entscheidungen finden in Situationen einer Bedrohung des Friedens und der internationalen Sicherheit statt und können die Anwendung von Gewalt nach sich ziehen. Allerdings bedeutet ein Vertragsbruch selbst noch keine akute Gewaltdrohung gegen einen Mitgliedsstaat. Es handelt sich also nicht um einen Fall der Selbstverteidigung, die nach Art. 51 der VN-Charta nur dem Angegriffenen und nach herrschender Meinung von Völkerrechtlern gerade noch jenem zusteht, der sich einem Angriff durch untrügliche Anzeichen unmittelbar gegenübersieht. Nach der Charta der Vereinten Nationen besitzt in einem solchen Falle nur der Sicherheitsrat die Befugnis, die Gefährdung von Frieden und Sicherheit festzustellen und gegebenenfalls militärische Sanktionen gegen Regelbrecher zu verhängen.

Der Sicherheitsrat ist in der Vergangenheit seiner Rolle als letzter Instanz internationaler Vertragseinhaltung allerdings zu selten, selektiv und ineffizient nachgekommen. Politische Sonderinteressen und nationale Eigenheiten standen sachge-

---

[287] Vgl. Ifft 2005.

rechten Entscheidungen oftmals häufig im Wege, mit Vertragsverletzungen umzugehen. Bessere Verfahren im Rahmen der VN könnten die Aussicht verbessern, dass der Sicherheitsrat dem Ideal der Pflichterfüllung in Vertragsbruchs-Krisen näher kommt. Auch könnten die anderen Organe der Vereinten Nationen den Sicherheitsrat in dieser Aufgabe unterstützen oder ihn auch, wenn nötig, „zur Ordnung rufen". Die Rolle des Sicherheitsrates und mögliche Verfahrens-Verbesserungen sollen im Folgenden diskutiert werden.

Da der Sicherheitsrat gewissermaßen als Berufungsinstanz für die Feststellung von Vertragsbrüchen darstellt und ihm die Letztentscheidung über die Antwort der Staatengemeinschaft zusteht, kommt er nicht umhin, eine eigene Einschätzung zu entwickeln, ob tatsächlich ein Vertragsbruch vorliegt. Er muss die Befunde auf den früheren Stufen berücksichtigen, ist aber dadurch nicht endgültig gebunden.

Es könnten Regeln für die Zulässigkeit von Beweismaterial festgelegt werden, die es bislang leider nicht gibt. Was die Vertragsorganisationen vorlegen, muss berücksichtigt werden. Nationale geheimdienstliche Informationen hingegen sollten nur dann berücksichtigt werden, wenn sie von einer zweiten, unabhängigen Quelle bestätigt worden sind. Staaten können einseitig gewonnene Informationen präsentieren, aber so wie im Gerichtsverfahren bestimmte (z.B. widerrechtlich beschaffte) Beweismittel ignoriert werden müssen, könnte auch der Rat verpflichtet werden, ausschließlich von einem einzigen Staat vorgestellte Daten außer Acht zu lassen, wenn keine Bestätigung erfolgt – man denke in diesem Zusammenhang nur an die „Beweismittel" für die Existenz irakischer Massenvernichtungswaffen, die Colin Powell im Februar 2003 im Sicherheitsrat vorlegte.[288] Sämtliche Geheimdienstinformationen sollten einer Bewertung durch die oben vorgeschlagene technische Einheit im VN-Sekretariat unterzogen werden.

Hat sich der Sicherheitsrat zu der Feststellung durchgerungen, dass ein Vertragsvorstoß vorliegt, ist damit noch nicht einmal die halbe Arbeit getan. Denn viel gravierender ist die Entscheidung darüber, wie auf diesen Regelbruch zu reagieren ist.

3.3 Mildernde Umstände? Mögliche Gründe für einen Vertragsbruch

Auch bei ernsten Vertragsverletzungen geht die Gefahr für Frieden und internationale Sicherheit nicht allein vom Zerstörungspotenzial der Waffen selbst aus, sondern hängt von den *Absichten* des Regelbrechers ab. Wenn eine Regierung keine Absicht hat, die neuen Waffen einzusetzen – außer wenn im Extremfall das Überleben der eigenen Nation auf dem Spiel steht –, so schafft das eine weniger brisante Gefahrenlage, als wenn die Massenvernichtungswaffen als Instrumente einer aggressiven Politik dienen. Grundsätzlich gilt: Nur wenn eine akute, tödliche Gefahr von einem Vertragsbruch ausgeht, darf eine Militäraktion überhaupt erwogen werden.

---

288   Eine vollständige Mitschrift von Powells Vortrag findet man z.B. unter http://www.cnn.com/2003/US/02/05/sprj.irq.powell.transcript/, letzter Zugriff 20.8.2005.

Nationale Sicherheit ist das häufigste Motiv für einen Regelbruch. Gerade Staaten in konfliktgeschüttelten Regionen sehen in verbotenen Waffen oft ein unverzichtbares Abschreckungspotenzial, um ihre nationale Sicherheit zu gewährleisten. Ein zweiter Grund ist die Verbesserung des nationalen Status in der Hierarchie – eine Wirkung, die vor allem Kernwaffen zugeschrieben wird. Regelbrüche aus reinen Sicherheits- und Statusbedürfnissen rufen nicht die akute Gefahr hervor wie die tatsächliche Absicht, die verbotenen Waffen einzusetzen. Freilich bleibt die Gefahr von Kettenreaktionen, d.h. die Anstrengung anderer Staaten, als Antwort auf die neue Lage Gegenrüstung zu betreiben. Daraus entspringt das Risiko von Rüstungswettläufen und ungewollten Eskalationen bis hin zum Einsatz dieser Waffen. Handelt es sich um Massenvernichtungswaffen, ist das eine ernste Gefahr; zudem entstehen neue Möglichkeiten für nichtstaatliche Akteure, sich Zugang zu solchen Waffen zu verschaffen. Diese Gefahren sind nicht gering zu schätzen. Aber nur wenn eine dritte Motivation den Staat treibt – aggressive Pläne –, bedeutet der Regelbruch *unmittelbare* Gefahr für Frieden und verlangt damit nach einer zeitnahen Reaktion.

Diese drei Motivationstypen verlangen unterschiedliche Antworten. Gegenüber einem sicherheitsbedachten Staat verbietet sich der Einsatz von Gewalt. Vielmehr muss die Sicherheitslage dieses Staates so verbessert werden, dass er auf die verbotenen Waffen verzichten kann. Bleibt dieser Versuch ergebnislos, wäre es für die internationale Gemeinschaft besser, sich mit der Situation abzufinden und deren negative Folgen einzuhegen, als sich auf risiko- und kostenreiche kriegerische Handlungen einzulassen. Das wichtige Ziel der Regeldurchsetzung ist den Verlust der in einem Entwaffnungskrieg geopferten Menschenleben nicht wert, wenn die Bewaffnung aus defensiven Motiven erfolgt und die negativen Folgen durch Sicherheitsgarantien an die Nachbarn des Regelbrechers einzuhegen sind.

In Statusgründen schwingt ein Element von Irrationalität mit. Wenn möglich, könnte der Wunsch nach verbotenen Waffen durch alternative Wege zum Statusgewinn (Anerkennung, regelmäßige Konsultationen über wichtige Fragen, im äußersten Falle ein Sicherheitsratssitz) neutralisiert werden. Allerdings darf nicht der Eindruck entstehen, der Missetäter würde auch noch belohnt, da das wiederum Anreize für weitere Staaten bedeuten kann, ebenfalls gegen die Regeln zu verstoßen. Die internationale Gemeinschaft muss daher auch die Option im Auge haben, den betreffenden Staat zu sanktionieren, um andere von der Nachahmung abzuhalten. Aber auch in diesem Fall wirkt die Idee eines Entwaffnungskrieges disproportional zur eher marginalen Bedrohung durch den Regelbrecher.

Massenvernichtungswaffen in den Händen eines aggressiven Staates sind etwas anderes. In einer Krise, in der der Einsatz dieser Waffen wahrscheinlich scheint, können die Risiken für die Nachbarschaft und die internationale Gemeinschaft groß genug sein, um militärische Maßnahmen zu rechtfertigen, falls deren Erfolgsaussichten gut und diplomatische Anstrengungen fehlgeschlagen sind.

Aber das ist keine verallgemeinerbare Regel, sondern bedarf der sorgfältigen Einzelfallanalyse durch den Sicherheitsrat.

Allerdings stellt sich die Frage, wie man einen aggressiven Regelbrecher einwandfrei identifiziert, denn es ist schwieriger, Motivationen einzuschätzen, als Fakten festzustellen – und das ist schon schwer genug.[289] Häufig wird sogar eingewandt, Motivationen ließen sich überhaupt nicht beurteilen, da die (Hinter)Gedanken der Entscheidungsträger nicht erhoben werden können. Das mag im Sinne sozialwissenschaftlicher Methodik stimmen. Trotzdem arbeiten wir häufig mit Annahmen über die Absichten anderer. Sie sind wichtiger Bestandteil der Strafjustiz, wo sie zwischen Vorsatz, Affekt und Fahrlässigkeit unterscheiden und damit Typus und Schwere von Straftaten einzustufen helfen. Man muss sich im früheren Verhalten des Vertragsbrechers umtun, seine Sicherheitslage und seine regionalen Ambitionen zu verstehen suchen, die Art und Weise besehen, wie er seine militärischen Fähigkeiten früher für politische Ziele eingesetzt hat. Dabei geht es um diffizile politische Urteile. Bei der Gefahrenanalyse müssen nationale Vorurteile ausgeschaltet werden; alle wesentlichen Tatsachen müssen auf den Tisch. Eine von nationalen Interessen und Idiosynkrasien unabhängige Institution könnte hier nützliche Dienste leisten.

Diese Aufgabe würde am besten einer unabhängigen, vom Generalsekretär ernannten Expertengruppe anvertraut. Sie könnte in Ergänzung der eigenen Expertise Informationen vom beschuldigten Staat anfordern und dessen Nachbarstaaten nach ihrer Einschätzung befragen. Gleichfalls könnte sie auf Geheimdiensterkenntnisse der Mitgliedsstaaten zurückgreifen – unter denselben Kautelen, die oben für den Sicherheitsrat angemahnt wurden. Bei der Gefahrenanalyse und auch bei seinen Überlegungen über die angemessenen Gegenmaßnahmen würde sich der Sicherheitsrat auf diese Expertengruppe stützen, gleichfalls auf die Stellungnahmen der Nachbarstaaten. Argumente aus der Vollversammlung würden mit einbezogen. Auf dieser Grundlage könnte der Rat die Risiken für die Staatengemeinschaft einschätzen, die sich aus einem Vertragsbruch durch den Beschuldigten ergeben würden.

Anschließend würde der Rat Gegenmaßnahmen beschließen, wobei die Palette von Duldung und positiven Anreizen bis zur militärischen Aktion reicht.[290] Sie hängt von dem Grad der Bedrohung ab, der sich aus der technischen Reife des Massenvernichtungswaffenprogramms und der Aggressivität der Intentionen bestimmt. Nur wenn das unmittelbare Risiko des Einsatzes der Waffen als hoch gilt, darf über ein militärisches Eingreifen debattiert werden. Dessen Erfolgsaussichten müssen in die Entscheidung ebenso einbezogen werden wie das Kriterium der Verhältnismäßigkeit. Dieselbe Antwort taugt nicht zwangsläufig für jede Herausforderung: Ein „paranoider" Staat wird sich Sanktionen nicht beugen. Ein statusbewusster Regelbrecher wird sich kaum durch Sicherheitsgarantien von seinen Plänen abbringen lassen. Ein Kernwaffenaspirant mit schlechter wirtschaftlicher Lage mag für ökonomische Anreize aufgeschlossener sein als für Status-Versprechungen.

Die Risiken und Kosten jeder in Erwägung gezogenen Maßnahme für die internationale Gemeinschaft und die betroffene Bevölkerung müssen sorgfältig erwogen

---

289 Vgl. Ifft 2005.
290 Vgl. Ifft 2005.

werden. Dabei ginge es nicht nur um die unmittelbaren Konsequenzen für die Nachbarschaft, sondern auch um den Nachahmungsanreiz für Drittstaaten. Um weitere Entscheidungshilfen zu erhalten, könnte etwa in Bezug auf wirtschaftliche Sanktionen die Expertise von Internationalem Währungsfond, Weltbank und des VN-Entwicklungsprogramms eingeholt werden. Auch die Auswirkungen militärischer Maßnahmen sollten abgeschätzt werden, etwa in Form ihrer Simulation. Hierfür müsste dem Sicherheitsrat militärische Expertise zur Verfügung stehen.

Die anderen Organe der Vereinten Nationen könnten ebenfalls eine wichtige Rolle spielen, falls der Sicherheitsrat seine Aufgaben nicht befriedigend wahrnimmt. Die Vollversammlung teilt sich mit dem Sicherheitsrat die Verantwortung für Frieden und internationale Sicherheit, allerdings eher in beratschlagender Weise, nicht jedoch als Entscheidungsgremium.[291] Sie kann sich mit Regelbrüchen befassen, ohne in die Entscheidungsprärogative des Sicherheitsrates einzugreifen. In manchen Fällen wird sie sogar automatisch mit solchem Geschehen befasst: Im NVV muss der Staat, der aus dem Vertrag austreten will, auch die Vollversammlungsmitglieder von seinen Gründen informieren, und diese können auf Wunsch die Lage erörtern. Im Chemiewaffenabkommen berichtet der Exekutivrat einen Vertragsbruch nicht nur an den Sicherheitsrat, sondern auch an die Vollversammlung. Die Vollversammlung könnte daher den vorliegenden Fall erörtern, wenn der Sicherheitsrat sich dem entzieht, und gegebenenfalls den Sicherheitsrat per Entschließung zum Handeln auffordern. Auch der Generalsekretär könnte eine aktivere Rolle spielen als in der Vergangenheit, indem er sich auf Art. 99 der Charta stützt. Er ermächtigt den Generalsekretär, jede Frage vor den Sicherheitsrat zu bringen, die in seiner Sicht Frieden und internationale Sicherheit gefährdet. Das könnte der Fall sein, wenn der Sicherheitsrat einen Vertragsbruch ignoriert oder der Generalsekretär über Informationen verfügt, die den Ratsmitgliedern nicht zugänglich sind. Augenblicklich würde ihm das schwer fallen, da er nicht auf die notwendige technische Expertise zurückgreifen könnte, um einschlägige Informationen zu bewerten.

4. Grundlegende Probleme der Rüstungskontrolle: Bilanz

Verifikation und *Compliance*-Politik sind Eckpfeiler internationaler Rüstungskontrolle, die sich gegenseitig stützen. Von ihrer Wirksamkeit hängt das Vertrauen der Vertragsparteien in die Regime und damit deren Stabilität ab. In multilateralen Regimen sind weitaus kompliziertere Verfahren erforderlich als in bilateralen Abkommen. Dabei spielen Fragen der Gerechtigkeit und Legitimität eine wichtige Rolle, um den Zusammenhalt der Vertragsgemeinschaften zu gewährleisten.

Verifikation ist sowohl ein technisches wie ein soziales System: Sie beruht auf der Anwendung von Techniken in bestimmten institutionellen Zusammenhängen.

---

291   Unter Deliberation wird eine „Beratschlagung", also der verbale Austausch von Argumenten mit dem Ziel der Verständigung, verstanden.

Die Kriterien der Zweckmäßigkeit, Adäquanz, Effektivität und Angemessenheit müssen hinreichend erfüllt sein, um auch nicht-maximalistischen Ansprüchen an ein Verifikationssystem zu genügen. Ergeben sich aus dem Routinebetrieb der Verifikation Verdachtsmomente für einen Vertragsbruch, kommen außerordentliche Instrumente der Erkenntnisgewinnung zum Einsatz. Anschließend wird in den Vertragsgemeinschaften über die Feststellung eines Vertragsbruchs verhandelt, die Sache gegebenenfalls an den Sicherheitsrat als den Schiedsrichter über gravierende internationale Maßnahmen verwiesen. Der Sicherheitsrat muss selbst die endgültige Feststellung über den Vertragsbruch treffen und dann nach Abschätzung der Motivation des schuldigen Staates über Gegenmaßnahmen entscheiden. Diese Rolle hat er bislang nur sehr unzulänglich gespielt, weil das kurzsichtige Ausspielen von Machtinteressen der permanenten Mitglieder und nationale Vorurteile einer sachgerechten Entscheidung im Wege standen. Eine Verbesserung der Verfahren, die Beistellung von unabhängiger Expertise und eine stärkere Rolle der VN-Vollversammlung und des Generalsekretärs wären ebenfalls wünschenswert.

Der Umgang mit Vertragsbruch-Krisen zählt zu den Schlüsselfragen internationaler Sicherheitspolitik. Von ihm hängt ab, ob die Reise in Richtung einer kooperativen, rechtsgesteuerten Ordnung oder des Faustrechts geht. Um eine wirksame Regelung hat sich die Staatengemeinschaft bis heute gedrückt. Es ist höchste Zeit, diese Lücke zu füllen. Andernfalls wird die langsame Erosion oder gar der geschwinde Zusammenbruch der mühsam errichteten Vertragsregime nicht aufzuhalten sein.

Fragen zur selbstständigen Reflexion

Frage 1: Welche Funktion(en) hat Verifikation für Rüstungskontrollabkommen?

Frage 2: Warum ist eine effektive „*Compliance*-Politik" für die Stabilität von Rüstungskontrollregimen unverzichtbar?

Antwortvorschläge finden Sie auf der Seite 239.

IX. Nukleare Rüstungskontrolle und Abrüstung

Die Kontrolle der Kernwaffenarsenale der beiden atomaren Supermächte war das Kernstück von Rüstungskontrolle im Kalten Krieg und darüber hinaus. Obgleich diese Verhandlungen und Abkommen nur die beiden Großmächte berührten, also rein bilaterale Vorgänge waren, betrafen sie die Sicherheit aller anderen Akteure. Denn ein interkontinentaler Atomkrieg zwischen den USA und der Sowjetunion hätte fraglos auch deren Alliierte in Mitleidenschaft gezogen – wegen der dort stationierten Kernwaffen und militärischen Infrastrukturelemente der Atomkriegsführung beider Seiten, die natürlich in den Zielplanungen verzeichnet waren. Der radioaktive Niederschlag (*Fallout*) hätte aber auch in neutralen Staaten katastrophale Folgen nach sich gezogen. So wurde für die Zeit nach einem Nuklearkrieg die – umstrittene – Prognose des „nuklearen Winters" aufgestellt, nach der durch die von vielen tausend Kernexplosionen aufgewirbelten Staubmassen und der damit einhergehenden Absorption des Sonnenlichts womöglich alles Leben auf dem Planeten völlig ausgelöscht worden wäre.[292]

1. Maßnahmen der nuklearen Rüstungskontrolle im Kalten Krieg

Diese Risiken wurden den Supermächten durch den Schock der Kuba-Krise[293] bewusst, in der die Welt am Abgrund eines Atomkrieges stand und – trotz durchaus geschickten Krisenmanagements – nur knapp an der Katastrophe vorbeikam.

Damit war allzu deutlich geworden: Der ungeregelte atomare Wettbewerb war zu riskant. Er bedrohte auch das Überleben der Kernwaffenstaaten selbst, und zwar als einzig reales Risiko. Denn die USA und die Sowjetunion konnten ja sicher sein, durch konventionelle Angriffe nicht in ihrer Existenz gefährdet zu sein. Infolgedessen richteten sich die diplomatischen Energien auf Maßnahmen, um das Risiko eines Kernwaffenkrieges zu minimieren. Und bei allen Rivalitäten und Konflikten blieb dieses gemeinsame Interesse durch die restliche Zeit des Ost-West-Konflikts immer virulent.[294]

Nukleare Rüstungskontrolle spielte sich während dieser Zeit im Großen und Ganzen in zwei unterschiedlichen Formen ab:

---

292 Vgl. Sagan 1984.
293 Vgl. Bundy 1988, Kap. 9.
294 Ein weiteres, wenn nicht das zentrale gemeinsame Interesse der Supermächte während des Kalten Krieges war die Vermeidung nuklearer Proliferation. Dies wird im nächsten Kapitel diskutiert.

- in deklaratorischen, technischen und organisatorischen Maßnahmen, um fatale Missverständnisse und damit einen „Atomkrieg aus Versehen" auszuschließen;
- in Abkommen und Absprachen zur Verminderung der nuklearen Arsenale.

1.1 Maßnahmen zur Vermeidung eines „Atomkrieges aus Versehen"

„Atomkrieg aus Versehen" – das klingt sehr merkwürdig, angesichts der umfassenden Literatur über die Rationalität der Nuklearstrategien. Der Begriff hat aber einen sehr realen Kern: Zwei sich hochgerüstet und auf hoher Alarmstufe gegenüberstehende Nuklearmächte, die einen fundamentalen Konflikt miteinander austragen und der anderen Seite infolgedessen alles Schlechte zutrauen, haben vor einer Sache die meiste Angst: von einem Erstschlag der anderen Seite überrascht, entwaffnet und vernichtet zu werden. Sie beobachten argwöhnisch und nervös alle strategischen und taktischen Signale, die von den militärischen Komplexen der anderen Seite ausgehen. Das Risiko, diese Signale falsch zu deuten und überzureagieren, ist hoch, wie etwa als die US-Frühwarnung eine Schar von Wildgänsen für eine anfliegende Raketenformation hielt, oder in Moskau Unruhe über einen von Norden anfliegenden Flugkörper (eine harmlose Forschungsrakete aus Norwegen) entstand. Die Wahrscheinlichkeit solcher Fehlinterpretationen zu verringern oder auszuschließen ist daher ein ganz logischer und wesentlicher Teil des rüstungskontrollpolitischen Projekts.[295]

Es war zwischen den USA und der Sowjetunion, später Russland, ganz außerordentlich erfolgreich. Tatsächlich gibt es keinen anderen Bereich von Rüstungskontrolle, der von so vielen Abkommen, Absprachen und Aktivitäten über einen so langen Zeitraum derart gespickt ist wie dieser. Dies ist äußerst kurios, da die Öffentlichkeit – auch die wissenschaftliche – fast nur auf die spektakuläreren Großabkommen wie SALT, START und SORT geschaut und dieses „stille" Feld kooperativer Sicherheit weitgehend übersehen hat.

Im Folgenden sollen nicht alle einzelnen Abkommen aufgezählt, sondern wesentliche, charakteristische Wegstationen genannt werden. Insgesamt gibt es mehr als fünfzehn einzelne Instrumente dieses Rüstungskontrollfeldes.[296]

1.1.1 Umdenken nach der Kuba-Krise

Die erste amerikanisch-russische Verständigung nach der Kuba-Krise betraf genau dieses Problem: Die Supermächte eröffneten 1963 eine direkte Telex-Linie (das vermeintliche Rote Telefon), damit die politischen Führer sich im Krisenfall direkt und störungsfrei miteinander verständigen könnten. Diese Kommunikationslinie

---

295 Vgl. Blair 1987.
296 Vgl. Müller 1993, Kap 6.

wurde mehrfach technisch verbessert, unter anderem im Jahre 1983, als unter Ronald Reagan der „zweite Kalte Krieg" herrschte, ansonsten der absolute Tiefpunkt nuklearer Rüstungskontrolle zwischen den Großmächten. Zuvor hatten in der ersten Entspannungsphase Präsident Nixon und Generalsekretär Breschnew 1972 ein Abkommen zur „Verhinderung eines Unfall-Nuklearkrieges" getroffen, das beide Seiten zur Vorsicht und zur unmittelbaren Verständigung im Krisenfall verpflichtete. Zeitgleich wurde eine Vereinbarung über die Vermeidung von Zwischenfällen auf hoher See abgeschlossen, die Verhaltensregeln für Begegnungen und Manöverbeobachtungen beider Marinen festlegte. Angesichts des oft „nassforschen" Manövrierens der höchst selbstbewussten Seeoffiziere war dies ein wirklicher Schritt zur Risikominderung.[297] Die amerikanische Marine mochte diese Einschränkung ihrer Freiheit zunächst gar nicht. Nach zehn Jahren war sie von dem Nutzen der Kooperation mit ihren sowjetischen Kollegen jedoch so überzeugt – beide Marineführungen trafen sich einmal im Jahr, um die Praxis des Abkommens zu besprechen – dass die US-Admirale ihren Verteidigungsminister Caspar Weinberger daran hinderten, das Abkommen als Vergeltung für den sowjetisch inspirierten Militärputsch in Polen zu suspendieren.[298] Es dauerte fast zwanzig Jahre, bis die Landstreitkräfte ein vergleichbares Abkommen erarbeiteten, um gefährliche Zwischenfälle auch auf festem Grund auszuschließen: den KSE-Vertrag.[299] Wenig später verlor er allerdings viel von seiner Bedeutung, weil es die risikoreiche Konfrontation in der Mitte Europas nicht mehr gab.

Als Fazit bleibt festzuhalten: Die Vermeidung des Nuklearkrieges lag während des gesamten Kalten Krieges, in Entspannungs- wie in Konfrontationsperioden, im Interesse beider Supermächte. Die Qualität der politischen Beziehungen in der jeweiligen Phase schlug sich in der Zahl neuer Abkommen wieder, nicht jedoch darin, das man überhaupt nicht mehr kooperierte. Und es gab kein Gerangel über das Durchsetzen jeweiliger Nationalinteressen; das gemeinsame Interesse überwog.

1.1.2 Fortsetzung der Politik nach dem Ende des Ost-West-Konflikts

Wie in anderen Rüstungskontrollfeldern, waren die späten 1980er und frühen 1990er Jahre auch in dieser Hinsicht eine Wachstumsperiode. Die USA und die Sowjetunion verständigten sich darauf, beim Test von Langstreckenraketen nicht mehr in Richtung der Gegenseite zu „zielen" und sich im Fall von „Blindläufern" unverzüglich zu informieren. In den „Krisenreduktionszentren" wurde eine neue Institution geschaffen. Es handelt sich hierbei um ständig besetzte Kommunikationszentren der Nuklearstreitkräfte auf beiden Seiten, die über mehrere Medien ständig miteinander

---

297 Parallele Abkommen wurden später zwischen der Sowjetunion und Frankreich und England abgeschlossen
298 Vgl. Lynn-Jones 1988.
299 Vgl. Kapitel XI, Abschnitt 1.

in Verbindung stehen und insofern die stets nutzbaren Kommunikationslinien zwischen den politischen Führungen ergänzen.
Unter Clinton und unter George W. Bush gingen beide Länder noch einen Schritt weiter. Clinton und Jelzin vereinbarten 1998 eine „Kooperative Frühwarnungs-Initiative".[300] Die Idee lief auf ein Zusammenschalten der Daten über Raketenstarts und -flugbahnen hinaus, die die Satelliten beider Seiten irgendwo auf dem Globus registrierten. Was wie eine Vereinbarung auf Gegenseitigkeit aussah, war realiter eine Hilfsmaßnahme der USA für die Russen. Deren Frühwarnsystem war durch den Ausfall von Satelliten, den Verlust von Bodenstationen im Zuge der Auflösung der Sowjetunion und Pannen in der Elektrizitätsversorgung in gefährlicher Weise löcherig geworden. Die USA sprangen de facto mit ihren eigenen Fähigkeiten in diese Lücke. 2000 konkretisierten Putin und Clinton die Initiative in einem Memorandum, das die Gründung eines „Gemeinsamen Datenaustauschzentrums" vorsah. 2001 besiegelten der jüngere Bush und Putin diese Vereinbarung mit dem Versprechen, die Inbetriebnahme des Zentrums zu beschleunigen.[301]

1.2 Kontrolle der Kernwaffenarsenale im Kalten Krieg[302]

1.2.1 SALT I

Nach der Kuba-Krise dauerte es fast ein Jahrzehnt, bis der erklärte Wille zur Kontrolle der Arsenale sich im ersten Abkommen, dem *Strategic Arms Limitation Treaty* (*SALT I*), niederschlug. Der Sturz Chruschtschows, der Vietnam-Krieg, der sowjetische Einmarsch in der Tschechoslowakei – all das hatte zu Verzögerungen geführt. Zudem mussten die amerikanischen Rüstungskontroll-Willigen die Sowjetunion davon überzeugen, dass ein Verzicht auf Raketenabwehr nützlich für die strategische Stabilität sei. Denn in den 1960er Jahren waren es die Sowjets, die energisch den Aufbau eines Raketenabwehrsystems vorantrieben. Es gelang schließlich mit Mühe, Breschnew und Kossygin beizubringen, dass das scheinbar Defensive in den Augen der Gegenseite sich aggressiv ausnahm. Im Rahmen dieses Überzeugungsprozesses spielten Experten, die nicht in der amerikanischen Regierung arbeiteten, eine wichtige Rolle.[303]

Bei SALT I ging es zunächst darum, sich überhaupt darüber zu verständigen, was Gegenstand solcher Verhandlungen sein und in welchem Verhältnis Defensive und Offensive stehen sollten. Die USA wollten die Kernwaffen ihrer Verbündeten Frankreich und England aus den Verhandlungen heraushalten, ebenso ihre in Europa

300 Vgl. Kile 1999.
301 Vgl. Kile 2001.
302 Alle im Folgenden behandelten Verträge finden sich im Originaltext auf der CD-ROM bei Goldblat 2002 oder auf den Internetseiten der Federation of American Scientists, www.fas.org.
303 Vgl. Kubbig 2004.

stationierten taktischen Kernwaffen, die sowjetisches Territorium erreichen sollten, was auch gelang. Die Marine hätte am liebsten die U-Boot-gestützten Raketen ausgeklammert, aber das ließ sich nicht bewerkstelligen. Hingegen versäumten es die USA ganz bewusst, zwei junge Technologien in den Verhandlungen zur Disposition zu stellen, in denen sie einen technologischen Vorsprung hatten: Mehrfachsprengköpfe[304] und Marschflugkörper. Mit MIRV ließ sich die Angriffsfähigkeit einer einzigen Rakete beträchtlich steigern, während Marschflugkörper – eigentlich kleine unbemannte Flugzeuge, die sich von Land, See oder von Flugzeugen abfeuern ließen – die gegnerische Radarabwehr unterflogen und dabei hochgradig zielgenau waren. Marschflugkörper sollten für die nächsten zwanzig Jahre Rüstungskontrollverhandlungen immer wieder schwer belasten. Die Ausklammerung von MIRV jedoch fiel mit Macht auf die USA zurück, weil die plumpen, aber tragkräftigen Interkontinentalraketen der Sowjets mehr Sprengköpfe aufzunehmen in der Lage waren als die amerikanischen.[305]

SALT I bestand aus dem *Anti Ballistic Missile-Vertrag (ABM-Vertrag)* und dem *Interim-Abkommen*. Der ABM-Vertrag verbot eine landesweite Raketenabwehr, ließ aber die Verteidigung von zwei begrenzten Stellungen zu. Die Zahl der Abwehrraketen an beiden Stellungen durfte 100 nicht überschreiten, Nachladen war unzulässig. Die zugehörigen Frühwarnradars hatten an der Peripherie des Landes gebaut und nach außen gerichtet zu werden. Damit wurde verhindert, dass diese Anlagen über dem eigenen Territorium zur Führung der Abwehrschlacht gegen feindliche Raketen eingesetzt werden konnten. Mobile Abwehrraketen waren verboten, ebenso solche auf See oder im Weltraum. Zwei Jahre später einigte man sich auf den Verzicht einer zweiten Abwehrstellung. Die USA demontierten wenig später die ersten Anlagen für das einzig geplante System, das einen Raketenstützpunkt hätte bewachen sollen. Die Sowjetunion behielt ihre 100 Abwehrraketen um Moskau.

Schuf der ABM-Vertrag den für die nächsten 30 Jahre gültigen Rahmen für die nukleare Rüstungskontrolle, so ging es im Interim-Abkommen um die Kernwaffen selbst, genauer: um ihre Träger, die Interkontinentalraketen, U-Boot-Raketen und schweren Bomber. Es war der einzige quantitativ ungleiche Vertrag, der zwischen den beiden Seiten je vereinbart wurde. Die USA und die Sowjetunion sollten für fünf Jahre die Zahl ihrer landgestützten Interkontinentalraketen einfrieren. Den USA wurden nicht mehr als 1.054 Interkontinentalraketen (ICBMs), sowie 710 Raketen auf 44 U-Booten (SLBMs)[306] zugestanden, während die Sowjetunion 1.618 ICBMs, sowie 950 SLBMs auf 62 U-Booten stationieren durfte. Der quantitative Vorteil für die Sowjetunion wurde durch die höhere Anzahl von Sprengköpfen auf den ameri-

---

304 Vgl. Abschnitt III.1.3.
305 Vgl. Newhouse 1973; Smith 1980.
306 Die Tatsache, dass im Rahmen von SALT überhaupt SLBMs verhandelt wurden, ging unter anderem auf einen „Deal" zwischen den USA und der Sowjetunion zurück, im Rahmen dessen sich die USA bereit erklärten, der UdSSR bei Entgegenkommen in den SALT-Verhandlungen in großem Umfang Getreideüberschüsse zu verkaufen. Vgl. Hersh 1983, Kap. 25 und 37.

kanischen Raketen, wo die „VerMIRVung" bereits begonnen hatte, wettgemacht. Dieser Vorteil schlug allerdings in kürzester Zeit in einen Rückstand um, als nämlich die Sowjetunion mit ihren riesigen SS-19 (sechs Sprengköpfe) und SS-18 (zehn Sprengköpfe) den amerikanischen MINUTEMAN-III (drei Sprengköpfe) hinter sich ließen. Von Mitte der 1970er Jahre an wurden die schweren sowjetischen Raketen zur Hauptsorge der amerikanischen Strategen und Rüstungskontrolleure.

Der Fehler von SALT I war offensichtlich, dass qualitative Aspekte des Rüstungswettlaufs ganz außer Acht gelassen worden waren. Es gab auch keine ausdrücklichen Verifikationsmaßnahmen. Die Überprüfung, ob der Partner den Vertrag einhielt, blieb den „nationalen technischen Mitteln", im Klartext: den Aufklärungssatelliten, überlassen.

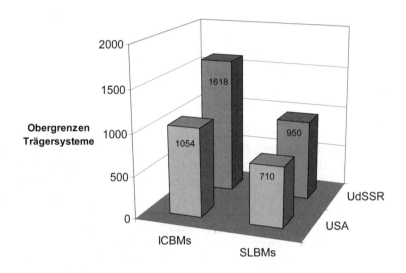

Abbildung 17: Obergrenzen gemäß SALT I

SALT I kodifizierte im Wesentlichen die laufenden Aufrüstungsplanungen beider Seiten und lenkte künftige Rüstung von der Vermehrung der Trägersysteme auf das Wachstum der Sprengkopfzahlen (MIRV) und auf Marschflugkörper um, insofern hat Dieter Senghaas nicht völlig zu Unrecht von „Aufrüstung durch Rüstungskontrolle"[307] gesprochen. Immerhin schuf der Vertrag eine gewisse Erwartungssicherheit, gerade durch den Verzicht auf Raketenabwehr.[308]

---

307 So der Titel eines seiner Bücher, vgl. 1972a.
308 Vgl. Krell 1977.

Aus theoretischer Perspektive wurde der SALT-Vertrag und die damit verbundene Limitierung der ABM-Systeme als Widerlegung des Aktions-Reaktions-Schemas interpretiert. In den USA argumentierten einige mit dem Aktions-Reaktions-Schema vertrauten Experten, dass der Bau und die Stationierung amerikanischer Abwehrraketen (Aktion) nach dieser Theorie zwangsläufig zu einer sowjetischen Reaktion, der VerMIRVung der Arsenale, führen müsse. Umgekehrt müsste der Verzicht auf eine Aktion zu einem Ausbleiben der Reaktion führen. Allerdings entschied sich die sowjetische Führung trotz des ABM-Vertrages für ein starkes MIRV-Engagement. Deshalb, so die Argumentation, sei die Erklärungskraft des Aktions-Reaktions-Modells in Frage zu stellen.[309]

1.2.2 SALT II

Bereits zwei Jahre später einigten sich beide Seiten in Wladiwostok auf Grundsätze eines Nachfolgevertrages. Dabei vereinbarten sie zwei wesentliche Änderungen: Schwere Bomber würden in die nächste Vereinbarung mit einbezogen werden; und es würde gleiche Obergrenzen geben – anders ging es auch nicht, denn der amerikanische Senat, dessen Zustimmung (mit zwei-Drittel Mehrheit) für die Ratifikation der Verträge notwendig war, hatte bindend zu Protokoll gegeben, dass er keine „ungleichen" Verträge mehr akzeptieren würde.

Es dauerte weitere fünf Jahre, bis SALT II verhandelt war. Das hatte zum einen damit zu tun, dass die Carter-Administration einen kühnen, viel radikaleren Abrüstungsvorschlag vorgelegt hatte, der die unbewegliche, konservative sowjetische Führung überrumpelt und überfordert hatte, die sich voll auf das in Wladiwostok ausgehandelte Modell eingestellt hatte. Auch kühlte sich das Klima zwischen den beiden Supermächten durch Interessengegensätze in der Dritten Welt (Naher Osten, Angola, Äthiopien/Somalia) merklich ab. In den USA begann der Aufschwung des rechten Flügels in der republikanischen Partei, wuchs der Einfluss des alarmistischen, zutiefst misstrauischen und auf militärische Stärke setzenden „*Committee on the Present Danger*". All dies erleichterte Rüstungskontrolle natürlich nicht. Dennoch einigten sich die beiden Regierungen 1979 auf das Vertragswerk SALT II.[310]

SALT II unterschied sich von seinem Vorgänger – außer durch Parität und die Einbeziehung der Bomber – in zweierlei Hinsicht: Es gestattete keinen weiteren Aufwuchs der Trägersysteme für Kernwaffen mehr, sondern schrieb eine sanfte Verminderung vor. Es verlangte eine anfängliche Gesamtgrenze von 2.400 Systemen für Interkontinentalraketen, U-Boot-Raketen, schwere Bomber, und Luft-Boden-Raketen mit einer Reichweite von mehr als 600 km. Diese Zahl sollte bis Ende 1981 auf 2.250 gesenkt werden –erste Amsätze einer Verminderung.

---

309 Vgl. die Debatte bei Evangelista 1988.
310 Vgl. Goldblat/Loewenson 1980; Talbott 1984.

Raketen sollten nicht mehr als zwölf Sprengköpfe tragen dürfen, und keine Rakete sollte mehr Sprengköpfe tragen – oder damit getestet werden – als zum Zeitpunkt des Vertragsabschlusses. Die Obergrenze für Marschflugkörper auf Fernbombern wurde auf 20 für existierende und 28 für künftige festgelegt. Das Wurfgewicht (das Gewicht der Rakete nach Abbrand des Treibstoffs) für „leichte" und „schwere" Raketen wurde limitiert. Nur ein neuer Raketentyp durfte nach Vertragsabschluss noch getestet und stationiert werden. Für vorhandene Raketen waren Veränderungen von Durchmesser und Wurfgewicht nur in engen Grenzen erlaubt. Weitere Neuerungen waren verboten. Damit waren zum ersten Male klare qualitative Begrenzungen für den weiteren Rüstungswettlauf einbezogen worden; in noch „schüchterner" Weise wurde das MIRV-Problem, schwerste Sorge für die strategische Stabilität, angegangen, wenn auch nicht mit wirklicher Konsequenz. Erstmalig gab es auch *Ansätze* zu kooperativer Verifikation: Das Abkommen sah die „Öffnung" der Raketensilos vor, um den Beobachtungssatelliten die Feststellung zu ermöglichen, ob das Silo genutzt sei und mit welchem Raketentyp. Damit waren erste Schritte in Richtung auf qualitative Begrenzungen und auf wirksamere Verifikation getan. Um diese Kontrolle auch zu gewährleisten wurde vereinbart, dass Handlungen gegen die Satelliten der Gegenseite nicht zulässig sein sollten.

1.2.3. Kontrolle der Kernwaffenarsenale im Kalten Krieg: Eine Bilanz

Als Bilanz bleibt bezüglich der SALT-Verträge festzuhalten: Nukleare Rüstungsminderung blieb ein äußerst zähes Geschäft, das von den wechselseitigen Versuchen gekennzeichnet war, sich durch die Ergebnisse relative Vorteile zu verschaffen. Diese Positionskämpfe, die sich im Wesentlichen um die Begrenzung schwerer Raketen, MIRV, Marschflugkörper, Obergrenzen für U-Boot-Waffen und die Einordnung schwerer Bomber drehten, vollzogen sich gleichwohl in einem Rahmen-Einverständnis über das Verhältnis von Defensive und Offensive. Bezeichnend ist, dass es zu keinen durchdringenden Verifikationsmaßnahmen kam: Transparenz war für die Sowjetunion systemfremd. So blieb Verifikation den nationalen Aufklärungssatelliten überlassen.

Die SALT-Verträge waren charakteristisch für den tastenden Versuch, Stabilität herzustellen ohne einen vorhandenen militärischen Vorteil einzubüßen und sich gleichzeitig alle Optionen offen zu halten. Damit konnte man nicht sehr weit kommen. Was in der Tradition von SALT noch möglich gewesen wäre, wurde nie ausgetestet. Der amerikanische Senat ratifizierte den Vertrag nicht, wenn sich auch beide Seiten bis 1986 daran hielten. Die Sowjets intervenierten in Afghanistan, in Polen gab es einen Militärputsch, in den USA wurde Ronald Reagan Präsident: Eine neue Eiszeit begann, in der Rüstungskontrolle ersatzlos von Aufrüstung verdrängt wurde.[311] Dies änderte sich radikal und beispiellos mit dem Amtsantritt Gorbatschows.

---

311 Vgl. Garthoff 1985, Kap. 28; Czempiel 1989.

Für ihn war ein marginaler militärischer Vorteil unbedeutend im Vergleich zur Herstellung stabiler strategischer Verhältnisse und dem Erzielen von absoluten Kooperationsgewinnen. Infolgedessen war er bereit, auf deutliche Vorteile der Sowjetunion zu verzichten, wenn es den Prozess der Verständigung vorantrieb und die Stabilität beförderte. Mit dieser Politik konnte er den konservativen Republikaner Reagan (und später George Bush den Älteren) überzeugen. Denn schließlich verlangten auch die eigene Öffentlichkeit, sowie die von der Stationierung amerikanischer Mittelstreckenwaffen tief gespaltenen und beunruhigten Verbündeten nach einer rüstungskontrollpolitischen Lösung. Die gesellschaftlichen Bewegungen im Westen hatten einen nicht zu unterschätzenden Langzeiteinfluss auf das Zustandekommen des Vertrages.[312] Auf sowjetischer Seite hörte Gorbatschow zunehmend auf Berater, die als Experten im Kontakt mit westlichen Kollegen standen oder als Verhandler in Rüstungskontrollgesprächen Erfahrungen gesammelt hatten. Diese Berater waren überzeugt, dass die Fortsetzung der sturen Aufrüstungspolitik zu keinem Ergebnis führen konnte – zu dieser Einsicht trug die harte Haltung Ronald Reagans bei – und deshalb den sowjetischen Interessen nicht diente. Stattdessen war man in Moskau überzeugt, dass sich durch eine Verständigung mit dem Westen die sowjetische Sicherheit besser gewährleistet liesse – diese Einschätzung wurde durch das energische Festhalten der Europäer an der Entspannungspolitik gefördert.[313]

2. Nukleare Rüstungskontrolle am und nach dem Ende des Kalten Krieges: Neue Optionen

2.1 Der INF-Vertrag

Erstes Resultat dieser neuen Ära nuklearer Rüstungskontrolle war der INF-Vertrag (*Intermediate Range Nuclear Forces*). Bei ihm ging es nicht um die *strategischen* Kernwaffen beider Seiten, mit denen sie sich jeweils vom eigenen Territorium oder von hoher See aus gegenseitig bedrohen konnten, sondern um in Europa und Ostasien stationierte landgestützte Mittelstreckenwaffen mit einer Reichweite von 500-5.500 km. Die Sowjetunion hatte hier deutliche quantitative und mit der SS-20 auch qualitative Vorteile.[314] Sie verfügte über 1.836 Raketen mit 3.136 Sprengköpfen, während die USA 859 Systeme mit je einem Sprengkopf stationiert hatten. Die sowjetische Verhandlungstaktik hatte lange versucht, einen Rest des Vorteils zu wahren.[315] Letztendlich ließ sich Gorbatschow auf die „*Nullösung*" ein, also die Beseiti-

---

312 Vgl. Risse-Kappen 1988.
313 Vgl. Risse-Kappen 1994.
314 Die SS-20 war nicht nur verMIRVt, sondern zusätzlich auch mobil. Vgl. http://www.fas.org/nuke/guide/russia/theater/rt-21m.htm.
315 Vgl. Dean 1988.

gung und Zerstörung sämtlicher Raketen dieses Typs mitsamt den mobilen Abschussrampen.[316]

Auch die Verifikationsvereinbarungen waren präzedenzlos und bestanden aus Vor-Ort-Inspektionen in den Stationierungsräumen (wozu die Zustimmung der Verbündeten erforderlich war) und den Produktionsstätten. Die Ausgänge der Raketenfabriken wurden dann von Inspektoren besetzt, die die herausfahrende Lastwagen maßen und wogen, um so sicherzustellen, dass sie keine verbotenen Raketen oder Raketenteile geladen hatten. Verdachtsinspektionen waren ebenfalls vorgesehen, ebenso die Beobachtung der Zerstörung der Waffensysteme. Damit waren Transparenzmaßnahmen im sensitivsten Teil der militärischen Komplexe eröffnet, die in der Militärgeschichte völlig beispiellos waren.

2.2 Nukleare Abrüstung und das Ende des Kalten Krieges: Das START I-Abkommen

Die umfangreichen Verifikationsmaßnahmen des INF-Vertrages öffneten die Tür zum START I-Abkommen (Juli 1991), das die strategischen nuklearen Arsenale erheblich reduzierte, wenn auch weniger als zunächst angenommen. Ursprünglich war die Rede von einer Halbierung gewesen. Dies lag an der eigenartigen Zählregel bei der Bomberflotte – Langstreckenflugzeuge mit atomaren Bomben oder Kurzstreckenraketen wurden als „ein Sprengkopf" gezählt, auch wenn sie wesentlich mehr nukleare Munition an Bord hatten. Ein Teil der Flieger mit Marschflugkörpern erhielt gleichfalls weniger angerechnet als die tatsächliche Zuladung. Da die amerikanische Bomberflotte größer war als die sowjetische, profitierten die USA von dieser Regel, welche die Verifikationsverfahren vereinfachte, mehr als ihr Gegenüber. Bezogen auf die „Zähleinheiten" sollte Parität zwischen den beiden Parteien erreicht werden, und zwar auf einem Niveau von 6.000 (von etwas weniger als 12000 Sprengköpfen für die USA und etwas mehr als 12.000 Sprengköpfen für die UdSSR), was scheinbar eine Halbierung der Arsenale implizierte. Aufgrund der Vereinfachung bei der Zählweise betrug die tatsächliche Verminderung des US-Arsenals allerdings nur ca. 30 Prozent, die des sowjetischen ca. 40 Prozent. Damit ist auch bereits etwas über den neuen Ansatz gesagt: Während sich die Maßnahmen des START-Abkommens wie schon bei SALT auf die Trägersysteme bezogen, waren die „Zähleinheiten" nun die Sprengköpfe.[317]

Zugleich sollte die Stabilität dadurch erhöht werden, dass der Quotient Sprengköpfe/Trägersysteme verringert wurde. Dazu sollten die ziemlich komplizierten Obergrenzen-Regelungen beitragen: Die 6.000 Sprengköpfe sollten auf nicht mehr als 1.600 Trägersystemen untergebracht sein. Die Anzahl der auf Raketen montierten Sprengköpfe wurde auf 4.900 beschränkt, davon nicht mehr als 1.540 auf

---

316 Vgl. Risse-Kappen 1988.
317 Vgl. Karp 1992.

„schweren" Raketen mit einer Tragfähigkeit von sechs und mehr Sprengköpfen. Die Zahl dieser Raketen, die die ernsteste Gefahr für die Stabilität darstellten, wurde halbiert. Mobile Interkontinentalraketen – eine neue Entwicklung seit SALT II – durften lediglich 1.100 Sprengköpfe tragen.

Besondere Aufmerksamkeit widmeten die Verhandler dem *Downloading*: Dabei wird einer Rakete mit Mehrfachsprengköpfen ein Teil der Sprengköpfe genommen, sodass sie mit weniger als der möglichen Maximalzahl stationiert wird. Dies ist die preiswerteste Form der Reduzierung (weil die Rakete und ihr Silo nicht verschrottet werden müssen), birgt aber natürlich die Gefahr des Betrugs und des schnellen Wiederaufwuchses nach einem Ausbruch aus den Vertragsbestimmungen. Deshalb wurde das *Downloading* auf 1.250 Sprengköpfe beschränkt, und pro Rakete durfte es nicht mehr als vier Sprengköpfe betragen.[318] Eine neue Raketenspitze mit weniger *Slots* für Sprengköpfe musste montiert werden, wenn mehr als zwei Sprengköpfe entnommen wurden, um das schnelle Wiederbeladen zu erschweren, da der Austausch einer Raketenspitze deutlich länger dauert, als das Wiederbestücken einer schon montierten Spitze. Den Inspektoren der anderen Seite musste die Raketenspitze geöffnet werden, und sie konnten dann aus angemessener Entfernung und durch eine Milchglasscheibe die Sprengköpfe zählen, ohne sensitive Details über die gegnerische Raketen- und Sprengkopftechnologie zu erfahren. Ähnlich hielt man es mit den auf konventionelle Rollen umgerüsteten Bombern: Die Inspektoren konnten von außen prüfen, ob die notwendigen Veränderungen vorgenommen waren, um eine nukleare Verwendung auszuschließen (z.B. die Verdrahtung für die Zündmechanismen der Kernwaffen).

START I stellte im Hinblick auf Stabilität und Vertrauensbildung einen riesigen Fortschritt dar, war aber mitnichten vollkommen: dazu war das Verhältnis von Sprengköpfen zu Trägern (6.000 zu 1.600) noch zu ungleichgewichtig. Die sowjetische Seite erklärte überdies, dass ihre Vertragszugehörigkeit von der Fortdauer des ABM-Vertrages abhing. Auch unter Bush hatten die USA die von Ronald Reagan angestoßenen Raketenabwehrpläne weiterverfolgt. Die Sowjets machten deutlich, dass sie an dem Verständnis von Defensive und Offensive, das ihnen die Amerikaner in den 1960er Jahren beigebracht hatten, weiter festhielten.

Der Putsch gegen Gorbatschow im Sommer 1991 und die anschließende Auflösung der Sowjetunion motivierte zwei weitere Rüstungskontrollschritte: Nach dem Ende der UdSSR sah sich die Welt plötzlich vier Kernwaffenstaaten gegenüber: Zu Russland waren Kasachstan, die Ukraine und Weißrussland hinzugekommen. Um START I zu retten, mussten all diese Länder die vertraglichen Verpflichtungen übernehmen. Dies geschah im *Protokoll von Lissabon* im Mai 1992. Die drei kleineren Republiken verpflichteten sich dort, durch die völlige Demontage der auf ihrem Territorium stationierten START-relevanten Systeme zur Erfüllung des Vertrages beizutragen und zudem dem Nuklearen Nichtverbreitungsvertrag als Nichtkernwaf-

---

[318] Vgl. Karp 1992.

fenstaaten beizutreten. Diese Verpflichtungen lösten sie bis 1994 ein. Damit blieb Russland als einziger nuklear bewaffneter Erbe der Sowjetunion zurück.

2.3 Nukleare Abrüstung und das Ende des Kalten Krieges: Taktische Kernwaffen

Die zweite Initiative ergriff Präsident Bush der Ältere unmittelbar nach dem sowjetischen Putschversuch im August 1991. Dieser hatte im Westen größte Befürchtungen ausgelöst, taktische Kernwaffen könnten in die falschen Hände geraten. Bush erklärte nun einseitig, die amerikanischen nichtstrategischen Kernwaffen drastisch zu vermindern bzw. ihren Bereitschaftsgrad zu senken. Alle nuklearen Landminen, Artilleriegeschosse und Sprengköpfe von Kurzstreckenraketen sollten von ihren Stationierungsorten aus Europa und Südkorea abgezogen und demontiert werden. Auch alle Sprengköpfe von Schiffen – die unter START angerechneten ausgeschlossen – sollten in den USA gelagert, ein großer Teil davon entsorgt werden. In Europa sollten statt einer vierstelligen Zahl nur noch wenige hundert Atombomben verbleiben – ihre Zahl wurde später nochmals auf weniger als 200 beschränkt. Gorbatschow reagierte mit einem vergleichbaren Versprechen: Nukleare Artillerie, Kurzstreckenraketen und Landminen würden abgerüstet; nukleare Flugabwehrgeschosse und Marinesprengköpfe (von den in START I erfassten abgesehen) würden gelagert, ein Teil davon vernichtet.[319] Diese Abrüstungsmaßnahmen erfolgten nicht in bindender Form und wurden auch nicht verifiziert. Bis heute bleiben Unsicherheiten, in welchem Ausmaß die später von Jelzin bestätigten Gorbatschow-Versprechen durchgeführt wurden. Neben der wachsenden Rolle von taktischen Kernwaffen in der russischen Militärdoktrin, in denen – wie früher in der NATO – diese Waffen die zunehmende konventionelle Schwäche ausgleichen sollten, spielten auch die Kosten und die begrenzten technisch-industriellen Möglichkeiten der Sprengkopfdemontage eine Rolle.

2.4 Das START II-Abkommen

Noch bevor Bush aus dem Amt schied, aber bereits mit Präsident Jelzin, wurde das START II-Abkommen am 3. Januar 1993 unterzeichnet. Es beinhaltete eine weitere kräftige Verringerung der strategischen Arsenale auf 3.000-3.500 Sprengköpfe. Diese erlaubte „Bandbreite" zeigte, dass Parität nicht mehr als Sicherheitsgebot auf beiden Seiten galt. Russland war bereit, sich aus Kostengründen mit weniger zu begnügen als die USA, behielt aber die legale Möglichkeit gleichzuziehen.

Revolutionär war das Verbot landgestützter Mehrfachsprengkopf-Raketen, ein Riesenschritt hin zu stabilen Verhältnissen. Zum ersten Male gestanden die USA eine explizite Begrenzung der auf See stationierten Sprengköpfe zu; sie wurde auf

---

319 Vgl. Fieldhouse 1992.

1.750 festgelegt. Um Russland, das durch das Verbot der Mehrfachsprengköpfe auf Land wesentlich mehr belastet wurde, die Einhaltung seiner Verpflichtungen zu erleichtern, wurden die *Downloading*-Regeln von START I aufgelockert: Es gab keine Obergrenzen mehr für das *Downloading*, und 105 SS-19 durften unter Entnahme von fünf Sprengköpfen „heruntergeladen" werden. Der Rest der schweren Raketen war zu zerstören. Russland wurde auch erlaubt, 90 Silos der SS-18 für kleinere Raketen umzurüsten.[320]

Russland erhielt eine weitere Konzession: Die Bomber wurden jetzt mit ihrer tatsächlichen, nicht mit einer fiktiven Nutzlast angerechnet. Bis zu 100 Fernbomber konnten auf konventionelle Rollen umgerüstet werden. Schließlich wurden die Verifikationsregeln von START I auf den neuen Vertrag angepasst.

Insgesamt lässt sich sagen, dass mit START II das nukleare Wettrüsten zu Ende war – vorerst jedenfalls. Nach START II ergriffen auch die kleineren Kernwaffenstaaten Großbritannien und Frankreich einige Abrüstungsmaßnahmen. Großbritannien demontierte fast alle Kernwaffen – nur vier U-Boote blieben zur Abschreckung nuklear bewaffnet, die unter ihrer maximalen Traglast beladen wurden. Das aktive britische Arsenal belief sich damit auf etwa 200 Sprengköpfe. Frankreich begnügte sich mit zwei Waffentypen: U-Boot-Raketen und luftgestützte Raketen. Sein Arsenal betrug nur noch etwas weniger als 400 Sprengköpfe.[321] Nur China, mit dem kleinsten und verwundbarsten Nukleardispositiv ausgestattet, hielt an einer mäßigen Ausweitung seines Kernwaffenarsenals fest.

Der START II-Vertrag hatte Russland mehr belastet als die USA: Die „Perle" der alten sowjetischen Atomstreitmacht, die SS-18 (NATO-Name: „Satan") musste unter hohen Kosten verschrottet werden, die Amerikaner hingegen durften ihr bestes Stück, die mit bis zu 10 Sprengköpfen beladene Trident D-5 behalten, da Mehrfachsprengköpfe auf See nicht verboten waren.

Die Kombination von Zerstörungs- *Downloading*- und Bomber-Umrüstungs-Regeln schuf überdies für die USA die Chance, sich bei einem Vertragsausbruch eine deutliche quantitative Überlegenheit zu verschaffen: Ihr „Rekonstitutionspotenzial" betrug mehrere tausend Sprengköpfe, das russische nur um 800. In Moskau gab es nach wie vor starke Kräfte, vor allem im Militär, die die USA und die NATO als Gegner ansahen. Das galt im Übrigen auch für Washington: Eine Überprüfung der amerikanischen Nuklearpolitik im Jahre 1994 führte zu keiner durchschlagenden Änderung. Angesichts der instabilen Verhältnisse in Russland müsse man mit einer Wende zum Schlimmeren rechnen, und für diesen Fall sollte das amerikanische Arsenal wieder aufwachsen dürfen.[322]

Folgerichtig hielt man mehrere tausend Sprengköpfe in Reserve, um die „Rekonstitutionsfähigkeit" auch tatsächlich wahrnehmen zu können. Die Ungleichheiten des START II-Vertrages sowie die sich immer weiter konkretisierenden US-Pläne

---

320   Vgl. Lockwood 1993;1994.
321   Vgl. Wisotzki 2002.
322   Vgl. Nolan 1999

für eine nationale Raketenabwehr verzögerten die Ratifikation des Vertrages in der Duma um mehrere Jahre bis zum Frühjahr 2000.
So kam es während der Amtszeit Clintons nicht zu einem neuen Abkommen, lediglich zu einer Verständigung über den Rahmen für die nächsten Schritte, die auf dem Gipfel der beiden Präsidenten in Helsinki (1996) erreicht wurde: Die START III-Obergrenzen sollten auf 2.000-2.500 abgesenkt werden (Russland hatte 1.000-1.500 vorgeschlagen). Konkret verhandelt wurde der Vertrag nicht.

2.5 Cooperative Threat Reduction

Unter Clinton hatte auf Veranlassung des Kongresses mittlerweile ein weiteres, völlig beispielloses Abrüstungsprogramm begonnen: Die *Cooperative Threat Reduction* (CTR).[323] In ihrem Rahmen stellten die Vereinigten Staaten Geld, Technologie und Expertise zur Verfügung, um den Russen bei der Demontage von Sprengköpfen, der sicheren Lagerung und Konversion des Waffenmaterials in Reaktorbrennstoff, der Sicherung des Materials und der zugehörigen Anlagen und der Beschäftigung des überflüssig gewordenen Fachpersonals zu helfen.[324] Im Durchschnitt waren das seit 1994 etwa 400 Mio. USD pro Jahr, mit dem der ehemalige Hauptfeind die Sicherheit des Nuklearkomplexes seines Ex-Rivalen zu fördern suchte. Die zügige Abrüstung, aber auch die Vermeidung von Risiken der ungewollten Weitergabe von Waffen und Waffenmaterial, also Nonproliferationsziele, motivierten die amerikanischen Aktivitäten, die bald auch von den europäischen Verbündeten und Japan unterstützt wurden und bisher umfangreiche Erfolge gezeigt haben.[325]

2.6 Nukleare Rüstungskontrolle in der *Post-Cold-War*-Phase: Eine Zwischenbilanz

Es bleibt festzuhalten: Der Übergang zum Ende des Kalten Krieges und die Phase danach sah echte nukleare Abrüstung, zuvor unvorstellbare Verifikations- und Transparenzmaßnahmen und – in Gestalt der *Cooperative Threat Reduction* – die „intime" Zusammenarbeit ehemaliger Gegner im Nuklearwaffenbereich. Eine Grundstimmung wechselseitigen Misstrauens blieb gleichwohl bestehen, welche dafür sorgte, dass die wechselseitige Abschreckungsrolle der Kernwaffen im Denken beider Seiten erhalten blieb. Die Fortschritte in der Rüstungskontrolle vollzogen sich im Rahmen einer drastisch verbesserten politischen Beziehung.
Man darf jedoch nicht übersehen, dass während der Übergangsphase 1985-1991 Rüstungskontrolle selbst zu diesem Wandel beitrug. Vor allem der INF-Vertrag gab der Sowjetunion die Gelegenheit, glaubhaft zu demonstrieren, dass es ihr nicht auf

---

323 Vgl. Shields/Lugar 1997.
324 Für eine russische Perspektive auf CTR vgl. Maslin 1996.
325 Vgl. Höhl, et al. 2003.

Überlegenheit ankam, denn sie gab einen deutlichen quantitativen und qualitativen Vorteil auf. Der Westen wiederum demonstrierte den Sowjets mit dem Rückzug der Erstschlagswaffe Pershing II, dass er keine aggressiven Absichten hegte. Der Beginn von Transparenz mit den Verifikationsmaßnahmen von INF und später START gab weitere Signale nichtaggressiver Absichten – denn wer den anderen in seine Waffenkomplexe schauen lässt, verzichtet freiwillig auf Täuschung und Überraschung. Rüstungskontrolle ist also kein Schönwetterinstrument, sondern hilft auch bei der Transformation der Beziehungen.

2.7 SORT – Das Ende der Rüstungskontrolle im neuen Jahrtausend?

Die Administration von George W. Bush trat ihre Amtszeit mit einer erklärten Abneigung gegen Rüstungskontrolle und dem politischen Willen an, den ABM-Vertrag als Hindernis für ihre Raketenabwehrpläne zu beseitigen. Für die amerikanischen Nuklearstreitkräfte würden in Zukunft auch nach den Planungen dieser Administration deutlich weniger aktive (einsatzfähige) Sprengköpfe benötigt als zuvor. Die fälligen Reduzierungen sollten jedoch ohne vertragliche Bindung einseitig und daher umkehrbar von den USA ausgeführt werden. Die Regierung des jüngeren Bush unterzog zunächst auch die Projekte der *Cooperative Threat Reduction* einer Überprüfung und kürzte die entsprechenden Haushaltsmittel. Die Beziehungen zu Russland kühlten sich merklich ab.

All dies änderte sich mit den terroristischen Anschlägen des 11. September 2001. Putin vollzog eine dramatische, demonstrative Wende, hin an die Seite der USA. Die amerikanische Regierung honorierte dies mit größerem Entgegenkommen. So überzeugte sie ihre Partner in der G8, der Gruppe der größten Industrieländer inklusive Russlands, davon, ein zehnjähriges, mit insgesamt 20 Mrd. USD ausgestattetes CTR-Programm für die ehemalige Sowjetunion aufzulegen, wovon die USA die Hälfte tragen würden.

Bushs Kooperationsbereitschaft schloss jedoch nicht das Festhalten am ABM-Vertrag ein, der im Herbst 2001 gekündigt wurde. Putin tolerierte diese Entscheidung und ging über einige freundlich-kritische Worte nicht hinaus; allerdings setzte Russland – gemäß seinem ordentlich abgegebenen Ratifikationsvorbehalt – START II außer Kraft.

Im Gegenzug erhielt Putin den *Strategic Offensive Reduction Treaty (*SORT), der im Juni 2002 in Moskau abgeschlossen wurde. Dieser kürzeste Abrüstungsvertrag der Geschichte legt für das Jahr 2012 Obergrenzen von 1.700-2.200 für die strategischen Nuklearstreitkräfte beider Seiten fest. Die Mischung dieses Arsenals aus den verschiedenen Waffengattungen bleibt jeder Partei selbst überlassen. Das MIRV-Verbot aus START II entfällt. Es gibt keine vorgeschriebenen Zwischenziele, allerdings bleiben die Bestimmungen des START I-Vertrages bestehen, ebenso seine

Verifikationsmaßnahmen. Dieser Vertrag läuft allerdings im Jahre 2009 aus.[326] Da sich die Verpflichtungen aus SORT auf Sprengkopfoberzahlen beziehen, sind die Verifikationsinstrumente von START I nur bedingt tauglich, um die Einhaltung der Verpflichtungen aus SORT wirklich zu überprüfen.

Die SORT-Obergrenzen beziehen sich auf stationierte, d.h. in voller Einsatzbereitschaft auf ihre Träger montierte Sprengköpfe. Die Vereinigten Staaten beabsichtigen jedoch, eine Vielzahl von Sprengköpfen in unterschiedlichen Abständen zur aktuellen Einsatzbereitschaft bereit zu halten. So wird es in den strategischen Streitkräften weitere 1.710 Sprengköpfe in Überholung, im Ersatzlager und in gelagerter Einsatzbereitschaft geben. Zusätzlich sind 4.060 Sprengköpfe teilweise in Einzelteilen gelagert, die jedoch innerhalb einiger Wochen und Monate wieder zusammengesetzt und einsatzbereit gemacht werden könnten. Das für einen Wiederaufwuchs zur Verfügung stehende Arsenal wird also nahezu 8.000 strategische Sprengköpfe betragen. Außerdem hat der Vertrag einen weiteren Pferdefuß: Er läuft in dem Augenblick aus, in dem die Vertragsparteien diese Obergrenzen erreicht haben sollen, am 31. Dezember 2012. Danach steht es beide Vertragsparteien frei, diese Grenzen auch wieder zu überschreiten.

Mit SORT ist der Bush-Regierung somit das Kunststück gelungen, einen auf maximale Flexibilität zielenden Unilateralismus in einem Vertrag so zu kodifizieren, dass der Wunsch des russischen Partners auf ein bindendes Dokument befriedigt werden konnte, ohne die amerikanische Handlungsfreiheit im mindesten einzuschränken. Die althergebrachten Ziele von Rüstungskontrolle wie Erwartungssicherheit, Stabilität, Verminderung des Sprengkopf/Trägerquotienten, Transparenz und genaue Verifikation wurden samt und sonders aufgegeben. Insofern stellt SORT nicht einen Fortschritt von Rüstungskontrolle, sondern eigentlich deren Ende dar.[327]

3. Nukleare Rüstungskontrolle und Abrüstung: Bilanz

Nukleare Rüstungskontrolle und Abrüstung bewegte sich von einer bloßen Kodifizierung bestehender Aufrüstungspläne über die allmähliche Stabilisierung des Abschreckungssystems auf einen dramatischen Abbau der *Overkill*-Fähigkeiten beider Seiten zu. Ausschlaggebend für den Durchbruch war die Bereitschaft der Sowjetunion unter Gorbatschow, im INF-Vertrag auf eine bestehende Überlegenheit zu verzichten. Die gleiche Weisheit legten die amerikanischen Verhandler beim START II-Vertrag nicht an den Tag, womit der Niedergang der nuklearen Rüstungskontrolle einsetzte. Die innenpolitischen Veränderungen der USA schließlich brachten Rüstungskontrolle und Abrüstung fast zum Erliegen. Der SORT-Vertrag kodifiziert lediglich die Anpassungen der Arsenale an die neuen strategischen Gege-

---

326 Vgl. Kile 2003.
327 Vgl. Müller/Schaper 2003.

benheiten und stellt insoweit eine Regression auf die Anfangsphase der Rüstungskontrolle dar.

Dennoch wurde eine Reihe wichtiger Erfahrungen gesammelt: Es ist Großmächten prinzipiell möglich, ihren Umgang mit den mächtigsten Waffen, über die sie verfügen, kooperativen Regeln zu unterwerfen. Die Verifikationsbestimmungen des INF- und des START I-Vertrages sind exemplarische Werke in wechselseitiger Transparenz, die deutlich machen, wie sich das Sicherheitsdilemma durchbrechen lässt.

	SALT I	SALT II	START I	START II	START III	SORT
Limitierung der Sprengköpfe	Beschränkung der Trägersysteme, nicht der Sprengköpfe	Beschränkung der Trägersysteme, nicht der Sprengköpfe	6000 (aber: Zähleinheiten!)	3000-3500	2000-2500	1700-2200
Limitierung der Trägersysteme	USA: 1054 ICBMs & 710 SLBMs UdSSR: 1618 & 950 SLBMs	2400 (1979), bzw. 2250 (1981)	1600	---	---	---
Status	Ausgelaufen	Nicht in Kraft getreten	5.12.1994	Nicht in Kraft getreten	Niemals im Detail verhandelt	Unterzeichnet, Ratifizierung steht aus
Datum der Unterzeichnung	26.5.1972	18.6.1979	31.7.1991	3.1.1993	---	24.5.2002
Implementations-Deadline	---	---	5.12.2001	31.12.2002	(31.12.2007)	31.12.2012

Abbildung 18: Von SALT zu SORT

Die nach dem Ende des Kalten Krieges aufgenommene *Cooperative Threat Reduction* mit den wechselseitigen Einblicken in die Nuklearkomplexe und der einseitigen Hilfe des Westens für die russischen Nuklearanlagen demonstrieren, wie selbst bei weiter bestehender unterschwelliger Rivalität vorbildlose Intensitäten von Kooperation erreichbar sind.

Fragen zur selbstständigen Reflexion

Frage 1: Warum diente das prominenteste Rüstungskontrollabkommen des Ost-West-Konflikts, der ABM-Vertrag, der Verhinderung der Raketenabwehr, also einer eigentlich defensiven Rüstungsmaßnahme?

Frage 2: Charakterisieren Sie in knappen Worten die nuklearen Rüstungskontrollverträge SALT I, SALT II, INF, START I, START II.

Frage 3: Warum wird der SORT-Vertrag als das Ende von Rüstungskontrolle kritisiert?

Antwortvorschläge finden Sie auf den Seiten 239-240.

X. Nichtverbreitung von Massenvernichtungswaffen

Krieg, so hat Carl von Clausewitz gesagt, tendiert zum „Absoluten", d.h. zu durch keine Schranken mehr gezügelten wechselseitigen Vernichtungsschlägen.[328] Im Zeitalter der Massenvernichtungswaffen hat diese Diagnose einen besonders bedrohlichen Klang. Was für den Krieg gilt, trifft in vieler Hinsicht auch auf die Rüstung im Frieden zu: Sich selbst überlassen, verleitet die Rüstungsdynamik die beteiligten Staaten dazu, immer mächtigere Waffen anzuschaffen. Ohne politische Schranken wäre daher zu erwarten, dass sich immer mehr Staaten in den Besitz von Massenvernichtungswaffen setzen, um möglichen Gegnern, die über diese Zerstörungsmittel verfügen, nicht hilflos ausgeliefert zu sein. Wie wir zuvor schon in Abschnitt VI.3 gesehen haben, beschreibt diese Voraussage jedoch keineswegs das wirkliche Rüstungsgeschehen: Viele Staaten haben sich trotz der genannten Anreize nicht dazu entschlossen, biologische, chemische oder nukleare Waffen zu produzieren oder zu erwerben, obgleich sie wirtschaftlich und/oder technisch dazu in der Lage gewesen wären.

Betrachtet man sich die Interessen der Staaten näher, so wird diese Zurückhaltung verständlicher. Eine Welt, in der eine große Zahl von Akteuren – fünfzig oder hundert oder mehr Staaten über diese furchtbaren Waffen verfügten, wäre der Sicherheit aller abträglich. Wenn es also durch den eigenen Verzicht möglich ist, andere gleichfalls dazu zu bewegen, vom MVW-Besitz abzusehen, so ist ein Sicherheitsgewinn möglich.[329] Die Frage ist dann allerdings, wie diese wechselseitige Abstinenz glaubwürdig genug gemacht werden kann, um das Risiko einer Täuschung durch andere Akteure auszuschließen oder doch sicherheitsverträglich abzusenken. Man hat es also mit einer klassischen Dilemma-Situation zu tun, bei der das kollektiv beste Ergebnis (das Pareto-Optimum) nur durch gemeinsames Handeln zu erzielen ist.[330]

Die Aufgabe, die beschriebenen Dilemmata aufzulösen, soll von internationalen Regimen erfüllt werden.[331] Solche Regime entstanden um den Nichtverbreitungsvertrag, das Übereinkommen über biologische und toxische Waffen (BWÜ) und das Chemiewaffen-Übereinkommen (CWÜ). Sie schaffen wechselseitige Pflichten und Rechte, stellen Kommunikationskanäle zum Informationsaustausch, zur Lösung strittiger Fragen und zur Aufklärung von Missverständnissen dar. Durch Verifikationssysteme sollen sie das notwendige Vertrauen schaffen, dass die Vertragspartner ihre Verpflichtungen auch tatsächlich einhalten. Regime ersetzen somit die allge-

---

328 Vgl. von Clausewitz 1996 [1832]: 13ff.
329 Vgl. Davis 1993.
330 Vgl. Abschnitt III.1.2. und Kapitel VIII.
331 Eine Übersicht über die Nichtverbreitungsregime, die zur Jahrtausendwende bestanden, bieten Rauf, Nikitin, Rissanen (2000).

meine Unsicherheit über das gegenwärtige und künftige Verhalten von Staaten im internationalen System durch stabilere, in die ferne Zukunft hineinragende Verhaltenserwartungen. Und durch ihre Verfahren, die für den Umgang mit Regelbrüchen vorgesehen sind, stellen sie in Aussicht, dass die Staaten nicht völlig hilflos und bedroht einer unerwarteten Verschlechterung ihrer Sicherheit gegenüberstehen, sondern als Teil einer robusten und wehrfähigen Gemeinschaft.[332] So weit die Theorie.

1. Der Nukleare Nichtverbreitungsvertrag

Das älteste und weitreichendste Regime ist der nukleare Nichtverbreitungsvertrag (NVV bzw. *Treaty on the Non-proliferation of Nuclear Weapons*, NPT). Lediglich drei Staaten (bezeichnenderweise Israel, Indien und Pakistan) sind ihm bis heute nicht beigetreten, während Nordkorea 2003 seinen Austritt erklärt hat. 1968 verhandelt und 1970 in Kraft getreten, ist er unter den drei internationalen Regimen der einzige diskriminierende Vertrag. D.h. er unterscheidet zwischen Kernwaffenstaaten (*Nuclear Weapon States*, NWS) und Nichtkernwaffenstaaten (*Non-Nuclear Weapon States*, NNWS) und weist ihnen unterschiedliche Pflichten und Rechte zu.

1.1 Pflichten und Rechte der Vertragsteilnehmer

Kernwaffenstaaten (im Vertragssinn diejenigen, die vor 1967 eine Kernexplosion durchgeführt haben) sollen Kernwaffen nicht weitergeben oder Nichtkernwaffenstaaten in irgendeiner Weise bei der Herstellung helfen (Art. I). Sie verpflichten sich zu Verhandlungen über nukleare Abrüstung (Art. VI) – übrigens die einzige derartige Abrüstungsverpflichtung, die ihnen in einem Vertrag auferlegt wurde, auch wenn sie verhältnismäßig vage bleibt. Wie andere kerntechnisch forgteschrittene Länder sind sie gehalten, ihr *Know-How* in der zivilen Kernenergienutzung allen Mitgliedsländern zugänglich zu machen (Art. IV). Nichtkernwaffenstaaten verzichten auf den Erwerb von Kernwaffen (Art. II). Damit es möglich wird, die Einhaltung dieser Verpflichtung zu überprüfen, müssen sie alles spaltbare Material in ihrem Besitz Verifikationsmaßnahmen (bzw. *safeguards*) der Internationalen Atomenergie-Organisation zugänglich machen (Art. III,1). Im Gegenzug erwerben sie das Recht, die zivile Nutzung der Kernenergie ungehindert zu betreiben (Art. IV). Alle Mitgliedsländer dürfen Kerntechnik und Spaltmaterial nur für friedliche Zwecke und dann weitergeben, wenn sie im Empfängerland der IAEO-Verifikation unterstellt sind (Art. III,2). Der Vertrag sieht auch Hilfe bei sogenannten „friedlichen Kernsprengungen" (Art. V, eine mittlerweile aufgegebene „Idee" überenthusiastischer Kernphysiker) vor. Der NVV befürwortete ausserdem die Gründung von kernwaf-

---

332 Vgl. Müller 1993.

fenfreien Zonen (1967 war die erste in Lateinamerika durch den Tlatelolco-Vertrag eingerichtet worden).
Fünf Jahre nach Inkrafttreten sollte eine Überprüfungskonferenz stattfinden. Zu diesem Zweck traten die Vertragsstaaten erstmals 1975 zusammen. Diesem ersten Treffen folgten weitere im Fünfjahresrhythmus, wobei jede dieser Konferenzen von mehreren Zusammenkünften eines „Vorbereitungsausschusses" präpariert wurde. Zweck der Konferenzen war eine kritische Bestandsaufnahme der Einhaltung des Vertrages, eine Einschätzung, wieweit er seinen Zweck erfüllt hatte und Vereinbarungen der Parteien, was in den nächsten Jahren geschehen solle. In gewissem Sinne dienten diese Konferenzen dazu, weitergehende Interpretationen der Rechte und Pflichten der Vertragsparteien festzulegen.[333]

1.2 Kontroversen auf den Überprüfungskonferenzen

Die Überprüfungskonferenzen (ÜK) verliefen alles andere als unkontrovers. Streit entzündete sich vor allem an der Frage, inwieweit die Kernwaffenstaaten (zunächst nur Russland, die USA und Großbritannien, da China und Frankreich erst 1992 beitraten) ihren Abrüstungsverpflichtungen nachgekommen seien. Ein umfassender Teststopp wurde dabei mehr und mehr zum Lackmustest für die Vertragstreue der Atommächte. Weitere Kontroversen ergaben sich

- über die Exportkontrolle (die von Seiten der Blockfreien – fälschlich – als vertragswidrige Behinderung der friedlichen Nutzung der Kernenergie gesehen wurde),
- über negative Sicherheitsgarantien, also das Versprechen der Kernwaffenstaaten, die NNWS weder nuklear zu bedrohen noch gar anzugreifen. Diese Garantien waren in deklaratorischer, rechtlich nicht bindender Form und nur mit Einschränkungen gegeben worden. Die Nichtkernwaffenstaaten verlangten einen Vertrag mit bedingungslosen Garantien,
- über die Behandlung Israels, Indiens und Pakistans. Die USA weigerten sich, das nicht dem Vertrag angehörende Israel namentlich und besonders deutlich zu kritisieren, was regelmäßig von den arabischen Ländern eingefordert wurde.

Infolge dieser Kontroversen endeten nur zwei der Überprüfungskonferenzen (1975 und 1985) wie eigentlich vorgesehen, nämlich mit einer gemeinsamen, einvernehmlichen Abschlusserklärung. 1980 und 1990 gingen die Parteien im Streit auseinander. Damit gab es immer ein Fragezeichen, was die Stabilität dieser Vertragsgemeinschaft betraf.[334]

---

333 Vgl. Müller 1989a.
334 Vgl. Müller, et al. 1994.

Ursprünglich war der Vertrag für eine Dauer von 25 Jahren abgeschlossen worden. Eine Konferenz der Vertragsparteien sollte dann über diverse Verlängerungsoptionen beschließen. Dies geschah 1995, als der NVV unbegrenzt verlängert wurde. Bei Lichte besehen, war diese Verlängerung alles andere als selbstverständlich.
Schließlich war es nicht gelungen, den Vertrag völlig universal zu machen, was das ursprüngliche Ziel gewesen war; mit Israel, Indien und Pakistan, aber auch Kuba (das erst 2002 beitrat) und einigen anderen Staaten standen wichtige Akteure abseits. Die Abrüstung der Kernwaffenstaaten war zwar mit den beiden START-Verträgen anscheinend in Gang gekommen, dennoch besaßen sie 1995 mehr strategische Kernsprengköpfe als bei Vertragsabschluss, und ein Teststopp war immer noch nicht abgeschlossen worden. Auch negative Sicherheitsgarantien in Vertragsform wurden nach wie vor verweigert. Außerdem hatten die Jahre 1991 und 1992 die schockartige Erkenntnis gebracht, dass die Vertragsstaaten Irak und Nordkorea sich nicht an ihre Verpflichtungen gehalten, sondern den Versuch unternommen hatten, heimlich Kernwaffen herzustellen. Im Falle Irak hatte sich das Verifikationssystem der IAEO als unzulänglich erwiesen (der Fall Nordkorea hingegen zeigte, dass die schnell in Angriff genommenen Verbesserungen der Verifikationstechnik Früchte trugen). Denn es gelang der IAEO 1992, durch die Analyse von Wischproben im nordkoreanischen Wiederaufarbeitungs-Labor nachzuweisen, dass dort nicht, wie behauptet, einmal, sondern dreimal Plutonium abgetrennt wurde, Nordkorea also über deutlich mehr Waffenstoff verfügte, als es zugeben wollte.
Auf der „Habenseite" stand die ständige Zunahme der Vertragsparteien. Gerade im Vorfeld der Konferenz von 1995 waren mit Südafrika, Argentinien, Algerien, den drei ursprünglich nuklear bewaffneten Nachfolgestaaten der Sowjetunion – Ukraine, Kasachstan und Weißrussland – sowie den beiden Kernwaffenstaaten Frankreich und China höchst wichtige Akteure beigetreten. Seit 1970 hatte es kaum neue Kernwaffenprogramme gegeben (die meisten „Schwellenländer" hatten bereits zuvor mit ihren Aktivitäten angefangen), aber eine Reihe von Ländern hatte Programme beendet oder frühere Planungen nicht umgesetzt – die Norm des Vertrages hatte offensichtlich eine beträchtliche Wirkung ausgeübt. Kurzum: Die meisten Mitgliedsländer waren zu dem Schluss gekommen, dass der Vertrag ihrer Sicherheit diente, dass er ein wichtiger Pfeiler der Weltordnung war und dass es sich einfach „gehörte", vertragstreues Mitglied zu sein.
Die Konferenz verlängerte nach langwierigen Verhandlungen den Vertrag unbegrenzt. Mit der Verlängerungs-Entschließung wurden drei weitere Dokumente verabschiedet:

- Ein Beschluss über einen „vertieften Überprüfungsprozess".
- Eine Liste mit „Prinzipien und Zielen", in denen die Vertragspflichten neu und teilweise detaillierter interpretiert wurden. So verpflichteten sich die Parteien u.a., einen Teststopp bis Ende 1996 abzuschließen. Die Exporteure von Kerntechnik versprachen größere Transparenz in ihrer Exportpolitik.

- Eine Entschließung zum Nahen Osten, in dem die Vertragsparteien besondere Anstrengungen zusagten, diese Region kernwaffenfrei zu machen.[335]

Auch im Jahre 2000 endete die Überprüfungskonferenz mit einer konsensualen Schlusserklärung. Dies überraschte, weil die Wolken über dem Fortgang der nuklearen Abrüstung nur allzu sichtbar waren und die Weigerung des US-Senats, der Ratifikation des Teststopps zuzustimmen (1999) für die Vertragsgemeinschaft einen heftigen Schock darstellte.

Die Einigung gelang, weil die Kernwaffenstaaten zu einigen Zugeständnissen bereit waren; so erklärten sie „unzweideutig" ihren Willen zur totalen nuklearen Abrüstung, versprachen die Einbeziehung der taktischen Kernwaffen in die Abrüstungspraxis, die Transparenz und Unumkehrbarkeit des Abrüstungsprozesses und die Überprüfung der Nukleardoktrinen mit dem Ziel eines weiteren Bedeutungsverlustes der Kernwaffen.[336]

Mit dem Amtsantritt der Bush-Administration stagnierte jedoch der Abrüstungsprozess, der ABM-Vertrag wurde aufgekündigt und der Einsatz von Kernwaffen auch gegen Nichtkernwaffenstaaten, die biologische oder chemische Waffen besaßen (oder in diesem Verdacht standen) wurde explizit in die strategische Planung eingestellt. Der SORT-Vertrag ließ hinsichtlich Transparenz und Unumkehrbarkeit alle Wünsche offen, und die Administration sprach sich ausdrücklich gegen den Teststopp aus. Anstrengungen, Israel zu Konzessionen hinsichtlich seiner Kernwaffen zu bewegen, wurden überhaupt nicht unternommen. Auf der ÜK 2005 weigerten sich die USA sogar, die im Jahre 2000 eingegangenen Verpflichtungen anzuerkennen und stellten damit den Sinn des Überprüfungsprozesses überhaupt in Frage. Als Antwort auf diesen beispiellosen Schritt verweigerten auch die blockfreien Staaten jegliche Konzession. Die Konferenz scheiterte in folge dessen und hinterlies eine gänzlich zerstrittene Vertragsgemeinschaft.[337]

Angesichts dieser Sachlage bleibt die Stabilität des Vertrages prekär, denn die Nichtkernwaffenstaaten können zu Recht behaupten, dass ausgerechnet der mächtigste Kernwaffenstaat seinen Verpflichtungen nicht nachkommt.

---

335 Vgl. Dhanapala/Rydell 2005, Kap. 4.
336 Vgl. Simpson 2001.
337 Vgl. Müller 2005.

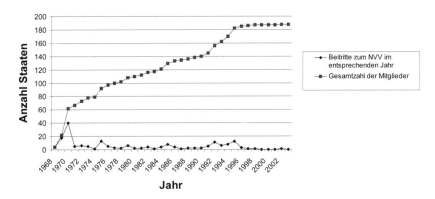

Abbildung 19: Entwicklung der Teilnahme am NVV im Zeitablauf[338]

1.3 Andere Bestandteile des NVV-Regimes: Die IAEO, die NSG, kernwaffenfreie Zonen, der Teststopp

1.3.1 Die Internationale Atomenergie-Organisation

Die Internationale Atomenergie-Organisation hat die Aufgabe, die Verpflichtungen aus dem NVV zu überwachen. Aufgrund des heftigen Widerstands von industrialisierten Nichtkernwaffenstaaten wie Deutschland, Belgien oder der Schweiz waren diese Aktivitäten ursprünglich darauf beschränkt, die Erklärungen der Nichtkernwaffenstaaten über den Spaltmaterialfluss auf ihrem Territorium auf ihre Richtigkeit zu überprüfen, d.h. an bestimmten Punkten in den deklarierten kerntechnischen Anlagen zu messen und mit den Berichten zu vergleichen. Nachdem die Erfahrungen im Irak gezeigt hatten, dass diese Methode nicht ausreichte, um heimliche Kernwaffenprogramme aufdecken zu können, revitalisierte die IAEO eine längst vergessene Bestimmung, „Sonderinspektionen" an *nicht* deklarierten Standorten durchführen zu können, führte eine Reihe neuer Techniken (z.B. Umweltproben und die Auswertung von Satellitenaufnahmen) ein und erhielt Zugangsrechte in Einrichtungen, in denen kein Spaltmaterial vorhanden war. Mit diesen Verbesserungen sollte es möglich sein, militärisch relevante Aktivitäten frühzeitig zu erkennen.

Die IAEO ist eine selbstständige Organisation innerhalb der VN-Familie. Sie wird von einem Gouverneursrat geleitet, in dem die kerntechnisch fortgeschrittenen

---

338 Quelle: Eigene Zusammenstellung auf Basis von VN-Angaben.
Vgl. http://disarmament.un.org/TreatyStatus.nsf, letzter Zugriff 14.8.2005. Anmerkung: 2003 trat Nordkorea als ersts Land aus dem NVV aus. Da im gleichen Jahr allerdings Timor Leste eintrat, hat sich die absolute Anzahl der Vertragsstaaten nicht verändert.

Länder einen ständigen Sitz haben und weitere Staaten nach regionalem Proporz zugewählt werden. Da die Organisation bereits 1957 gegründet wurde, also lange, bevor der NVV in Kraft trat, ist die Betreuung des Vertrages nur eine unter mehreren Aufgaben. Dazu zählen die Förderung der zivilen Kerntechnik, die technische Sicherheit von Nuklearanlagen, die Bekämpfung des Schmuggels mit spaltbarem und radioaktivem Material und neuerdings der Gefahr des Nuklearterrorismus.[339]

1.3.2 Regime für den Nuklearexport: Der Zangger-Ausschuss und die *Nuclear Suppliers Group*

Bei den Regelungen für Nuklearexporte geht es darum, gemeinsame Richtlinien für Genehmigungsverfahren und die nationalen Exportpolitiken festzulegen, um von einem einheitlichen Verständnis der Pflichten unter dem NVV ausgehen zu können und einen proliferationsträchtigen Wettbewerb bei den Bedingungen nuklearer Exporte auszuschließen. Zwei solcher Regelungen sind im Laufe der Jahre entstanden: Der Zangger-Ausschuss in enger Anlehnung an den NVV sowie die Gruppe der Nuklearen Lieferländer (*Nuclear Suppliers Group*, NSG) mit größeren Freiheitsgraden. Der Zangger-Ausschuss, der Ende 2005 35 Mitglieder hatte, entstand 1971, um Art. III.2 des NVV zu implementieren. Er verlangt von den Mitgliedern, Spaltmaterial und spezielle Materialien und Geräte für die nukleare Nutzung nur unter Verifikatonsmaßnahmen der IAEO zu exportieren. 1974 veröffentlichte der Ausschuss eine erste Liste mit Definitionen von solchen Materialien und Ausrüstungen. Sie wurde seither mehrfach erweitert.

Nachdem Indien 1974 eine als „friedlich" deklarierte Kernexplosion ausgeführt hatte, hielten einige Exportländer die Vorgaben des NVV für zu eng, um die Risiken der Proliferation durch zivile Exporte vollständig einzudämmen. Sie schlossen sich zu einem weiteren Exportkartell, der *Nuclear Suppliers Group* zusammen. Wie im Zangger-Ausschuss war die Sowjetunion von Anfang an Mitglied, die nuklearen Exportkontrollregime waren also blockübergreifend zusammengesetzt. Die NSG trat erstmals 1977 in Erscheinung. In ihr finden sich die Länder zusammen, die zu kerntechnischen Exporten in der Lage sind – Ende 2005 waren es insgesamt 43. Die 1977 angenommenen Richtlinien für Nuklearexporte sowie die Liste der genehmigungspflichtigen Güter wurde nach den Irak-Erfahrungen grundlegend überarbeitet. Ursprünglich fielen nur eindeutig für nukleare Zwecke geeignete Materialien, Ausrüstungen und Technologien unter die Liste. Im Zeitbalauf wurden aber auch Mehrzweckgüter, die neben nuklearen auch anderen Verwendungen dienen konnten, unter Genehmigungspflicht gestellt. Nicht nur Hardware, sondern auch Technologie wurde nun genehmigungspflichtig. Die NSG erregt bei den Nichtmitgliedern aus der Dritten Welt immer wieder Anstoß, weil man dort vermutet, das „Lieferkartell" wolle die Entwicklungsländer von den Segnungen der Kerntechnik aussperren; die-

---

[339] Vgl. Fischer 1997.

ser Verdacht ist jedoch noch weniger plausibel als früher, gehören doch mit Südafrika und Brasilien zwei ausgesprochen prominente Vertreter der Schwellenländer der NSG an.

1.3.3 Kernwaffenfreie Zonen

Auch kernwaffenfreie Zonen tragen zur Stärkung des NVV-Regimes bei. Heute gibt es Verträge, die solche Zonen einrichten, für die Antarktis, für Lateinamerika (Vertrag von Tlatelolco), den Südpazifik (Vertrag von Rarotonga), Afrika (Vertrag von Pelindaba), Südostasien (Vertrag von Bangkok). In Verhandlung ist eine Zone für Zentralasien. Die regionalen Staaten Kasachstan, Krigistan, Tadschikistan, Turkmenistan, Usbekistan haben sich nach achtjährigen Verhandlungen im Februar 2005 auf einen gemeinsamen Vertragstext geeinigt, aber einige der Kernwaffenstaaten haben noch Bedenken hinsichtlich mehrerer Bestimmungen in dem Entwurf, sodass sich das Inkrafttreten verzögern wird.

Solche Zonenverträge gehen oft noch über die Bestimmungen des NVV hinaus (so verbietet der Vertrag von Rarotonga auch Anreicherung und Wiederaufarbeitung von Kernbrennstoffen, die waffenträchtigsten Aktivitäten des zivilen Brennstoffkreislaufs). Die Kernwaffenstaaten und die externen Besitzer von Territorien im Vertragsgebiet (Ex-Kolonialmächte) werden zur Unterzeichnung von Protokollen gebeten, in denen sie die Bestimmungen der Zonen anerkennen, und – im Falle der Kernwaffenstaaten – ausdrücklich auf die Drohung mit oder den Einsatz von Kernwaffen verzichten. Hier ist in den letzten Jahren eine gravierende Änderung eingetreten, da die USA sich nunmehr den Einsatz gegen B- und C-Waffenbesitzer ausdrücklich vorbehalten, wodurch früher gegebene Garantien teilentwertet worden sind.[340]

1.3.4 Der Teststoppvertrag

Der vollständige nukleare Teststopp bzw. der Teststoppvertrag (*Comprehensive nuclear Test Ban Treaty*, CTBT) wird häufig dem Nichtverbreitungsregime zugerechnet. Ohne Kernwaffenversuche besteht ein Rest von Ungewissheit über die Verlässlichkeit des Waffendesigns, und es ist nahezu unmöglich, fortgeschrittene Kernwaffentypen, namentlich thermonukleare Waffen („Wasserstoffbomben") herzustellen. Der Teststopp dient somit auch der Eindämmung der Weiterverbreitung im Sinne des waffentechnischen Fortschritts. Als jahrzehntealte Forderung der Nichtkernwaffenstaaten wurde der Teststopp seit 1994 ernsthaft verhandelt und 1996 zur Unterzeichnung aufgelegt. In Kraft getreten ist er allerdings noch nicht. Dazu müssen ihn alle Staaten mit kerntechnischen Fähigkeiten (Betrieb mindestens

---

340   Vgl. Goldblat 2002, Kap. 13.

eines Forschungsreaktors) ratifizieren. Von diesen 44 namentlich aufgeführten Staaten haben elf (Stand: November 2005) dies noch nicht vollzogen. Ein Staat, namentlich die USA, hat den Vertrag ausdrücklich zurückgewiesen. Obwohl die vertragszugehörige Organisation (CTBTO) in Wien ihre Arbeit aufgenommen hat, ist die Zukunft des Teststopps durch die amerikanische Haltung äußerst ungewiss.[341] Damit wird auch der Zusammenhalt der NVV-Vertragsgemeinschaft gefährdet.

2. Das Chemiewaffen-Übereinkommen[342]

Chemiewaffen traten historisch als erste der im Begriff „Massenvernichtungswaffen" zusammengefassten Waffentypen in Erscheinung. Bereits die Haager Konferenzen vor dem Ersten Weltkrieg hatten ihren Einsatz geächtet, jedoch vergeblich. Das deutsche Reich entschloss sich zum Ersteinsatz im Ersten Weltkrieg, um das Patt der Schützengräben und Stacheldrahtverhaue zu durchbrechen; die anderen Staaten folgten. Die Erfahrungen der Soldaten mit Giftgaseinsätzen waren so traumatisch, dass ein neuer Impuls für das Verbot dieser Waffen entstand. Das Genfer Protokoll von 1925 verbot den Einsatz von chemischen (und biologischen) Waffen im Krieg, allerdings nicht deren Produktion und Lagerung; mehrere Vertragsstaaten behielten sich außerdem den vergeltenden Einsatz vor. Trotz gelegentlicher Verstöße (Italien in Äthiopien und Japan in Ostasien während der dreißiger Jahre, Ägypten im Jemen in den 1960ern) wurde das Genfer Protokoll weitgehend eingehalten. Sogar im Zweiten Weltkrieg hielten sich die Kriegführenden an seine Bestimmungen, obwohl alle Seiten große Vorräte an chemischen Kampfstoffen angehäuft hatten. Das galt auch für die Zeit des Kalten Krieges; vor allem die Sowjetunion verfügte über einen riesigen Bestand an chemischen Munitionen[343], deren Einsatz in offensiven Operationen eingeplant war. Aber erst der massive Einsatz von Chemiewaffen durch den Irak während des ersten Golfkrieges, vor allem aber das Massaker an der kurdischen Zivilbevölkerung der Stadt Halabjah im März 1988, gaben der Idee, ein umfassendes Chemiewaffenverbot zu verhandeln, einen unwiderstehlichen Anschub. Die Gefahr, dass diese gegen ungeschützte Truppen, noch mehr aber gegen Zivilisten verheerenden Waffen in lokalen Konflikten zunehmend eingesetzt würden, schien zu wachsen. Die Endphase des Kalten Krieges machte erfolgreiche Verhandlungen, insbesondere die Einigung auf ein ausgeklügeltes Verifikationssystem, erst möglich.[344]

---

341 Vgl. Arnett 1994.
342 Wir danken Tabea Seidler für wichtige Anmerkungen zu diesem Abschnitt.
343 Experten schätzen einen Bestand von damals ca. 50.000 Tonnen. Vgl. Vgl. Goldblat 2002, Kapitel 8.
344 Vgl. Goldblat 2002, Kapitel 8. Einen guten Überblick über den aktuellen Stand der Chemiewaffenkonvention bietet Krutzsch 2005.

2.1 Zentrale Aspekte des CWÜ

Die Verhandlungen wurden in der Genfer Abrüstungskonferenz 1992 erfolgreich abgeschlossen, das Übereinkommen über das Verbot chemischer Waffen (CWÜ) trat 1997 in Kraft. Zu diesem Zeitpunkt nahm auch die Organisation für das Verbot von Chemischen Waffen (OVCW bzw. *Organization for the Prohibition of Chemical Weapons*, OPCW) in Den Haag ihre Arbeit auf. Im Unterschied zum NVV ist das CWÜ *nichtdiskriminierend*. Rechte und Pflichten sind für alle Mitglieder gleich. Das CWÜ verbietet kategorisch den Einsatz, die Produktion, Lagerung, Besitz und die Weitergabe von Chemiewaffen. Wer über sie verfügt, muss Meldung erstatten und sie schnellstmöglich unter Aufsicht zerstören. Waffenfabriken müssen demontiert oder – mit Genehmigung und unter Aufsicht – für zivile Zwecke konvertiert werden. Die Verifikation des CWÜ wird dadurch erschwert, dass toxische Chemikalien und deren Vorprodukte sowohl für zivile als auch für militärische Zwecke verwendet werden können. Chemikalien, die entweder bereits als chemische Waffe entwickelt, hergestellt, gelagert oder eingesetzt wurden oder gut für eine solche geeignet sind, werden im Anhang des CWÜ auf drei Listen aufgeführt. Auf Liste 1 stehen chemische Verbindungen, bei denen es sich entweder um hochwirksame Kampfstoffe oder um bestimmte direkte Vorstufen von diesen handelt. Sie dürfen nur in einer Einrichtung und in kleinen Mengen hergestellt werden und unterliegen ständiger Verifikation. Liste 2-Chemikalien besitzen eine hohe Toxizität und werden nur in geringen Mengen im zivilen Bereich verwendet, wohingegen es sich bei Liste 3-Chemikalien um Stoffe handelt, die in größerem Umfang zum zivilen Nutzen eingesetzt werden. Einrichtungen, die mit toxischen Chemikalien der Liste 2 und 3 umgehen, müssen – abhängig von bestimmten Mengenschwellen und den ausgeübten Tätigkeiten[345] – der OVCW gemeldet werden. Die Inspektoren der OVCW überprüfen die Meldungen, wenn bestimmte Schwellenwerte überschritten werden, und inspizieren auch weiterhin die Einrichtungen, die den Kriterien entsprechen. Diese Inspektionen finden bei Liste 2-Chemikalien regelmäßig statt. Bei chemischen Verbindungen der Liste 3 erfolgen die Inspektionen hingegen unregelmäßig und nach dem Zufallsprinzip. Es ist allerdings festgelegt, dass es keine unfaire Konzentration solcher Inspektionen in einem bestimmten Land gibt. Außerdem haben die Mitgliedsstaaten die Möglichkeit, Verdachtsinspektionen zu verlangen, wenn sie vermuten, dass ein Partner seine Verpflichtungen bricht. Die Vorschriften für Verdachtsinspektionen sind zeitlich so gestaffelt, dass die Beseitigung von verdächtigen Spuren für den beschuldigten Staat kaum möglich ist. Um den Antrag auf eine Verdachtsinspektion abzuweisen, sind drei Viertel der Stimmen des Exekutivrats der OVCW notwendig, in dem 41 Mitgliedsstaaten mit regionaler Repräsentation ihren Sitz haben. Obwohl gerade die USA immer wieder den Vorwurf gegen das Mitgliedsland

---

[345] Bei Liste 2-Chemikalien umfassen diese Tätigkeiten Produktion, Verarbeitung, Verbrauch, Ein- und Ausfuhr und bei Liste 3-Chemikalien nur Produktion sowie Ein- und Ausfuhr.

Iran machen, Chemiewaffen zu besitzen, ist noch kein Begehren nach einer Verdachtsinspektion in die OVCW eingebracht worden.

Die Konvention sieht des Weiteren vor, dass sich die Mitgliedsstaaten wechselseitig zu Hilfe kommen, wenn einer von ihnen mit Chemiewaffen bedroht oder angegriffen wird. Zu diesem Zweck führt die OVCW ein Register, in das die Mitgliedsländer diejenigen Hilfsleistungen eintragen lassen – technische, personelle oder finanzielle Mittel –, die sie in einem solchen Notfall kurzfristig zur Verfügung stellen werden. Die OVCW kann Sanktionen gegen einen Regelbrecher verhängen und in schweren Fällen die Sache an den Sicherheitsrat der Vereinten Nationen weitergeben. Der Chemikalienhandel mit Nichtmitgliedern wird eingeschränkt; es bringt also wirtschaftliche Nachteile mit sich, wenn man nicht auf Chemiewaffen verzichten möchte. Schließlich sieht das Übereinkommen verstärkte Zusammenarbeit in den zivilen Nutzungen der chemischen Wissenschaft und Industrie vor.[346]

2.2 Umfangreiche Mitgliedschaft mit bedeutenden Ausnahmen

Im November 2005 waren 175 Länder Mitglieder des CWÜ. Elf weitere hatten unterschrieben, aber noch nicht ratifiziert, z.B. Israel. Neben den Vereinigten Staaten und Russland haben auch Indien, Südkorea, Albanien und 2004 auch Libyen Chemiewaffenbestände gemeldet, die nun abgerüstet werden. China und der Iran haben frühere CW-Aktivitäten zugestanden, behaupten aber, gegenwärtig keine Chemiewaffen zu besitzen.[347] Einige arabische Staaten, namentlich Ägypten und Syrien, die vermutlich über Chemiewaffen verfügen, sind dem Übereinkommen nicht beigetreten; sie verlangen, dass Israel zugleich seine Kernwaffen aufgibt, bevor sie selbst auf das – zugegebenermaßen geringere – chemische Abschreckungspotenzial verzichten wollen. Auch Nordkorea, das über Kampfstoffe in Artilleriemunition verfügen soll, ist nicht Vertragspartei.[348]

Die beiden bedeutendsten Mitgliedsstaaten, Russland und die USA, verursachen besondere Schwierigkeiten. Russland schafft es nicht, seine Abrüstungsverpflichtungen zeitgerecht zu erfüllen. Es hat bereits einen Aufschub erhalten, da, mit Ausnahme der Vernichtungsanlage in Gorny von 2002, die Anlagen, in denen die Chemiewaffen unschädlich gemacht werden sollen, erst (mit westlicher Hilfe) im Bau sind. In den Vereinigten Staaten ist die Ratifikation des CWÜ im konservativen Senat nur unter Auflagen möglich gewesen, die von den vertraglichen Verpflichtungen der USA eigentlich unvertretbare Abstriche machen. So sollen Materialproben, die bei Inspektionen in den USA genommen werden, nicht außer Landes gebracht, sondern gleich in amerikanischen Labors untersucht werden. Und der Präsident hat

---

346 Vgl. Bothe, et al. 1998.
347 Es wird jedoch vermutet, dass beide auch gegenwärtig Chemiewaffen besitzen. Vgl. Cirincione, et al. 2005.
348 Siehe hierzu Cirincione, et al. 2005.

die Vollmacht erhalten, Inspektionen jederzeit zu verweigern, wenn dies im nationalen Interesse geboten erscheint. Überdies entwickeln die amerikanischen Streitkräfte „nichttödliche" Kampfstoffe, um sie in Interventionen nach der Art Somalia oder Afghanistan in Lagen einsetzen zu können, in denen man einen Gegner unschädlich machen will, ohne Opfer in der Zivilbevölkerung zu verursachen. Das klingt human, ist aber nach dem Wortlaut des CWÜ verboten. Dass die USA mit der Entwicklung von sogenannten „nichttödlichen" Waffen allerdings nicht alleine stehen, zeigte sich am 26. Oktober 2002: Russische Elitetruppen setzten in einem Moskauer Musiktheater das Betäubungsmittel Fentanyl ein, um eine Geiselnahme durch tschetschenische Terroristen zu beenden. Einhundertdreißig Menschen starben durch das in hoher Dosis eingesetzte Gas – ein tragischer Beweis für die Zweifelhaftigkeit des Konzepts „nichttödlicher Waffen."[349]

2.3 Probleme bei der Einhaltung des Vertrages

Schließlich leidet das CWÜ unter nachlässigem Vollzug der vertraglichen Verpflichtungen. Zahlreiche Vertragsstaaten haben es bislang versäumt, die Vorschriften des CWÜ in innerstaatliches Recht zu übertragen. Dieses ist nicht nur für den Strafvollzug wichtig, sondern auch, um die Unternehmen der chemischen Industrie nach nationalem Recht zu verpflichten, ihre Anlagen Inspektoren zugänglich zu machen. Und viele Vertragsparteien zahlen ihre Mitgliedsbeiträge an die OPCW nur mit so erheblicher Verspätung, dass die Organisation in chronischer Geldnot ist. Dies wiederum wirkt sich nachteilig auf das Inspektionsprogramm aus.[350]

3. Das Übereinkommen über biologische und toxische Waffen[351]

3.1 Die Chancen der ersten Entspannungsphase des Kalten Krieges

Das Abkommen über biologische und toxische Waffen (BWÜ) ist deutlich älter als das CWÜ. Es stammt aus dem Jahre 1972, der Zeit, als der Kalte Krieg durch die erste Entspannungsphase aufgelockert wurde. Man wollte einen multilateralen Verhandlungserfolg. Biologische Waffen boten sich an: Die USA hatten 1969 einseitig darauf verzichtet und ihre Bestände vernichtet, weil sie in diesen Waffen keinen militärischen Nutzen sahen. Biologische Waffen sind nur unter großen Schwierigkeiten zu produzieren, zu stabilisieren, zu lagern und einzusetzen, da sie gegenüber Umwelteinflüssen (Sonne, Wärme, Druck) sehr verwundbar sind. Ihre Wirkungen sind unberechenbar (mit der Gefahr des Selbstschadens) und überdies verzögert.

---

349 Vgl. Wheelis 2003.
350 Vgl. Höhl/Kelle 2003.
351 Wir danken Una Becker für wichtige Anmerkungen zu diesem Abschnitt.

Unter diesen Umständen konnte auf Verifikation gut verzichtet werden; wenn der militärische Nutzen gering war, musste man nicht so genau hinsehen. Das wiederum machte einen Vertrag auch für die Sowjetunion akzeptabel, da die mit der Verifikation verbundenen, höchst einschneidenden Vor-Ort-Inspektionen zum damaligen Zeitpunkt für Moskau völlig unvorstellbar waren.

Allerdings glaubten die Sowjets nicht, dass sich die USA an die Bestimmungen des BWÜ halten würden und erweiterten deshalb ungerührt und vertragswidrig ihr umfangreiches offensives Forschungs-, Entwicklungs- und Produktionsprogramm für biologische Waffen, das der russische Präsident Jelzin erst nach dem Zusammenbruch der Sowjetunion 1992 offen einräumte.[352] Seither hat es immer wieder Gerüchte gegeben, dass Teile der Streitkräfte gegen die Weisungen aus Moskau an Elementen dieses Programms weiter festhalten.[353]

3.2 Ziele des BWÜ

Die Konvention verbietet die Produktion und den Besitz biologischer Waffen, lässt aber defensive Forschung, z.B. die Erforschung von Gegenmitteln, zu. Seltsamerweise ist der Einsatz nicht verboten – die Verhandler waren der Auffassung, dass sich ein solches Verbot erübrige, da es bereits im Genfer Protokoll enthalten ist. Somit sollte der Eindruck verhindert werden, das Genfer Protokoll werde mit dem BWÜ obsolet.

Bei verdächtigen Befunden können die Vertragsparteien um Konsultationen bitten. Bei ernsten Verstößen (oder einem entsprechenden Verdacht) kann ein Mitgliedsstaat auch direkt den VN-Sicherheitsrat befassen. Die Parteien sollen in der friedlichen Verwendung biologischer Technologie zusammenarbeiten. Eine Organisation wurde im Zusammengang mit dem BWÜ nicht gegründet.

Das BWÜ trat 1975 in Kraft und führte gewissermaßen ein Dämmerdasein, während die Zahl der Mitgliedsländer sich allmählich vergrößerte. Im Juni 2005 hatte es 155 Vollmitglieder, darunter Iran, Indien und Pakistan, Nordkorea, alle der Entwicklung von BW verdächtig. 16 Staaten, darunter Ägypten und Syrien, hatten unterzeichnet, aber nicht ratifiziert, Israel hatte das BWÜ zu diesem Zeitpunkt nicht unterschrieben.

Die *biotechnologische Revolution*, die vor etwa 25 Jahren einsetzte, änderte die Einschätzung der BW von Grund auf. Plötzlich wurde die Herstellung von biologischen Agenzien wie Milzbrand (Anthrax) oder Toxinen wie Botulinustoxin („Botox") technisch einfacher und billiger. Erkenntnisse der gentechnischen Veränderung und der miktrotechnischen Behandlung eröffneten Möglichkeiten der Stabilisierung und größeren Robustheit der Kampfstoffe gegen Umwelteinflüsse, die die Lagerung, den gezielten Einsatz und die Umgehung der Immunabwehr, von Impfstoffen und

---

352 Vgl. Rimmington 2002.
353 Aktuell in US Bureau of Verification and Compliance 2005.

von Arzneien zuließen. Damit wuchs die Gefahr, dass biologische Waffen militärisch interessant und, bei einer Ausweitung staatlicher Programme, auch für Terroristen leichter zugänglich werden.[354] Der Zustand des BWÜ als rein deklaratorisches Abkommen ohne Überprüfungsmöglichkeiten war nicht länger tragbar.

Dies wird durch den starken *Dual-Use*-Charakter der Biotechnologie noch unterstrichen; viele Prozesse laufen sowohl im zivilen als auch militärischen Bereich ab, und die Unterscheidung legitimer (präventiver und defensiver) und illegitimer (offensiver) Aktivitäten ist darüber hinaus häufig erst in späteren Forschungs- oder Produktionsstadien möglich.

3.3 Die Überprüfungskonferenzen

Eine Überprüfungskonferenz war im Vertragswerk des BWÜ vorgesehen; sie fand 1980 statt. In der Folge einigten sich die Mitgliedsstaaten auf eine Reihe von weiteren Überprüfungskonferenzen, bei denen Versuche unternommen wurden, das BWÜ zu stärken.[355] So wurden ab 1986 vertrauensbildende Maßnahmen verabredet, etwa

- der Austausch von einschlägigen Veröffentlichungen,
- die Anzeige auffälliger Epidemien,
- die Existenz und Standorte von Hochsicherheits-Laboratorien,
- die Förderung von Kontakten zwischen Wissenschaftlern.

Freilich verlief die Implementation dieser nur politisch verbindlichen, d.h. nicht rechtlich bindenden, Maßnahmen in den folgenden Jahren unbefriedigend. Nur eine Minderheit der Mitglieder nahm teil, und auch die teilnehmenden Regierungen legten die erwünschten Informationen nur teilweise offen. Infolgedessen ging man zu weitergehenden Schritten über. 1991 wurden drei weitere VBM vereinbart, die die Deklaration von relevanter Gesetzgebung, von BW-Forschungsprogrammen und von Impfstoff-Produktionsanlagen betrafen. Auch wurde eine Expertengruppe („VEREX") eingesetzt, die Möglichkeiten zu einem rechtlich verbindlichen Transparenz-/Verifikations-/Implementationssystem ausloten sollte. Nachdem diese Gruppe hinreichende Fortschritte aufzuweisen hatte, entschloss sich eine Sonderkonferenz der Vertragsstaaten im Jahre 1994, eine Ad-hoc-Gruppe (AHG) einzurichten und formale Verhandlungen über ein Verifikationsprotokoll in die Wege zu leiten.

Im Jahre 2001 lag ein Protokollentwurf vor. Er sah Erklärungen über defensive Programme, zivile Forschung, industrielle Nutzung und entsprechende technische Anlagen vor, Verfahren für wechselseitige Konsultationen, „Besuche" in gemeldeten Anlagen sowie eine Art Verdachtsinspektionen und den Aufbau einer internationalen Organisation nach dem Vorbild der OVCW. Außerdem sollte die technische

---

354 Vgl. Wheelis 2004.
355 Vgl. Sims 1988.

Zusammenarbeit verstärkt werden, eine unabweisbare Forderung der Entwicklungsländer (die freilich einen kostenfreien Technologietransfer vergeblich verlangt hatten). Das System war deutlich schwächer als das Verifikationsregime des CWÜ. Hauptverursacher dieses Umstandes waren die Vereinigten Staaten; tatsächlich spielte sich ein entscheidender Teil der strittigen Verhandlungen zwischen der Europäischen Union als der Vertreterin eines schärferen Verifikationsregime und den USA als Bannerträger der „Verwässerer" (wozu auch Russland, China, Indien, Iran und andere zählten) ab.[356]

Die USA hatten gegenüber dem BWÜ-Protokoll vier gravierende Einwände:

- Inspektionen nach dem Muster der Verdachtsinspektionen des CWÜ ließen sich missbrauchen, um militärische Anlagen in Augenschein zu nehmen, die mit biologischen Waffen gar nichts zu tun hatten;
- Routinebesuche in Forschungs- und Industrieanlagen könnten zum Verlust wettbewerblich wichtiger Information der in der Gentechnik führenden amerikanischen Industrie führen;
- Inspektionen des amerikanischen BW-Abwehrprogramms könnten zum Durchsickern sicherheitsrelevanter Information an Feindstaaten (oder gar terroristische Organisationen) führen;
- aufgrund der Natur biologischer Waffenproduktion sei das Übereinkommen ohnedies nicht mit hinreichender Gewissheit verifizierbar. Aufwand und Risiken einerseits, der Ertrag andererseits stünden daher in keiner vernünftigen Relation.[357]

Die europäische Seite sah dies anders. Zwar räumte man hier ein, dass eine „hochprozentige" Verifikationsgewissheit nicht zu erreichen sei. Das geplante System würde jedoch Regelbrecher mit einem Entdeckungsrisiko belasten, das gegenwärtig nicht gegeben sei. Der Abschreckungswert des BWÜ würde damit steigen; das Protokoll werde insoweit einen deutlichen Sicherheitsgewinn bringen.

Die Bush-Administration ließ sich von den europäischen Argumenten nicht überzeugen und lehnte im Juni 2001 das Protokoll ab. Zu den ungenannten amerikanischen Motiven gehört vermutlich auch der Wunsch, bestimmte zweifelhafte Aspekte des eigenen Abwehrprogramms ohne internationale Kritik betreiben zu können. So haben die USA im letzten Jahrzehnt Ausrüstung auf dem freien Markt gekauft und daraus eine Biowaffenanlage erstellt. Sie haben auch eine BW-Bombe konstruiert und (ohne Pathogene, d.h. Krankheitserreger) getestet, beides im Zuge des Defensivprogramms. Diese Aktivitäten wären von den USA selbst fraglos bei jedem anderen Land als Bruch des Abkommens inkriminiert worden. Auch lassen Informationen, die nach den Milzbrand-Vorfällen nach dem 11. September bekannt wurden, darauf schließen, dass amerikanische Labors Milzbrand-Erreger in waffenfähige

---

356 Zur Verhandlungsgeschichte des Protokolls vgl. Littlewood 2005.
357 Vgl. Bailey 2002.

Form gebracht haben und überdies höchst schlampig mit diesen Agenzien umgegangen sind. Die restriktive Haltung der USA gegenüber dem Protokoll diente möglicherweise dem Interesse, in der eigenen defensiven Forschung und Entwicklung freiere Hand zu behalten, als eine strenge internationale Aufsicht dies zugelassen hätte.[358] Andere Staaten, die verdächtig sind, sich nicht buchstabengetreu an die Bestimmungen des BWÜ zu halten, konnten sich sehr komfortabel hinter der amerikanischen Position verbergen.

Da die USA auch allen weiteren Verhandlungen entgegentraten, konnte sich die BWÜ-Überprüfungskonferenz, die im Herbst 2001 erst einmal um ein Jahr vertagt werden musste, im November 2002 nur auf ein minimales Arbeitsprogramm für die nächsten drei Jahre einigen. So wurden jährliche Experten- und Staatentreffen zu folgenden Themen verabredet:

- Umsetzung des BWÜ in nationales Recht (z.B. Kriminalisierung entsprechender Aktivitäten);
- nationale Kontrolle des Umgangs mit Pathogenen und der Laborsicherheit;
- internationale Verfahren im Umgang mit verdächtigen Krankheitsausbrüchen und vermuteten BW-Einsätzen;
- nationale und internationale Verfahren im Umgang mit Infektionskrankheiten;
- Verhaltenskodex für Biowissenschaftler.

Dieses Minimalprogramm kann zwar zur besseren Implementierung des BWÜ beitragen und auch das Risiko des Bio-Terrorismus bekämpfen helfen. Es ist aber kaum geeignet, die Schwächen dieses in Zukunft extrem wichtigen, weil äußerst beunruhigenden Waffensektors zu beheben. Auch bleibt das BWÜ nach wie vor ohne eine internationale Organisation, die seine Einhaltung überprüft und stützt.

4. Weitere Nichtverbreitungsmaßnahmen im Bereich der ABC-Waffen

4.1 Die Australien-Gruppe

Was im Nuklearsektor die Gruppe der nuklearen Lieferländer (s.o.) betreibt, wird für den chemischen und biologischen Bereich von der 1985 gegründeten „Australien-Gruppe" (AG) wahrgenommen.[359] Sie umfasste Ende 2004 38 Länder, sowie die Europäische Union mit Beobachterstatus. Die Gründung dieser zunächst rein „westlichen" Gruppe war durch die Erkenntnis motiviert, dass Teile des irakischen und später des libyschen Chemiewaffenprogamms sich aus westlichen Lieferungen zusammensetzten. Es ging also darum, durch eine einheitliche Exportpolitik zu verhin-

---

358 Vgl. Wheelis/Dando 2002.
359 Die Gründungsmitglieder trafen sich zunächst in der australischen Botschaft in Paris, daher der Name.

dern, dass das technische und industrielle *Know-How* westlicher Unternehmen für die chemische Bewaffnung von Drittländern missbraucht wurde (oder sich willig missbrauchen ließ). Zunächst auf bestimmte Kampfstoffe und deren Komponenten konzentriert, wurde die Kontrollliste der AG später auch auf Ausrüstungen und Technologie und auf biologische Kampfstoffe und entsprechende Ausrüstungen ausgeweitet. Wie die NSG, so geriet auch die AG schnell in den Ruch, die Behinderung der chemischen und biotechnologischen Industrie der Entwicklungsländer unter dem Deckmantel der Sicherheitspolitik zu betreiben. Daher schwebt ständig die Forderung der blockfreien Bewegung über der Gruppe, nach Inkrafttreten des CWÜ die AG aufzulösen. Die Mitgliedsländer haben sich diesem Wunsch mit der Begründung verweigert, die Koordination im Rahmen dieser Gruppe sei unerlässlich, um die Verpflichtungen aus CWÜ und BWÜ zu erfüllen.[360]

4.2 Das Raketen-Technologie-Kontroll-Regime und der Haager Verhaltenskodex

Das Raketen-Technologie-Kontroll-Regime (*Missile Technology Control Regime*, MTCR) ist etwa so alt wie die Australien-Gruppe. Es beruht nicht, wie der NVV, das CWÜ oder das BWÜ, auf einem universalen Vertrag. Es ist vielmehr bislang ein reines Exportkartell, also das Äquivalent von NSG oder AG auf dem Gebiet der Trägersysteme und zugehöriger Technologien. Ursprünglich zielte es darauf ab, die Ausfuhr von Raketen mit einer Reichweite von mehr als 300 km und einer Tragkraft von mehr als 500 Kg – das geschätzte Minimum eines Nuklearsprengkopfs der ersten Generation – zu unterbinden. Zu diesem Zweck verpflichteten sich die Mitgliedsstaaten, vollständige Raketen, ihre entscheidenden Teile (Motoren, Lenksysteme) und zugehörige Produktionstechnologie nicht zu exportieren und andere Systemteile sowie raketenverwendbare Mehrzweckgüter unter strenge Genehmigungsvoraussetzungen zu stellen.

Mit der zunehmenden Besorgnis über die Verbreitung biologischer und chemischer Waffen erschienen diese technischen Parameter zu starr, denn BC-Sprengköpfe können wesentlich leichter sein. Da die Reichweite einer Rakete mit dem Gewicht des Sprengkopfs variiert, genügten die beschlossenen Eckdaten nicht, um die Entwicklung von BC-tragenden Raketen mittlerer Reichweite einzuschränken. Die MTCR-Mitglieder einigten sich daher darauf, Exportverbote und Genehmigungsvorbehalte dann anzuwenden, wenn davon auszugehen sei, dass Raketen im Empfängerland mit Massenvernichtungswaffen bestückt würden. Damit stehen die Genehmigungsbehörden vor der schwierigen Aufgabe, die Absicht der potenziellen Empfängerländer abzuschätzen.

Auch das MTCR war ursprünglich ein exklusiv westlicher Club. Nach dem Ende des Ost-West-Konflikts wurden schrittweise Länder aus Osteuropa, einschließlich

---

360 Vgl. Anthony 2001. Anthony diskutiert darüber hinaus auch die anderen hier genannten Nichtverbreitungsmaßnahmen.

Russlands und der Ukraine, aufgenommen, die Raketen oder relevante Technik herstellten, sodass im Oktober 2005 insgesamt 34 Länder Mitglied des MTCR waren. Dabei wurde auf Druck der USA selektiv von den neuen Mitgliedern verlangt, eigene Raketen aufzugeben (etwa Argentinien, Bulgarien oder Ungarn). Damit entstand innerhalb der Mitgliedschaft eine Diskriminierung, da einige Länder (die Kernwaffenstaaten, Ukraine) über Raketen verfügten, dies anderen jedoch nicht gestattet wurde.

Das Kartell war nicht völlig erfolglos. So gelang es, die Entwicklung des zwischen Argentinien, Ägypten und dem Irak vorangetriebenen „Condor"-Programms so zu beeinträchtigen und zu verzögern, dass es schließlich aufgegeben wurde. Allerdings gelang es dem MTCR keineswegs, die Verbreitung von Raketen mittlerer Reichweite generell zu verhindern. Manche Länder wie Indien verfügten über robuste eigenständige Entwicklungs- und Produktionsmöglichkeiten. Andere profitierten von der Exportfreude Chinas und vor allem Nordkoreas, die beide dem MTCR nicht angehörten (China erklärte sich in den 1990er Jahren bereit, die Regeln des Kartells anzuwenden, führte jedoch erst 2002 die erforderlichen strikten Exportkontrollregelungen ein). Durch ihre Hilfe (und die gelegentliche Unterstützung privater russischer Unternehmen) gelang es Irak, Iran, Syrien und Pakistan, Raketen mit einer Reichweite von 500 km und mehr zu entwickeln.

Als Kartell des „Nordens" geriet natürlich auch das MTCR in die Kritik der blockfreien Länder. Deshalb und wegen der allmählich fortschreitenden Raketenproliferation mehrten sich unter den MTCR-Ländern die Stimmen, man solle aus dem Kartell ein regelrechtes universales Regime machen. Andere – vor allem die USA – waren gegenüber diesen Vorschlägen eher skeptisch. Schließlich einigte man sich darauf, im Dialog mit wichtigen Nichtmitgliedern einen Verhaltenskodex für Raketenexporte und -programme auszuarbeiten, der für den Beitritt aller Staaten offen sein soll. 2002 wurde nach dreijährigen Verhandlungen der „Haager Verhaltenskodex" angenommen und mittlerweile von mehr als 100 Staaten gezeichnet. Er enthält ausschließlich politisch verbindliche vertrauensbildende Maßnahmen: Seine wichtigsten Bestimmungen sind jährliche *Reports* über die nationale Raketenpolitik der Mitglieder und die Vorab-Information über geplante Raketentests. Er enthält zudem eine vage Empfehlung, Raketenbestände zu reduzieren, wo dies möglich sei. Eine Abrüstungsbestimmung kann man das kaum nennen. Die ursprüngliche Absicht, ein großzügiges Angebot für Weltraumdienstleistungen in den Kodex aufzunehmen, wurde nicht verwirklicht. Damit löst er die wesentlichen politischen Probleme des MTCR nicht. Und wie das MTCR ist auch der Verhaltenskodex durch die Abwesenheit wichtiger Staaten wie Nordkorea oder Iran belastet.[361] Ein weiterer Versuch, ein universelles Raketenkontroll-Regime zu errichten, scheiterte, als eine Expertengruppe der Vereinten Nationen sich 2003 nicht auf gemeinsame Empfehlungen einigen konnte.[362]

---

361 Vgl. Mistry 2003; Smith 2003.
362 Vgl. Sidhu/Carle 2003.

4.3 Die *Proliferation Security Initiative*

Seit Mai 2003 gibt es eine weitere „Koalition der Willigen", die *Proliferation Security Initiative* (PSI): Die Vereinigten Staaten, Australien, Frankreich, Deutschland, Italien, die Niederlande, Polen, Portugal, Spanien, und Großbritannien verabredeten, die Prüfung und Sicherstellung von MVW-bezogener Fracht auf Schiffen und Flugzeugen zu koordinieren. Später schlossen sich Kanada, Norwegen, Singapur (ein hochwichtiges Handelszentrum) und Russland an. Die Initiative einigte sich auf Grundsätze, die das Stoppen und Durchsuchen von Schiffen regeln, die derartiger Transporte verdächtig sind. Nach geltendem Recht ist ein solches Vorgehen sowohl jederzeit in eigenen Territorialgewässern möglich als auch, wenn der Staat, in dessen Gewässer sich das Schiff bewegt, der Aktion zustimmt. Selbst auf hoher See ist ein Eingreifen legal, wenn der Staat, in dem das Schiff registriert ist oder in dem der Eigner sitzt, sein Einverständnis erklärt. Deshalb ist es wichtig, dass unter den mittlerweile mehr als sechzig die PSI unterstützenden Staaten die „Billigflaggenländer" Liberia und Panama vertreten sind. Eine Lücke besteht nur bei Transporten auf hoher See, bei denen keine dieser Zustimmungen vorliegt. Hierfür soll eine Weiterentwicklung des Seerechts angestrebt werden.[363]

PSI unterscheidet sich von den Exportkontrollregimen zunächst einmal dadurch, dass die Zahl ihrer „Kernmitglieder" weitaus kleiner ist. Diese Exklusivität wird jedoch durch die vielen Staaten wettgemacht, die ihre Unterstützung erklärt haben. Dadurch ist PSI weitaus repräsentativer als die Australien-Gruppe, die NSG oder das MTCR: Insgesamt wird sie von mehr als einem Drittel der globalen Staatengemeinschaft befürwortet.

4.4 Rüstungskontrolle für den Weltraum – Ansätze in weiter Leere

Eine umfassende Rüstungskontrollregelung für den Weltraum gibt es nicht. Der wichtigste Vertrag ist der Weltraumvertrag (*Outer Space Treaty*) von 1967, der aber wichtige Lücken aufweist. Er verbietet die Stationierung von Massenvernichtungswaffen im Weltraum, erlaubt aber den Durchflug ballistischer, nuklear bestückter Raketen und erlaubt alle übrigen militärischen Nutzungen. Er steht also der Stationierung von konventionellen Waffen oder Laserwaffen im Weltraum nicht im Wege. Weitere, lediglich teilweise Einschränkungen sind im *Mondvertrag* von 1979 und in den verschiedenen Teststoppabkommen vorhanden. Der Mondvertrag schließt die Stationierung jeglicher Waffen auf dem Mond und auf anderen Himmelskörpern aus. Der „Teilweise Teststoppvertrag" von 1963 und der „Vollständige Teststoppvertrag" von 1996 untersagen alle Nukleartests im Weltraum. Eine vertrauensbildende Maßnahme ist im Übereinkommen über die Registrierung von Objekten im Weltraum enthalten: Die Vertragsparteien unterrichten sich über die Satelliten, die

---

363 Vgl. Levi/O'Hanlon 2005, Kap.3; Perkovich, et al. 2005, Kap. 4.

sie in den Raum bringen. Allerdings sind die Angaben über die Zwecke so allgemein gehalten, dass die militärische Mission eines Satelliten daraus nicht ableitbar ist.[364] Bereits 1987 wurde in der *Conference on Disarmament* (CD)[365] in Genf eine Arbeitsgruppe eingerichtet, um der Militarisierung des Weltraums vorzubeugen (PAROS). Sie ist seit einigen Jahren nicht arbeitsfähig, weil die USA jegliche Diskussion über Weltraum-Rüstungskontrollmaßnahmen verweigern. China und Russland haben 2001 einen Vertragsentwurf eingebracht, der ein vollständiges Verbot für Weltraumbewaffnung fordert. Verhandlungen waren bislang aufgrund des amerikanischen Widerstands jedoch nicht möglich. Lediglich über ein Testverbot für Weltraumwaffen, das der Vemehrung des „Weltraumschrotts" vorbeugen würde, scheint ein gewisses Interesse in Washington zu finden.[366]

5. MVW-Regime, Terrorismusbekämpfung und die Sicherheitsratsresolution 1540

Regime sind gemäß der theoretischen Eingangsüberlegungen Abmachungen zwischen Staaten, die ihr wechelseitiges Verhältnis regeln. Es ist daher nicht auf den ersten Blick einsichtig, dass sie sich für die Eindämmung der großen Gefahr eines Terrorismus mit Massenvernichtungswaffen einsetzen lassen. Allerdings geht es nicht darum, Terroristen in die Verträge einzubeziehen.

Staaten, die auf die Herstellung und den Besitz von Massenvernichtungswaffen verzichten und deren Verbreitung einzudämmen sich verpflichten, müssen nach innen, gegenüber den eigenen Bürgern und juristischen Personen auf ihrem Territorium, Regelungen treffen, um diese Verpflichtung auch durchzusetzen. Dazu zählen Verbote und Strafandrohungen für solche Handlungen, die die Waffenherstellung unterstützen, Umgangsgenehmigungen und Regelungen für den Binnen- und Außenhandel mit waffenfähigen Materialien und Technologien sowie entsprechende Kontrollen und die Einrichtung zuständiger Behörden. All diese Maßnahmen sind auch geeignet, den Zugang von Terroristen zu Material und Technologie zu erschweren und entsprechende Versuche im Vorfeld zu entdecken und zu verhindern.

Nach dem 11. September 2001 wird ein deutlich verstärkter Akzent darauf gesetzt, die Verwirklichung dieser Verpflichtungen voranzutreiben und Staaten, die mit der Umsetzung Schwierigkeiten haben, gegebenenfalls finanziell und administrativ zu unterstützen. Die den Regimen zugeordneten Organisationen, die IAEO und

---

364 Vgl. Dean 2005; Stojak 2005.
365 Bei der CD handelt es sich um das einzige ständig tagende Verhandlungsforum zu Fragen der Abrüstung, Rüstungskontrolle und Nichtverbreitung. Die CD ist eine semi-autonome Einrichtung mit z.Zt. 66 Mitgliedern, die ihren Sitz in Genf hat. Sie besteht in ihrer derzeitig Form seit 1983. Die CD bereitet Abrüstungsverhandlungen vor (Expertengruppen, Ad-hoc-Ausschüsse ohne Verhandlungsmandat) und führt sie durch (Ad-hoc-Ausschüsse mit Verhandlungsmandat).
366 Vgl. Hitchens 2005.

die OVCW, haben eigene Programme aufgelegt, die sich spezifisch der Terrorismusbekämpfung widmen. So hilft die IAEO Mitgliedsländern beim Aufspüren verloren gegangener radioaktiver Quellen, die zwar nicht zum Bau von Atombomben, aber von radiologischen Waffen verwendet werden könnten, deren psychologische Wirkung (im Unterschied zu ihrem Zerstörungspotenzial) nicht unterschätzt werden darf. Beratungsdienste für die Sicherheit von kerntechnischen Anlagen gegen Materialdiebstahl und Sabotage sind verstärkt worden. Die OVCW ihrerseits hat eine erste Übung durchgeführt, mit der Hilfe für einen Staat simuliert wurde, der Opfer eines terroristischen Angriffs mit Chemiewaffen wurde, ohne selbst genügend Hilfsmittel zu besitzen, um mit den Folgen fertig zu werden. Das Aktionsteam der OVCW konnte wiederum auf Personal und Ausrüstungen zurückgreifen, die von den Mitgliedsstaaten zur Verfügung gestellt werden. Getestet wurde, wie schnell und wirksam mit einer solchen Netzwerkstruktur Hilfe geleistet werden kann.

Der umfassendste Ansatz, Nichtverbreitung und Terrorismusbekämpfung zusammenzubringen, ging vom VN-Sicherheitsrat aus: Im April 2004 verabschiedete er unter Kapitel VII der VN-Charta die Resolution 1540[367] und betrat damit Neuland in der multilateralen Nichtverbreitungspolitik. Die Entschließung soll der Nichtverbreitung von Massenvernichtungswaffen vor allem an nichtstaatliche Akteure dienen. Sie verpflichtet alle VN-Mitglieder dazu, den Umgang mit Massenvernichtungswaffen zu kriminalisieren und Vorkehrungen zu treffen, dass die einschlägigen Technologien, Ausrüstungen und Stoffe nicht in falsche Hände fallen. Zu diesem Zweck sollen sie Regeln über den physischen Schutz, den Umgang und den Export solcher Güter einführen und deren Einhaltung sorgfältig kontrollieren. Mit dieser Entschließung etablierte sich der Sicherheitsrat als universaler Gesetzgeber in Sachen Nichtverbreitung, denn er verallgemeinerte Verpflichtungen, die bisher nur die Parteien der diversen Vertragsregime bzw. der Exportkontrollgruppen zu tragen hatten, auf alle Staaten der Welt. Ein auf zwei Jahre eingerichteter Ausschuss des Sicherheitsrates soll mit Hilfe von vier Experten aus den USA, Russland, Brasilien und Deutschland die Einhaltung dieser neuen Pflichten überwachen; zu diesem Zweck haben alle Staaten binnen sechs Monaten nach Verabschiedung der Resolution Berichte abgeben müssen. Natürlich ist der Anspruch des Sicherheitsrates, außerhalb konkreter Krisenlagen internationales Recht zu setzen, auf Widerspruch gestoßen. Dennoch scheint es, als bemühten sich die meisten Staaten, die neugesetzten Regeln zu erfüllen.

---

367 Vgl. Detan 2005.

6. Nichtverbreitung von Massenvernichtungswaffen: Bilanz

Der Erfolg des NVV stellt unter den theoretischen Perspektiven des Realismus und Neorealismus eines der größten Rätsel internationaler Politik dar: Wie können kernwaffenfähige Staaten auf die mächtigsten Waffen ihrer Zeit verzichten, wenn internationale Anarchie und Sicherheitsdilemma herrschen? Wie können sie das, zumal wenn es fünf Staaten (vorläufig) gestattet bleibt, solche Waffenarsenale zu behalten? Die Wirksamkeit der Nichtverbreitungsnorm zeigt sich vor allem sehr stark an der Aufgabe zahlreicher Kernwaffenpläne, -programme und sogar -bestände nach Inkrafttreten des NVV und – in einer neuen Welle – nach dem Ende des Ost-West-Konflikts. Die im NVV enthaltene Ungleichheit und das Vorhandensein von Kernwaffenstaaten außerhalb des Vertrages hat allerdings einige Staaten veranlasst, Kompensation in anderen Massenvernichtungswaffen zu suchen; das erklärt zum Teil den nur begrenzten Erfolg des Biowaffen- und des Chemiewaffenübereinkommens. Dennoch ist auch hier zu verzeichnen, dass eine gerade gegen diese Waffen gerichtete Werteorientierung ebenso wie militärtechnische Überlegungen eine große Staatenmehrheit zum Verzicht veranlasst hat. Zugleich erweist sich die Ungleichheit im NVV mehr und mehr als eine Quelle des Zerfalls dieses Vertragswerks, weil sich zusehends zeigt, dass die Nuklearwaffenstaaten nicht bereit sind, ihren Teil des Ausgangsgeschäfts – Abrüstung gegen Kernwaffenverzicht – einzuhalten. Damit erodiert der Zusammenhalt der Vertragsgemeinschaft, und die normative Hemmschwelle gegen Vertragsbrüche sinkt.

Fragen zur selbstständigen Reflexion

Frage 1: Eine Möglichkeit, der Verbreitung (Proliferation) von Massenvernichtungswaffen zu begegnen, wird in umfangreichen Regimen zur Regelung des Exports von Rüstungsgütern gesehen. Nennen Sie einige Argumente, die die Grenzen und die Probleme eines solchen Ansatzes aufzeigen.

Frage 2: Viele Staaten weltweit haben bewusst auf die Anschaffung von Kernwaffen verzichtet bzw. laufende Programme wieder eingestellt. Überlegen sie stichpunktartig die jeweiligen zentralen Gründe für folgende Länder: Deutschland, Argentinien, Südafrika, Irland und Kanada.

Antwortvorschläge finden Sie auf der Seite 240.

XI. Konventionelle Rüstungskontrolle

Im Rahmen dieses Kapitels sollen drei Schwerpunkte Beachtung finden, die auf den ersten Blick nur wenig mit einander gemein zu haben scheinen: Erstens konventionelle Rüstungskontrolle und Abrüstung in Europa im Rahmen des *KSE-Vertrages*, zweitens die konventionelle Rüstungsexportpolitik und drittens die unterschiedlich erfolgreichen Versuche, die Landminen und Kleinwaffenproblematik rüstungskontrollpolitisch einzuhegen. Die drei Felder ergeben sich zum einen aus der Tatsache, dass konventionelle Rüstungskontrolle – speziell im Vergleich mit den umfangreichen Vertragswerken bezüglich Massenvernichtungswaffen – ein relativ schwach institutionalisiertes und dazu noch disparates Feld ist. Außer dem KSE-Vertrag[368] gibt es bis heute kein vergleichbares umfassendes Vertragswerk, das sich auf die Beschränkung konventioneller Bewaffnung konzentriert.[369] Allerdings zeichnet es sich ab, dass die Erfahrungen mit der europäischen Rüstungskontrolle und Abrüstung bei der Befriedung anderer regionaler Konflikte – zum Beispiel im zerfallenen Jugoslawien – als Pate dienen kann – Grund genug, den KSE-Prozess intensiver zu diskutieren.

Im direkten Vergleich stellen Übereinkünfte, die Rüstungsexporte Beschränkungen unterwerfen, im direkten Vergleich eine deutlich andere Form der Rüstungskontrolle dar. Exportbeschränkungen konventioneller Waffensysteme können als „Rüstungskontrolle über Bande" bezeichnet werden, da sie die Produzenten von Waffen selbst beschränken, durch Waffenlieferungen regionale Instabilitäten zu erhöhen und für die potenziellen Empfänger auch Kosten senkend wirken. Die Kontrolle des Exports von konventionellen Waffen gewann nach 1989/90 auch deshalb an Bedeutung, weil die ehemaligen Gegner aus Ost und West zunächst weitgehend unreguliert überschüssige Waffen auf dem Weltmarkt verkauften. Gerade die exzessiven Exporte von Kleinwaffen und Landminen haben schließlich dazu geführt, dass diese Waffenkategorie in Regionen der Dritten Welt – aber nicht nur dort – zu humanitären Problemen ersten Ranges beitrugen und -tragen. Aus diesem Grund wird schließlich der Blick auf die Landminen und Kleinwaffenkontrolle gerichtet, um Chancen und Grenzen der Rüstungskontrolle in diesen Feldern auszuloten.

---

368   Vgl. Hartmann, et al. 1994.
369   Die Ausnahme des Vertrages zum Bann von Landminen wird im anschließenden Kapitel separat diskutiert.

1. Konventionelle Rüstungskontrolle in Europa

1.1 Die Anfänge der konventionellen Rüstungskontrolle in Europa: Der Weg zum KSE-Vertrag

Bis Mitte der 1980er Jahre war konventionelle Rüstungskontrolle und Abrüstung kein Thema, das es zwischen den Supermächten zu diskutieren galt. Mit dem Amtsantritt des sowjetischen Generalsekretärs Michail Gorbatschow und seines reformfreudigen Außenministers Eduard Schewardnadse im Jahre 1985 begann eine politische Neubestimmung der Lage in der UdSSR. Mit *Glasnost* und *Perestroika* (Transparenz und Offenheit) versuchte die sowjetische Führung den politischen und wirtschaftlichen Wandel von oben voranzutreiben. Um erfolgreiche Wirtschaftsreformen zu ermöglichen, musste die Rüstungskonkurrenz zwischen dem westlichen Bündnis und dem Warschauer Pakt zumindest für eine Übergangszeit gebremst werden, ohne zugleich die eigene Sicherheit zu gefährden. Dafür boten sich die vom Westen entwickelten Ideen der militärischen Vertrauensbildung und Rüstungskontrolle und die dort propagierten Prinzipien der Transparenz und Parität als wichtige Instrumente an. Gorbatschow übernahm den westlichen Rüstungskontrollansatz, um sich mit den europäischen Regierungen, der US-Administration und Kanada zumindest teilweise gegen die eigenen Streitkräfte und auch gegen Teile der westlichen Militärbürokratien zu verbünden. Ohne diese politische Kooperation wäre es kaum möglich gewesen, die eigenen Generäle zum Verzicht auf ihre Offensivdoktrin und die damit verknüpfte quantitative Überlegenheit, die den sowjetischen Staat zuviel Geld kostete, zu bewegen.

1.1.1 Die erste militärisch bedeutsame Übereinkunft: Das Stockholmer Abkommen

Der Abschluss des Stockholmer Abkommens über Vertrauensbildende Maßnahmen von 1986 bildete den ersten Testlauf für dieses neue politische Bündnis.[370] Denn in dieser Vereinbarung akzeptierte die sowjetische Reformregierung erstmals die politisch verbindliche Ankündigung von Manövern und die regelmäßigen Vorortbeobachtungen von Großmanövern. Sie übernahm dabei weitgehend westliche Transparenzvorstellungen und das Konzept der militärischen Vertrauensbildung.

Zwar hatte man schon in der KSZE-Schlussakte von 1975 vereinbart, Manöver auf freiwilliger Basis anzumelden und wechselseitig zu beobachten.[371] Aufgrund des freiwilligen Charakters hing die Durchführung allerdings von der politischen Großwetterlage ab. Damit taugte diese Übereinkunft nicht als verlässlicher Hinweisgeber für einen militärischen Angriff – im Gegensatz zum Stockholmer Abkommen. Mit ihm besaß man einen sicheren Frühwarnindikator für den Fall, dass eine Seite einen

370   Vgl. Borawski 1988.
371   Vgl. Auswärtiges Amt 1993.

militärischen Angriff planen sollte, unabhängig von der unterschiedlichen Stärke und Struktur der Potenziale und den voneinander abweichenden militärischen Doktrinen. Die regelmäßigen militärischen Kontakte dienten zugleich der Verbesserung der militärischen Kommunikation, stabilisierten die Beziehungen und stärkten die Kriegsverhütung. Außerdem signalisierte die sowjetische Annahme dieses Konzepts die defensiven politischen Absichten Moskaus. Auf der politischen Ebene begann man also die offizielle militärische Offensivdoktrin schon ein Stück in Frage zu stellen.

1.1.2 Das beiderseitige Interesse an konkreten Verhandlungen

Obwohl der bereits in Kapitel IX beschriebene INF-Vertrag 1987 durch die Null-Lösung im Bereich der nuklearen Mittelstreckenwaffen für Kosteneinsparungen sorgte, blieben für die Sowjetunion die teuren konventionellen Streitkräfte das Hauptproblem. Sie rückten nun auch aus militärstrategischen Gründen zunehmend in den Vordergrund. Diesmal allerdings von westlicher Seite.

Denn durch die Reduzierung der amerikanischen nuklearen Abschreckungsmittel in Europa rückte aus Stabilitätsgründen der Abbau der östlichen, quantitativen, konventionellen Überlegenheit in das Zentrum des Interesses. Damit ließ sich die Gefahr eines Überraschungsangriffs und die einer umfassenden Invasion drastisch vermindern, um nicht im Falle eines Scheiterns der Abschreckung zum schnellen Rückgriff auf nukleare Abschreckungsmittel gezwungen zu sein.

Seit 1973 hatte man im Rahmen des Forums für konventionelle Rüstungskontrollverhandlungen, MBFR (*Mutual Balanced Force Reductions*), ergebnislos über eine Reduzierung der konventionellen Streitkräfte verhandelt.[372] Für neue Gespräche erwies sich das Forum mit seiner Konzentration auf Zentraleuropa allerdings als viel zu beschränkt und unzureichend. Es brauchte einen neuen, geographisch wesentlich größeren Verhandlungsansatz, wollte man die bis tief in die Sowjetunion hinein gestaffelten Angriffsverbände des Warschauer Pakts zu einem glaubwürdigen Abbau ihrer Offensivoptionen bewegen und zugleich in signifikanter Weise Rüstungskosten sparen.

1.1.3 Aufnahme der Verhandlungen und die Herausbildung des KSE-Vertrages

Am Rande eines KSZE-Folgetreffens begannen 1987 erste informelle Gespräche zwischen Ost und West, die 1989 zu formalen Verhandlungen führten.[373] Aufgrund seines sich abzeichnenden Machtverlusts musste Moskau im Verlauf der Gespräche akzeptieren, dass zwar das gesamte europäische Territorium der Sowjetunion von

---

372 Vgl. Mutz 1983.
373 Vgl. Dean 1989.

Beschränkungen erfasst wurde, nicht jedoch anteilig auch amerikanisches. Außerdem blieben die Seestreitkräfte ausdrücklich ausgeklammert und die qualitative Dynamik der Rüstungsentwicklung wurde kaum begrenzt. Für die NATO als maritimes Bündnis brachte das Vorteile, was bei den sowjetischen Streitkräften und den Hardlinern in der kommunistischen Partei für Kritik sorgte. Diese konnte sich aber gegenüber den als notwendig erachteten Reformbestrebungen zunächst nicht durchsetzen.

Als zentrale Elemente bildeten das Paritätsprinzip – diesmal zwischen den Bündnissen und nicht nur zwischen den Supermächten – und die Transparenz (Informationsaustausch und Vorortinspektionen) den Kern des zukünftigen KSE-Rüstungskontrollansatzes. Man verständigte sich unter diesen Prämissen auf das gemeinsame Ziel, die Fähigkeiten zum Überraschungsangriff und zur umfassenden Offensive abzubauen. Dazu wollte man in fünf wichtigen Hauptwaffenkategorien die Summe der Waffenbestände der beiden Bündnisse in Europa „vom Atlantik bis zum Ural" um 50 Prozent vermindern und auf paritätische Werte bringen. Das schloss auch die NATO-Staaten mit einer zehn bis 15 prozentigen Reduzierung ein.

Bei den berücksichtigten Waffenkategorien handelte es sich um Panzer, gepanzerte Kampffahrzeuge, Artillerie, Kampflugzeuge und Kampfhubschrauber.

1.1.4 Rüstungskontrolle in stürmischen Zeiten: Der Zerfall des Ostblocks

An sich wäre der oben beschriebene Ansatz relativ problemlos umzusetzen gewesen, wenn nicht die politischen und wirtschaftlichen Reformbestrebungen in der Sowjetunion und in den anderen Ländern der östlichen Allianz (Ungarn, CSSR, Polen) zu verstärkten Unabhängigkeitsbestrebungen geführt hätten. Das begann den Warschauer Pakt in Frage zu stellen.[374] Es ging zunehmend nicht mehr nur um den Abbau zu großer und zu teurer Waffenarsenale (für die Sowjetunion), oder – aus NATO-Sicht – den Abbau der sowjetischen konventionellen Überlegenheit, sondern angesichts der politischen Veränderungen auch darum, wie die sicherheitspolitische Ordnung Europas künftig grundsätzlich zu regeln sei. Dabei boten sich die Konferenz über Sicherheit und Zusammenarbeit in Europa als gesamteuropäischer Rahmen und die Rüstungskontrollverhandlungen zum KSE-Vertrag als hilfreiche Instrumente an, um diesen Transformationsprozess friedlich zu gestalten und gewannen so eine weitere Bedeutung. Allerdings stärkte der zunehmende Machtverfall im östlichen Bündnis auch die Kritiker in der Sowjetunion, die deshalb verstärkt gegen Rüstungskontrollzugeständnisse stemmten.[375] Die sowjetischen Reformpolitiker wurden vor die Alternative gestellt, entweder dem Druck nachzugeben und den begonnenen Reformprozess wegen der unerwünschten Nebenfolgen notfalls unter

---

374 Vgl. Kwizinski 1993.
375 Vgl. Schewardnadse 1991.

Einsatz militärischer Gewaltmittel wieder rückgängig zu machen, oder ihn auch unter außenpolitischen Machteinbußen und gegen innere Widerstände fortzusetzen. Sie entschieden sich für die zweite Option, weil sein Abbruch letztlich die eigene Situation nur verschlimmert hätte. Um aber unter den Bedingungen einer sich verschärfenden innenpolitischen Kritik den eigenen Kurs durchhalten zu können, waren sie erstens auf größere Zugeständnisse der westlichen Staaten angewiesen und zweitens an einem schnellen Abschluss der Rüstungskontrollgespräche sehr interessiert.

1.1.5 Westliche Zugeständnisse zur Absicherung des Reformprozesses: Die endgültige Übereinkunft

Schon am 19.11.1990 wurde der KSE-Vertrag unterzeichnet.[376] Dabei wurden für die beiden Staatengruppen der NATO und des Warschauer Pakts im Anwendungsgebiet vom Atlantik bis zum Ural gleiche Höchstgrenzen für die fünf oben genannten Waffenkategorien festgelegt und nach einem bündnisinternen Schlüssel „nationaler Anrechte" auf die einzelnen Mitgliedsstaaten verteilt. Überbestände waren gemäß eines festen Schemas innerhalb von 40 Monaten zu vernichten. Außerdem verpflichteten sich die Vertragspartner zu einem jährlichen Informationsaustausch über Umfang und Standort ihrer Bestände. Um regionale Konzentrationen mit destabilisierender Wirkung zu verhindern, gab es zusätzlich ein System regionaler Zwischenobergrenzen.

Die NATO-Staaten akzeptierten im Rahmen des Vertrages, dass die KSE-Obergrenzen für konventionelle Waffen entgegen ihren ursprünglichen Wünschen teilweise deutlich angehoben wurden und man sich bei den Begrenzungen der Kampfflugzeuge und Kampfhubschrauber eher an der Parität zwischen der Sowjetunion und der NATO als zwischen den beiden Bündnissen orientierte. Gleichwohl hatten beide Seiten der Reduzierung von mehr als 50.000 Waffensystemen zugestimmt. Weiterhin übernahmen die USA den sowjetischen Verifikationsansatz, um die Zustimmung der sowjetischen Regierung für den Irakfeldzug zur Befreiung Kuwaits zu erhalten.

1.2 Hürden auf dem Weg von der Unterzeichnung zur Umsetzung – Probleme des Zerfalls der alten Weltordnung

Nach der Überwindung des Ost-West-Gegensatzes zeigte sich schnell, dass das Vertragswerk trotz seiner Unterzeichnung einen schweren Stand hatte, woran nicht zuletzt auch die dramatischen Veränderungen des internationalen Systems beitrugen.

---

376   Vgl. Falkenrath 1995.

Die deutsche Einheit führte z.B. zur Ausweitung des NATO-Einflusses nach Osten. Für die sowjetische Akzeptanz der deutschen Einheit hatte deshalb die Bundesrepublik schon eine an sich nicht erwünschte separate Beschränkung der Bundeswehr im Rahmen des KSE-Vertrages hinnehmen müssen. Allerdings zeigte sich schnell, dass der KSE-Vertrag in der Sowjetunion bei weitem nicht unumstritten war.

1.2.1 Die sowjetischen Reformer unter Druck: Vertragswidriges Verhalten der Militärs

Trotz der westlichen Zugeständnisse wurde die Situation der Sowjetreformer gegenüber ihren internen Kritikern immer schwieriger, wie die Ereignisse bei und nach der Unterzeichnung des KSE-Vertrages belegten. Die sowjetischen Militärs hatten während der KSE-Verhandlungen über 57.000 konventionelle Waffen hinter den Ural – also über die Grenze des Vertragsgebiets hinaus – verlagert, klammerten zusätzlich alle vertragsrelevanten Waffen (über 5.000) der landgestützten Marinekampfverbände von den Höchstgrenzen aus und reduzierten damit die Zahl der Verifikationsobjekte drastisch. Zunächst war ungewiss, ob die sowjetischen Hardliner, die immer mehr Einfluss auf die russische Verhandlungsposition gewannen, diese Vorgehensweise nutzten, um den Vertrag scheitern zu lassen, weil sie mandatswidrig forderten, auch die Seestreitkräfte zu begrenzen, wo die NATO über Vorteile verfügte.

Als Antwort auf das vertragswidrige Verhalten stoppten die übrigen Staaten die Ratifikation des KSE-Vertrages vorübergehend und setzten so die skeptischen Militärs unter Druck, bis diese im Sommer 1991 teilweise einlenkten. Sie verzichteten auf die Einbeziehung der Seestreitkräfte, klammerten aber rechtsverbindlich die landgestützten Systeme der Marinestreitkräfte aus. Dafür war man aber bereit, eine gleich hohe Zahl anderer Waffen zu vernichten. Schließlich sicherte Gorbatschow zu, einen Teil der hinter den Ural verbrachten Systeme zu verschrotten und keine neuen Verbände für die restlichen Bestände aufzubauen. Die USA akzeptierten die nachträgliche Vertragsänderung nach anfänglichem Zögern, weil der baldige Zerfall der Sowjetunion drohte und die Position Gorbatschows nicht sehr stabil war. Damit schien der Weg für das Inkrafttreten des KSE-Vertrages endlich frei zu sein.[377]

1.2.2 Der Zerfall der UdSSR: Die Aufteilung der Vertragspflichten

Der Augustputsch des Jahres 1991 schuf indes neue Probleme, da viele Republiken die Schwäche der Zentralmacht nutzten, um sich von Moskau loszusagen. Versuche, die KSE-Vereinbarung noch vor der Auflösung der UdSSR zu ratifizieren, scheiter-

---

377 Vgl. Dunay 1991.

ten. Mit dem Zerfall der Sowjetunion im Dezember 1991 wuchs die konventionelle Rüstungskontrolle in eine neue Rolle hinein. Sie diente dazu, die Aufteilung der militärischen Potenziale zwischen den sowjetischen Nachfolgestaaten friedlich zu gestalten. Dabei nutzten die Nachfolgestaaten den Verteilungsprozess, um ihre Unabhängigkeit zu stärken, während Russland sich zumindest partiell als alleiniger Rechtsnachfolger der UdSSR zu präsentieren suchte.[378] Immerhin gelang es den Wirtschaftsreformern um Boris Jelzin, die neuen russischen KSE-Obergrenzen zumindest in den drei Waffenkategorien der Landstreitkräfte aus Kostengründen auf etwa 50 Prozent der früheren UdSSR abzusenken. Nach der Regelung der Aufteilung konnte der konventionelle Rüstungskontrollvertrag im Sommer 1992 endlich in Kraft treten und die Abrüstung von fast 60.000 konventionellen Waffen beginnen. Gleichzeitig trat auch das zwischenzeitlich ausgehandelte *KSE 1A-Abkommen* in Kraft, das die Personalstärke der Land- und Luftstreitkräfte der ehemaligen östlichen Bündnisstaaten und der NATO – allerdings nur noch politisch verbindlich – limitierte, da es sich bei der Übereinkunft um keinen völkerrechtlichen Vertrag handelte.

1.3 Vertrauensbildende Maßnahmen zwischen den Supermächten: Neue Schritte nach Stockholm jenseits des KSE-Vertrages

1.3.1 Das Wiener Dokument von 1992

Parallel zu diesem Prozess wurden die Maßnahmen der militärischen Vertrauensbildung zwischen den 35 KSZE-Mitgliedstaaten weiter entwickelt. Im *Wiener Dokument von 1992* verständigten sich alle KSZE-Staaten ergänzend auf eine nochmalige Absenkung der personellen Schwellenwerte für die Anmeldung und Beobachtung von Manövern.[379] Manöver ab Divisionsgröße (9.000 Soldaten) sollen grundsätzlich angekündigt, ab Korpsgröße (13.000 Soldaten) der Beobachtung unterliegen und ab Armeegröße (25.000-40.000 Soldaten) beschränkt werden.

Diese Schwellenwerte orientierten sich aber trotz ihrer Absenkung noch an den militärischen Großübungen während des Ost-West-Konflikts. Mit der anstehenden Verkleinerung und Umstrukturierung der europäischen Streitkräfte erwiesen sie sich bald als weitgehend überholt. Eine weitere Anpassung dieses Dokuments an die neuen sicherheitspolitischen und militärischen Rahmenbedingungen nach dem Ende des Ost-West-Konflikts scheiterte bis heute, obwohl hierzu bis zum OSZE-Gipfel in Istanbul Ende 1999 mehrere Anläufe unternommen wurden.[380]

---

378   Vgl. de Franchis 1992.
379   Vgl. George/Borwaski 1993.
380   Vgl. Lachowski 2004.

1.3.2 Der „Vertrag für den Offenen Himmel"

Daneben baute man auch die Vertrauensbildung und Transparenz auf einer qualitativ neuen Grundlage aus. Initiiert von US-Präsident George Bush (dem Älteren), der eine Idee des amerikanischen Präsidenten Eisenhower aus den fünfziger Jahren aufgriff, verhandelte man von 1989 bis 1992 den „Vertrag für den Offenen Himmel" (*Open Skies Treaty*, OST)[381]. Er erlaubt „zwischen Vancouver und Wladiwostok" – d.h. dem gesamten damaligen NATO-Gebiet unter Einschluss der USA und dem Gebiet der ehemaligen UdSSR – die Beobachtung der militärischen Streitkräfte samt ihrer Einrichtungen aus der Luft, ohne auf teure Satellitentechnik angewiesen zu sein.

Dabei ist es jedem am Vertrag teilnehmenden Staat erlaubt, nach vorheriger Anmeldung eine zuvor festgelegte Anzahl von Flügen über dem Gebiet eines anderen Vertragsstaates zu unternehmen. Allerdings sind diese Flüge in speziell ausgestatteten Flugzeugen zu absolvieren, die nur über eine begrenzte Auswahl an Sensoren verfügen. Einschränkungen bezüglich des zu überfliegenden Gebietes sind nicht zulässig, auch militärisches Sperrgebiet darf überflogen werden. Damit war und ist der *Open Skies*-Vertrag vor allem für die Länder von großem Interesse, die keinen Zugang zur Satellitentechnik besaßen und besitzen. Ende 2004 waren 32 Länder Mitglieder des Vertrages. Allerdings verzögerte sich sein Inkrafttreten durch interne Widerstände konservativer Kräfte in Russland, Weißrussland und der Ukraine bis zum Jahre 2002, sodass er durch die fortschreitende Satellitenentwicklung und die Erweiterung der NATO sowie der EU inzwischen an Bedeutung verlor.

Das Vertragswerk kann ausdrücklich für neue Aufgaben (Umweltschutz, Krisenmanagement, Katastrophenschutz) erweitert werden. Dies setzt jedoch voraus, dass alle Länder in potentiell instabilen Regionen (z.B. im Balkan und Kaukasus) dem Abkommen noch beitreten. Darüber hinaus gibt es auch in Lateinamerika, z.B. in Peru, ein zunehmendes Interesse daran, die Idee eines eigenen *Open Skies*-Regimes zu prüfen und zu entwickeln.

1.4. Die europäische Rüstungskontrollordnung der 1990er Jahre: Weitere Ansätze und Entwicklungen

Bis Mitte 1992 hatte man mit den verschiedenen Verträgen in Europa ein neues System von konventionellen Rüstungskontrollbeschränkungen geschaffen, das darauf zielte, die militärischen Strukturen des Ost-West-Konflikts zu stabilisieren und zwischenstaatliche Kriege besser zu verhüten. Das System war redundant und ergänzte sich sinnvoll, um die konventionellen Potenziale und ihre Aktivitäten für zwischenstaatliche Militärkonflikte zu beschränken und um dies durch Vorortinspektionen und Luftbeobachtungen zu überprüfen. So entstand eine Kultur der mili-

---

381 Vgl. Hartmann/Heydrich 2000.

tärischen Zurückhaltung in Europa, die sich bis heute erhalten ließ. Allerdings waren und sind die europäischen Länder in unterschiedlicher Weise in dieses System eingebunden. Während die Aktivitätsbeschränkungen alle KSZE-Staaten erfassen, betreffen die Potenzialbeschränkungen bisher nur die Bündnisstaaten des ehemaligen Warschauer Pakts und die der NATO. Noch sind z.B. nicht alle europäischen Staaten dem Vertrag über den Offenen Himmel beigetreten. Eine ganze Reihe weiterer europäischer Staaten beabsichtigen, ihm aber trotz seiner gesunkenen Relevanz noch beizutreten.

1.4.1 Machte sich die europäische Rüstungkontrolle selbst überflüssig?

Die Offenheit in diesen Rüstungskontrollgesprächen hatte mit dazu beigetragen, den sicherheitspolitischen Wandel zu befördern. Mit dem Zerfall des Warschauer Pakts und der Sowjetunion sowie der Demokratisierung Osteuropas war allerdings die militärische Bedrohung viel umfassender abgebaut worden als ursprünglich erwartet. Die Fortsetzung der rüstungskontrollpolitischen Bemühungen geriet deshalb in eine Krise. Es gab keine unmittelbare militärische Bedrohung und sicherheitspolitischen Instabilitäten mehr, die es rüstungskontrollpolitisch zu regulieren galt. Zunächst ging es darum, die vereinbarten Abmachungen in die Tat umzusetzen und die eigenen Streitkräfte entsprechend zu restrukturieren. Besonders aus amerikanischer Sicht war es nicht mehr notwendig, sich für weitere einschneidende Abrüstungsmaßnahmen einzusetzen.

Im Verlauf der 1990er Jahren stellte es sich immer mehr heraus, dass kein gemeinsames Verständnis der wichtigsten Mächte in Europa darüber herrschte, wie die europäische Sicherheit künftig gestaltet werden sollte und welche Institution (KSZE/OSZE, NATO, EU) dafür mit welchen Aufgaben zu betrauen seien. Somit fehlte ein einheitlicher sicherheitspolitischer Rahmen, der es erleichtert hätte, die künftigen Ziele und Aufgaben von Rüstungskontrolle gemeinsam zu definieren.

Der Staatenzerfall in Ost- und Südosteuropa begünstigte zudem lokale innerstaatliche Gewaltkonflikte, die sich den auf zwischenstaatliche Konflikte zugeschnittenen Rüstungskontrollmaßnahmen weitgehend entzogen. Hätte man deswegen die Instrumente der Rüstungskontrolle auf innerstaatliche Konflikte zugeschnitten, wie dies beispielsweise beim Wiener Dokument mehrfach versucht wurde, so wäre die Souveränität der betroffenen Länder eingeschränkt worden. Das lehnten gerade die Staaten ab, die entweder schon interne Konflikte hatten oder solche fürchten mussten, zumal sich auch die westlichen Länder diesen Maßnahmen von vornherein entzogen. Schließlich waren viele Regierungen in Europa nicht bereit, militärische Einschränkungen hinzunehmen, die auf spezifische lokale oder regionale Sicherheitsprobleme zielten, mit denen sie selbst kaum etwas zu tun hatten. Regionalen Rüstungskontrollvereinbarungen wiederum haftete das Stigma an, sie könnten den erwünschten Beitritt zur NATO oder EU erschweren. Weiterhin waren gerade entstandene Staaten aus Kostengründen gegen neue Rüstungskontrollmaßnahmen, wenn sie militärisch wenig Bedeutung besaßen, trotzdem aber viel kosteten.

1.4.2 Ansätze (sub)regionaler Rüstungskontrolle in Europa

Es gibt allerdings auch Ausnahmen: Nach dem Friedensabkommen für Bosnien-Herzegowina im Herbst 1995 akzeptierten die Konfliktparteien im ehemaligen Jugoslawien zwei allerdings eher aufgezwungene Rüstungskontrollvereinbarungen. Im Subregionalen Rüstungskontrollabkommen von 1996[382] beschränkten Serbien, Kroatien und Bosnien-Herzegowina ihre Streitkräfte im Verhältnis 5:2:2 und rüsteten einen Teil ihrer schweren Waffen ab. Daneben trat Anfang 2002 das politisch verbindliche „Abschließende Dokument" über regionale Rüstungskontrolle in Kraft (Artikel V-Vereinbarung nach dem Dayton Friedensabkommen).[383] Es sieht allerdings nur auf freiwiller Basis weitergehende regionale/grenznahe sicherheits- und vertrauensbildende Maßnahmen vor. Eine Kommission der Teilnehmer überprüft diese Maßnahmen und berichtet darüber dem Forum für Sicherheitskooperation und dem Ständigen Rat der OSZE. Zusätzlich soll der regionale sicherheitspolitische Dialog gefördert werden.

1.4.3 Anpassung des KSE-Vertrages an die Lage der 1990er Jahre

Die zweite Ausnahme ist die Anpassung des KSE-Vertrages an die veränderte sicherheitspolitische Lage. Dafür gab es drei wesentliche Gründe. Zum einen fußte die Struktur der Vereinbarung noch auf dem längst überholten Block-zu-Block-Ansatz des Ost-West-Konflikts. Er begann die Lebensfähigkeit des Regimes zunehmend in Frage zu stellen. Außerdem sollte das westliche Bündnis nach Osteuropa erweitert werden, das berührte die Grundstruktur des Vertrages. Denn mit ihm ließ sich der Machtzuwachs der erweiterten NATO rüstungskontrollpolitisch nicht mehr regeln, zumal er die Aufnahme neuer Staaten nicht erlaubte, selbst wenn sie künftig dem westlichen Bündnis beitreten sollten. Wollte man auch weiterhin mit Russland sicherheitspolitisch kooperieren, kam man um eine Änderung des Abkommens nicht herum.

Die KSE-Staaten verständigten sich daher auf einen neuen nationalstaatlichen Ansatz von Beschränkungen. Da das Prinzip der Parität unter den veränderten sicherheitspolitischen Bedingungen nicht mehr anwendbar war, bildete die Erhal-

---

382 Zum Subregional arms control agreement siehe http://www.auswaertiges-amt.de/www/de/aussenpolitik/friedenspolitik/abr_und_r/jab2003/6/6_6_html#2.
383 Dem Abkommen gehören Serbien, Bosnien-Herzegowina, Kroatien, Mazedonien, Slowenien, Albanien, Österreich, Bulgarien, Ungarn, Rumänien, Griechenland, USA, Deutschland, Großbritannien, Frankreich, Italien, Russland, Türkei, Spanien und die Niederlande an.

tung des quantitativen militärischen Status quo in Europa die neue Grundlage. So umging man auch geschickt das Problem der noch offenen europäischen Sicherheitsstruktur. Die westlichen Allianzländer kamen Russland zusätzlich entgegen, indem sie ihre Obergrenzen bei den Landstreitkräften so weit absenkten, dass der Beitritt der ersten drei neuen Mitglieder noch innerhalb der früheren westlichen Bündnisobergrenzen erfolgte. Sie erklärten sich außerdem bereit, keine militärisch bedeutsamen Truppen auf dem Territorium der neuen Bündnisteilnehmer zu stationieren.

Zur Bekräftigung ihrer sicherheitspolitischen Kooperationsbereitschaft baute die westliche Allianz ab Mitte 1997 gemeinsam mit Moskau den NATO-Russland-Rat auf, der 2002 durch den Kampf gegen den internationalen Terrorismus weiter aufgewertet wurde.

1.4.4 Das Rüstungskontrolldesign für das neue Jahrtausend: Abschluss der KSE-Anpassung

Die Verhandlungen zur Anpassung des KSE-Vertrages wurden Ende 1999 in Istanbul mit dem OSZE-Gipfel abgeschlossen.[384] Er wird durch eine Reihe politisch verbindlicher Zusatzvereinbarungen ergänzt, die bis Ende 2002 implementiert werden sollten. Dazu gehört der Abzug aller russischen Truppen aus Moldau, ihre vertragskonforme Reduzierung in Georgien und die Einigung über die Modalitäten für die übrigen russischen Stationierungstruppen.

Schon 1996 hatte man die von Russland vorgebrachte unsichere Lage im Kaukasus – hier vor allem den Tschetschenienkonflikt – in dem so genannten „Flankenabkommen" berücksichtig, indem man Moskaus Wunsch nach einer höheren Obergrenze in der Flankenregion durch die Verkleinerung des relevanten Territoriums entsprochen hatte. So konnten insgesamt mehr Truppen im Kaukasus stationiert werden, was *de facto* eine Erhöhung der Obergrenzen bedeutete. Da Moskau zum Zeitpunkt der Unterzeichnung des Anpassungsvertrages 1999 wegen des Tschetschenienkonflikts seine Flankenobergrenzen *trotz ihrer Erhöhung* überschritt, machten viele Vertragsstaaten die Ratifikation des angepassten KSE-Vertrages davon abhängig, dass Russland diese Verpflichtung zuvor einhalten müsse.[385] Obwohl der Tschetschenienkonflikt nach wie vor ungelöst ist, kam ihr Russland seit 2002 nach. 2005 hat sich die Russische Föderation außerdem bereit erklärt, bis 2008 ihre Truppen aus Georgien abzuziehen. Dagegen bleibt die Situation in Moldau nach wie vor ungeklärt. Auf der nächsten KSE-Überprüfungskonferenz im Mai 2006 wird daher die Ratifikation des angepassten Vertrages die zentrale Frage bilden.

Ob die Bush-Administration den neuen Vertrag allerdings ratifizieren wird ist zweifelhaft. Militärische Beschränkungen, wie sie z.B. durch den KSE-Vertrag

---

384 Vgl. Hartmann/Heydrich 2000.
385 Vgl. Schmidt/Zellner 2004.

gegeben sind, werden in den USA zunehmend als Einengung des eigenen militärischen Bewegungsspielraums verstanden, die angesichts fehlender militärischer Herausforderungen nicht mehr notwenig erscheinen. Auch die doktrinale Entwicklung in den USA, in der es inzwischen in erster Linie um die Sicherung der militärischen Dominanz auf allen Ebenen und um präventive Offensivfähigkeiten geht, lässt für traditionelle Rüstungskontrolle unter dem Prinzip der gleichen Sicherheit kaum mehr einen Raum. Wenn die USA dennoch den KSE-Vertrag ratifizieren, so geschähe dies mehr dem Bündnis und der Kooperation mit Russland zuliebe als aus echter Überzeugung.

2. Konventionelle Rüstungsexporte[386]

Zur Rüstungskontrolle werden auch Maßnahmen zur Regulierung der Rüstungsexporte gezählt, da sie auf den Gesamtbestand der Bewaffnung einer Konfliktregion, auf das Verhalten in Krisen und auf das Verhältnis zwischen Offensive und Defensive sowie auf den möglichen Schaden im Krieg direkten Einfluss nehmen. In der Zeit der Ost-West-Konfrontation wurden Rüstungsexporte als Mittel eingesetzt, um Verbündete im globalen Machtkampf zu gewinnen und zu unterstützen. Es galt die Gefahr auszuschließen, durch diese Lieferung potenzielle Gegner zu stärken. Im Gegensatz dazu wurde in den 1990er Jahren die Bedeutung der Rüstungsexportpolitik bei der Verhinderung destabilisierender Ansammlungen von Waffen in Konfliktregionen erkannt und erste Ansätze für eine international *verregelte* Rüstungsexportpolitik entwickelt. Direkt nach dem Ende des Kalten Krieges hatte sich an einem drastischen Beispiel das destabilisierende Potenzial von Waffenexporten gezeigt: Im August 1990 überfiel der mit ausländischen Waffen hochgerüstete Irak seinen Nachbarstaat Kuwait und bedrohte die regionale Stabilität im Mittleren Osten. Die alliierten westlichen Truppen sahen sich bei der Befreiung Kuwaits im Rahmen des so genannten Zweiten Golfkrieges einer Armee gegenüber, die zum Teil mit den gleichen Waffen ausgerüstet war. Neben der Gefahr, die von diesen modernen Waffensystemen ausging, wurde die Unterscheidung zwischen Freund und Feind auf dem Schlachtfeld zum Teil so stark erschwert, dass man auf den Einsatz bestimmter Alliierter Systeme verzichtete, um die eigenen Solaten nicht zu gefährden.

Das Ende des globalen Machtkampfs zwischen Ost und West beseitigte das Motiv, durch Waffenlieferungen Verbündete gewinnen und unterstützen zu müssen. Der damit einhergehende Abrüstungsprozess ging dabei weit über die vereinbarten Abrüstunsverpflichtungen hinaus und schuf so Waffenüberschüsse in den Ländern der NATO und des ehemaligen Warschauer Vertrages, deren ungeregelter Export in andere Region destabilisierend wirken konnte und deshalb nach weiterreichenden

---

386 Dieser Abschnitt basiert auf einer überarbeiteten und erweiterten Fassung des Abschnitts „Langsame Fortschritte: Rüstungskontrolle und (konventioneller) Waffenhandel" in Krell, et al. 2004, speziell 571-572.

Regelungen rief. Die Fortschritte waren allerdings langsam und die Resultate nicht immer befriedigend. Das zeigte die gescheiterte Initiative der fünf Ständigen Sicherheitsratsmitglieder (USA, China, Frankreich, Großbritannien und Russland), Rüstungsexporte in den Nahen Osten stärker zu begrenzen.

Auf internationaler Ebene wurden inzwischen drei Exportkontrollregime etabliert: Das VN-Register für konventionelle Waffen, der EU Verhaltenskodex für Waffenexporte von 1998, sowie das Wassenaar-Arrangement.

2.1 Das VN-Register für konventionelle Waffen

Den Beginn stellte das 1991 im Rahmen der Vereinten Nationen geschaffene Register für konventionelle Waffen (*UN Register of Conventional Arms*) dar, das 1992 seine Arbeit aufnahm. Es ist als ein freiwilliger, globaler Transparenzmechanismus konzipiert. Alle den VN angehörende Staaten sollen jährlich detaillierte Angaben über ihre nationalen Im- und Exporte im Bereich von sieben konventionellen Waffenkategorien anfertigen und an das Register senden. Die schon bestehenden Definitionen der fünf Waffenkategorien im KSE-Vertrag erleichterten hierbei eine Einigung. Damit soll ein Überblick über die international nur unzureichend erfassten weltweiten Waffentransfers geschaffen werden. Durch den Vergleich von Export- und Importdaten soll es schon im Vorfeld möglich werden, destabilisierende Waffenansammlungen in einer Region zu identifizieren.

Schon die erste Überprüfungskonferenz zeigte 1994 einige Schwächen des Registers auf, die bis heute nicht vollständig beseitigt wurden. Zwischen 1992 und 2001 reichten im Schnitt 99 Staaten – mit steigender Tendenz bis 2003 115 Staaten[387] – Daten an das Register weiter. Ihre Qualität und ihr Umfang waren nach Angaben den VN selbst meist nicht ausreichend, um exakte Schlüsse über die tatsächlichen Waffentransfers zuzulassen, zudem wirkt China seit 1998 nicht mehr mit.

2.2 Der EU Verhaltenskodex

Weit bis in die 1990er Jahre besaßen die Staaten der Europäischen Union nicht einmal im Ansatz eine einheitliche Rüstungs-Exportpolitik, da die Römischen Verträge Wirtschaftssektoren mit Bezug zur nationalen Sicherheit ausdrücklich aus der Vergemeinschaftung ausgeklammert hatten und die Staaten darüber hinaus ganz unterschiedliche Exportrichtlinien besaßen.

So konnte es vorkommen, dass Rüstungsgeschäfte mit Drittstaaten von einem EU-Mitglied mit strengeren nationalen Genehmigungskriterien (z.B. Deutschland) abgelehnt wurden, während ein anderes Land das selbe Geschäft genehmigte (so

---

387 Vgl. UN Press Release DC/2799,
      http://www.un.org/News/Press/docs/2001/dc2799.doc.htm, letzter Zugriff 18.11.2005.

genanntes *undercutting*). Vor allem in Großbritannien und den skandinavischen Ländern war diese widersprüchliche Praxis Anlass zu öffentlicher Kritik durch verschiedene NGOs.

2.2.1 Zentrale Aspekte des EU-Verhaltenscodex

Nicht zuletzt dieser Druck führte im Sommer 1998 dazu, dass sich die 15 Mitgliedsstaaten auf einen gemeinsamen Verhaltenskodex (*Code of Conduct, CoC*), einigten, der einheitliche Mindeststandards formulierte, die bei der Entscheidung über Rüstungsexporte zu beachten seien. Dazu zählen

- die Beachtung bestehender internationaler Embargos, die z.B. durch VN oder die OSZE verhängt sind;
- die Lage der Menschenrechte sowie die innenpolitische Lage im Endbestimmungsland;
- die Lage in der Region, in die die Waffen geliefert werden sollen sowie entwicklungspolitische Gesichtspunkte, d.h. ob die Waffenlieferungen dem Ziel einer nachhaltigen Entwicklung in besonderer Weise entgegenstehen.

Neben diesen Kriterien besteht eine Konsultationspflicht, wenn sich ein Interessent nach Ablehnung seines Importwunsches durch ein Mitgliedsland an einen anderen EU-Staat wendet, wobei *Undercutting* aber laut Codex nicht explizit verboten ist.

Da auch bei der Formulierung des CoC der Einfluss und Druck vieler NGOs, u.a. bei der Berücksichtigung der Menschenrechtsaspekte, eine entscheidende Rolle spielte, wurde *Transparenz* als ein zentraler Wert der Übereinkunft anerkannt. Aus diesem Grund wird das Europäische Parlament ebenfalls auf jährlicher Basis über die Rüstungsexporte der EU-Staaten informiert.

Der CoC ist allerdings kein rechtlich bindendes Vertragswerk, sondern stellt ausschließlich ein politisches Bekenntnis der EU-Staaten zur verstärkten Zusammenarbeit dar. Externe Beobachter attestieren den europäischen Staaten – bei einiger Kritik im Detail bzw. an den teilweise doch sehr unpräzise formulierten Kategorien – insgesamt eine deutlich intensivere Koordination und Kooperation in diesem Politikfeld.[388] Auch wird der CoC kontinuierlich verändert und erweitert.

2.2.2 Die Nationale Anwendung des CoC und nationale Rüstungsexportberichte

Für die Bundesrepublik sind die Richtlinien des CoC seit dem 19.1.2000 rechtlich bindend, da er in die neu gefassten Politischen Richtlinien für die Entscheidungen

---

388 Vgl. Gemeinsame Konferenz Kirche und Entwicklung 2003.

der Bundesregierung über Rüstungsausfuhren eingeflossen ist.[389] Allerdings gehen die deutschen Richtlinien zumindest verbal über die Vorgaben des CoC hinaus und stellen damit strengere Ansprüche an deutsche Rüstungsexporte als andere europäische Länder.

Analog zum CoC und oftmals durch den Codex inspiriert, verfassen die meisten europäischen Regierungen seit einigen Jahren auch nationale Rüstungsexportberichte, die ihren Parlamenten zugestellt werden und meist öffentlich einzusehen sind. Deutschland z.B. erstellt einen sehr umfangreichen Rüstungsexportbericht seit 1999, der im Ganzen zwar gute Resonanz fand, nach Ansicht von NGOs in Detailfragen allerdings ebenfalls noch verbesserungswürdig ist.[390] Dies liegt vor allem am deutschen Eigentumsrecht, das es verbietet, Informationen in einem solchen Detail zu veröffentlichen, dass Rückschlüsse auf einzelne Geschäfte möglich werden.

2.3 Das Wassenaar-Arrangement: Die besondere Rolle von *Dual-Use*-Gütern

Eines der bedeutendsten internationalen Regime zur Kontrolle von Rüstungsexporten ist das seit 1996 bestehende Wassenaar-Arrangement, der Nachfolger des westlichen COCOM-Regimes (*Coordinating Committee on Multilateral Export Controls*), das während des Kalten Krieges den Export von Hochtechnologieprodukten an Länder des Warschauer Paktes verhindern sollte. Im Gegensatz zu COCOM ist das Ziel der 39 teilnehmenden Staaten (Stand: November 2005) des Arrangements – ähnlich dem VN-Register – die Schaffung von Transparenz und die Verhinderung regionaler Anhäufungen konventioneller Waffensysteme und gefährlicher *Dual-Use*-Güter (Produkte, die sowohl eine zivile, als auch militärische Nutzung ermöglichen), die auf gemeinsam erarbeiteten Listen verzeichnet sind.[391]

Allerdings ergeben sich auch aus den Regeln des Wassenaar-Regimes keine völkerrechtlichen Verpflichtungen. Weder müssen Exportdaten detailliert aufgeschlüsselt, noch muss auf den Export von aufgelisteten Gütern verzichtet werden. Zwar versuchten die USA, im Regime umfangreiche Informationsverpflichtungen vor der Ausfuhr zu verankern und *undercutting* zu verbieten. Sie scheiterten damit indes an den Vorbehalten anderer Teilnehmer. Dennoch gilt das Wassenaar-Abkommen neben den Exportregimen für Massenvernichtungswaffen und dem VN-Register als wichtiges internationales Rüstungskontrollregime, da es die aktivsten Rüstungsexporteure in einem Koordinations-Forum zusammenführt. So einigten sich die Teilnehmerstaaten grundsätzlich, dass Rüstungsexporte in den Iran, Irak, nach Libyen oder Nordkorea eine Gefährdung der regionalen Stabilität darstellen und dementsprechend auch der Export von *Dual-Use*-Produkten besonders restriktiv zu handhaben sei. Nichtregierungsorganisationen ist es somit möglich, das Handeln der Staa-

---

389 Vgl. Brzoska/Moltmann 2001.
390 Vgl. Moltmann 2001.
391 Vgl. Anthony/Bauer 2004.

ten an diesen Aussagen zu messen und eventuelle Verstöße öffentlichkeitswirksam publik zu machen.

3. Kleinwaffen und Landminen: Alte Probleme/neues Bewusstsein?[392]

3.1 Rüstungskontrolle und Abrüstung mit humanitärem Anliegen: Der lange Weg zu einem Verbot der Landminen

Die Komplexität des Landminen- und Kleinwaffenproblems stellt die Rüstungskontrolle und Abrüstung vor neue Herausforderungen. Da beide Waffenkategorien häufig von nichtstaatlichen Akteuren besessen und eingesetzt werden, reichen Maßnahmen, die allein auf der staatlichen Ebene ansiedeln, nicht aus. Die Theorie der Rüstungskontrolle geht davon aus, dass sich Konfliktursachen unabhängig von der Rüstung entwickeln – zwar ist diese Theorie für zwischenstaatliche Konflikte entwickelt worden, doch lassen sich ihre Prämissen auch auf innerstaatliche Konflikte übertragen. Die von der Theorie der Rüstungskontrolle postulierten Gefahren beispielsweise der Konflikteskalation oder von Rüstungswettläufen lassen sich auch in innerstaatlichen Krisen ausmachen. Rüstungskontrolle muss diesem Problem begegnen. Jedoch kann im Bereich der Kleinwaffen eine vollständige Abrüstung nicht erzielt werden, da weder Polizeien noch Armeen auf diese Waffenkategorien verzichten wollen.

Für den Fall der Landminen stellt sich die Problematik in einer anderen Weise. Landminen sind in den Konflikten der jüngeren Vergangenheit häufig unterschiedslos eingesetzt worden. Vorhandene völkerrechtliche Prinzipien, wie sie in den Genfer Konventionen von 1949 und ihren Zusatzprotokollen zu finden sind und welche die Schonung von Zivilisten in Kriegen verlangen, sind von den Konfliktparteien bewusst umgangen worden. Dennoch gab es im Fall der Landminen zunächst Regelungsversuche innerhalb des humanitären Völkerrechts. Von Anfang an ging es in dieser Form internationaler Rechtssetzung auch darum, die Verwendung von inhumanen oder besonders grausamen Waffen zu ächten und ihren Einsatz zu verbieten. Freilich bezog sich das humanitäre Völkerrecht stets allein auf zwischenstaatliche Kriege. So fehlten ihm Sanktionsmechanismen, die eventuelle Verstöße ahnden. Auch die Ausarbeitung von Verifikationsnormen, die in Rüstungskontrollabkommen stets enthalten sind, sind dem Völkerrecht fremd.

---

392 Der folgende Abschnitt wurde von Simone Wisotzki verfasst.

3.1.1 Die *Convention on certain Conventional Weapons*: Balanceakt zwischen militärischen und humanitären Anliegen

Dennoch ist die Minenproblematik zunächst im humanitären Völkerrecht verhandelt worden. In Folge des Vietnamkrieges, in dem Landminen von beiden Konfliktparteien eingesetzt wurden und die Zivilbevölkerung bis heute vor eine Katastrophe ungeahnten Ausmaßes stellten, wurde 1980 die „Konvention zum Verbot besonders inhumaner Waffen" (*Convention on certain Conventional Weapons*, CCW) vertraglich fixiert.[393] Als Ergänzung zu den eher allgemein gehaltenenen Bestimmungen der Genfer Konventionen wurden in der CCW konventionelle Waffen aufgelistet, die das Leben von Zivilisten im Kriegsfall bedrohen und als besonders grausam oder heimtückisch gelten. Protokoll II regelt den Einsatz von Landminen, behandelt aber nicht ihre Produktion, Lagerung und Export.[394] Verboten ist beispielsweise das wahllose Verlegen von Minen, wenn es nicht in unmittelbarem Zusammenhang mit einer militärischen Aktion steht. Einmal mehr zeigt sich in dieser Sprachregelung die Kompromissfindung zwischen militärischer Notwendigkeit und humanitärem Anliegen, die das humanitäre Völkerrecht zu einem schwachen Kontrollinstrument werden lässt. Als problematisch erwies sich auch der Wirkungsbereich der Konvention von 1980 – ihre Prinzipien und Normen galten allein für zwischenstaatliche Konflikte. Da der Missbrauch von Landminen Ende der 1980er und zu Beginn der 1990er Jahre des 20. Jahrhunderts in wachsendem Maße zu einem Problem innerstaatlicher Konflikte wurde, wurde die Konvention zum Verbot besonders inhumaner Waffen 1995 und 1996 erweitert. Der Revision ging die Kampagne zum Verbot von Landminen des internationalen Netzwerkes von Nicht-regierungsorganisationen (*International Campaign to Ban Landmines*, ICBL) voraus, die sich 1992 aus einem Zusammenschluss von vier Nichtregierungs-organisationen gegründet hatte. Ihre Hoffnungen, Landminen im Rahmen der CCW ganz zu verbieten, wurde mit dem Abschluss des revidierten Protokolls zunichte gemacht. Das überarbeitete Protokoll regelt den Einsatz von Landminen fortan auch für innerstaatliche Konflikte und sieht beispielsweise vor, dass Staaten handverlegte Minenfelder markieren und kartieren müssen. Fernverlegte Minen müssen einen Selbstzerstörungsmechanismus enthalten, mit dessen Hilfe innerhalb von 30 Tagen 90 Prozent der Minen vernichtet sein müssen. Weiterhin verbietet das Protokoll den Einsatz von Plastikminen und den Transfer jeglicher Minen an Nicht-Mitglieder des Protokolls, dies gilt insbesondere für nichtstaatliche Akteure.

---

393 Vgl. http://www.icrc.org/ihl.nsf/FULL/500?OpenDocument, letzter Zugriff 11.9.2005.
394 Vgl. Green 2000.

3.1.2 Erfolg der Zivilgesellschaft: Die Internationale Kampagne zum Verbot von Landminen

Die Internationale Kampagne zum Verbot von Landminen kritisierte das revidierte Protokoll der CCW als vollkommen unzureichend für die durch den unbegrenzten Einsatz von Landminen in innerstaatlichen Konflikten verursachte humanitäre Katastrophe. Die jahrelange intensive Kampagnenarbeit des Netzwerkes zeigte Mitte der 1990er Jahre erste Wirkung. Über die Mobilisierung der Öffentlichkeit machten die Nichtregierungsorganisationen gerade in den westlichen Demokratien Druck auf die Regierungen, von denen sich immer mehr bereit fanden, zunächst nationale Moratorien für Produktion und Export zu verhängen. Eine Gruppe gleichgesinnter Staaten fand sich unter der Führung von Kanada bereit, dem Anliegen des Netzwerkes Gehör zu schenken und auf einem anderen Weg ein Verbot der Produktion, der Lagerung, des Exports und des Einsatzes von Anti-Personenminen zu verhandeln. Innerhalb eines Jahres wurde im so genannten Ottawa-Prozess der gleichnamige Vertrag ausgehandelt, der im Dezember 1997 in Oslo von 122 Staaten unterzeichnet wurde.[395] Präzedenzlos war die Einbeziehung von Nichtregierungsorganisationen und hier vor allem der ICBL und des „Internationalen Komitees vom Roten Kreuz" (IKRK) als Verhandlungspartner mit Rederechten. Auf diese Weise gelang es dem Netzwerk die Mitglieder für humanitäre Belange zu sensibilisieren. So sieht der Vertrag nicht nur das Verbot aller Anti-Personenminen vor, sondern beinhaltet auch Hilfeleistungen bei der Minenräumung. Damit wird der Tatsache Rechnung getragen, dass die Staaten, die besonders von der Minenverseuchung betroffen sind, weder die technischen noch finanziellen Mittel haben, um Minen zu räumen. Die Verpflichtung zur Hilfeleistung umfasst auch die Unterstützung für die Versorgung und Rehabilitation von Minenopfern. Der Ottawa-Vertrag sieht außerdem vor, dass noch existierende Bestände an Anti-Personenminen innerhalb von vier Jahren nach Inkrafttreten des Vertrages zerstört werden müssen. Innerhalb von zehn Jahren sollen Minenfelder von den Staaten geräumt worden sein, die die Minen verlegt haben – angesichts der Tatsache, dass Schätzungen zufolge 119 Millionen Minen in 71 Ländern verlegt worden sind, eine schier unmöglich zu bewältigende Herausforderung. Auch sind die Verursacher nicht in jedem Fall auszumachen, schon gar nicht, wenn es sich um nichtstaatliche Akteure handelt.

Die Internationale Kampagne zum Verbot von Landminen hat es sich zur Aufgabe gemacht, die Einhaltung des Vertrages zu überwachen und über die Fortschritte beispielsweise hinsichtlich des Beitritts neuer Mitgliedsstaaten zu berichten. Hierzu publiziert die ICBL jährlich den *Landmine Monitor Report*, der eine detaillierte Übersicht über die Minenproblematik der einzelnen Länder oder über die Abrüstungsfortschritte vorhandener Anti-Personenminenbestände gibt. Ende 2005 hatten 154 Staaten den Ottawa-Vertrag unterzeichnet und 147 ratifiziert. Nach wie vor weigern sich die größten Produzenten von Anti-Personenminen – die USA, Russ-

---

395   Vgl. Cameron, et al. 1998.

land und China –, den Vertrag zu unterzeichnen. Die USA argumentieren, sie müssten zum Schutz der koreanischen Grenze auch weiterhin auf Anti-Personenminen zurückgreifen können. Auch verlangten sie eine in den Vertragstext eingebaute Kündigungsregel, die im Kriegsfall den Einsatz von Anti-Personenminen erlauben würde. In der Schlussrunde der Verhandlungen versuchte die Supermacht eine Ausnahmeregelung für sich zu erwirken, scheiterte damit aber am Widerstand der Staatenmehrheit. Russland macht ähnliche Bedenken geltend und pocht darauf, auf Anti-Personenminen nicht verzichten zu können, weil diese unter anderem zur Sicherung ihrer Nuklearanlagen eingesetzt würden.

Dennoch zeigt der Vertrag Wirkung: So ist die Produktion von Anti-Personenminen deutlich zurückgegangen. Der weltweite Handel ist nach Erkenntnissen der ICBL nahezu vollständig zum Erliegen gekommen. Insgesamt sind mehr als 31 Millionen Anti-Personenminen aus Lagerbeständen zerstört worden. Zweiundsechzig Vertragsstaaten haben ihre Bestände bereits vollkommen zerstört, dazu gehören Kanada, Deutschland, Frankreich, Großbritannien, aber auch betroffene Staaten wie Mosambik oder Sierra Leone. Achtundvierzig weitere Staaten haben erklärt, über keine Anti-Personenminen zu verfügen. Der Abschluss des Ottawa Vertrages hat viele Staaten veranlasst, Mittel für die Minenräumung bereitzustellen – die ICBL beziffert diese Gelder auf inzwischen auf mehr eine Milliarde USD. Damit konnten zahlreiche bereits begonnene Minenräumprogramme intensivert und neue begonnen werden. Anti-Personenminen sind seit Abschluss des Ottawa-Vertrages deutlich weniger zum Einsatz gekommen, auch wenn es erste Verstöße von Vertragsmitgliedern, beispielsweise in Angola, zu verzeichnen gab.

3.2 Die Kleinwaffenproblematik: Viele Ansätze, keine Lösung

3.2.1 Das VN-Kleinwaffenaktionsprogramm

Gegenüber den Erfolgen in der Abrüstung von Anti-Personenminen gestaltet es sich schwieriger, geeignete Maßnahmen zur Bekämpfung der Proliferation von Kleinwaffen zu entwickeln. Insgesamt ist eine Vielzahl internationaler, regionaler, nationaler und lokaler Initiativen zu verzeichnen, geeignete Maßnahmen der Rüstungskontrolle zu entwickeln und überschüssige Waffen abzurüsten. Höhepunkt dieser Entwicklung bildete im Juli 2001 eine VN-Konferenz, auf der ein Aktionsprogramm zur Bekämpfung des unkontrollierten Handels von Kleinwaffen beschlossen wurde. In diesem Aktionsprogramm wurden verschiedene Rüstungskontrollmaßnahmen aufgelistet, um dem weltweit hohen Kleinwaffenaufkommen auf unterschiedlichen Ebenen zu begegnen. Dies beginnt bei einer intensiveren Kontrolle des legalen Handels, sollte aber ebenso Transparenzmaßnahmen, wie das Erfassen nationaler Waffenbestände oder die Vernichtung überschüssiger Waffen aus Polizei- und Armeebeständen umfassen. Beispielsweise gilt es, die international tätigen Waffenhändler zu erfassen und besser zu kontrollieren. Doch auch wenn es sich bei dem Kleinwaffenaktionsprogramm nur um ein politisch verbindliches Abkommen handelte, musste

2001 eine Reihe von Kompromissen zwischen den verhandelnden Staaten geschlossen werden, die von vielen Staaten, vor allem aber von Nichtregierungsorganisationen scharf kritisiert wurden. Das internationale Netzwerk der Nichtregierungsorganisationen, das sich für Rüstungskontrolle und Abrüstung von Kleinwaffen einsetzt (*International Action Network On Small Arms*, IANSA), bemängelte das Aktionsprogramm, weil es Staaten weder dazu auffordert, künftig nur noch an staatliche Akteure zu liefern noch den Privatbesitz von Waffen stärker zu kontrollieren.[396]

Immerhin hat das Kleinwaffenaktionsprogramm bei einer Mehrheit von Staaten zu einem Bewusstseinswandel geführt – dies zeigte sich auf den beiden Implementierungstreffen des Abkommens, die 2003 und 2005 in New York stattfanden. Zahlreiche Staaten haben begonnen, ihre nationale Gesetzgebung zu überprüfen und nationale Kontaktstellen eingerichtet, um die Bekämpfung des unkontrollierten Kleinwaffenhandels zu koordinieren. Die Geberländer konzentrieren sich verstärkt darauf, den Sicherheitssektor in betroffenen Staaten nach rechtsstaatlichen Prinzipien handlungsfähig zu machen. Lieferländer exportieren nicht mehr an nichtstaatliche Akteure, überschüssige oder veraltete Kleinwaffenbestände werden vernichtet.[397]

3.2.1 Regionale Initiativen von Europa bis Afrika

Darüber hinaus gab es in den vergangenen Jahren eine Vielzahl von regionalen Initiativen zu verzeichnen, in denen sich die Staaten oder ihre Organisationen darum bemühten, den regionalen Spezifika der Kleinwaffenproblematik Rechnung zu tragen. So schuf die Europäische Union im Juni 1998 einen gemeinsamen Verhaltenskodex für konventionelle Waffenlieferungen, der auch Exporte von Kleinwaffen und dazugehöriger Munition umfasst. Bestimmte gemeinsam erarbeitete Kriterien, wie die Menschenrechtsbilanz, die innere Stabilität oder die Haltung des Empfängerlandes zu internationalem Recht und Terrorismus, sollen vor einer Exportgenehmigung überprüft werden. Im Dezember 1998 einigten sich die EU-Staaten auf eine Gemeinsame Aktion zur Bekämpfung der destabilisierenden Akkumulation von Kleinwaffen. Dazu gehört unter anderem, dass Kleinwaffen künftig nur noch an Staaten geliefert werden. Auch wurde ein Katalog von Maßnahmen entwickelt, den Staaten erfüllen müssen, bitten sie die EU um Hilfe bei der Bekämpfung des Kleinwaffenproblems in ihrem Land. So müssen die Kleinwaffenbestände in Polizei und Armee auf ein vertretbares Maß abgerüstet und ausreichend kontrolliert werden. Nationale Waffenbestände sollen in Registern transparent erfasst werden.[398]

---

396 Vgl. UN Programme of Action to Prevent, Combat and Eradicate the Illicit Trade in Small Arms and Light Weapons in All Its Aspects, http://disarmament.un.org/cab/poa.html, letzter Zugriff 14.9.2005.
397 Vgl. UNIDIR 2003a.
398 Vgl. Wisotzki 2000.

Auch auf dem afrikanischen Kontinent gibt es eine Vielzahl von Deklarationen, Erklärungen und Moratorien, die darauf abzielen, dem Kleinwaffenproblem in seiner Komplexität zu begegnen. Im November 2000 beschloss die Organisation afrikanischer Einheit (*Organization of Afrcian Unity*, OAU) mit der „Bamako-Erklärung" ebenfalls eine Gemeinsame Position zum Problem des verdeckten Handels von Kleinwaffen. Einen weiter gehenden Schritt haben die westafrikanischen Staaten mit der Verhängung des ECOWAS-Moratoriums für die Produktion sowie den Im- und Export von Kleinwaffen beschlossen. Zwar ist das Moratorium rechtlich nicht bindend und in erster Linie als vertrauensbildende Maßnahme gedacht, doch haben sich die waffenexportierenden Staaten des Wassenaar-Abkommens bereit erklärt, keine Waffen mehr in die Region zu liefern. Dennoch hat das Moratorium Politiker wie Zivilgesellschaft in Westafrika für die Kleinwaffenproblematik sensibilisiert.[399]

3.3 Landminen und Kleinwaffen: Notwendigkeit eines multidimensionalen Ansatzes für Rüstungskontrollmaßnahmen

Rüstungskontrolle und Abrüstung von Kleinwaffen muss auf verschiedenen Ebenen ansetzen. Es gilt, mehr Kenntnisse über die verschiedenen Handelswege und die beteiligten Akteure zu erhalten. Dafür müsste beispielsweise eine international standardisierte Kennzeichnungspflicht aller Waffen in ihrem Herkunftsland eingeführt und die internationale Kooperation verstärkt werden. Dem in der Rüstungskontrolle so wichtigen Prinzip der Transparenz könnte Folge geleistet werden, indem man die nationalen Kleinwaffenbestände zentral im VN-Waffenregister erfasst. Professionelle Waffenhändler müssen regional und international registriert und übergreifend kontrolliert werden. Frachtwege müssen überwacht, nationale Export- wie Importkontrollen müssen dort, wo sie lückenhaft sind, verbessert werden. So verschiedenartig die Wege sind, über die Kleinwaffen gehandelt werden, so verschieden müssen auch die Kontrollmaßnahmen sein, die es zu entwickeln gilt. Immerhin hat sich die Mehrheit der Staaten für gemeinsame Registrierung und Kennzeichnungspflicht von Kleinwaffen sowie die Kontrolle von professionellen nichtstaatlichen Waffenhändlern ausgesprochen. Doch müssen auch bestimmte Standards für den legalen Export von Kleinwaffen geschaffen werden: Nicht-staatliche Akteure sollten von staatlichen Waffenlieferungen grundsätzlich ausgeschlossen sein. Präventiver Rüstungskontrollpolitik sollte hier Vorrang vor nationaler Interessenpolitik eingeräumt werden. Schließlich sollte auch die heikle Frage des Privatbesitzes von Kleinwaffen angegangen werden: Hier geht es allein um verbesserte Kontrollen, nicht um ein prinzipielles Verbot – Waffenverbände, wie die einflussreiche *National Rifle Association*, werden in diesem Punkt weiterhin versuchen zu blockieren.

Die ungehinderte Proliferation von Landminen und Kleinwaffen und ihr massiver Einsatz in innerstaatlichen Konflikten hat die internationale Staatengemeinschaft vor

---

399 Vgl. Centre For Humanitarian Dialogue 2003; de Vines 2005.

neue Herausforderungen gestellt. Die klassischen Instrumente der Rüstungskontrolle und Abrüstung mussten deshalb angepasst werden, damit sie der Komplexität der Thematik gerecht werden können. Vor allem humanitäre Belange, wie die Opferrehabilitation oder technische wie finanzielle Hilfeleistung bei der Minenräumung oder Verschrottung von Kleinwaffen, sind als Bestandteile in einer neuen Form von Rüstungskontrolle und Abrüstung aufgenommen worden. Gerade im Fall der Landminen und Kleinwaffen haben Nichtregierungsorganisationen ein Bewusstsein für die Probleme dieser Waffenkategorien zu bilden, vor allem aber konnten sie den Normbildungsprozess im Politikfeld Rüstungskontrolle und Abrüstung entscheidend verändern.

4. Konventionelle Rüstungskontrolle: Bilanz

Konventionelle Rüstungskontrolle stand während des Kalten Kriegs deutlich im Schatten der Bemühungen, Massenvernichtungswaffen zu begrenzen. Allerdings blieb das konventionelle Ungleichgewicht in Europa wesentliche Quelle westlicher Sicherheitsbesorgniss und damit des Rüstungswettlaufes im konventionellen und im nuklearen Bereich. Erst die neue Politik Gorbatschows ermöglichte es Mitte der 1980er Jahre, auch konventionelle Waffensysteme in bedeutendem Umfang Begrenzungen zu unterwerfen. Auf dieser Basis bot der KSE-Vertrag die Möglichkeit, die Sicherheitslage in Europa auch nach dem Zerfall des Ostblocks einvernehmlich zu regeln und die Umbruchssituation militärisch zu entspannen. Auch wenn mit der Einrichtung oder dem Ausbau vieler Rüstungsexportregime in den 1990er Jahren auch im Bereich des weltweiten Waffenhandels erhebliche Fortschritte erzielt werden konnten, stellen konventionelle (Klein)Waffen heute eine der bedeutendsten Bedrohungen für regionalen Frieden dar. Die vermeintlich „neuen Kriege", die überwiegend in der dritten Welt zu verorten sind, werden überwiegend mit solchen Waffen ausgetragen und fordern so hohe Opferzahlen, dass Kleinwaffen als die wahren Massenvernichtungswaffen bezeichnet werden. Zwar konnte sich die internationale Staatengemeinschaft mit der Ottawa-Konvention erstaunlicher Weise auf ein Regime zum Bann von Landminen einigen, was besonders auf Druck "von unten", also das Engagement von Nichtre-gierungsorganisationen zurückzuführen ist. Für Kleinwaffen ist eine ähnliche Übereinkunft allerdings nicht in Sicht. Hier fehlt trotz der Brisanz das öffentliche Interesse.

Fragen zur selbstständigen Reflexion

Frage 1: Die meisten Studien über das „Übereinkommen über das Verbot des Einsatzes, der Lagerung, der Herstellung und der Weitergabe von Anti-Personen-Minen", kurz Ottawa-Vertrag, deuten auf einen erheblichen Einfluss von Nichtregierungsorganisationen bei dem Zustandekommen des Vertrages hin. Worin liegen die Einflussmöglichkeiten (und Grenzen) von NGOs auf Rüstungskontrollabkommen?

Frage 2: Nach der Landminen- und Kleinwaffenproblematik wird nun zunehmend auch die Problematik des Einsatzes sogenannter „Streubomben" (Bomben, die nach Abwurf eine große Anzahl kleinerer Bomben über einem bestimmten Gebiet verstreuen) und die Chancen einer Regulierung dieser Waffenart diskutiert. Betrachten Sie die Argumente für bzw. gegen Landminen und Kleinwaffen: Nennen sie pro- und contra-Argumente, die die Chancen einer internationalen Kampagne gegen Streubomben beeinflussen.

Antwortvorschläge finden Sie auf der Seite 241.

XII. Rüstungsdynamik und Rüstungskontrolle – eine Bilanz

Anhand unserer vorangegangenen Ausführungen sollte eines klar geworden sein: Das Problem – Rüstungsdynamik – und die „Lösung" – Rüstungskontrolle – entziehen sich einfachen und schematischen Erklärungen. Der Themenkomplex zeigt damit exemplarisch die komplexen Probleme politischer Entscheidung in interdependenten Systemen der Interaktion auf, mit denen sich der politikwissenschaftliche Zweig der internationalen Beziehungen in seinen Teilgebieten durchweg auseinanderzusetzen hat. Dass große Vereinfacher nichtsdestoweniger scheinbar griffige Formeln – siehe Richardson – anbieten und damit die Frustration über das schwer Erklärbare, Widersprüchliche und Kontingente des Gegenstandsbereichs zu lindern versprechen, sollte niemanden verführen: So wie die Politik selbst, wie Max Weber einst trefflich formulierte, das beharrliche Bohren dicker Bretter ist, so gilt dies gleichermaßen für ihre Erklärung. Gehen wir die wichtigsten Erklärungen und ihre Erklärungskraft noch einmal der Reihe nach durch.

1. Bilanz Rüstungsdynamik

Der Verweis auf Theorien der Internationalen Beziehungen, sei es implizit oder explizit, zieht sich wie ein roter Faden durch das empirische Feld der Rüstungsdynamik. Oftmals, so konnte gezeigt werden, erhellen die jeweiligen Theorien Teilbereiche, ohne allerdings ein vollständiges Bild der Problematik zu liefern. Das heisst nicht, dass die Auswahl der IB-Theorie, die einer fundierten Analyse des Themenfeldes zu Grunde liegen soll, beliebig erfolgen darf. Vielmehr muss man sich der Stärken und Schwächen der einzelnen Theorien bewusst sein, um ein möglichst vollständiges und ausgewogenes Bild der Empirie zu erlangen. Man kann sich die Theorien in diesem Zusammenhang als Scheinwerfer vorstellen, die die empirische Bühne von ganz unterschiedlichen Richtungen ausleuchten. Nur im Zusammenspiel aller Scheinwerfer werden die sich zwangsläufig ergebenden Schatten ausgeleuchtet. Wir wollen deshalb nun die drei bedeutendsten IB-Theorien daraufhin untersuchen, welchen Beitrag sie zum Verständnis von Rüstungsdynamiken leisten.

1.1 Realismus und Neorealismus

Rüstungsdynamik, so werden wir vom Realismus und vom Neorealismus belehrt, ergibt sich zwangsläufig aus der Rivalität großer und kleiner Mächte, die dem aus der Anarchie des internationalen Systems abgeleiteten Imperativ „Schütze Dich selbst" folgen. Rüstungsdynamik, so argumentiert der Neorealismus, entspringt einem regelhaften strategischen Kalkül, das sich zwingend aus dem Wunsch der Akteure zu überleben – vor dem Hintergrund systemisch abgeleiteter Zwänge – ergibt. Warum sich Staaten aber so unsicher fühlen, dass sie immer und überall um ihr Überleben fürchten und in jedem anderen Staat eine potenzielle Bedrohung sehen, bleibt unbeantwortet.[400] Einzig die Konsequenz ist klar: Schutz bietet nur die militärische Selbsthilfe, da, wie es der Neorealist Joseph Grieco ausdrückt, „der Freund von heute der Feind von morgen" (1988: 487) sein kann. Eine besondere Rolle spielt hierbei die Unsicherheit über die Intentionen des Gegenübers. Weil Staaten immer damit rechnen müssen, dass der Rivale heimlich aufrüstet oder die eigene Schwäche ausnutzt, bietet nur die optimale eigene Rüstung verlässlichen Schutz. In manchen Situationen scheint eine solche Einschätzung tatsächlich die Situation im internationalen System zu beschreiben. Auch ist der Verweis auf Unsicherheit und mangelnde Transparenz wesentlich um z.B. Probleme der Rüstungskontrolle zu verstehen.

Allerdings verkennt der Neorealismus, dass es sich hierbei nicht um quasi-naturwissenschaftliche Gesetze handelt, sondern dass Staaten auch in der Lage sind, sich dem vermeintlichen Imperativ der Selbsthilfe zu entziehen. Denn wie sollen wir sonst verstehen, dass im Machtwettbewerb zwischen den Vereinigten Staaten und der Sowjetunion die Dynamik 1985 nachließ und noch vor dem Zusammenbruch der Sowjetunion aufhörte, ohne dass sich die geopolitischen Verhältnisse wirklich geändert hätten? Wie, dass zwischen Indien und Pakistan sowohl nuklear als auch konventionell aufgerüstet wird, während zwischen Argentinien und Brasilien – speziell nach der Demokratisierung – nichts dergleichen zu beobachten ist? Und wie, dass sich Demokratien von einander kaum bedroht fühlen und seit mehr als 200 Jahren praktisch keine Kriege gegeneinander geführt haben?[401]

Offensichtlich kann der Neorealismus die „weiche" Kategorie des Vertrauens nicht abbilden. Rüsten Staaten im anarchischen internationalen System nicht oder suchen sie andere Formen der Sicherheitsvorsorge – z.B. Rüstungskontrollabkommen –, so handeln sie aus Sicht des Neorealismus irrational. Allerdings scheinen Staaten viel öfter irrational zu handeln, als es die schlanke neorealistische Theorie unterstellt. Deutschland hat seinen ursprünglichen Wunsch, Kernwaffen zu besitzen, aufgegeben. Die Sowjetunion überwand ihr scheinbar unverrückbares Interesses an militärischer Superiorität und die USA haben umgekehrt in ihrem Bekenntnis zum Gleichgewicht einen fundamentalen Positionswechsel vollzogen. Nur der letzte Fall ließe sich allenfalls aus einer Veränderung der Kräfteverhältnisse erhellen, die beiden erstgenannten nicht. Auch dass Südafrika einseitig seine Kernwaffen aufgegeben, Indien seine Chemiewaffen ohne pakistanische Gegenleistung abgerüstet und Argentinien und Brasilien ihren nuklearen Wettlauf eingestellt haben, bleibt im

---

400 Vgl. die Kritik am Neorealismus bei Wendt 1999.
401 Vgl. Hasenclever 2003.

Lichte einer Theorie rätselhaft, die den Blick nur auf das Außenverhalten der Staaten und ihre Wechselwirkungen richtet, nicht aber auf das, was in ihnen vorgeht. Diese fundamentalen Präferenzänderungen der Sicherheitspolitik waren von elementarer Bedeutung für die Richtung, das Tempo und die Folgen der Rüstungsdynamik – ohne dass wir annehmen müssen, die Staaten seien irrational und an ihrem Überleben plötzlich nicht mehr interessiert.

Die rationalistische Analyse des Neorealismus kann uns also helfen, Rüstungsdynamiken zu verstehen, die zwischen zwei verfeindeten, sich jeweils fundamental bedroht fühlenden Staaten vor intransparentem Hintergrund ablaufen. Zur Erklärung des fundamentalen Wandels in der Rüstungsdynamik ist sie jedoch nur von sekundärer Bedeutung.

Betrachten wir nun die Situation der USA nach dem Ende des Ost-West-Konfliktes: Der Realismus behauptet, dass es angesichts der internationalen Machtverhältnisse unvermeidlich gewesen sei, dass die unangefochtene Supermacht ihre Überlegenheit dazu nutzen würde, ihren Vorsprung noch mehr auszuweiten und sich auf diese Weise in die Lage zu versetzen, nicht nur eigene Sicherheit gänzlich auf sich selbst gestellt verlässlich zu gewährleisten, sondern auch in allen Ecken der Welt den eigenen Interessen gemäß Ordnung zu schaffen.[402] Die Rüstungsanstrengungen der USA seien also der folgerichtige Ausfluss einer auf „natürliche Machtinteressen" ausgerichteten Politik des mächtigsten Staates – des Hegemons – in einem nach wie vor anarchischen internationalen System. Dabei argumentieren Neorealisten, dass es nach dem Ende des Ost-West-Konfliktes mittel- bis langfristig zwangsläufig zu einer Gegenmachtbildung gegen die USA kommen muss – als potenzielle Herausforderer wurden neben China und Russland auch Deutschland oder Japan genannt.[403] Um dieser Herausforderung schon jetzt zu begegnen, sei eine proaktive Politik, besonders im Bereich der Forschung und Entwicklung notwendig, um den vorhandenen Vorsprung möglichst lange zu erhalten.

Nun stimmt es ja: Die Vereinigten Staaten selbst fanden sich nach 1989 in einer geschichtlich beispiellosen Lage. Sie beendeten den Ost-West-Konflikt in einer Position unangefochtener und auf lange Zeit sichergestellter Überlegenheit der Macht. Dies betraf natürlich an erster Stelle ihr militärisches Potenzial, das von keinem potenziellen Rivalen auch nur annähernd erreicht wurde und auf absehbare Zeit erreicht werden wird.[404] Aber auch ihre anderen Machtressourcen – geheimdienstliche Fähigkeiten, diplomatische Ressourcen, Wirtschaftspotenzial, politische Stabilität, Wissenschaft und Technologie, Bildungsniveau, Medien und kulturelle Ausstrahlung, ja selbst Rohstoffe und landwirtschaftliche Selbstversorgung – platzieren die Vereinigten Staaten auf dem ersten oder jedenfalls einem der vorderen Plätze der internationalen Rangordnung. Allerdings zeigt keiner der möglichen Her-

---

402 Vgl. Mearsheimer 2001.
403 Vgl. Layne 1993; Mastanduno 1997; Posen 2003.
404 Vgl. Wohlforth 2002.

ausforderer eine aggressive Aufrüstungspolitik, selbst im Fall Chinas rechnen amerikanische Experten heute mit einem U.S.-Vorsprung von mindestens 20 Jahren.

Frei von akuten direkten Sicherheitsbedrohungen öffnete sich Washington nach 1989 also ein ungeahnter Gestaltungsraum, der sich jedoch nicht von selbst füllte. Er hätte in den verschiedensten Formen genutzt werden können; es lagen Blaupausen für durchaus gegensätzliche Politikpfade vor (siehe nächste Seite) oder wurden im Laufe der Jahre entwickelt, vom entschlossenen Unilateralismus absoluter Überlegenheit bis zum konsequenten Multilateralismus kooperativer Sicherheitspolitik. Die internationalen Machtverhältnisse öffneten nur die Möglichkeiten, schrieben aber die Wahl einer bestimmten Strategie nicht vor.

1.2 Konstruktivismus

Der Konstruktivismus verweist uns auf kulturelle und normative Faktoren und öffnet damit einen wichtigen Blick auf die Bedeutung von Ideen, Identitäten und Rollenzuschreibungen bei der Formulierung und Durchführung von Politik. In einigen Bereichen kann diese Perspektive helfen, staatliches Handeln zu verstehen. So hilft uns der Verweis, Deutschland habe sich nach der Erfahrung des Zweiten Weltkriegs zu einer *Zivilmacht*[405] gewandelt, beim Verständnis der relativ zurückhaltenden Rüstungspolitik der Bundesrepublik.[406] Unterstellt man den USA hingegen die eigene Rollenzuschreibung als internationale Führungsmacht, so erklärt dies das Streben nach modernen Waffensystemen und den Wunsch nach der Fähigkeit weltweiter Machtprojektion.[407]

Aber auch aus dieser vereinfachenden Perspektive ist es schwer nachzuvollziehen, wie in einem Land wie den Vereinigten Staaten in den 1990er Jahren Konzepte entwickelt und wenigstens teilweise in aktuelle Politik übersetzt werden konnten, die auf gänzlich unterschiedlichen politischen Philosophien aufruhen: Auf der einen Seite eine Rüstungspolitik fortgesetzten Gleichgewichts, eingehegt in eine zunehmend verrechtlichte, kooperative Sicherheitspolitik, wie sie von erheblichen Teilen des liberalen Sicherheitsestablishments wie John Steinbruner oder Janne Nolan entwickelt wurde. Auf der anderen Seite die Forderung nach uneingeschränkter militärischer Superiorität und dem von kaum einer Regel gebändigten Einsatz dieser militärischen Überlegenheit aufgrund unilateraler Entscheidungen Washingtons, wie dies von Denkern und Akteuren der Neokonservativen – Robert Kagan, Charles Krauthammer, Paul Wolfowitz oder Donald Rumsfeld – vertreten wird. Alle sind in der gleichen politischen Kultur großgeworden, alle in dasselbe internationale normative Umfeld hinein sozialisiert – und dennoch resultieren daraus in praktisch-

---

405 Vgl. Kirste/Maull 1996; Harnisch/Maull 2001.
406 Die erfolgreiche Anwendung eines dualen Rollen-/Identitätsansatzes zur Erklärung der deutschen Position im Bereich nuklearer Nichtverbreitung findet sich bei Müller 2003b.
407 Vgl. die Diskussion bei Schörnig 2005, Kap. 2.

moralischer und normativer Hinsicht nahezu antagonistische Präferenzen. Offensichtlich bietet auch der Verweis auf eigene und fremde Rollenzuschreibungen nur ein relativ grobes Bild.

1.3 Neoliberalismus

Es wäre also eine starke Verkürzung, die Rüstungspolitik der USA in den 1990er Jahren entweder als die durch amerikanische Überlegenheit erzwungene Konsequenz oder als den Ausdruck einer spezifischen „Kultur", Identität oder Rolle zu werten. Sie ist vielmehr Resultat einer Serie von Entscheidungen zwischen gleichermaßen möglichen Alternativen. Wir sind damit auf die *inneramerikanischen* Strategiedebatten und ihre Träger verwiesen; die Struktur des internationalen Systems gibt uns nur Auskunft über das Spektrum der Optionen, aber nicht über deren Auswahl.

Die liberale Theorie internationaler Beziehungen öffnet die *Black Box* des Nationalstaats und gibt den Blick frei für seine inneren Kräfteverhältnisse.[408] Wir erkennen so, dass in den USA seit Beginn des Kalten Krieges, mit größerer Polarisierung jedoch seit Beginn der Entspannungspolitik in den späten 1960er Jahren, eine von etablierten Mitgliedern des konservativen Sicherheitsestablishments getragene Position herangewachsen ist. Sie sieht – im Unterschied zum ursprünglichen multilateralen Mainstream, der die Mehrheit der demokratischen Partei sowie den linken Flügel und die Mitte der Republikaner umfasste – einzig in der militärischen Dominanz der Vereinigten Staaten die Gewährleistung für nationale Sicherheit und internationale Ordnung. Diese Auffassung wurde noch während der 1970er Jahre offensiv vom *Committee on the Present Danger* vertreten und wurde in der ersten Reagan-Administration politikbestimmend. Nach etwa zwölf Jahren, in denen diese Gruppe eher eine geringe Rolle spielte, hat sie ihren Einfluss zunächst im Kongress, mit Amtsantritt des jüngeren Bush dann in vollem Umfang auch in der Regierungspolitik geltend gemacht.

Dass diese Auffassung mit den Interessen der Rüstungsindustrie harmoniert, versteht sich von selbst. Denn aus ihr folgt zwingend, dass der Schlüssel zur amerikanischen Sicherheit und zur Stabilität der internationalen Ordnung ein hoher Rüstungshaushalt ist und dass innerhalb des Rüstungshaushalts der Schwerpunkt auf den investiven Ausgaben, d.h. auf der Forschung, Entwicklung und Beschaffung von Waffen liegen muss. Auch mit den Wünschen der militärischen Führung harmoniert natürlich ein Standpunkt, der die Ressourcen für die Streitkräfte erhöhen will; freilich sind die Militärs selbst weniger als manche zivile Strategen bereit, vom Althergebrachten Abschied zu nehmen und sich auf völlig neue Rüstungstechniken einzulassen, und die konservativen Zivilisten sind auch durchaus eher bereit, Soldaten und Gerät in bewaffnete Auseinandersetzungen zu schicken als die eher vorsichtigen

---

408   Vgl. Wilzewski 1999.

Generäle. Allerdings gilt es zu berücksichtigen, dass die Öffentlichkeiten westlicher Demokratien – und gerade die der USA im besonderen – eigene Opfer in militärischen Auseinandersetzungen nach Möglichkeit zu vermeiden suchen. Dieser Aspekt wird durch die technologisch überlegene Rüstung der USA ebenfalls berücksichtigt, da moderne Waffensysteme einen immer besseren Schutz der Soldaten gewährleisten – zumindest in klassischen Kampfhandlungen. So bleiben militärische Einsatzoptionen erhalten, die bei einer technologisch rückständigeren Bewaffnung möglicherweise verwehrt wären.[409] Aber die liberale Theorie liefert noch einen anderen bedeutenden Hinweis: Demokratien führen keine Kriege gegeneinander. Die so genannte dyadische Erklärung setzt daran an, dass Demokratien untereinander von ihrem friedfertigen innerstaatlichen Verhalten auf das Außenverhalten anderer Demokratien schließen und sich von anderen Demokratien entsprechend nicht bedroht fühlen.[410] Auch sind Demokratien in ihren Entscheidungsstrukturen transparenter als Autokratien, umfassende Aufrüstungsprojekte entsprechend schwieriger zu verschleiern. All das bedeutet, dass die vom Neorealismus beschriebenen Mechanismen zwischen Demokratien nicht – oder bestenfalls in extrem abgeschwächten Maß – zum Tragen kommen. Entsprechend sind Rüstungswettläufe zwischen Demokratien praktisch nicht vorstellbar – rüsten zwei Demokratien gleichzeitig umfassend auf, so sind die Gründe in externen Faktoren und nicht in dieser Staatendyade zu suchen.

Doch zurück zu den USA. Die Übereinstimmung der konservativen Sicherheitsstrategie mit rüstungsindustriellen und militärischen Interessen sollte jedoch nicht zu einem platten Ökonomismus verleiten, der die Außen- und Sicherheitspolitiker der USA unter Bush als Handlanger der Waffenproduzenten und Militärs sieht. Ihre Haltung ist weitgehend weltanschaulich begründet und drückt eine besondere Sicherheitsideologie aus. Wäre Politik so einfach aus wirtschaftlichen Verhältnissen ableitbar, so fiele es schwer zu erklären, warum die Bundesrepublik Deutschland einen ganz anderen Weg genommen hat. Hier hat der Rüstungshaushalt im Vergleich zu den USA mehr als die Hälfte weniger Anteil am Bruttosozialprodukt (ca. 1,3 Prozent für Deutschland und ca. 3,0 für die USA). Der für die Industrie wichtige Investivanteil liegt in Deutschland bei etwas mehr als 20 Prozent, für die Amerikaner bei über 30 Prozent. Es ist offensichtlich kein Naturgesetz des Verhältnisses von Kapital und Politik in marktwirtschaftlichen Systemen, das uns hier Erklärungen liefern kann, sondern die spezifischen Koalitionen, politischen Systeme, Kulturen und Ideologien, die in den hier betrachteten Ländern vorherrschen – mit den oben beschriebenen Einschränkungen.

Ähnlich wird man vorgehen müssen, wenn man z.B. den historischen Unterschied zwischen dem Irak und Ägypten verstehen will. Keines der beiden Länder gehört zu den etablierten Demokratien, beide liegen in einer konfliktträchtigen Region, beide haben Führungsehrgeiz in der arabischen Welt, beide liegen in der Reichweite der

---

409 Vgl. Müller/Schörnig 2002.
410 Man denke in diesem Zusammenhang daran, dass sich die USA von britischen oder französischen Nuklearwaffen nicht bedroht fühlen (und vice versa), während eine einzige nordkoreanische Nuklearwaffe als ausgesprochen beunruhigend empfunden wird.

stärksten Regionalmacht Israel. Ägypten allerdings hat auf Kernwaffen verzichtet, mit Israel Frieden geschlossen und sich für die eigene Sicherheit mit einem relativ bescheidenen Abschreckungsarsenal aus Chemiewaffen – so ist jedenfalls die Vermutung – begnügt. Irak hat seine Armee vor dem ersten Golfkrieg zahlenmäßig zur viertstärksten der Welt aufgebläht und mit riesigen Investitionen in alle Typen von Massenvernichtungswaffen und Trägersystemen seinen Haushalt weiter belastet. Die Chance zum Neuanfang nach dem verlorenen Golfkrieg hat man nicht genutzt (wie Sadat den verlorenen Yom-Kippur-Krieg von 1972 nutzte), sondern im Rahmen der laufenden Kontrollen versucht, so weit wie möglich an den eigenen Massenvernichtungswaffensystemen festzuhalten – auch wenn, wie wir jetzt wissen, die UN-Sanktionen und –Inspektionen ausgesprochen gute Dienste bei der Verhinderung solcher Programme geleistet hatten. Die Verhaltensunterschiede sind nicht zu verstehen, wenn man nicht den Blick auf die unterschiedlichen Führungspersönlichkeiten und die sie umgebenden politischen und militärischen Eliten richtet.

Es bleibt festzuhalten: Jeder wissenschaftliche Versuch, Rüstungsdynamik zu verstehen, bedarf daher eines umfassenden Ansatzes, der das internationale System, die Interaktion zwischen den rivalisierenden Staaten und ihre inneren Verhältnisse mit in Betracht zieht.

2. Bilanz Rüstungskontrolle: Die Anfänge im Kalten Krieg

Rüstungskontrolle hat während des Ost-West-Konflikts unbestreitbar ihren Ausgang in dem Bestreben beider Protagonisten genommen, das Risiko eines für beide tödlichen nuklearen Zusammenstoßes zu mindern. Für dieses vitale Interesse nahmen sie es zu Beginn des Prozesses auch in Kauf, dass manche Alliierte (die Bundesrepublik unter Adenauer, Frankreich, die DDR unter Ulbricht) dem Vorhaben kritisch gegenüberstanden. Schrittweise wurde Rüstungskontrolle dann zu einem selbstverständlichen Bestandteil der Sicherheitspolitiken beider Seiten.

Der gemeinsame Versuch, das größte denkbare Risiko auszuschließen, stellte die Rüstungskontrolle auf ein solides, interessenbedingtes Fundament, das den Überlegungen rationalistischer Theorien durchaus entspricht: Danach handeln kollektive ebenso wie individuelle Akteure, um ihren Nutzen zu mehren (und folgerichtig ihren Schaden zu mindern). Geht das nur durch das Zusammenwirken und ergibt sich ein gemeinsames Interessenfeld, so kommt Kooperation zustande.

2.1 Die zentrale Bedeutung des ABM-Vertrages in den 1970er Jahren

Freilich treten bei näherem Hinsehen weitere Faktoren hinzu, die uns dazu veranlassen, die theoretische Perspektive zu erweitern. Von entscheidender Bedeutung für die Rüstungskontrolle war eine ganze Generation lang – für dreißig Jahre nämlich – der ABM-Vertrag, der den USA und der Sowjetunion (und deren Nachfolger Russland) den Aufbau eines landesweiten Raketenabwehrsystems verbot. Diese Idee lief dem ursprünglichen sowjetischen Denken, alles zu tun, was der Landesverteidigung und der Unversehrtheit des nationalen Territoriums diente, direkt zuwider, obwohl dieses Denken angesichts der Erfahrung der Verwüstung und Zerstörung des eigenen Landes durch fremde Invasoren (Schweden unter Karl XII. im 18., Napoleon im 19., Deutschland zweimal im 20. Jahrhundert) tief im russisch/sowjetischen kollektiven Gedächtnis verwurzelt war und ist.

Es waren Nichtregierungsakteure, die Pugwash-Bewegung und eine von der Harvard-Universität initiierte amerikanisch-russische Arbeitsgruppe, der es gelang, ein Umdenken in Moskau zu bewirken. Nach vielen Dialogen wurden die sowjetischen Gesprächspartner letztlich von dem amerikanischen Argument überzeugt, Sicherheit werde am besten durch die wechselseitige Furcht vor völliger Vernichtung im Kriegsfall gewährleistet. Diese Furcht setze voraus, dass weder die USA noch die Sowjetunion hoffen dürfe, den Gegner mit einem Erstschlag weitgehend zu entwaffnen und die verbleibenden Mittel des Gegenschlags mit Raketenabwehr abzufangen. Die sowjetischen Experten drangen mit diesen Überlegungen zuletzt auch im Kreml durch. Es zeigt sich: Auch was auf einer hypothetischen Interessenbasis scheinbar schlüssig erscheint und sich in klaren nationalen Präferenzen niederschlagen sollte, muss erst einmal durch gesellschaftliche und politische Akteure wahrgenommen, interpretiert und umgesetzt werden. Ohne den Blick in die *Black Box* staatlicher Entscheidungen bleiben theoretische Erklärungen lückenhaft.

2.2 Die Höhen und Tiefen der 1980er Jahre

Ähnliches lässt sich für die im Rückblick faszinierende Periode der 1980er Jahre feststellen. Zunächst einmal brach die republikanische Regierung unter Präsident Ronald Reagan den Rüstungskontrollprozess vollständig ab. Lediglich im Feld der Kriegsvermeidung und des Krisenmanagements war man bereit sich zu engagieren: So wurde die Kommunikationsleitung zwischen Washington und Moskau zu Beginn der 1980er Jahre technisch auf den neuesten Stand gebracht.

Ursächlich für diese Wende gegen die Rüstungskontrolle war weniger die internationale Konstellation – die sowjetischen Aktionen in der Polen-Krise und in Afghanistan waren kaum problematischer als jene in Prag 1968 und während des Yom-Kippur-Krieges 1973, die den Fortgang der Rüstungskontrolle nur wenig behindert hatten. Vielmehr hielten die für die amerikanische Außen- und Verteidigungspolitik in der ersten Hälfte der 1980er Jahre Verantwortlichen wenig von Rüstungskontrolle und viel von militärischer Überlegenheit, die mit Gleichgewicht, Stabilität und Defensivität des Rüstungskontrollkonzeptes nun einmal nicht vereinbar sind. Der innere Druck (Friedensbewegung) und das Zureden der Alliierten halfen immerhin, einen dünnen Gesprächsfaden zu wahren und an diesen wieder anzuknüpfen.

2.3 Die Wende durch Gorbatschow: Neue Möglichkeiten der Kooperation

Der Amtsantritt Gorbatschows änderte dann die amerikanisch-sowjetische Interaktion dramatisch und schuf für die Befürworter der Rüstungskontrolle in der inneramerikanischen Kräftekonstellation einen neuen Möglichkeitsraum. Die Chancen, die die neue Kompromissbereitschaft und Nachgiebigkeit Moskaus boten, nicht zu nutzen, wäre in der amerikanischen Öffentlichkeit bis weit in die republikanischen Reihen hinein auf Unverständnis gestoßen.

Die Moskauer Wende selbst ist wiederum nicht ohne Blick auf die Verschiebung innerhalb der sowjetischen Elite zu verstehen. Dort fand ein Generationswechsel statt. Die in die Führungspositionen nachrückenden Vertreter der nachrevolutionären Generation mussten sich mit dem doppelten Scheitern der Sowjets abfinden. Nach Außen hin hatte die konfrontative Politik Breschnews bzw. des sowjetischen Außenministers Andrei Gromyko die NATO nicht gespalten, sondern gefestigt. Im Inneren war wirtschaftliche Stagnation und wachsende Unzufriedenheit zu verzeichnen. Natürlich hätte man noch lange an der marxistisch-leninistischen Ideologie festhalten und recht und schlecht so weitermachen können. Die ideologisch weit weniger starren jüngeren Sowjetführer waren jedoch dafür, das Experiment der Reform zu wagen. Außenpolitisch wurden sie von einer Gruppe von Experten und Diplomaten beraten, die jahre- und jahrzehntelange Erfahrung im Austausch mit dem Westen, in Rüstungskontrollverhandlungen und in Expertentreffen gesammelt hatten und sich hatten überzeugen lassen, das mit dem Westen eine kooperative Sicherheitspolitik, auf Rüstungskontrollabkommen gestützt, zu machen war, mit der sich sowjetische Sicherheitsbedürfnisse eher befriedigen ließen als durch unilaterales Rüsten.

Zu bemerken ist auch, dass Gorbatschow und sein Außenminister Schewardnadse – ihre Erinnerungen belegen dies ebenso wie Auskünfte ihrer damaligen Gesprächspartner – ein starkes Verantwortungsgefühl hatten, die Welt vor dem Atomkrieg schützen zu sollen. Ronald Reagan, so antikommunistisch und rüstungsfreundlich er auch war, teilte dieses Gefühl durchaus. Diese moralisch-normative Einstellung hat den Kooperationsschub in der zweiten Hälfte der 1980er Jahre begünstigt.

2.4 Rüstungskontrolle an der Schwelle zum neuen Jahrtausend

Was hat Rüstungskontrolle bis zum Jahre 2000 gebracht? Wichtig ist, dass sich die meisten Partner der vielfältigen Abkommen an ihre Pflichten gehalten haben. In vielen Ländern, darunter auch in Deutschland, ist sie selbstverständliches und geschätztes Instrument der Sicherheitspolitik geworden. Dies ist umso interessanter, als beim Beginn des Rüstungskontrollprozesses die Bundesrepublik eher zu den zögerlichen Akteuren gehörte. Auch den Atomwaffensperrvertrag hat man nur widerstrebend unterzeichnet. Heute gehört Berlin zu seinen stärksten Unterstützern.

Rüstungskontrolle ist nicht stark genug, um ein durch und durch feindseliges Verhältnis zu verändern. Sie kann in solchen Beziehungen stabilisieren, wenn sich die Parteien darauf einlassen, aber auch das ist keineswegs garantiert, wie das bisherige Scheitern aller Versuche im Nahen Osten zeigt, wenigstens mit zaghaften Schritten der Vertrauensbildung voranzugehen. Anderswo ist man weiter gekommen, selbst zwischen Indien und Pakistan. Jedoch spielt dort Rüstungskontrolle bei weitem nicht die zentrale Rolle wie in der amerikanisch-sowjetischen Rivalität, und die erreichten Schritte (Kommunikationslinien, Datenaustausch über nukleare Anlagen) gehen nicht weit genug, um Krisenstabilität herzustellen.

Rüstungskontrolle kann höchst nützlich sein, um eine Transformation von Staatenbeziehungen herbeizuführen, wenn die involvierten Staaten zwar eine Verbesserung der Beziehungen wünschen, das wechselseitige Misstrauen aber zu groß ist, um den Konflikt einfach beizulegen. Eben dies geschah im Ost-West-Konflikt in der zweiten Hälfte der 1980er Jahre. Es könnte auch zwischen Südostasien und der Volksrepublik China so kommen.

2.5 Rüstungsdynamik und Rüstungskontrolle in der Gegenwart

Am Beginn des dritten Jahrtausends sind wir in eine Phase eingetreten, in der die Bedeutung der Rüstungskontrolle für die internationale Sicherheitspolitik drastisch nachgelassen, die Rüstungsdynamik sich merklich beschleunigt hat. Und auch diesmal liefert der auf die internationalen Verhältnisse begrenzte Blick nur Teilerklärungen. Dass beides, die Rüstungsdynamik wie die Blockade der Rüstungskontrolle, von der Weltmacht USA ausgeht, wird häufig darauf zurückgeführt, dass keine Wettbewerber mehr den Lauf Washingtons hemmen können, der Anreiz, rüstungskontrollpolitische Kompromisse zu machen und damit die eigenen militärischen Optionen einzuschränken, somit weggefallen ist.[411] Dies ist jedoch nur die halbe Erklärung. Die Machtverhältnisse bedeuten, dass die USA eine bislang ungekannte Freiheit genießen, den Kurs ihrer Sicherheitspolitik festzulegen und damit auch die internationalen Verhältnisse zu formen. *Wie* sie diesen Möglichkeitsraum füllen, ist durch diesen selber noch nicht vorgegeben. Er stellt eine formale Bedingung des Handelns dar, ohne dessen Inhalt festzulegen.

Diese Festlegung erfolgt vielmehr durch die Handlungsträger in den USA. Und hier dominieren wiederum durch die Zufälle und Wirrungen des Wahltages im November 2000 dieselben sicherheitspolitischen Kräfte, die bereits in der ersten Reagan-Administration wirksam gewesen sind. Sie sehen ausschließlich in amerikanischer Überlegenheit die Garantie für nationale und auch für internationale Sicherheit. Systematische Aufrüstung und die Ablehnung aller aus Rüstungskontrolle möglicherweise fließenden Handlungsschranken sind logische Bestandteile dieses strategischen Konzepts.[412] Die nach dem 11. September 2001 rollende patriotische Welle und die von vielen (auch oppositionellen) Amerikanern empfundene Notwen-

411 Vgl. Münkler 2005.
412 Vgl. Bush 2002.

digkeit, dem Präsidenten loyal den Rücken zu stärken, gibt dieser Gruppe eine außergewöhnliche Handlungsfreiheit, obgleich die Mehrheit der amerikanischen Öffentlichkeit sich z.B. für den Teststopp oder die Anti-Personen-Minen-Konvention ausspricht.

Auch für das Verständnis der gegenwärtigen Trends genügt es also nicht, nur die Kräfteverhältnisse des internationalen Systems zu besehen. Wir müssen ins Innere des entscheidenden Akteurs schauen, auf die herrschende Kräftekoalition und ihre Weltsicht. Aus dieser Analyse ergibt sich dann auch, dass die Konjunktur für Rüstungskontrolle sich auch wieder günstiger entwickeln kann, wenn sich die innenpolitischen Verhältnisse der Supermacht ändern.

3. Rüstungsdynamik und Rüstungskontrolle in der Gegenwart – Ausblick und offene Fragen

Wie wichtig kann Rüstungskontrolle überhaupt unter den gegebenen Verhältnissen sein? Hat sich nicht das Kriegsgeschehen von der zwischenstaatlichen Ebene in die Staaten und Gesellschaften verlagert? Die Debatte um die „neuen Kriege" suggeriert dies. Und treten dort nicht zunehmend Akteure auf, denen es nicht um die Änderung von politischen Machtverhältnissen, sondern einzig um den wirtschaftlichen Gewinn aus den Kriegen geht? Sind nicht die „neuen Kriege" genau dadurch bestimmt, dass die durch den Krieg gewinnbaren Ressourcen – vom Privateigentum der Zivilbevölkerung bis zu Diamanten und Erdöl – die „Kriegsunternehmer", d.h. die Warlords und ihre Banden motiviert?[413] Und kann Rüstungskontrolle gegenüber diesen Akteuren überhaupt irgendetwas bewirken?

- Um diese Frage zu beantworten, gilt es erstens daran zu erinnern, dass es die Nationalstaaten immer noch gibt und dass Konflikte zwischen ihnen existieren und sehr gefährlich sein können (wie zwischen Indien und Pakistan), dass globale Machtrivalitäten nicht auszuschließen sind (wie zwischen China und den USA) und Rüstungskontrolle in diesen Konfliktlagen ihre stabilisierende Wirkung leisten könnte, wenn man sich ihrer bediente.
- Zweitens hat man Rüstungskontrolle auch für innergesellschaftliche Auseinandersetzungen angewandt. Das bekannteste Beispiel ist Bosnien-Herzegowina, wo das Dayton-Abkommen das Kräfteverhältnis zwischen den ehemaligen Kriegsparteien festschrieb und vertrauensbildende Maßnahmen einleitete. Bei der Beendigung von Bürgerkriegen zählt der Umgang mit den Waffen beider Seiten zu den delikatesten Problemen; Fehler können hier leicht zum Wiederaufflammen der Feindseligkeiten führen. Die Vereinten Nationen haben reiche Erfahrungen in der Entwaffnung von Rebellen und der Reform des Sicherheitssektors gemacht; beide Maßnahmen sind Weiterentwicklungen von Rüstungs-

---

413 Vgl. Le Billon 2005.

kontrolle, auf die besonderen Verhältnisse in Nachkriegsgesellschaften zugeschnitten.
- Drittens dienen Vereinbarungen wie die Anti-Personenminen-Konvention und das Aktionsprogramm gegen den illegalen Handel mit Kleinwaffen dazu, den Zustrom von moderner Bewaffnung in Kriegszonen zu beschränken und damit auch die den „Kriegsunternehmern" zur Verfügung stehenden Mordwerkzeuge zu begrenzen.
- Viertens haben die verschiedenen Nichtverbreitungsregime und ihre Exportkontrollregelungen den Nebeneffekt, die Mitgliedsstaaten zum sorgsamen Umgang mit waffengeeignetem Material und entsprechender Technik zu verpflichten. Damit wird der Zugriff auf diese Materialien und Technologien, die die Herstellung von Massenvernichtungswaffen ermöglichen könnten, für nichtstaatliche Akteure – auch für Terroristen – erschwert.

Seit etwas mehr als einer Generation hat die Staatenwelt mit Rüstungskontrolle als einem innovativen und modernen Mittel experimentiert, um Sicherheit in einer zunehmend interdependenten Welt zu gewährleisten und die gefährlichen Trends der Rüstungsdynamik unter Kontrolle zu bringen. Die Gesamtbilanz fällt gemischt, aber überwiegend positiv aus. Der gegenwärtige Rückschlag wird daher aller Wahrscheinlichkeit nicht das letzte Wort sein. Denn die Probleme, für deren Lösung Rüstungskontrolle einst erfunden wurde, sind nicht beseitigt und neue Probleme, für die sie eingesetzt werden könnte, sind seither entstanden. Allerdings muss man von vorgefertigten Lösungen abrücken, die zugrunde liegende Situation genau analysieren und auf den Einzelfall angepasste Vorschläge unterbreiten. Denn nichts diskreditiert Rüstungskontrollversuche schneller als zu hohe Erwartungen zu schnell erfüllen zu wollen.

Lösungsvorschläge zu den Kontrollfragen

Antworten zu Kapitel II: Rüstungsdynamik und Rüstungskontrolle in der Geschichte

Mögliche Antwort zu Frage 1:
- In der Regel werden „Fakten" dargestellt, ohne dass eine theoretische Verortung oder Bewertung der Materie stattfindet.
- Es wird nicht versucht, Regelmäßigkeiten über den Einzelfall hinaus zu identifizieren.
- Es werden chronologische Abläufe dargestellt, ohne die Daten unter einer expliziten Fragestellung zu untersuchen und zu ordnen.
- Oftmals werden politologische Arbeiten als „zeitgeschichtlich" empfunden.

Mögliche Antwort zu Frage 2:
Eine wissenschaftliche Analyse ist ohne theoretischen Hintergrund grundsätzlich nicht möglich. Auch die Freundin benutzt schon unbewusst eine Theorie, um sich das empirische Themenfeld „Rüstung" zu erschließen, nämlich den *Realismus*.

Allerdings stellt diese Theorie (Menschen streben immer nach Macht) nicht die einzige Erklärungsmöglichkeit dar. Theorien sind wie „Brillen", die je nach Tönung oder Stärke einen anderen Blick auf die „Realität" ermöglichen. Außerdem lenken unterschiedliche Theorien den Blick auf ganz unterschiedliche Zusammenhänge, die man unter Rückgriff auf nur *eine* Theorie nicht bemerkt hätte. Nur wenn man sich bewusst von (vortheoretischen) Vorurteilen befreit und alternative Erklärungsmöglichkeiten prüft, kann man zu einem fundierten Urteil in einem Themenfeld gelangen

Mögliche Antwort zu Frage 3:
Vorher: Langsamere Entwicklung; Innovationen in größerem zeitlichen Abstand; Einfluss des „Standes" auf die gewählte Waffentechnologie.
Nachher: Innovationen in größerer Zahl und schneller aufeinander folgend; Angleichung der Bewaffnung. Durch Verbrennungsmotoren (Schiffe, Autos, Flugzeuge) neue Dimension der Kriegsführung. Möglichkeit, über größere Distanzen „Macht" zu projizieren.

Mögliche Antwort zu Frage 4:
Einsicht in die Notwendigkeit der Verhütung eines Atomkrieges: Verheerende Zerstörungskraft von NW hat zur Einsicht geführt, dass Kriege bei Eskalation enormes Risiko bergen und ihre Vermeidung im Interesse aller liegt.

Antworten zu Kapitel III: Theorie der Rüstungsdynamik

Mögliche Antwort zu Frage 1:
- Weil mit ihm ganz unterschiedliche Interaktionstypen beschrieben werden: Wahrung des Status quo, Wettbewerb, Wettlauf.
- Weil Wettlauf den Willen zum *Sieg* unterstellt, während in den meisten Fällen das Ziel der Akteure *Sicherheit* ist.
- Weil Wettlauf ein hohes Tempo suggeriert, während die Rüstungsschritte in den meisten Machtrivalitäten relativ langsam vor sich gehen.
- Weil im Zeitalter schneller technologischer Innovation das Verhalten der Staaten mehr antizipatorisch auf die Einschätzung zukünftiger Aktionen des Rivalen als auf dessen gegenwärtige Position gerichtet ist.

Mögliche Antwort zu Frage 2:
Für die formale Modellierung sprechen folgende Gründe:
- Die Analyse komplexer realweltlicher Sachverhalte wird auf wenige Faktoren (Variablen) reduziert und ermöglicht es so, diese vereinfacht zu überschauen und in ihrer Gesamtheit zu begreifen.
- Formale Modelle zwingen zur Präzision und helfen, Missverständnisse zu vermeiden.
- Die Effekte und Einflüsse einzelner Variablen lassen sich in ihrer Auswirkung auf das Ganze isolieren und genau betrachten (so genannte komparativ-statische Analyse).
- Die Darstellung in mathematischer oder grafischer Form ist meist präziser als rein verbale Darstellungen.
- Kann ein relativ einfaches Modell relativ komplexe Sachverhalte gut erklären, muss man nicht nach weiteren (relativ gesehen unbedeutenden) Faktoren suchen.

Gegen eine formale Analyse kann hingegen ins Feld geführt werden:
- Bestimmte Variablen werden einfach ausgeblendet, obwohl sie u.U. hohe Erklärungskraft haben.
- Das Modell suggeriert eine Einfachheit, die der Realität nicht gerecht wird.
- Es entsteht die Täuschung mechanischer Abläufe, wo es um menschliche Entscheidungen und Handlungen geht.
- *Qualitative* Variablen bleiben oft unberücksichtigt.
- U.U. wird Präzision vorgetäuscht, wo sie unmöglich ist.
- Das Modell stellt eine idealtypische Situation dar, die in der Realität nicht gegeben ist (Einfluss von „Sonderfaktoren"), und erschwert das Verständnis der Realität eher, als es erleichtert.
- Scheinpräzise Modelle verführen zur Anpassung der Empirie, damit sich die Modelle bewähren.

Mögliche Antwort zu Frage 3:
Nach den Theorien der Außenleitung muss sich ein Staat von den Waffen bzw. der Aufrüstung eines Gegenübers bedroht fühlen, da diese Waffen gegen ihn eingesetzt werden können. Auch ist nicht sicher, ob der demokratische Staat auch mittel- bzw. langfristig demokratisch (und damit „ungefährlich") bleibt. Eigene Aufrüstung (oder zumindest das ständige Streben nach der Vermeidung von Unterlegenheit) erscheint daher auch zwischen Demokratien eine Strategie zu sein, die Sicherheit garantiert.

Mögliche Antwort zu Frage 4:
Die Kritiker greifen auf das Theorem des MIK zurück. Dabei können verschiedene Argumente vorgebracht werden: Der enge Austausch zwischen Industrie, Politik und Wissenschaft führt zu einer Angleichung der Denkstrukturen. Kritische Positionen können schlechter formuliert werden. Auch ist es unwahrscheinlicher, dass jemand seinen potenziellen späteren Arbeitgeber kritisiert. Die Vertreter der Regierung und Wissenschaft sollten ihre Analysen auf „objektive" Faktoren gründen. Oft werden jedoch wohlwollende Informationen aus der Industrie (die man sich bei „alten Bekannten" verschafft hat) in die Analysen mit eingebunden, z.B. über die Qualität von Konkurrenzprodukten etc.. Die engen Beziehungen verleiten dazu, dem ehemaligen (und vielleicht auch zukünftigen) Arbeitgeber Aufträge zuzuschanzen. So bot zum Beispiel die enge Verbindung des amerikanischen Vizepräsidenten Richard Cheney zu seinem ehemaligen Unternehmen Halliburton Anlass für eine Vielzahl von Spekulationen, inwieweit die Auftragsvergabe des Pentagon Halliburton bevorzugt habe (speziell vor dem Hintergrund, dass Cheney Anfang der 1990er Jahre selbst Verteidigungsminister war).

Antworten zu Kapitel IV: Rüstungsdynamik während des Ost-West-Konflikts im Zentrum

Mögliche Antwort zu Frage 1:
Die Staaten folgten einem technologischen Imperativ, der sie „zwang", immer die modernsten Waffen anzuschaffen und zu stationieren – vor allem dann, wenn der Gegner in einem technologischen Feld einen Vorsprung erzielen konnte. Die Unsicherheit über die Intentionen des Gegners zwang die Kontrahenten, immer für den „schlimmsten Fall" gerüstet zu sein. Auch in Entspannungsphasen war nicht sicher, wie sich der Gegner langfristig verhalten würde, weshalb auch in solchen Zeiten gerüstet werden musste.

Mögliche Antwort zu Frage 2:
- *Kräftegleichgewicht*: Verhältnis der militärischen Faktoren (Quantität und Technik). Kann aus den vorliegenden Tabellen abgeleitet werden.
- *Machtgleichgewicht*: Verhältnis aller Faktoren (nichtphysische militärische, politische, soziale, kulturelle, wirtschaftliche). Kann aus den Tabellen *nicht* abgeleitet werden.

Empirisches Beispiel:
Das Kräfteverhältnis zwischen Alliierten und Irak im zweiten Golfkrieg 1991 betrug ungefähr:

Soldaten:	2,2 : 1 für Irak
Panzer:	3 : 1 für Irak
Artillerie:	4 : 1 für Irak
Flugzeuge:	3 : 2 für Allianz

Mögliche abgeleitete These: Kräfteverhältnis zugunsten Iraks. Das Kriegsergebnis zeigt aber, dass der Vorteil bei der Allianz lag. Offensichtlich berücksichtigt das Kräfteverhältnis zentrale Faktoren *nicht*. Diese können z.B. sein:
- Technik
- Doktrin (Kampf der verbundenen Waffen)
- Aufklärung
- Führung
- Logistik
- Moral

Antworten zu Kapitel V: Rüstungsdynamik während des Ost-West-Konflikts in der Peripherie

Mögliche Antwort zu Frage 1:
Will man Ausgaben zu verschiedenen Zeitpunkten vergleichen, so muss man zwischen *nominalen* und *realen* Ausgaben unterscheiden. Während der *nominale* Wert nur die Höhe der tatsächlichen Ausgaben in einem Jahr ausdrückt (z.B. Ausgaben für Rüstungsausgaben im Jahr X waren eine Milliarde USD), berücksichtigt der *reale* Wert auch das Preisniveau und gibt damit an, wie viele *Güter* mit dem Geld gekauft werden konnten.

Legt man hingegen ein einheitliches Preisniveau zugrunde (konkret: man wählt ein beliebiges Jahr als Basisjahr und rechnet die zu vergleichenden Jahre auf dieses Basisjahr um), so können die nominalen Größen preisbereinigt werden. Auf welches Jahr man sich als Basis einigt, ist nachrangig. Wichtig ist nur, dass alle Jahre auf das Preisniveau des gleichen Basisjahres bezogen sind.

Mögliche Antwort zu Frage 2:
Dafür spricht:
- Brisante Rüstungswettläufe finden entlang von Kulturgrenzen statt (Israel/arabische Staaten; Pakistan/Indien; Indien/China).
- Die Verbreitung von Kleinwaffen wird durch innerstaatliche Konflikte angetrieben, die häufig entlang Kulturgrenzen verlaufen (Sudan; Philippinen; Kaschmir; Tschetschenien).

Dagegen spricht:
- Weltweit gibt es Allianzen über die Kulturgrenzen hinweg. So sind die Vereinigten Staaten Schutzmacht für Staaten aus dem „islamischen Raum" (z.B. Türkei, Jordanien, Ägypten, Saudi-Arabien), aus dem „konfuzianischen Raum" (Südkorea, Taiwan, Japan, Singapur) und aus dem „orthodoxen Raum" (Griechenland, Bulgarien, Georgien, Rumänien).
- Die überwiegende Mehrzahl innerstaatlicher Konflikte wird durch ethnische Konstruktionen, nicht durch religiöse Gegensätze ausgelöst.
- Hinter den genannten „Kulturgrenzen-Rüstungswettläufen" stehen herkömmliche territoriale Dispute (Naher Osten, Südasien) oder traditionelle Machtrivalitäten (Indien/China).

Antworten zu Kapitel VI: Rüstungsdynamik nach dem OWK im Zentrum und in der Peripherie

Mögliche Antwort zu Frage 1:
- Demokratien (zumindest Demokratien westlichen Typs) verfügen meist über höhere pro-Kopf Einkommen als Nichtdemokratien. Angesichts überproportional steigender Herstellungskosten moderner Waffensysteme fällt ihnen die Finanzierung daher leichter.
- Um moderne Waffensysteme zu produzieren, muss die Rüstungsindustrie über hohe und umfangreiche Kompetenzen in verschiedenen Technologiebereichen verfügen (Waffensysteme, Informationsverarbeitung, Kommunikation etc.). Nur westliche Demokratien verfügen in der Regel über eine industrielle Basis, die ganz unterschiedliche Technologien auf höchstem Niveau beherrscht.
- Moderne Waffensysteme sind in besonderem Maß geeignet, sowohl Opfer bei den eigenen Soldaten, als auch bei der gegnerischen Zivilbevölkerung zu vermeiden. Beide Ansprüche werden in besonderer Weise von westlichen Demokratien vertreten, sodass sich ein spezielles Interesse an Waffen ergibt, die diesem Wunsch entsprechen.

Mögliche Antwort zu Frage 2:
- Unsicheres internationales Umfeld („less predictable security environment") → Neorealistsiches Unsicherheitsargument.
- Annahme: Anstrengung von Schurkenstaaten, in den Besitz von WMD und Raketentechnologie zu gelangen, gerade weil die USA dort nicht geschützt sind → Autismus (jede potenzielle Verteidigungslücke muss geschlossen werden) und Aktion/Reaktion (die USA reagieren nur auf eine Bedrohung durch die mit Massenvernichtungswaffen bestückten Raketen der potenziellen Gegner).

Antworten zu Kapitel VII: Theorie der Rüstungskontrolle

Mögliche Antwort zu Frage 1:
- Akute Feindschaft: keine Phase
- Chronische Feindschaft: 1947 bis Kuba-Krise
- Gemischte Beziehungen: Kuba-Krise bis 1986
- Überwiegend kooperative Beziehungen: 1987 bis 1991
- Sicherheitsgemeinschaft: keine Phase

Mögliche Antwort zu Frage 2:
- In interdependenten Sicherheitsbeziehungen/gemischten Konflikten ruft der Bruch von Verpflichtungen Reaktionen hervor, die die eigene Sicherheit beeinträchtigen.
- Die Reaktionen sind sogar schärfer als im normfreien Raum, weil Normbrüche Misstrauen überproportional steigern.
- Internationale Ordnung in der Interdependenz funktioniert nur nach der „Logik der Angemessenheit", weil die Welt sonst völlig unberechenbar wird und hohe „Versicherungskosten" fällig werden.
- Selbst in Verhältnissen hoher Machtasymmetrie riskiert die regelbrechende Supermacht „asymmetrische" Antworten geschädigter Staaten und damit einen Verlust ihrer Netto-Sicherheit.

Mögliche Antwort zu Frage 3:
Ziele:
- Aufklärung und Vermeidung von Missverständnissen
- Schaffung von Voraussagbarkeit und Stabilität
- Wechselseitige Versicherung nichtaggressiver Absichten
- Erhöhte Transparenz
- Gemeinsame Verhaltensstandards für dem Umgang mit Streitkräften

Voraussetzungen:
- Keine aggressiven Absichten
- Verzicht auf offensive Siegoptionen
- Verzicht auf Überraschung
- Bereitschaft zur Lüftung militärischer Geheimnisse

Mögliche Antwort zu Frage 4:
- Kommunikation (Rotes Telefon etc.)
- Informationsaustausch (über Streitkräftezahlen und -strukturen, Beschaffung und Planung)
- Notifikation (von Manövern)
- Beobachtung und Besuche vor Ort
- Operative Beschränkung (Manöverstärke, grenznahe Stationierung)
- Personaltausch (z.B. Militärakademien)

- Weitere Transparenzmaßnahmen (z.B. *Open Skies*)

Antworten zu Kapitel VIII: Grundlegende Probleme der Rüstungskontrolle

Mögliche Antwort zu Frage 1:
Vertrauensbildung; Demonstration der Vertragstreue; Maßstab für die Beurteilung von Vertragstreue; frühzeitige Erkennung von Vertragsbrüchen

Mögliche Antwort zu Frage 2:
In der Rüstungskontrolle verzichten Staaten auf einen Teil der Selbsthilfe. Sie verlagern damit einen Teil ihrer nationalen Sicherheit auf die Kooperation mit anderen. Nur wenn sie sichergehen können, dass ihnen dadurch keine existenzgefährdenden Nachteile entstehen, werden sie bereit sein, dies auf Dauer zu tun. Dafür muss aber sichergestellt sein, dass verlässliche Verfahren zur Verfügung stehen, mit denen auf den Verdacht eines Vertragsbruchs oder auf einen tatsächlichen Vertragsbruch rechtzeitig reagiert werden kann, um das dadurch entstehende Sicherheitsproblem zu korrigieren.

Antworten zu Kapitel IX: Nuklare Rüstungskontrolle und Abrüstung

Mögliche Antwort zu Frage 1:
Die Stabilität im Verhältnis der Supermächte beruhte auf ihrer gegenseitigen Verwundbarkeit. Die Abschreckungssituation der „gesicherten Zerstörung" signalisierte einem möglichen Angreifer, dass aus einem nuklearen Erstschlag kein Nutzen gezogen werden könnte, weil der Gegner über genügend Zweitschlagsfähigkeit verfügte, um dem Angreifer unannehmbaren Schaden selbst dann zuzufügen, wenn er zuvor Opfer eines nuklearen Erstschlags geworden wäre. Mit dem Aufbau von Raketenabwehrsystemen hätte sich ein beträchtlicher Unsicherheitsfaktor in die Abschreckungsgleichung eingeschlichen. Eine Seite hätte die (vermutlich illusionäre) Auffassung entwickeln können, durch einen Erstschlag das gegnerische Abwehrsystem überwinden und einen so großen Teil des dortigen Nukleararsenals zerstören zu können, dass ein Zweitschlag dann vom eigenen Abwehrsystem abgefangen werden könnte. Aus Furcht vor einem solchen Szenario hätten beide Seiten eine starke Motivation gehabt, immer weitere Offensivwaffen zu entwickeln und zu stationieren. Ein beschleunigter Rüstungswettlauf wäre die Folge gewesen.

Mögliche Antwort Frage 2:
- *SALT I*: Kontrollierte Aufrüstung statt Reduktionen. Keine Verifikation. Keine qualitativen Beschränkungen.
- *SALT II*: Marginale Reduktionen. Ansätze kooperativer Verifikation (temporäre Öffnung der Silodeckel, um Satelliten Einblick zu ermöglichen); erste Ansätze

qualitativer Beschränkung (Begrenzung der erlaubten „neuen Raketen" auf eine).
- *INF*: Beseitigung einer ganzen Waffenkategorie. Intensive Verifikation, einschließlich Vor-Ort-Verifikation.
- *START I*: Erstmals Gesamtzahl der nuklearen Sprengköpfe Kriterium für die Rüstungsminderung. Deutlicher Abrüstungsschritt; Verbesserung des Verhältnisses Sprenköpfe/Trägersysteme, damit Schritt zur Stabilität; Intensive Verifikation, einschließlich Vor-Ort-Verifikation.
- *START II*: Weiterer deutlicher Abrüstungsschritt. Stabilisierung durch das Verbot landgestützter Raketen mit Mehrfachsprengköpfen. Intensive Verifikation.

Mögliche Antwort Frage 3:
- Kein Zeitplan für die vereinbarten Abrüstungsschritte
- Keine Verpflichtung zur Zerstörung der Raketen und Sprengköpfe
- Aufhebung des Verbots von Mehrfachsprengkopfraketen
- Keine Verifikationsbestimmungen
- Ende der Gültigkeit des Vertrages zu genau dem Zeitpunkt, in dem die Abrüstungsschritte abgeschlossen sein sollen

Antworten zu Kapitel X: Nichtverbreitung von Massenvernichtungswaffen

Mögliche Antwort zu Frage 1:
Exportkontrollen haben bezüglich Proliferation meist nur eine verzögernde, aber keine verhindernde Wirkung. Dies gilt umso mehr, als sich eine Risikoprämie für Regelbrecher (auf der Exportseite) ergibt und der Anreiz auf Umgehung des Exportverbots erhöht wird. Es ist gerade im Bereich der so genannten *Dual-Use*-Güter nicht immer eindeutig zu regeln, was wann an wen exportiert werden darf. Ungleichbehandlung verschiedener Länder (in eines darf exportiert werden, in das andere nicht) schüren Differenzen.

Mögliche Antwort zu Frage 2:
- Deutschland: Druck der Alliierten
- Argentinien und Südafrika: als Beweis einer „anständigen und aufrichtigen Gesinnung" nach einem Regierungswechsel
- Irland: Moralische Erwägungen
- Kanada: sicherheitspolitisches Kalkül (Schutz durch die USA gewährleistet)

Antworten zu Kapitel XI: Konventionelle Rüstungskontrolle

Mögliche Antwort zu Frage 1:
Die Argumente der NGOs müssen an die Normen und Werten der Gesellschaft, die sie für eine bestimmte Handlung gewinnen wollen, anschlussfähig sein. So ist es z.b. sinnvoll, im Bezug auf Landminen deren „grausame" und „inhumane" Wirkung hervorzuheben. Je stärker eine solche Anschlussfähigkeit hergestellt werden kann, desto größer der Einfluss der NGOs. Eine Kampagne fällt umso leichter, je eher Staaten die zu kontrollierenden Waffen nicht mehr als zentral für die eigene Sicherheit einschätzen. Die Arbeit von NGOs fällt umso leichter, je weniger sich andere nichtstaatliche Interessengruppen gegen ein Rüstungskontrollabkommen einsetzen (z.B. Waffenverbände, Industrie etc.)

Mögliche Antwort zu Frage 2:
Pro-Argumente:
- Es handelt sich um indiskriminierend wirkende Waffen, die sowohl Opfer unter gegnerischen Soldaten, als auch Zivilisten hervorruft.
- Durch Blindgänger ergeben sich ähnliche Probleme wie bei Landminen.
- Der militärische Nutzen ist auf bestimmte Szenarien begrenzt.

Contra-Argumente:
- Laut Militärs gibt es keine Substitute für diese Waffen bzw. deren Wirkung.
- Häufig genanntes Argument: Technologische Innovationen können Blindgängerproblem reduzieren.
- Mögliches Problem: Für öffentlichkeits-wirksame Kampagne ist die Waffe (bislang) zu unbekannt.

Anhänge

Literatur

Adams, Karen Ruth (2004): Attack or Conquer. International Anarchy and the Offense-Defense Balance, in: *International Security* 28: 3, S. 45-83.

Allison, Graham/Zelikow, Philip (1999): Essence of Decision. Explaining the Cuban Missile Crisis. New York: Longman.

Angell, Norman (1973 [1912/13]): Arms and Industry. A Study of the Foundations of International Polity. New York, London: Garland.

Anonymous (2005): Rumsfeld Seeks to Revive Burrowing Nuclear Bomb. *Washington Post*, 1.2.2005, S. A02.

Anthony, Ian (2001): Multilateral weapon and technology export controls, in SIPRI (Hrsg.): *SIPRI Yearbook 2001*, Oxford (u.a.): Oxford University Press, S. 615-646.

Anthony, Ian/Bauer, Sibylle (2004): Transfer controls and destruction programs, in SIPRI (Hrsg.): *SIPRI Yearbook 2004*, Oxford (u.a.): Oxford University Press, S. 737-762.

Apel, Karl-Otto/Kettner, Mathias (Hrsg.) (1996): Die eine Vernunft und die vielen Rationalitäten. Frankfurt: Suhrkamp.

Arnett, Eric (Hrsg.) (1994): Implementing the Comprehensive Test Ban. New Aspects of Definition, Organization and Verification. Oxford (u.a.): Oxford University Press.

Auger, Vincent A. (1996): The Dynamics of Foreign Policy Analysis. The Carter Administration and the Neutron Bomb. Lanham (u.a.): Rowman & Littlefield.

Auswärtiges Amt (Hrsg.) (1993): 20 Jahre KSZE 1973-1993, Dokumentation. Bonn: Auswärtiges Amt.

Bailey, Kathleen C. (2002): Why the US Rejected the Protocol to the Biological and Toxin Weapons Convention. Fairfax: National Institute for Public Policy.

Baldwin, David A. (Hrsg.) (1993): Neorealism and Neoliberalism: The Contemporary Debate. New York: Columbia Univesity Press.

Ball, Nicole (1988): Security and Economy in the Third World, Part I. London: Adamantine Press.

Becker, Una/Müller, Harald (2005): Demokratie und nukleare Rüstungskontrolle, in Neuneck, G./Mölling, C. (Hrsg.): *Die Zukunft der Rüstungskontrolle*, Baden-Baden: Nomos, S. 17-28.

Becker, Una, et al. (2005): Impulse für das Biowaffenregime. Ein provisorischer Compliance-Mechanismus als Schritt aus der Sackgasse. HSFK-Report 7/2005. Frankfurt: HSFK.

Betts, Richard K. (Hrsg.) (1981): Cruise Missiles. Technology, Strategy, Politics. Washington, DC: Brookings Institution Press.

BICC, Bonn International Center for Conversion (2005): Conversion Survey 2005. Global Disarmament, Demilitarization and Demobilization. Baden-Baden: Nomos.

Birnstiel, Fritz (1978): Die Verteidigung Mitteleuropas nach dem NATO-Konzept der Flexible Response. Starnberg: Max-Planck-Institut.

Blair, Bruce G. (1987): Alerting in Crisis and Conventional War, in Carter, A./Steinbrunner, J./Zraket, C. A. (Hrsg.): *Managing Nuclear Operations*, Washington, DC: Brookings Institution Press, S. 75-120.

Blechman, Barry M. (1988): Efforts to Reduce the Risk of Accidental or Inadvertent War, in George, A. L./Farley, P. J./Dallin, A. (Hrsg.): *U.S.-Soviet Security Cooperation. Archievements, Failures, Lessons*, New York, Oxford: Oxford University Press, S. 466-481.

Borawski, John (1988): From the Atlantic to the Urals: Negotiating Arms Control at the Stockholm Conference. Washington, DC: Pergamon-Brassey's.

Bothe, Michael, et al. (1998): The New Chemical Weapons Convention-Implementation and Prospects. The Hague (u.a.): Kluwer Law International.

Bourantonis, Dimitris (1993): The United Nations and the Quest for Nuclear Disarmament. Aldershot (u.a.): Aldershot.

Brams, Steven J. (2001): Game theory and the Cuban missile crisis. plus magazine. Ausgabe 13, Januar 2001. http://plus.maths.org/issue13/features/brams/index-gifd.html; Letzter Zugriff: 20.6.2005.

Brams, Steven J./Kilgour, D. Marc (1988): Game Theory and National Security. New York, Oxford: Basil Blackwell.

Brennan, Donald G. (1961): Arms Control, Disarmament and National Security. New York: George Braziller.

Brodie, Bernard/Brodie, Fawn (1973): From Crossbow to H-Bomb. Bloomington: Indiana University Press.

Brzoska, Michael/Moltmann, Bernhard (2001): Deutsche Rüstungsexportpolitik: Mehr Waffen und mehr Transparenz, in Mutz, R./Schoch, B./Ratsch, U. (Hrsg.): *Friedensgutachten 2001*, Münster (u.a.): LIT, S. 307-310.

Brzoska, Michael/Ohlson, Thomas (1987): Arms Transfers to the Third World, 1971-1985. Oxford, New York: Oxford University Press.

Budde, Hans-Otto (2004): Survivability and protection are key features, in: *Defence Technology Review* 4/2004, S. 3.

Bueno de Mesquita, Bruce, et al. (1999): An Institutional Explanation of the Democratic Peace, in: *American Political Science Review* 93: 4, S. 791-807.

Bull, Headley (1965): The Control of the Arms Race: Disarmament and Arms Control in the Missile Age. New York: Praeger.

Bundy, McGeorge (1988): Danger and Survival: Choices About the Bomb in the First Fifty Years. New York: Vintage Books.

Bush, George W. (2002): The National Security Strategy of the United States. Washington, DC: The White House.

Buzan, Barry (1987): An Introduction to Strategic Studies: Military Technology and International Relations. London: Macmillan.

Buzan, Barry/Herring, Eric (1998): The Arms Dynamics in World Politics. Boulder, London: Lynne Rienner.

Buzan, Barry/Wæver, Ole (2003): Regions and Powers. The Structure of International Security. Cambridge: Cambridge University Press.

Cameron, Maxwell A. , et al. (1998): To Walk Without Fear, The Global Movement to Ban Landmines. Toronto, Oxford: Oxford University Press.

Campbell, David (1992): Writing Security. United States Foreign Policy and the Politics of Identity. Minneapolis: University of Minnesota Press.

Carter, Ashton B. (2001): Keeping the Edge. Managing Defense for the Future, in Carter, A. B./White, J. P. (Hrsg.): *Keeping the Edge. Managing Defense for the Future*, Cambridge (MA), London: MIT Press, S. 1-25.

Carter, Ashton B., et al. (2001): Keeping the Technological Edge, in Carter, A. B./White, J. P. (Hrsg.): *Keeping the Edge. Managing Defense for the Future*, Cambridge (MA), London: MIT Press, S. 129-163.

Centre For Humanitarian Dialogue (2003): Putting People First. Geneva: Centre For Humanitarian Dialogue.

Chan, Steve (1997): In Search of Democratic Peace: Problems and Promise, in: *Mershon International Studies Review* 41: 2, S. 59-91.

Chayes, Abram /Handler Chayes, Antonia (1995): The New Sovereignty. Compliance with International Regulatory Agreements. Cambridge (MA): Harvard University Press.

Cirincione, Joseph , et al. (2005): Deadly Arsenals, Nuclear, Biological, and Chemical Threats. Washington, DC: Carnegie Endowment.

Clarke, Duncan L., et al. (1997): Send Guns and Money. Security Assistence and U.S. Foreign Policy. Westport: Praeger.

Control Arms (2005): The impact of guns on women's lives. Oxford: The Alden Press.

Cook, Nick (2002): Predator closes sensor-to-shooter gap for USAF, in: *Jane's Defence Weekly* 13.2.2002, S. 29.

Czempiel, Ernst-Otto (1981): Internationale Politik: Ein Konfliktmodell. Paderborn (u.a.): UTB.

Czempiel, Ernst-Otto (1989): Machtprobe - die USA und die Sowjetunion in den achtziger Jahren. München: C.H. Beck.

Czirwitzky, Thomas (2004): Technologies Required for Tomorrow's Army, in: *Defense Technology Review* 4/2004, S. 8-12.

Dahlbäck, Olof (1995): The Scope of the Rational Choice Perspective on Sociological Reserach, in: *Journal for the Theory of Social Behavior* 25: 3, S. 237-261.

Davis, Zachary S. (1993): The Realist Nuclear Regime, in: *Security Studies* 2: 3/4, S. 79-99.

de Franchis, Amedo (1992): Der KSE-Vertrag und die Rolle des hochrangigen Arbeitsstabs, in: *NATO Brief* 40: 5, S. 12-16.

de Vines, Alex (2005): Combating light weapons proliferation in West Africa, in: *International Affairs* 81: 2, S. 341-360.

Dean, Jonathan (1988): The INF Treaty Negotiations, in SIPRI (Hrsg.): *SIPRI Yearbook 1988*, Oxford (u.a.): Oxford University Press, S. 375-485.

Dean, Jonathan (1989): Meeting Gorbachevs Challenge. How to built-down the Warsaw Pact Confrontation. New York: Union of Concerned Scientists.

Dean, Jonathan (2005): The current legal regime governing the use of outer space, in UNIDIR (Hrsg.): *Safeguarding Space for All: Security and Peaceful Uses - Conference Report*, New York: United Nations, S. 35-48.

Department of Defense, Office of the Chairman of the Joint Chiefs of Staff (1997): Joint Vision 2010. Washington DC: Department of Defense.

Detan, Merav (2005): Security Council Resolution 1540: WMD and Non-state Trafficking, in: *Disarmament Diplomacy* 79: April/Mai, S. 47-55.

Deutsch, Karl W., et al. (1957): Political Community and the North Atlantic Area. International Organization in the Light of Historical Experience. Princeton: Princeton University Press.

Deutsche Bank, Volkswirtschaftliche Abteilung (1991): Wohin geht die Friedensdividende. Frankfurt: Deutsche Bank, Volkswitschaftliche Abteilung.

Dhanapala, J. /Rydell, R. (2005): Multilateral Diplomacy and the NPT: An Insider's Account. Geneva: UNIDIR.

Dunay, Pal (1991): The CFE Treaty, History, Achievments and Shortcomings, PRIF Report 24/1991. Frankfurt: HSFK.

Dunlap, Charles J. (1996): How We Lost the High-Tech War of 2007, in: *The Weekly Standard* 1: 19, S. 22-28.

Dupuy, Trevor N. (1984): The Evolution of Weapons and Warfare. Fairfax: Hero Books.

Easton, David (1963): A System Analysis of Political Life. New York: Wiley.

Ellis, John (1986): The Social History of the Machine Gun. Baltimore: Johns Hopkins University Press.

Elsenhans, Hartmut (1996): State, Class and Development. New Delhi: Radiant.

Evangelista, Matthew (1988): Innovation and the Arms Race. How the United States and the Soviet Union Develop New Military Technologies. Ithaca, London: Cornell University Press.

Eyre, Dana P./Suchman, Mark C. (1996): Status, Norms, and the Proliferation of Conventional Weapons: An Institutional Theory Approach, in Katzenstein, P. (Hrsg.): *The Culture of National Security. Norms and Indentity in World Politics*, New York: Columbia University Press, S. 79-113.

Falkenrath, Richard A. (1995): Shaping Europe's Military Order, The origins and the consequences of the CFE Treaty, CSIA Studies No. 6. Cambridge: CSIA.

Feess, Eberhard (2000): Mikroökonomie. Eine spieltheoretisch- und anwendungsorientierte Einführung. Marburg: Metropolis-Verlag.

Feiveson, Harold A. /Shire, Jacqueline W. (2004): Dilemmas of Compliance with Arms Control and Disarmament Agreements, in Luck, E. C./Doyle, M. W. (Hrsg.): *International Law and Organization. Closing the Compliance Gap*, Lanham u.a: Rowman & Littlefield, S. 205-246.

Fieldhouse, Richard (1992): Nuclear weapon developments and unilateral reduction initiatives, in SIPRI (Hrsg.): *SIRPI Yearbook 1992*, Oxford (u.a.): Oxford University Press, S. 65-92.

Finnemore, Martha (1996): National interest in international society. Ithaca: Cornell University Press.

Fischer, David (1997): History of the International Atomic Energy Agency : the first forty years. Wien: IAEO.

Fitschen, Patrick (2002): Revolution in Military Affairs. Neue Formen der Kriegsführung und strategische Doppelasymmetrie. Kiel: Institut für Sicherheitspolitik an der Christian-Albrechts-Universität zu Kiel.

Flamm, Kenneth (1998): U.S. Defense Industry Consolidation in the 1990s, in Susman, G. I./O'Keefe, S. (Hrsg.): *The Defense Industry in the Post-Cold War Era. Corporate Strategies and Public Policy Perspectives*, Amsterdam (u.a.): Pergamon, S. 45-69.

Flanagan, Stephen J. (1988): NATO's conventional defense: options for the central region. Basingstoke: Macmillan.

Florquin, Nicolas /Berman, Eric G. (2005): Armed and Aimless. Armed Groups, Guns, and Human Security in the ECOWAS Region. Geneva: Atar.

Foreign Affairs Canada, FAC (2004): WMD Verification and Compliance. The State of Play. Stockholm: Weapon of Mass Destruction Commission, WMDC.

Franck, Thomas M. (1990): The Power of Legitimacy among Nations. New York, Oxford: Oxford University Press.

Freedman, Lawrence (1991): Henry Kissinger, in Baylis, J./Garnett, J. (Hrsg.): *Makers of Nuclear Strategy*, London: Pinter Publishers, S. 98-119.

Freedman, Lawrence (1998): The Revolution in Strategic Affairs. Adelphi Paper 318. Oxford, New York: International Institute for Strategic Studies (IISS).

Freedman, Lawrence (2003): The evolution of nuclear strategy. Basingstoke: Palgrave.

Gantzel, Klaus Jürgen (2000): Über die Kriege nach dem Zweiten Weltkrieg. Tendenzen, ursächliche Hintergründe, Perspektiven, in Wegner, B. (Hrsg.): *Wie Kriege entstehen. Zum historischen Hintergrund von Staatenkonflikten*, Paderborn (u.a.): Schöningh, S. 299-318.

Garthoff, Raymond L. (1985): Détente and Confrontation. American-Soviet Relations from Nixon to Reagan. Washington, DC: Brookings Institution Press.

Gaudet, Chris (2001): Upgraded Cruise Missile Shows Greater Accuracy in Flight Test, in: *DefenseNews* 28.5.2001, S. 24.

Geis, Anna (2001): Diagnose: Doppelbefund - Ursache: Ungeklärt? Die Kontroverse um den "demokratischen Frieden", in: *Politische Vierteljahresschrift* 42: 2, S. 282-298.

Gemeinsame Konferenz Kirche und Entwicklung, GKKE (2003): Rüstungsexportbericht 2003 der GKKE. Baden-Baden: GKKE.

George, Bruce /Borwaski, John (1993): The negotiations on Confidence and Security Building measures: The Vienna Agreement and beyond, in Rogers, J. P. (Hrsg.): *The Future of European Security : the Pursuit of Peace in an Era of Revolutionary Change*, New York: St. Martin's Press, S. 122-132.

Gießmann, Hans-Joachim, et al. (2000): Der Wandel des sicherheitspolitischen Umfeldes, in Neuneck, G./Mutz, R. (Hrsg.): *Vorbeugende Rüstungskontrolle. Ziele und Aufgaben unter besonderer Berücksichtigung verfahrensmäßiger und institutioneller Umsetzung im Rahmen internationaler Rüstungsregime*, Baden-Baden: Nomos, S. 19-123.

Glebocki, Martina , et al. (2001): Raketenabwehrpläne in historischer Perspektive - Variationen über ein Thema amerikanischer Politik, in: *Die Friedens-Warte* 76: 4, S. 361-389.

Goldblat, Jozef (2002): Arms Control. The New Guide to Negotiations and Agreements. London (u.a.): Sage.

Goldblat, Jozef/Loewenson, Carl (1980): SALT II: An Analysis of the Agreement, in SIPRI (Hrsg.): *SIPRI Yearbook 1980*, London: Taylor & Francis, S. 209-283.

Graduate Institute of International Studies (2002): Small Arms Survey 2002. Oxford: Oxford University Press.

Graduate Institute of International Studies (2003): Small Arms Survey 2003. Oxford: Oxford University Press.

Graduate Institute of International Studies (2005): Small Arms Survey 2005. Oxford: Oxford University Press.

Graham, Bradley (2001): Hit to Kill. The New Battle Over Shielding America From Missile Attack. New York: Public Affairs.

Grant, Robert P. (1998): The Revolution in Military Affairs and European Defense Cooperation. Sankt Augustin: Konrad-Adenauer-Stiftung.

Gray, Colin S. (1976): The Soviet-American arms race. Westmead: Saxon House.

Gray, Colin S. (1992): House of Cards. Why Arms Control Must Fail. Ithaca: Cornell University Press.

Gray, Colin S./Payne, Keith (1980): Victory Is Possible, in: *Foreign Policy* 39: 2, S. 14-27.

Green , Leslie C. (2000): The contemporary law of armed conflict. Manchester: Manchester University Press.

Grieco, Joseph M. (1988): Anarchy and the limits of cooperation: a realist critique of the newst liberal institutionalism, in: *International Organization* 42: 3, S. 458-508.

Grinevskij, Oleg (1996): Tauwetter. Entspannung, Krise und neue Eiszeit. Berlin: Siedler.

Gurr, Ted Robert (1993): Minorities at risk: a global view of ethnopolitical conflicts. Washington, DC: United States Institution of Peace Press.

Hammond, Grant T. (1993): Plowshares into Swords. Arms Races in International Politics 1840-1991. Columbia: University of South Carolina Press.

Harders, Cilja/Roß, Bettina (Hrsg.) (2002): Geschlechterverhältnisse in Krieg und Frieden. Perspektiven der feministischen Analyse internationaler Beziehungen. Opladen: Leske+Budrich.

Harnisch, Sebastian/Maull, Hanns W. (2001): Conclusion: 'Learned its lesson well?' Germany as a Civilian Power ten years after unification, in Harnisch, S./Maull, H. W. (Hrsg.): *Germany as a Civilian Power? The foreign policy of the Berlin Republic*, Manchester, New York: Manchester University Press, S. 128-156.

Hartmann, Rüdiger/Heydrich, Wolfgang (2000): Der Vertrag über den Offenen Himmel. Baden-Baden: Nomos.

Hartmann, Rüdiger, et al. (1994): Der Vertrag über konventionelle Streitkräfte in Europa. Baden-Baden: Nomos.

Hartung, William D. (2001): Eisenhower's Warning: The Military-Industrial Complex Forty Years Later, in: *World Policy Journal* 18: 1, S. 39-44.

Hasenclever, Andreas (2003): Liberale Ansätze zum "demokratischen Frieden", in Schieder, S./Spindler, M. (Hrsg.): *Theorien der Internationalen Beziehungen*, Opladen: Leske+Budrich, S. 199-225.

Hasse, Jana, et al. (Hrsg.) (2001): Humanitäres Völkerrecht. Politische, rechtliche und strafgerichtliche Dimension. Baden-Baden: Nomos.

Heinrich, Michael (2003): Imperialismustheorie, in Schieder, S./Spindler, M. (Hrsg.): *Theorien der Internationalen Beziehungen*, Opladen: Leske + Budrich, S. 279-307.

Henley, Lonnie D. (1999): The RMA After the Next, in: *Parameters, US Army War College Quarterly* 29: 4, S. 46-57.

Hersh, Seymour M. (1983): The Price of Power. Kissinger in the White House. New York: Summit Books.

Herz, John H. (1950): Idealist Internationalism and the Security Dilemma, in: *World Politics* 2: 2, S. 157-180.

Heurlin, Bertel/Rynning, Sten (Hrsg.) (2005): Missile Defence. International, Regional and National Implications. Oxon, New York: Routledge.

Hitchens, Theresa (2003): Monsters and shadows: left unchecked, American fears regarding threats to space assets will drive weaponization, in: *Disarmament Forum* 5: 1, S. 15-32.

Hitchens, Theresa (2005): Space debris: next steps, in UNIDIR (Hrsg.): *Safeguarding Space for All: Security and Peaceful Uses - Conference Report*, New York: United Nations, S. 61-68.

Höhl, Kathrin /Kelle, Alexander (2003): Die multilaterale Rüstungskontrolle von chemischen Waffen am Scheideweg. Das Chemiewaffen-Übereinkommen und seine erste Überprüfungskonferenz. HSFK-Report 15/2003. Frankfurt: HSFK.

Höhl, Kathrin, et al. (2003): European Union, in Einhorn, R. J./Flournoy, M. (Hrsg.): *Protecting Against the Spread of Nuclear, Biological, and Chemical Weapons. An action agenda for the global partnership. Volume 3: International Responses*, Washington, DC: CSIS Press, S. 13-48.

Holler, Manfred/Illing, Gerhard (1996): Einführung in die Spieltheorie. Berlin (u.a.): Springer.

Ifft, Edward (2005): Witness for Prosecution: International Organization and Arms Control Verification, in: *Arms Control Today* 39: 9, S. 12-19.

Jacobs, Andreas (2003): Realismus, in Schieder, S./Spindler, M. (Hrsg.): *Theorien der Internationalen Beziehungen*, Opladen: Leske + Budrich, S. 35-60.

Jervis, Robert (1978): Cooperation under the Security Dilemma, in: *World Politics* 30: 2, S. 167-214.

Jetschke, Anja/Liese, Andrea (1998): Kultur im Aufwind. Zur Rolle von Bedeutung, Werten und Handlungsrepertoires in den internationalen Beziehungen, in: *Zeitschrift für Internationale Beziehungen* 5: 1, S. 149-179.

Jünemann, Annette/Schörnig, Niklas (2002): Die Sicherheits- und Verteidigungspolitik der "Zivilmacht Europa". Ein Widerspruch in sich?, *Report 13/2002*. Frankfurt: HSFK.

Jung, Dietrich, et al. (2003): Kriege in der Weltgesellschaft: strukturgeschichtliche Erklärung kriegerischer Gewalt; 1945-2000. Opladen: Westdeutscher Verlag.

Kaldor, Mary (1999): Neue und alte Kriege. Frankfurt/Main: Suhrkamp.

Karp, Regina Cowen (1992): The START Treaty and the future of strategic nuclear arms control, in SIPRI (Hrsg.): *SIPRI Yearbook 1992*, Oxford (u.a.): Oxford University Press, S. 13-64.

Katzenstein, Peter (Hrsg.) (1996): The Culture of National Security. Norms and Identity in World Politics. New York: Columbia University Press.

Keck, Otto (1995): Rationales kommunikatives Handeln in den internationalen Beziehungen. Ist eine Verbindung von Rational-Choice-Theorie und Habermas' Theorie des kommunikativen Handelns möglich?, in: *Zeitschrift für Internationale Beziehungen* 2: 1, S. 5-48.

Keegan, John (1976): The Face of Battle. London: Pimlico.

Keeley, James F. (1990): Toward a Foucauldian Analysis of International Regimes, in: *International Organization* 44: 1, S. 83-105.

Kennedy, Robert (1969): Dreizehn Tage. Bern: Scherz.

Keohane, Robert O./Nye, Joseph S. (1977): Power and Interdependence. World Politics in Transition. Boston, Toronto: Little, Brown and Company.

Kidron, Michael/Smith, Dan (1983): Die Aufrüstung der Welt. Ein politischer Atlas. Hamburg: Rowohlt.

Kier, Elizabeth (1997): Imagining War: French and British Military Doctrine Between the Wars. Princeton: Princeton University Press.

Kile, Shannon N. (1999): Nuclear arms control and non-proliferation, in SIPRI (Hrsg.): *SIPRI Yearbook 1999*, Oxford (u.a.): Oxford University Press, S. 519-555.

Kile, Shannon N. (2001): Nuclear arms control and ballistic missiles defence, in SIPRI (Hrsg.): *SIPRI Yearbook 2001*, Oxford (u.a.): Oxford University Press, S. 423-512.

Kile, Shannon N. (2003): Nuclear arms control, non-proliferation and ballistic missile defence, in SIPRI (Hrsg.): *SIPRI Yearbook 2003*, Oxford (u.a.): Oxford University Press, S. 577-608.

Kile, Shannon N. (2005): Nuclear arms control and non-proliferation, in SIPRI (Hrsg.): *SIPRI Yearbook 2005*, Oxford (u.a.): Oxford University Press, S. 551-602.

Kirste, Knut/Maull, Hanns W. (1996): Zivilmacht und Rollentheorie, in: *Zeitschrift für Internationale Beziehungen* 3: 2, S. 283-312.

Klare, Michael (1996): Rogue States and Nuclear Outlaws. New York: Hill & Wang.

Kohler-Koch, Beate (1989): Regime in den internationalen Beziehungen. Baden-Baden: Nomos.

Koistinen, Paul A.C. (1980): The Military-Industrial Complex. A Historical Perspective. New York: Praeger.

Kramer, Mark M. (1989): Soviet Arms Transfers and Military Aid to the Third World, in Campbell, K./MacFarlane, S. N. (Hrsg.): *Gorbatchev's Third World Dilemmas*, London, New York: Routledge, S. 66-109.

Krass, Allan S. (1993): Arms Control Treaty Verification, in Burns, R. D. (Hrsg.): *Encyclopedia of Arms Control and Disarmament (Volume I)*, New York: Charles Scribner's Sons, S. 297-315.

Krell, Gert (1977): Rüstungsdynamik und Rüstungskontrolle. Die gesellschaftlichen Auseinandersetzungen um SALT in den USA 1969-1975. Frankfurt: Haag + Herchen.

Krell, Gert/Kelle, Alexander (1996): Zur Theorie und Praxis der Rüstungskontrolle, in Knapp, M./Krell, G. (Hrsg.): *Einführung in die internationale Politik [3. überarbeitete und erweiterte Auflage]*, München: Oldenbourg, S. 379-411.

Krell, Gert, et al. (2004): Internationale Rüstungskontrolle und Abrüstung, in Knapp, M./Krell, G. (Hrsg.): *Einführung in die Internationale Politik [4. vollständig überarbeitete Auflage]*, München, Wien: Oldenbourg, S. 550-586.

Krepinevich, Andrew F. (1994): Cavalry to Computer, in: *The National Interest* 37: 3, S. 30-42.

Krug, Etienne G. (Hrsg.) (2002): World Report on Violence and Health. Geneva: World Health Organisation (WHO).

Krutzsch, Walter (2005): Never under any circumstances, The CWC in the Third Year After its First Review-Conference, in: *The CBW Conventions Bulletin* 68, S. 1, 6-12.

Kubbig, Bernd W. (1983): Gleichgewicht oder Überlegenheit: Amerikanische Rüstungskontrollpolitik und das Scheitern von SALT II. Frankfurt: Campus.

Kubbig, Bernd W. (2004): Wissen als Machtfaktor im Kalten Krieg. Naturwissenschaftler und die Raketenabwehr der USA. Frankfurt: Campus.

Kubbig, Bernd W. (2005): Als Entscheidungsgrundlage für das Raketenabwehrprojekt MEADS ungeeignet. Eine Analyse der Dokumente von BMVg und Berichterstattergruppe. HSFK-Report 2/2005. Frankfurt: HSFK.

Kubbig, Bernd W. (Hrsg.) (1990): Die militärische Eroberung des Weltraums (zwei Bände). Frankfurt: Suhrkamp.

Kubbig, Bernd W. (Hrsg.) (2006): Domestic Politics of Missile Defence. Contemporary Security Policy (Special Volume), i.E.

Küchle, Hartmut (2004): Rüstungsindustrie transatlantisch? Chancen und Risiken für den deutschen Standort. Düsseldorf: Hans-Böckler-Stiftung.

Kwizinski, Julie A. (1993): Vor dem Sturm. Berlin: Siedler.

Lachowski, Zdtislaw (2004): Confidence- and Security-Building Measures in the New Europe, SIPRI Research Report No. 18. Stockholm: SIPRI.

Larsen, Jeffrey A. (2002): Strategic Arms Control and the US Air Force: The SALT Era, 1969-1980, in Smith, J. M./Hall, G. M. (Hrsg.): *Milestones in Strategic Arms Control 1945-2000: United States Air Force Roles and Outcomes*, USAF Academy, Colorado: USAF Institute for National Security Studies, S. 103-120.

Larson, Eric V. (1996): Casualties and Consensus. The Historical Role of Casualties in Domestic Support for U.S. Military Operations. Santa Monica: RAND.

Layne, Christopher (1993): The Unipolar Illusion. Why New Great Powers Will Rise, in: *International Security* 17: 4, S. 5-51.

Le Billon, Philippe (2005): Fuelling War: Natural resources and armed conflict. Adelphi Paper 373. Oxford, New York: International Institute for Strategic Studies.

Lebow, Richard Ned/Stein, Janice Gross (1994): We all lost the Cold War. Princeton: Princeton University Press.

Leech, John (2002): Asymmetrics of Conflict. London, Portland: Frank Cass.

Levi, Michael E. /O'Hanlon, Michael (2005): The Future of Arms Control. Washington, DC: Brookings Institution Press.

Lewis, Jeffrey (2005): Space weapons in the 2005 US defence budget request, in UNIDIR (Hrsg.): *Safeguarding Space for All: Security and Peaceful Uses*, New York: United Nations 2005, S. 21-34.

Libicki, Martin (1998): Halfway to the System of Systems, in Henry, R./Peartree, C. E. (Hrsg.): *The Information Revolution and International Security*, Washington, DC: CSIS Press, S. 128-147.

Littlewood, Jez (2005): The Biological Weapons Convention. A Failed Revolution. Aldershot: Ashgate.

Litwak, Robert S. (2000): Rogue States and U.S. Foreign Policy. Containment after the Cold War. Baltimore: Woodrow Wilson Center Press.

Lockwood, Dunbar (1993): Nuclear Arms Control, in SIPRI (Hrsg.): *SIPRI Yearbook 1993*, Oxford: Oxford University Press, S. 549-589.

Lockwood, Dunbar (1994): Nuclear arms control, in SIPRI (Hrsg.): *SIPRI Yearbook 1994*, Oxford (u.a.): Oxford University Press, S. 639-684.

Lomov, Nikolai A. (Hrsg.) (1973): Scientific-Technical Progress and the Revolution in Military Affairs (A Soviet View). Washington, DC (Moskau i.O.): US Government Printing Office.

Luce, R. Duncan/Raiffa, Howard (1957): Games and Decisions. Introduction and Critical Survey. New York (u.a.): John Wiley & Sons.

Luck, Edward C. /Doyle, Michael W. (2004): International Law and Organization. Closing the Compliance Gap. Lanham u.a: Rowman & Littlefield.

Lundin, S.J./Stock, Thomas (1991): Chemical and biological warfare: developments in 1990, in SIPRI (Hrsg.): *SIPRI Yearbook 1991*, Oxford u.a.: Oxford University Press, S. 85-112.

Luttwak, Edward N. (2001): Strategy. The Logic of War and Peace. Cambridge, London: Belknap Press of Harvard University Press.

Lynn, John A. (2001): Forging the Western army in the seventeenth-century France, in Murray, W./Knox, M. (Hrsg.): *The dynamics of military revolution, 1300-2050*, Cambridge: Cambridge University Press, S. 35-56.

Lynn-Jones, Sean M. (1988): The Incidents at Sea Agreement, in George, A. L./Farley, P. J./Dallin, A. (Hrsg.): *U.S.-Soviet Security Cooperation. Achievements, Failures, Lessons*, New York, Oxford: Oxford University Press, S. 482-509.

MacMillan, John (2003): Beyond the Separate Democratic Peace, in: *Journal of Peace Research* 40: 2, S. 233-241.

Mandel, Robert (2004): Security, Strategy, and the Quest for Bloodless War. Boulder, London: Lynne Riener.

Markusen, Ann R./Costigan, Sean S. (1999): The Military Industrial Challenge, in Markusen, A. R./Costigan, S. S. (Hrsg.): *Arming the Future. A Defense Industry for the 21st Century*, New York: Council on Foreign Relations Press, S. 3-34.

Maslin, Evgeniy P. (1996): Cooperative Threat Reduction: The View from Russia, in Turle Schulte, N. (Hrsg.): *Dismantlement and Destruction of Chemical, Nuclear and Conventional Weapons*, Dordrecht (u.a.): Kluwer Academic Publishers, S. 89-95.

Mastanduno, Michael (1997): Preserving the Unipolar Moment. Realist Theories and U.S. Grand Strategy after the Cold War, in: *International Security* 21: 4, S. 49-88.

Mattes, Erwin J. /Graf von Westerhold, Alexander (Hrsg.) (2000): Revolution in Military Affairs, Rosenburg-Papiere Nr. 4. Bonn: Bundesakademie für Sicherheitspolitik.

McNeill, William (1984): The Pursuit of Power: Technology, Armed Force, and Society since A.D. 1000. Chicago: University Of Chicago Press.

Mearsheimer, John J. (1995): The False Promise of International Institutions, in: *International Security* 19: 3, S. 5-49.

Mearsheimer, John J. (2001): The Tragedy of Great Power Politics. New York, London: W.W. Norton.

Meier, Karin, et al. (1991): Vertrauensbildung in der internationalen Politik. München (u.a.): K. G. Saur.

Mian, Zia (2004): The American Problem: The United States and Noncompliance in the World of Arms Control and Nonproliferation, in Luck, E. C./Doyle, M. W. (Hrsg.): *International Law and Organization. Closing the Compliance Gap*, Lanham (u.a.): Rowman & Littlefield, S. 247-302.

Miller, Steven E. (2001): Arms control in a world of cheating: transparency and non-compliance in the post-cold war era, in Anthony, I./Rotfeld, A. D. (Hrsg.): *A Future Arms Control Agenda. Proceedings of Nobel Symposium 118, 1999*, Oxford, New York: Oxford University Press, S. 173-189.

Minkwitz, Olivier (2003): Ohne Hemmungen in den Krieg? Cyberwar und die Folgen. HSFK-Report 10/2003. Frankfurt: HSFK.

Mistry, Dinshaw (2003): Beyond the MTCR: Building a Comprehensive Regime to Contain Ballistic Missile Proliferation, in: *International Security* 27: 4, S. 119-149.

Møller, Bjørn (2002): The Revolution in Military Affairs: Myth or Reality? Working Papers 15/2002. Copenhagen: COPRI.

Moltmann, Bernhard (2001): „Ist es r/Recht so?" Reflexionen zu Grundlagen und Perspektiven der deutschen Rüstungsexportpolitik. HSFK-Report 6/2001. Frankfurt: HSFK.

Morgenthau, Hans J. (1963): Macht und Frieden. Grundlegung einer Theorie der internationalen Politik. Gütersloh: Bertelsmann Verlag.

Müller, Erwin (1985): Rüstungspolitik und Rüstungsdynamik: Fall USA. Zur Analyse der Rüstungsmotive einer Weltmacht und zur Theorie moderner Rüstungsdynamik. Baden-Baden: Nomos.

Müller, Harald (1988): Technologie und Sicherheitspolitik: Der Einfluß von technischem Wandel auf Strategie und Rüstungskontrolle, in Hacke, C./Knapp, M. (Hrsg.): *Friedenssicherung und Rüstungskontrolle in Europa*, Köln: Wissenschaft und Politik, S. 173-209.

Müller, Harald (1989a): Regime in den internationalen Sicherheitsbeziehungen, in Kohler-Koch, B. (Hrsg.): *Regime in den internationalen Beziehungen*, Baden-Baden: Nomos, S. 277-314.

Müller, Harald (1989b): Transforming the East-West Conflict: The Crucial Role of Verification, in Altmann, J./Rotblat, J. (Hrsg.): *Verification of Arms Reduction. Nuclear, Conventional and Chemical*, Heidelberg, New York: Springer, S. 2-15.

Müller, Harald (1993): Die Chance der Kooperation: Regime in den internationalen Beziehungen. Darmstadt: Wissenschaftliche Buchgesellschaft.

Müller, Harald (1996): Von der Feindschaft zur Sicherheitsgemeinschaft - Eine neue Konzeption der Rüstungskontrolle, in Meyer, B. (Hrsg.): *Eine Welt oder Chaos?*, Frankfurt: Suhrkamp, S. 399-428.

Müller, Harald (2000): Regellose Hegemonie? Hintergründe der US-Senatsabstimmung über den Nuklearen Teststopvertrag, in: *Die Friedens-Warte* 75: 2, S. 163-178.

Müller, Harald (2001): Nuclear Nonproliferation. A Success Story, in Lincei, A. N. D. (Hrsg.): *Proceedings of the XIII International Amaldi Conference on Problems of Global Security*, Roma: Accademia Nazionale Dei Lincei, S. 17-26.

Müller, Harald (2002): Security Cooperation, in Carlsnaes, W./Risse, T./Simmons, B. A. (Hrsg.): *Handbook of International Relations*, London (u.a.): Sage, S. 369-391.

Müller, Harald (2003a): 'Defensive Präemption' und Raketenabwehr. Unilateralismus als Weltordnungspolitik, in Kubbig, B. W. (Hrsg.): *Brandherd Irak. US-Hegemonieansprüche, die UNO und die Rolle Europas*, Frankfurt, New York: Campus, S. 103-113.

Müller, Harald (2003b): German National Identity and WMD Proliferation, in: *The Nonproliferation Review* 10: 2, S. 1-20.

Müller, Harald (2005): Vertrag im Zerfall? Die gescheiterte Überprüfungskonferenz des Nichtverbreitungsvertrags und ihre Folgen. HSFK Report 4/2005. Frankfurt: HSFK.

Müller, Harald (Hrsg.) (1987): European Non-Proliferation Policy. Prospects and Problems. Oxford: Clarendon Press.

Müller, Harald, et al. (1994): Nuclear non-proliferation and global order. Oxford (u.a.): Oxford University Press.

Müller, Harald/Risse-Kappen, Thomas (1990): Internationale Umwelt, gesellschaftliches Umfeld und außenpolitischer Prozeß in liberaldemokratischen Industrienationen, in Rittberger, V. (Hrsg.): *Theorien der Internationalen Beziehungen*, Opladen: Westdeutscher Verlag, S. 375-400.

Müller, Harald/Schaper, Annette (2003): US-Nuklearpolitik nach dem Kalten Krieg, HSFK-Report 3/2003. Frankfurt: HSFK.

Müller, Harald/Schörnig, Niklas (2001): RMA and nuclear weapons - A calamitous link for arms control?, in: *Disarmament Forum* 3: 4, S. 17-26.

Müller, Harald/Schörnig, Niklas (2002): Mit Kant in den Krieg? Das problematische Spannungsverhältnis zwischen Demokratie und Revolution in Military Affairs, in: *Die Friedens-Warte* 77: 4, S. 353-374.

Münkler, Herfried (2001): Konfliktszenarien der Zukunft, in: *Armis et Litteris* 10/01, S. 69-86.

Münkler, Herfried (2002): Die neuen Kriege. Reinbeck: Rowohlt.

Münkler, Herfried (2005): Empires: Logik der Weltherrschaft. Reinbek bei Hamburg: Rowohlt.

Münkler, Herfried (Hrsg.) (1990): Der Partisan. Theorie, Strategie, Gestalt. Opladen: Westdeutscher Verlag.

Murray, Williamson (1996): Armored Warfare. The British, French, and German experiences, in Murray, W./Millett, A. R. (Hrsg.): *Military Innovation in the Interwar Period*, Cambridge (MA): Cambridge University Press, S. 6-49.

Murray, Williamson/Millett, Allan R. (1996): Military Innovation in the Interwar Period. Cambridge: Cambridge University Press.

Mutz, Reinhard (Hrsg.) (1983): Die Wiener Verhandlungen über Truppenreduzierungen in Mitteleuropa (MBFR). Baden-Baden: Nomos.

Neuneck, Götz (1995): Die mathematische Modellierung von konventioneller Stabilität und Abrüstung. Baden-Baden: Nomos.

Newhouse, John (1973): Cold Dawn. The Story of SALT. New York (u.a.): Holt, Rinehart and Winston.

Nicholson, Michael (1989): Formal Theories in International Relations. Cambridge (MA) (u.a.): Cambridge University Press.

Nolan, Janne E. (1999): The Next Nuclear Posture Review, in Feiveson, H. A. (Hrsg.): *The Nuclear Turning Point*, Washington, DC: Brookings Institution Press, S. 243-283.

Oeter, Stefan (2001): Kampfmittel und Kampfmethoden in bewaffneten Konflikten und ihre Vereinbarkeit mit dem humanitären Völkerrecht, in Hasse, J./Müller, E./Schneider, P. (Hrsg.): *Humanitäres Völkerrecht. Politische, rechtliche und strafgerichtliche Dimension*, Baden-Baden: Nomos, S. 78-109.

O'Hanlon, Michael (1999): Can High Technology Bring U.S. Troops Home?, in: *Foreign Policy* 113: 4, S. 72-86.

O'Hanlon, Michael (2000): Technological Change and the Future of Warfare. Washington DC: Brookings Institution Press.

Olvey, Lee D., et al. (1984): The Economics of National Security. Wayne: Avery Publishing Group.

Osgood, Charles E. (1962): An Alternative to War or Surrender. Urbana (u.a.): University of Illinois Press.

Perkovich, George, et al. (2005): Universal Compliance. A Strategy for Nuclear Security. Washington, DC: Carnegie Endowment for International Peace.

Pierre, Andrew J. (1979): Introduction, in Pierre, A. J. (Hrsg.): *Arms Transfers and American Foreign Policy*, New York: New York University Press, S. 1-14.

Pike, John (2002): The military use of outer space, in SIPRI (Hrsg.): *SIPRI Yearbook 2002*, Oxford, New York: Oxford University Press, S. 613-664.

Posen, Barry R. (1984): The Sources of Military Doctrine: France, Britain and Germany between the World Wars. Ithaca: Cornell University Press.

Posen, Barry R. (2003): Command of the Commons. The Military Foundation of U.S. Hegemony, in: *International Security* 28: 1, S. 5-46.

Quandt, William B. (1993): US policy toward the Middle East, in Art, R. J./Brown, S. (Hrsg.): *U.S. Foreign Policy: The Search for a New Role*, New York: MacMillan, S. 315-337.

Quester, George H. (1981): Arms Control: Towards Informal Solutions, in Betts, R. K. (Hrsg.): *Cruise Missiles. Technology, Strategy, Politics*, Washington, DC: Brookings Institution Press, S. 275-307.

Rapoport, Anatol (1974): Fights, Games, and Debates. Ann Arbor: University of Michigan Press.

Rauf, Tariq, et al. (2000): Inventory of International Nonproliferation Organizations and Regimes. Monterey: Center for Nonproliferation Studies, Monterey Institute of International Studies.

Reagan, Ronald (1983): Address to the Nation on Defense and National Security, in GPO (Hrsg.): *Public Papers of the President of the United States. 1982, Book I, January 1 to July 2, 1982*, Washington, DC: Office of the Federal Register National Archives and Records Administration, S. 437-443.

Resende-Santos, João (1996): Anarchy and the Emulation in Military Systems. Military Organization and Technology in South America, 1870-1914, in: *Security Studies* 5: 3, S. 193-260.

Rimmington, Anthony (2002): The Soviet Union's Offensive Program, in Wright, S. (Hrsg.): *Biological Warfare and Disarmament. New Problems / New Perspectives*, Lanham: Rowman&Littlefield, S. 103-148.

Rip, Michael Russell/Hasik, James M. (2002): The Precision Revolution. GPS and the Future of Arial Warfare. Annapolis: Naval Institute Press.

Risse, Thomas (2000): "Let's Argue": Communicative Action in World Politics, in: *International Organization* 54: 1, S. 1-40.

Risse-Kappen, Thomas (1988): Null-Lösung: Entscheidungsprozesse zu den Mittelstreckenwaffen 1970-1987. Frankfurt: Campus.

Risse-Kappen, Thomas (1994): Ideas Do Not Float Freely, in: *International Organization* 48: 2, S. 185-214.

Rittberger, Volker/Mayer, Peter (1993): Regime Theory and International Relations. Oxford: Clarendon Press.

Rosen, Stephen Peter (1991): Winning the Next War. Innovation and the Modern Military. Ithaca, London: Cornell University Press.

Rotberg, Robert I. (Hrsg.) (2003): State Failure and State Weakness in a Time of Terror. Washington, DC: Brookings Institution Press.

Rotblat, Joseph (1993): Societal Verification, in Rotblat, J./Steinberger, J./Udagonkar, B. (Hrsg.): *A Nuclear-Weapon-Free-World. Desireable? Feasible?*, Boulder (u.a.): Westview Press, S. 103-118.

Russell, Bertrand (1959): Common Sense and Nuclear Warfare. London: Allen & Unwin.

Russett, Bruce (1983): The Prisoners of Insecurity. Nuclear Deterrence, the Arms Race, and Arms Control. San Francisco: W.H. Freeman and Company.

Russett, Bruce/Oneal, John R. (2001): Triangulating Peace: Democracy, Interdependence, and International Organizations. New York, London: W.W. Norton.

Sagan, Carl (1984): Atomkrieg und Klimakatastrophe. München: Knaur.

Schell, Jonathan (1984): Die Abschaffung. Wege aus der atomaren Bedrohung. München, Zürich: Piper.

Schelling, Thomas C. (1962): Reziproke Maßnahmen zur Stabilisierung der Rüstung, in Brennan, D. G. (Hrsg.): *Strategie der Abrüstung*, Gütersloh: Bertelsmann, S. 186-207.

Schewardnadse, Eduard (1991): Die Zukunft gehört der Freiheit. Reinbeck: Rowohlt.

Schlichte, Klaus (2002): Neues über den Krieg? Einige Anmerkungen zum Stand der Kriegsforschung in den Internationalen Beziehungen, in: *Zeitschrift für Internationale Beziehungen* 9: 1, S. 113-137.

Schmidt, Hans Joachim (2004): Kooperative Regelung der Nuklearkrise Nordkoreas? Zum Verhältnis dreier Demokratien gegenüber den nuklearen Ambitionen Nordkoreas. HSFK-Report 13/2004. Frankfurt: HSFK.

Schmidt, Hans-Joachim/Zellner, Wolfgang (2004): Europäische Rüstungskontrolle. Eine Geißel Subregionaler Konflikte? Zur Ratifizierung des angepassten KSE-Vertrags, in: Weller, C./Ratsch, U./Mutz, R./Schoch, B./Hauswedell, C. (Hrsg.): *Friedensgutachten 2004*, Münster: Lit, S. 227-233.

Schörnig, Niklas (2005): Theoretisch gut gerüstet? Die U.S. Politik gegenüber der Rüstungsindustrie in den 1990er Jahren. Ein Theorientest. *Fachbereich Gesellschaftswissenschaften*, Frankfurt: J.W. Goethe Universität.

Schörnig, Niklas/Lembcke, Alexander C. (2006): The vision of a war without casualties. On the use of casualty aversion in armament advertisements, in: *Journal of Conflict Resolution* 50: 2, S. 1-23.

Seidel, Sebastian M. (2004): Aufsichts- und Streitbeilegungsverfahren im Recht der Abrüstung und Rüstungskontrolle. Frankfurt: Lang.

Senghaas, Dieter (1972a): Aufrüstung durch Rüstungskontrolle: über den symbolischen Gebrauch von Politik. Stuttgart: Kohlhammer.

Senghaas, Dieter (1972b): Rüstung und Militarismus. Frankfurt: Suhrkamp.

Sheehan, Michael (1988): Arms Control. Theory and Practice. Oxford, New York: Basil Blackwell.

Shields, John M./Lugar, William C. (Hrsg.) (1997): Dismantling the Cold War: US and NIS perspectives on the Nunn-Lugar Cooperative Threat Reduction Program. Cambridge (MA) (u.a.): MIT Press.

Sidhu, W. Pal /Carle, Christophe (2003): Managing Missiles: Blind Spot or Blind Alley?, in: *Disarmament Diplomacy* 72: August/September, S. 25-30.

Sigal, Leon V. (1984): Nuclear Forces in Europe: Enduring Dilemmas, Present Prospects. Washington, DC: Brookings Institution Press.

Simpson, John (2001): The 2000 NPT Review Conference, in SIPRI (Hrsg.): *SIPRI Yearbook 2001*, Oxford: Oxford University Press, S. 487-502.

Sims, Nicholas A. (1988): The Diplomacy of Biological Disarmament. Vicissitudes of a Treaty in Force, 1975-85. New York: St. Martin's Press.

Singer, J. David (1961): The Level-of-Analysis Problem in International Relations, in: *World Politics* 14: 1, S. 77-92.

Sköns, Elisabeth, et al. (1998): Military expenditure and arms production, in SIPRI (Hrsg.): *SIPRI Yearbook 1998*, Oxford u.a.: Oxford University Press, S. 185-213.

Sköns, Elisabeth, et al. (2005): Military expenditure, in SIPRI (Hrsg.): *SIPRI Yearbook 2005*, Oxford (u.a.): Oxford University Press, S. 307-382.

Smith, Gerard (1980): Doubletalk. The Story of the First Strategic Arms Limitation Talks. Garden City: Doubleday.

Smith, Mark (2003): Preparing the Ground for Modest Steps: A Progress Report on the Hague Code of Conduct, in: *Disarmament Diplomacy* 72: August/September, S. 30-36.

Snyder, Jack (1984): Civil-Military Relations and the Cult of the Offensive, 1914 and 1984, in: *International Security* 9: 1, S. 108-146.

Spector, Leonard S./Smith, Jaqueline R. (1990): Nuclear Ambitions: The Spread of Nuclear Weapons 1989-1990. Boulder: Westview.

Steinbruner, John D. (2000): Principles of global security. Washington, DC: Brookings Institution Press.

Stojak, Lucy (2005): Space and security: exising international legal framework, in UNIDIR (Hrsg.): *Safeguarding Space for All: Security and Peaceful Uses - Conference Report*, New York: United Nations, S. 77-86.

Sur, Serge (Hrsg.) (1994): Disarmament and Arms Limitation Obligations: Problems of Compliance and Enforcement. Dartmouth: Aldershot.

Sweetman, Bill (2003): In the Shadows. Stealth Gave Air Power New Dimension, in: *DefenseNews* 24.11.2003, S. 20.

Talbott, Strobe (1984): Raketenschach. München: Piper.

Tannenwald, Nina (1999): The Nuclear Taboo: The United States and the Normative Basis of Nuclear Non-Use, in: *International Organization* 53: 3, S. 433-468.

Tanter, Raymond (1999): Rogue Regimes: Terrorism and Proliferation. New York: Palgrave Macmillan.

Taylor, Terence (2001): The future arms control agenda: escaping the prison of the past, in Anthony, I./Rotfeld, A. D. (Hrsg.): *A Future Arms Control Agenda. Proceedings of Nobel Symposium 118, 1999*, Oxford, New York: Oxford University Press, S. 103-109.

Thee, Marek (1989): Military Technology - A Driving Force behind the Arms Race and an Impediment for Arms Control and Disarmament, in Brauch, H.-G. (Hrsg.): *Military Technology, Armaments Dynamics and Disarmament*, Houndmills, Basingstoke: MacMillan, S. 39-66.

Thukydides (1960): Geschichte des Peloponnesischen Krieges (Band I+II). Zürich: Artemis.

Till, Geoffrey (1996): Adopting the aircraft carrier: The British, American, and Japanese case studies, in Murray, W./Millett, A. R. (Hrsg.): *Military Innovation in the Interwar Period*, Cambridge (MA): Cambridge University Press, S. 191-226.

Trachtenberg, Marc (1992): The Nuclearization of NATO and U.S.-West European Relations, in Heller, F. H./Gillingham, J. R. (Hrsg.): *NATO: The Founding of the Atlantic Alliance and the Integration of Europe*, Houndmills, London: MacMillan, S. 413-430.

U.S. Congress, Senate (2002), 107/2, Committee on Foreign Relations: Hearings: Examining the Nuclear Posture Review. Washington DC: Government Printing Office.

UNIDIR (2003a): Implementing the United Nations Programme of Action on Small Arms and Light Weapons: Analysis of the Report Submitted by States in 2003. GENEVA: UNIDIR.

UNIDIR (Hrsg.) (2003b): Disarmament Forum: NGOs as Partners: Assessing the Impact, Recognizing the Potential. New York: United Nations.

Ury, William L. (1985): Beyond the Hotline. Boston: Houghton Mifflin.

US Bureau of Verification and Compliance (2005): Adherence to and Compliance With Arms Control, Nonproliferation, and Disarmament Agreements and Commitments. Washington, DC: US Bureau of Verification and Compliance.

van Evera, Stephen (1984): The Cult of the Offensive and the Origins of the First World War, in: *International Security* 9: 1, S. 58-107.

von Bloch, Johann (1899): Der Krieg. Berlin: Puttkammer & Mühlbrecht.

von Clausewitz, Carl (1996 [1832]): Vom Kriege. Reinbeck: rororo.

von Lepel, Oskar Matthias (2003): Die präemptive Selbstverteidigung im Lichte des Völkerrechts, in: *Humanitäres Völkerrecht* 16: 2, S. 77-81.

von Suttner, Bertha (1990 [1889]): Die Waffen nieder! Berlin: Verlag der Nation.

Wæver, Ole (1998): Insecurity, security, and asecurity in the West-European non-war community, in Adler, E./Barnett, M. (Hrsg.): *Security Communities*, Cambridge: Cambridge University Press, S. 69-118.

Wallop, Malcolm/Codevilla, Angelo (1987): Arms Control Delusion. San Francisco: ICS Press.

Walt, Stephen M. (1987): The Origins of Alliances. Ithaca, London: Cornell University Press.

Waltz, Kenneth N. (1959): Man, the State and War. A Theoretical Analysis. New York: Columbia University Press.

Waltz, Kenneth N. (1979): Theory of International Politics. Reading (MA): Addison Wesley.

Waltz, Kenneth N. (1981): The Spread of Nuclear Weapons: More May Be Better. Adelphi Paper 171. Oxford, New York: International Institute for Strategic Studies (IISS).

Weber, Hermann (2001a): Kernwaffen und das humanitäre Völkerrecht. Rechtspolitische Erwägungen zur Legitimität von Kernwaffen im geltenden Völkerrecht, in Hasse, J./Müller, E./Schneider, P. (Hrsg.): *Humanitäres Völkerrecht. Politische, rechtliche und strafgerichtliche Dimension*, Baden-Baden: Nomos, S. 247-263.

Weber, Rachel (2001b): Swords into Dow Shares. Governing the Decline of the Military Industrial Complex. Boulder: Westview Press.

Wendt, Alexander (1999): Social Theory of International Politics. Cambridge: Cambridge University Press.

Wheeler, Michael O. (2002): A History of Arms Control, in Larsen, J. A. (Hrsg.): *Arms Control. Cooperative Security in a Changing Environment*, Boulder, London: Lynne Rienner, S. 19-39.

Wheelis, Mark (2003): "Nonlethal" Chemical Weapons: A Faustian Bargain. Issues in Science and Technology online. www.issues.org/19.3/wheelis.htm; Letzter Zugriff: 17.11.2005.

Wheelis, Mark (2004): Will the "New Biology" Lead to New Weapons?, in: *Arms Control Today* 34: 6, S. 6-13.

Wheelis, Mark /Dando, Malcolm (2002): On the Brink: Biodefence, Biotechnology and the Future of Weapons Control, in: *Chemical and Biological Weapons Conventions Bulletin* 58, S. 3-7.

Wiberg, Håkan (1990): Arms Races, Formal Models, and Quantitative Tests, in Gleditsch, N. P./Njølstad, O. (Hrsg.): *Arms Races. Technological and Political Dynamics*, London (u.a.): Sage, S. 31-57.

Wilzewski, Jürgen (1999): Triumpf der Legislative. Zum Wandel der amerikanischen Sicherheitspolitik 1981-1991. Frankfurt, New York: Campus.

Wisotzki, Simone (2000): Die "vergessenen" Waffen - Das Kleinwaffenproblem als weltweite Bedrohung, in: *Die Friedens-Warte* 75: 2, S. 221-238.

Wisotzki, Simone (2002): Die Nuklearwaffenpolitik Großbritanniens und Frankreichs. Eine konstruktivistische Analyse. Frankfurt: Campus.

Wohlforth, William C. (2002): U.S. Strategy in a Unipolar World, in Ikenberry, G. J. (Hrsg.): *America Unrivaled. The Future of the Balance of Power*, Ithaca: Cornell University Press, S. 98-118.

Wolf, Reinhard (1995): Nukleare Rüstungskonkurrenz. Ursachen, Auswirkungen und Perspektiven, in Salewski, M. (Hrsg.): *Das Zeitalter der Bombe*, München: C.H. Beck, S. 189-211.

Wolf, Wolfgang (1992): Der Golfkrieg. Eine erste militärpolitische und militärische Auswertung. Bonn: Bernard & Graefe.

Wulf, Herbert (2000): Wo ist die Friedensdividende geblieben?, in Nuscheler, F. (Hrsg.): *Entwicklung und Frieden im 21. Jahrhundert. Zur Wirkungsgeschichte des Brandt-Berichts*, Bonn: J.H.W. Dietz Nachfolger, S. 186-207.

Zangl, Bernhard/Zürn, Michael (1994): Theorien des rationalen Handelns in den Internationalen Beziehungen, in Kunz, V./Druwe, U. (Hrsg.): *Rational Choice in der Politikwissenschaft*, Opladen: Leske+Budrich, S. 81-111.

Zürn, Michael (1992): Interessen und Institutionen in der internationalen Politik. Grundlegung und Anwendung des situationsstrukturellen Ansatzes. Opladen: Leske + Budrich.

Abbildungsverzeichnis

Abbildung 1: Gewaltsame Konflikte 2004   17
Abbildung 2: Freund-Feind Kontinuum anhand Grad der Interessenübereinstimmung   18
Abbildung 3: Aktions-Reaktions-Schema   40
Abbildung 4: Gefangenendilemma: Spielmatrix   41
Abbildung 5: Sicherheitsdilemma   45
Abbildung 6: Chicken Game/Feiglingsspiel   48
Abbildung 7: Die Kuba Krise als Chicken Game   50
Abbildung 8: Gleichgewichtsbedingung im Richardson-Modell   55
Abbildung 9: Tendenz hin zum Gleichgewicht   56
Abbildung 10: Vertrauensbildung im Richardson-Modell   57
Abbildung 11: Tendenz weg vom Gleichgewicht   58
Abbildung 12: Expandierender Rüstungswettlauf   59
Abbildung 13: Rüstungswettlauf zwischen Land- und Seemacht   63
Abbildung 14: Idealtypische Formen der Doktrin   71
Abbildung 15: Entwicklung der Rüstungsausgaben in der 3. Welt während des Ost-West-Konflikts   92
Abbildung 16: Zusammenhang zwischen Beziehungsgrad, Zielen und Mitteln der Rüstungskontrolle   132
Abbildung 17: Obergrenzen gemäß SALT I   163
Abbildung 18: Von SALT zu SORT   174
Abbildung 19: Entwicklung der Teilnahme am NVV im Zeitablauf   181

Abkürzungsverzeichnis

ABC – Atomar, biologisch, chemisch
ABM - Anti-Ballistic Missiles
AG - Australiengruppe
AHG - Ad-hoc Gruppe
BWÜ – Biowaffenübereinkommen
CCW – Convention against certain Conventional Weapons
CEP - Circular Error Probable
CoC – Code of Conduct
COCOM – Coordinating Committee on Multilateral Export Controls
CTBT – Comprehensive nuclear Test Ban Treaty
CTBTO – Comprehensive Nuklear-Test Ban Treaty
CTR – Cooperative Threat Reduction
CWÜ – Chemiewaffenübereinkommen
DPU – Deep Penetration Unit
F&E – Forschung und Entwicklung
FOFA - Follow-On-Forces-Attack
GPS – Global Positioning System
GRIT – Graduated Reciprocation In Tension-reduction
IAEO – Internationale Atom-Energie-Organisation
IANSA – International Action Network on Small Arms
ICBL – International Campaign to Ban Landmines
ICBM – Intercontinental Ballistic Missile
IKRK – Internationales Komitee des Roten Kreuzes
INF – Intermediate Range Nuklear Forces
JDAM - Joint Direct Attack Munition
KPdSU - Kommunistische Partei der Sowjetunion
KSE – Konventionelle Streitkräfte in Europa
KSZE – Konferenz über Sicherheit und Zusammenarbeit in Europa
LTDP - Long-Term Defence Program
MAD - Mutual Assured Destruction
MBFR – Mutual Balanced Force Reductions
MEADS - Medium Extended Air Defense System
MIK – Militärisch-Industrieller Komplex
MIRV - Multiple Independent Reentry Vehicles
MTCR – Missile Technology Control Regime
MTR – Military-Technical Revolution
MVW – Massenvernichtungswaffen
MX – Missile Experimental
NATO – North Atlantic Treaty Organization
NGO – Non-Governmental Organization

NNWS – Non-Nuclear Weapon State
NORAD - North American Aerospace Defense Command
NPT – Non-proliferation Treaty
NSC – National Security Council
NSG – Nuclear Suppliers Group
NSS – National Security Strategy
NVV – Nuklearer Nichtverbreitungsvertrag
NWS – Nuclear Weapon States
OAU – Organization of African Unity
OPCW – Organisation for the Prohibition of Chemical Weapons
OST – Open Skies Treaty
OSZE – Organisation für Sicherheit und Zusammenarbeit in Europa
OVCW – Organisation für das Verbot von Chemischen Waffen
OWK – Ost-West-Konflikt
PSI – Proliferation Security Initiative
RMA – Revolution in Military Affairs
RNEP – Robust Nuclear Earth Penetrators
SALT – Strategic Arms Limitation Talks
SDI – Strategic Defense Initiative
SIPRI – Stockholm International Peace Research Institute
SORT – Strategic Offensive Reduction Treaty
START – Strategic Arms Reduction Talks
TMD - Theater Missile Defense
UACV – Unmanned Aerial Combat Vehicle
UAV – Unmanned Aerial Vehicles
ÜK - Überprüfungskonferenz
USD – US-Dollar
VN – Vereinte Nationen (UNO)

Index

Der nachstehende Index zeigt nicht jedes Vorkommen eines Stichwortes in allen Kapiteln an sondern verweist dann auf Fundstellen, wenn sich im Text eingehende oder vertiefende Ausführungen finden.

11. September 2001: 23, 106, 172, 190, 1995, 230

A
ABM-Vertrag: 161f
Aktions-Reaktions-Theorem: 39ff
Amerikanischer Bürgerkrieg: 27
Anarchie (im internationalen System): 61
Antarktisvertrag: 35
Asymmetrische Strategien: 105f
Atomwaffensperrvertrag: 148ff
Außenleitungstheorie: 39ff
Australiengruppe: 191f
Autismus: 67f

B
Bargaining Chip: 134f
Biowaffen: siehe Biowaffen-Übereinkommen.
Biowaffen-Übereinkommen: 187ff
Breschnew, Leonid Iljitsch: 160f
Bush, George: 166, 169, 205
Bush, George W.: 109, 113, 161, 172f, 190

C
Carter, Jimmy: 164
CCW: siehe Konvention zum Verbot besonders inhumaner Waffen
Chemiewaffen: siehe Chemiewaffen-Übereinkommen
Chemiewaffen-Übereinkommen: 184ff
Chicken-Game: siehe Feiglingsspiel
China: 193
Chruschtschow, Nikita S.: 49ff, 78ff
Clausewitz, Carl von: 15, 176
Clinton, Bill: 161, 171

Code of Conduct: Siehe EU Verhaltenskodex
Compliance: 140ff
Conference on Disarmament (CD): 195
Cooperative Threat Reduction: 171
Crécy, Schlacht von: 26
Cruise Missiles: siehe Marschflugkörper
CTBT: siehe Teststopvertrag
Cyberwar: 100f

D
Demokratischer Frieden: 68
Dual-Use: 137, 212f

E
Erster Weltkrieg: 27f
EU Verhaltenskodex: 211ff

F
Feiglingsspiel: 47ff
Feminismus: 22
Follow-On Forces Attack-Strategie (der NATO): 75
Friedensdividende: 96

G
Gefangenendilemma: 40ff; 141f
Genfer Konvention: 33.
Gorbatschow, Michail: 85, 165ff, 168ff, 176f, 199, 203f, 228f

H
Haager Landkriegsordnung: 32f
Humanitären Völkerrechts: 32f

I
ICBL: siehe Ottawa-Prozess

261

Imperialismustheorie: 69
Indien: 94, 113ff
INF-Vertrag: 166ff
InformationWarfare: 100f
Innenleitungstheorie: 65
Institutionalismus: 21, 141f
Interimsabkommen: 161f
Interkontinentalrakete: 77f
Internationale Atomenergie-Behörde: 181f
ius in bello: 32f

J
Jelzin, Boris: 161, 169, 188, 204

K
Kernwaffenfreie Zonen: 183
Kissinger, Henry: 83, 130ff
Kleinwaffen: 116ff; 213ff
Kleinwaffenaktionsprogramm der VN: 216f
Konstruktivismus: 22, 143, 223
Konvention zum Verbot besonders inhumaner Waffen: 214
Kräftemultiplikator: 101f
KSE-Vertrag: 199ff
Kuba-Krise: 49ff; 158ff

L
Landminen: 116ff; 213ff
Londoner Verträge: 34

M
Marschflugkörper: 82f
Mehrfachsprengköpfe: 46f; 79ff; 162ff
Militärisch-Industrieller Komplex: 66f
Mini-Nukes: 103f
MIRV: Siehe Mehrfachsprengköpfe

N
Nachahmungseffekt: 89f
Nash-Gleichgewicht: 42
National Security Strategie (der USA): 107
Neoliberale Theorie: 22, 68, 224f
Neorealismus: 21, 60ff, 221ff

„Neue Kriege": 23, 120f
Neutronenwaffe: 81f
Nichtverbreitungsvertrag: 177ff
Nixon, Richard M.: 36, 84, 160
Nordkorea: 112ff, 179
Nuclear Suppliers Group: 182f

O
Offset Strategy (der NATO): 75
Open Skies Treaty: siehe Vertrag über den offenen Himmel.
Ost-West-Konflikt: 74ff
Ottawa-Prozess: 215
Outer Space Treaty: siehe Weltraumvertrag

P
Pakistan: 112ff
Pareto-Optimum: 41f
Peloponnesischer Krieg: 30f
Postmoderne Theorie: 22
Präemption: 107
Prävention: 107
Präventive Rüstungskontrolle: 136ff
Prisoners Dilemma: siehe Gefangenendilemma
Proliferation (von Massenvernichtungswaffen): 93f; 111ff
Proliferation Security Initiative: 194
Punische Kriege: 31
Putin, Wladimir: 161, 172

R
Raketenlücke: 77f
Rationalität (teleologische): 39
Reagan, Ronald: 84, 108, 166, 228
Realismus (nach Morgenthau): 60
Regime (Stabilitätsbedingungen): 141f
Revolution in Military Affairs: 97ff
Richardson-Modell: 51ff
Rotes Telefon: 36, 159
Rückwärtsinduktion: 43
Rüstungsexporte: 209ff

S
SALT I-Vertrag: 161f
SALT II-Vertrag: 164ff
Schlacht von Solferino: 33
Schewardnadse, Eduard: 199, 228
Schurkenstaaten: 69, 108
Sicherheitsdilemma: 45f; 142f
Sicherheitsrat (der VN): 149ff
SORT-Vertrag: 172f
Sputnikschock: 77f
"Star Wars": 83f
START I-Vertrag: 167f
START II-Vertrag: 169ff
Stealth: 98f
System of Systems: 100

T
Taktische Kernwaffen: 77
Technologischer Imperativ: 63ff
Terrorismus (mit Massenvernichtungswaffen): 195f
Teststopvertrag: 183f
Theorie des Demokratischen Friedens: 68ff
Thukydides: 30, 39
Tit-for-tat-Strategie: 44

V
Vereinte Nationen: 152ff
Verifikation: 140ff
Vertrag über den offenen Himmel: 205
Vertrag von Bangkok: 183
Vertrag von Pelindaba: 183
Vertrag von Rarotonga: 183
Vertrag von Tlatelolco: 183
VN-Register: 210
Völkerrecht: 32f, 152, 213

W
Waffenhandel: 115ff; 209ff
Washingtoner Vertrag: 34
Wassenaar-Arrangement: 212f
Wasserstoffbombe: 76
Weltraumrüstung: 102; 194f

Weltraumvertrag: 194f

Z
Zangger-Ausschuss: 182f

»Eine überzeugende Analyse«

Herbert Maier, in: Politische Studien 402/05

Deutsche Sicherheitspolitik
Eine Bilanz der Regierung Schröder

Herausgegeben von Dr. Sebastian Harnisch, Universität Trier, Christos Katsioulis, M.A., Universität Trier und Dipl.Pol. Marco Overhaus, Universität Trier

2004, 267 S., brosch., 29,– €, ISBN 3-8329-0689-4
(Aussenpolitik und Internationale Ordnung)

Die Anforderungen an deutsche Sicherheitspolitik sind mit dem Zerfall der bipolaren Weltordnung und dem Aufkommen des internationalen Terrorismus komplexer und schwieriger geworden. Die Politik der traditionellen Bündnispartner verändert sich, die internationalen Organisationen, in die Deutschland eingebettet ist, sind im Wandel begriffen und die innenpolitischen Rahmenbedingungen haben sich verschlechtert. Vor diesem Hintergrund stehen Kontinuität und Wandel der bilateralen und multilateralen Bindungen deutscher Sicherheitspolitik im Mittelpunkt dieses Sammelbandes.

Die einzelnen Beiträge widmen sich den innenpolitischen Bedingungsfaktoren (öffentliche Meinung und Parteiendiskurs), den Auslandseinsätzen der Bundeswehr sowie der Bundeswehrreform, dem deutschen Beitrag in NATO und ESVP, sowie der deutschen Politik in den Feldern Nonproliferation, Krisenprävention und Antiterrorpolitik.

Die empirisch fundierten Studien richten sich gleichermaßen an Studierende, Wissenschaftler und sicherheitspolitische Praktiker.